阅读北理 上

主编 包丽颖 王 征

北京理工大学出版社
BEIJING INSTITUTE OF TECHNOLOGY PRESS

版权专有 侵权必究

图书在版编目（CIP）数据

阅读北理 / 包丽颖，王征主编. —北京：北京理工大学出版社，2017.12
ISBN 978-7-5682-5075-7

Ⅰ. ①阅… Ⅱ. ①包… ②王… Ⅲ. ①北京理工大学–概况
Ⅳ. ①G649.281

中国版本图书馆 CIP 数据核字（2017）第 310587 号

出版发行 / 北京理工大学出版社有限责任公司
社　　址 / 北京市海淀区中关村南大街 5 号
邮　　编 / 100081
电　　话 / （010）68914775（总编室）
　　　　　（010）82562903（教材售后服务热线）
　　　　　（010）68948351（其他图书服务热线）
网　　址 / http://www.bitpress.com.cn
经　　销 / 全国各地新华书店
印　　刷 / 三河市华骏印务包装有限公司
开　　本 / 710 毫米×1000 毫米　1/16
印　　张 / 30.5　　　　　　　　　　　　　　　责任编辑 / 申玉琴
字　　数 / 433 千字　　　　　　　　　　　　　文案编辑 / 申玉琴
版　　次 / 2017 年 12 月第 1 版　2017 年 12 月第 1 次印刷　责任校对 / 周瑞红
定　　价 / 168.00 元（上下两册）　　　　　　　责任印制 / 王美丽

图书出现印装质量问题，请拨打售后服务热线，本社负责调换

编委会名单

主　编：包丽颖　王　征

副主编：和霄雯　辛嘉洋

编　委：（按照姓氏笔画排列）

王　民　张爱秀　李玉兰　韩姗杉

薛乔丹　赵　琳　季伟峰　肖　坤

马　瑶

前　言

　　新闻宣传工作是高校宣传思想工作的重要组成部分，是加强高校意识形态阵地建设的重要途径，也是展示高等教育改革发展成就的重要窗口。高校新闻宣传工作对内服务于学校的中心工作，围绕学校的办学理念、人才培养目标定位、校园文化、大学精神等，面向师生宣传党的教育方针和政策，传达学校改革发展的目标、规划、思路和举措，使学校的办学理念成为师生共同的精神文化和价值追求，激发师生凝心聚力、同向同行；对外具有展示、塑造、公关、疏导的功能。对大学校园这所"大课堂"而言，新闻宣传工作是一种无形的"课堂"和育人渠道的有机延伸，也是促进学生全面发展的有力载体和手段。

　　在学校党委的坚强领导下，北京理工大学党委宣传部把坚持正确的政治方向放在首位，始终坚持正面宣传、坚持团结稳定鼓劲，紧紧抓住"思想线""舆论线""文化线"三条工作主线，坚持落实"两个巩固"的根本任务，牢牢掌握新闻舆论的主导权话语权，涵养化育一流大学文化。

　　"安邦定国，文以载道"。在当今的全媒体时代，高校新闻宣传工作要坚持脚踏实地，贴近师生，把学校形象展示好、把学校故事讲述好、把师生诉求表达好，凝聚师生，汇聚发展正能量。2014年以来，北京理工大学党委宣传部在新闻"采、编、发"联动上下功夫，积极构建舆论引导新格局，组织专业采编力量，整合新闻宣传资源，精心策划报道选题，推出了"阅读北理"深度报道栏目，以"一文+一图"的形式倾情讲述北理工

阅读北理

故事，在学校主页最显著位置予以呈现，同时通过"i北理"微信公众号、校报等多媒体平台同步辐射。这些人物、故事、校园风物犹如满天星斗，闪耀在北理工的各个角落里。在北理工这个博大精深的"实验室"里，采编人员运用手中的笔、桌上的键盘、掌上的照相机，以生动的语言和精美的图片为材料，"烧制"出斑斓华章，淬炼出带有深刻"北理工印记"的篇篇故事，为学校新闻宣传插上了网络的翅膀、美文的翅膀、思想的翅膀。

本书聚焦立德树人根本任务，聚焦人才培养中心工作，聚焦学校服务国家重大战略需求、瞄准世界科技前沿和中国特色世界一流大学建设，分为"矢志""品格""创造""树人""家园"五个篇章，集中展现了北理工人矢志一流的北理工梦想、任重致远的北理工品格、锐意鼎新的北理工创造、潜心育人的北理工故事、可爱可敬的北理工家园。

《阅读北理》，打开她，北理工与你同行。

目　　录

上　册

第一章　矢　志

北理工科技事业"质""量"齐飞 …………………………… 1
前进中的北理工研究生培养机制改革纪实 …………………… 9
顶层谋划，扎实推进，留学北理开创新局面 ………………… 15
让热爱良乡校区成为一种习惯 ………………………………… 26
写在 9 月 17 日，校庆之际回首良乡校区 …………………… 34
良乡，北理工，梦想 …………………………………………… 41
北京理工大学良乡校区建设迈入"东区"时代 ……………… 47
北京理工大学良乡校区建设再启新篇 ………………………… 51
别无选择，北京理工大学必须实现"双一流" ……………… 60
"顶天立地树标杆" ……………………………………………… 67
"我们要在宇宙空间占一个位置！" …………………………… 71
打破"一家一户"，服务"上下左右" ………………………… 78
我在北理工做"青干" ………………………………………… 84

第二章　品　格

连铜淑：棱镜中的世界 ………………………………………… 90
吴嗣亮：久有凌云志，敢为天下先 …………………………… 97
中法大学的前世今生 …………………………………………… 104
安阳：启程于中法，情归于中法 ……………………………… 113
刚郁芳：见证中法大学发展史的"铿锵玫瑰" ……………… 118

马士修：新中国军用工程光学和电子光学专业的奠基人 …… 122
刘迪："为钢铁赋予猛兽的灵魂" …… 127
中法大学：中国高等教育的先驱 …… 135
徐更光：为炸药把脉 …… 143
力透纸背，塑造北理品格 …… 150
李东伟：何以可敬可爱？缘因感人至深 …… 158
执自然科学，抗战烽火中创校报国 …… 161
建校元勋陈康白 …… 167
孙一铭：报到日，他在拯救生命 …… 172
王博：北理工"80后"教授，用创造成就不凡 …… 177
徐伟：在北理工，用小质谱做大事业 …… 183
崔平远团队：在星空，划出闪亮的北理工轨迹 …… 188
姜春兰：军工科研有红妆，巾帼何曾让须眉 …… 194
北理工人的"情"与"义" …… 199
古志民：信念所向，一往无前 …… 206

目　录

下　册

第三章　创　造

北理工宇航学院：天然蜂窝由圆形向圆角六边形的华丽转身 …………213
北理工机车学院：让无人驾驶汽车"芯"驰神往 …………………………215
"中国第一枚火箭"诞生记 ……………………………………………………219
能爬会飞的"精灵虫" …………………………………………………………225
北理工生命学院：糖敏感肽实现"一滴血"预警糖尿病 …………………231
与"几根手指"的较量 …………………………………………………………236
二十载，北理工品格铸就中国"利箭" ……………………………………243
做中国自己的炸药，做世界最棒的炸药 ……………………………………252
北理工的爆轰速度，中国力量的可靠基石 …………………………………260
不辱使命！北理工爆炸科技在天津港"8·12"事故调查中发挥
　　重要作用 ……………………………………………………………………265
人间天穹，北理之光 …………………………………………………………270
"地面航母"百日亮剑"跨越险阻" …………………………………………278
北理工科技为"长征五号"首飞成功"编织火焰尾翼" …………………285

第四章　树　人

给我一捧冰雪　雕出一抹春光 ………………………………………………289
曹传宝：曹老师和他的"巴铁"学生们 ……………………………………300
九年"乐学"路，"我在学，你来了吗？" …………………………………306
北理工设计学院："绘画伙伴"斩获国际"红点" ………………………314
"乡里"那群快乐的年轻人 …………………………………………………318
基地家风传帮带，软件报国心似海 …………………………………………327
北理工艺术体操队：足尖上舞动的精灵 ……………………………………334
用足迹见证美丽中国 …………………………………………………………344
惠教泽学，深耕细作 …………………………………………………………351
一张课表诞生记 ………………………………………………………………361

校园中的那座"法庭" …………………………………… 367
身有基地双飞翼　筑梦天空任我飞 …………………… 374
航天的舞台，怎能少了你的精彩？ …………………… 380
樊孝忠：用章回体小说教你学好计算机 ……………… 385
给社会实践装上"准星" ………………………………… 390
培养人才，在改革创新的潮头扬帆远航 ……………… 399

第五章　家　园

一曲迎新"协奏" ………………………………………… 406
在"家"中温暖成长 ……………………………………… 412
北理留学生新生：我在北理，我的故事 ……………… 419
宿舍，何以成为我们相伴成长的小家？ ……………… 427
非宁静无以致远 ………………………………………… 435
2015 我的春节留校故事 ………………………………… 437
在北理工，绿茵驰骋，圆梦足球 ……………………… 443
在最美的青春遇见你，亲爱的北理 …………………… 452
垂绥饮清露，流响出疏桐 ……………………………… 458
新生故事：北理工，我们来了！ ……………………… 460

第一章

矢 志

北理工科技事业"质""量"齐飞
——北理工 2014 年科技工作茶话会侧记

2014 年 1 月中旬,一年一度的北理工科技工作茶话会如期举行,从学校领导到普通师生代表,200 余名师生济济一堂,晚来者甚至站立角落,也不肯错过。一次工作茶话会为何如此引人入胜?规模不大的会议之所以能够成为年度性的焦点,这都源于科技工作"闪光的亮点",在一串串数字和一项项成果背后是 2013 年北理工科技工作的"不简单"。

党的十八大报告中提出"实施科技创新驱动发展战略",为科技发展提出了建设国家创新体系,构建技术创新体系,完善知识创新体系等一系列重要战略指向。高校作为科技第一生产力和人才第一资源重要结合点,责无旁贷地成为其中重要的一环。

回顾 2013 年,北理工科技工作狠抓基础、巩固优势、夯实平台、注重产出、创新机制,在全校师生的共同努力下,取得了喜人的成绩与收获,为学校整体发展与进步做出了重要贡献。

科技投入总量迈入"20 亿"时代

科技工作作为学校的重要工作之一,对于学校发展建设的作用不言而喻,其中科技投入总经费数量虽然不能反映科技工作的全部,但也是一项

阅读北理

重要的指标。

在科技工作茶话会上,"20.51"成了回顾全年科技工作的一个重要数字。2013年北京理工大学的科技投入总量达到了20.51亿元,不仅再创新高,而且继续保持了科技经费投入总量每年两亿元的稳定增长,稳居全国高校前列。这也从一个侧面反映了北理工按照"强地、扬信、拓天"学科特色发展路径的稳步发展,显示出不俗的科研实力。细读这20.51亿,基础研究约占经费投入总量的 12%、应用基础研究约占经费投入总量的30%、应用研究约占经费投入总量的46%。

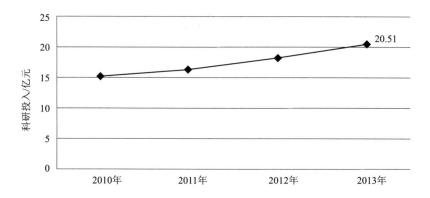

从科研经费分布情况来看,机车学院、自动化学院、宇航学院、信息学院和机电学院的科研经费总量名列前茅,形成了学校科研经费总量的"第一梯队",也从一个侧面反映了"强地、扬信、拓天"学科特色发展的新进展。

基础研究工作"种瓜得瓜"

基础科研工作是大学科技工作核心竞争力的重要组成部分,也是原始创新能力的重要保障。近年来,学校一直高度重视基础科研工作,下大力气为基础科研工作的开展提供帮助与支持。一份耕耘一份收获,2013年,北理工基础研究工作可谓"种瓜得瓜"。

根据国家自然科学基金管理工作会上发布的信息,2013年,北京理工大学自然基金申报工作取得了不错的成绩,共获批项目191项,获批经费1.47亿元,项目数量和经费数量均达到历史新高。2013年国家自然科学基金项目总经费已达到2010年的2.47倍。

第一章 矢 志

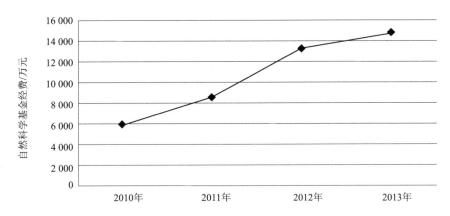

项目总量和经费数量的增长代表着学校基础研究的规模稳步扩大,而在研究质量方面也不断提升。学校继续加大在国家自然科学基金委顶级人才类项目和研究类重大项目上的突破力度,继 2012 年取得创新研究群体项目和重大项目的突破后,2013 年北理工又分别获批 1 项创新研究群体项目和 1 项重大项目。2013 年获批 2 项国家杰出青年科学基金项目和 5 项优秀青年科学基金项目,首次获批 1 项重大研究计划的集成项目,获批 6 项重点类项目。2013 年,学校在基础研究方面还新获批 2 项作为首席的国防"973 项目"和 3 项探索类重大项目。基础研究在今后仍然是学校科技工作的重点,学校将完善政策,鼓励与激励相结合,继续支持基础研究项目的开展,以期对传统优势科研形成交叉与带动,实现科研实力的内涵式发展。

面向需求巩固优势特色

在一系列成绩的背后是学校科技工作主动面向国家重大需求和国家重大安全领域,主动突破核心技术与关键技术。军工科研优势充分体现,军工科研精神充分发扬,成为北理工在科技工作方面的气质和动力,推动着学校以科技"国家队"的高标准严格要求自己,瞄准国家发展建设的大方向,从而实现科技工作的不断进步与提升。

在继续巩固原有国防科技优势地位的同时,不断拓展服务面向和领域。2013 年,学校作为总师单位新获批 4 项重点研制任务,圆满完成了作为总师单位承担的某牵头重点研制任务的设计定型及其他各项在研研制任务。

学校以国家重大战略需求和社会经济发展为导向,不断加强前沿和高技术研究，主动参与国家重大工程，积极组织和参与"863"、科技支撑计划等，持续在各类国家科技计划中发挥积极的作用。在国家重大工程的支持下，我校研制的交会对接微波雷达信号处理机与微波应答机信号处理机，在继成功应用于"神舟八号""神舟九号"与"天宫一号"的交会对接任务后，2013年再次成功应用于"神舟十号"与"天宫一号"的交会对接，为我国空间交会对接技术的进一步巩固做出了重要贡献。在国家"863"等科技计划的支持下，我校在新能源汽车技术领域取得了一系列创新性的成果。近年来，学校与北京市相关企业合作，在推动新能源汽车产业发展及技术进步方面发挥了重大作用。2013年9月，北京市科委在我校组织了"电动北京伙伴计划"校园行启动仪式。在国家深空探测重大工程、重点基础研究发展计划等的支持下，"行星表面精确着陆导航与制导控制问题研究"项目前期成果已应用于我国的重大科学工程——月球探测工程之"嫦娥二号"从日地拉格朗日L2点飞向小行星再拓展试验任务中，获得圆满成功。在国家重大科学仪器设备开发专项的支持下，"激光差动共焦成像与检测仪器研发及其应用研究"项目进展良好，所研发的仪器已成功在部分单位试用并得到认可。

科技成果收获颇丰

科技经费投入的不断增加，承担科研项目的不断增多，为北理工科技工作奠定了坚实的基础，推动学校在科研成果产出方面取得了长足的进步，这可以从科研成果获奖、SCI论文数量、专利申请和授权数量等方面得到体现。

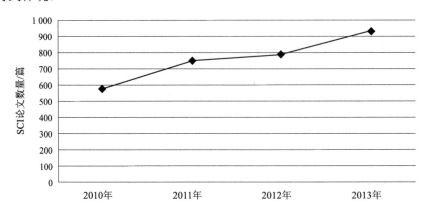

第一章 矢 志

2013年，全校SCI收录论文达到935篇，EI收录论文1 331篇。在SCI收录论文方面，2013年的增量较之2012年与2011年增量有较大提升，2013年SCI收录论文数量是2010年的1.6倍。

近年来，学校在论文数量增长的同时，论文的整体质量水平也在不断提升，其中具有代表性的如2013年北理工化学学院曲良体教授发表在《JOURNAL OF THE AMERICAN CHEMICAL SOCIETY》期刊上的论文《Nitrogen-Doped Graphene Quantum Dots with Oxygen-Rich Functional Groups》荣获2012年度"中国百篇最具影响国际学术论文"，这是学校首次获此殊荣；管理与经济学院胡瑞法教授的论文《Patents and China's research and development in agricultural biotechnology》被国际著名学术期刊《Nature》子刊《Nature Biotechnology》接收并发表。这是作者继2012年在《Nature Biotechnology》上连续发表了两篇论文之后，第三次在该刊发表论文。

2013年，北京理工大学在科技成果获奖方面取得了历史性的突破，获国家科学技术奖5项，牵头获得国家科学技术发明二等奖1项，牵头获得省部级一等奖6项。其中我校牵头的"高速交会目标相对定位测量技术"项目获得了代表发明与创造最高水平的国家技术发明一等奖，是2013年我国2项国家技术发明一等奖之一，也是专用领域唯一的1项，是我校首次牵头获得国家技术发明一等奖。该项目历经20多年的攻关，突破了大范围高速机动交会目标相对定位与矢量测量的难题，为我国航天科技和国防科技发展做出了突出贡献。

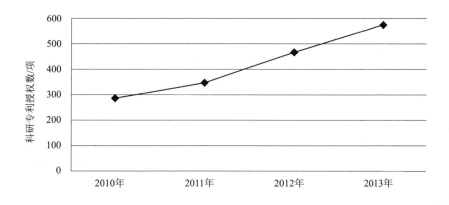

阅读北理

专利的数量和质量在一定程度上反映了一所高校科研工作实力与水平。2013年学校专利申请量再次突破千件，达1 007项。在专利授权方面，年授权数量持续保持增长态势，2013年达到571项，为2010年的2倍。

科技平台建设国家水平

学校在科技平台建设方面始终瞄准国家水平，通过国家级科技创新平台的建设，带动全校科技平台建设工作的发展。2013年，北理工在国家级科技平台方面再次取得新的突破。"复杂系统智能控制与决策"国家重点实验室培育基地通过科技部和工信部的联合验收，并获批按照国家重点实验室要求进行建设与运行。这是我校继1991年批准设立第一个"爆炸科学技术"国家重点实验室后的第二个国家重点实验室。"国家阻燃材料工程技术研究中心"获批立项，一举填补了北理工在国家工程技术研究中心建设方面的空白。

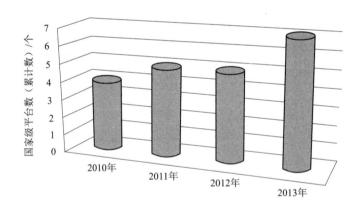

在国家级科技平台建设的带动下，2013年学校新增省部级重点科研平台5个，分别是"精密光电测试仪器及技术"北京市重点实验室、"分数域信号与系统"北京市重点实验室、"光电转换材料"北京市重点实验室、北京市混合现实与新型显示工程技术研究中心和国防科技创新与教育发展战略研究基地。学校还圆满完成"985工程"科技创新平台建设任务。目前我校国家级科技创新平台7个，省部级科技创新平台33个。

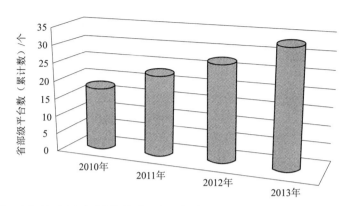

科技平台的建设为学校整体科研实力的增长奠定了坚实的基础，也为今后承担各级各类科技项目创造了良好的条件，相信在不断发展建设的科技创新平台中，将会孕育一批更加高水平的科学技术成果。

科技工作机制务实创新

科技工作的高效率开展，离不开科学管理机制，务实高效的机制才能为学校科技工作发展带来生机与活力，这也是北理工科技工作的一个特色。自2007年以来，学校就积极探索建立有利于创新、交叉、开放、共享的科研管理运行机制，在科研组织模式、科技管理制度、科技激励机制等方面进行了一系列的改革，为学校科技工作的发展提供了保障。如从科技处到科研院的"转身"，就体现了学校通过体制机制创新，整合科技工作力量、明确职责、强化职能，从而使得学校科技管理工作在服务理念和服务质量等方面有了质的飞跃。

近年来，这样的体制机制创新仍然在不断探索中。学校在瞄准国家重大需求，解决国家核心技术和关键技术方面，不仅仅是停留在号召与引导的层面，而是发挥体制机制创新的组织优势，用更加有力的科研组织模式，为学校科研力量提供切实有效的支持。如综合多学科优势先后建立了火炸药研究院、节能与新能源汽车研究院、微纳技术中心、地面无人系统研究院、两化融合发展研究院等若干交叉融合共享平台；同时为适应北京市区域经济建设需要，成立了北京理工先进技术研究院。

另外，将学校的科研技术成果和力量与市场积极结合，实现"产学研"的真正融合，形成良性循环。在这方面，北理工也大胆摸索，走在前列。在原有的技术成果转让、关键技术合作配套生产等成功经验的基础上，学校创办了北京理工雷科电子信息技术有限公司等三个学科性公司。在实践中，将优势学科和成果与市场和社会紧密结合，真正实现了科研的产业化运作模式，增强了研究实力，也产生了良好的社会效益，得到了多方肯定。

2013年，学校科技工作能够紧抓机遇，强化基础，不断扩大科技服务面向，优势领域研究能力得以加强，理工融合、新兴交叉学科发展等前瞻性研究持续发展；培育高水平科技成果，加速推进科技成果转化与应用，继续加快迈向国际科技前沿。2013年，学校科技工作注重质量与内涵，投入持续增长、基础研究不断深入、重大科研特色优势继续巩固、科技创新平台建设水平显著提升，科研产出取得历史突破。

回顾北理工2013年的科技工作，虽不能尽数全年科技工作的点点滴滴，但应该感谢的是全校师生的共同努力、上级的支持和社会各界的帮助。相信在国家和社会对科技创新大力支持下，2014年北京理工大学科技工作将会取得更大的发展与进步。

文：党委宣传部

2014年2月7日

前进中的北理工研究生培养机制改革纪实

培养拔尖创新人才是研究生教育的重要任务。多年来,学校一直扎实努力,不断探讨拔尖创新人才的培养模式,推出了一系列改革措施。2013年,从4篇博士学位论文获北京市优秀博士学位论文,到1篇博士学位论文获全国优秀博士论文和1篇博士学位论文获全国优秀博士论文提名,北理工的研究生教育工作可谓迎来了丰收的时节。

成绩固然值得瞩目,但是成绩背后的努力更应该值得我们细细品味。多年来,学校坚持以稳步提高研究生培养质量为导向,不断深化研究生培养机制改革。不断深化的各项改革才是孕育成果的真正源泉,在培养中提升国际化,着力营造拔尖创新人才的培养环境,确实让工作"改"出了一片新天地。

打破博导"终身制"

2013年2月,一项学校新的工作办法的推出引起了学校师生的关注,

阅读北理

在这则名为"北京理工大学博士生导师资格评定、上岗备案和注册工作实施办法"中,"我校将实施研究生导师资格与注册分离制度,导师资格相对稳定,而注册动态变化。"这句话让导师们细细品味了起来。

一直以来,博士生导师作为一项重要的资格为教师们所重视,因为能够评为博导,意味着可以带领和指导博士生开展各项研究工作,可以极大地推进导师科研工作的开展,能够完成更多的科研设想。但按照惯例,博导资格也有一定程度的"终身制",随之带来一些管理上的负面影响。

这些年来,在实际的教学科研工作中,如何建立博导激励机制与淘汰机制已经成为导师队伍建设中迫切需要解决的问题。一些教师当上了"博导",就感觉"革命到头",在学术上止步不前,虽然得不到学术同行甚至是学生的认可,但"博导"的称谓丝毫未变。

为克服博士生培养过程中的这种弊端,学校大胆创新,推出了打破博导"终身制"的新举措,明确了博导的本质是一种工作岗位而非一种头衔或一种荣誉称号,改变了老师们几十年来有没有经费和成果一样招生的"旱涝保收"习惯。通过"导师申请""定期注册""质量反馈"等改革措施,逐渐淘汰一批"三无"(无科研、无成果、无经费)导师,极大地促进了导师队伍整体水平的加强和提升,一支整体素质优良和实力雄厚的导师队伍,成为研究生培养质量最有力的保障。

一位不愿意透露姓名的博导说,学校在导师资格上动真格的,引进这种能上能下的竞争机制,可以充分调动起老师们的积极性,激活科研和师资资源。

第一章 矢 志

提供科研"沃土"

"只要你有潜力,北理工就将花大力气给予你支持。"

研究生作为具有一定科研素质的学生群体,在科研思想和科研技能方面比本科生具有明显优势,如何释放研究生群体的科研创造力,使其在按照导师要求开展研究学习的同时,还能大胆探索、勇于实践,真正体现出青年科研工作者最为闪光的创造性思维,也是北理工在研究生培养中一直探索的课题。

为了加强研究生科技创新培养,从 2010 年起学校就设置了"研究生科技创新活动专项计划",使之成为培养研究生创新的基础"土壤",重在发现和呵护那些充满科学探索、科技创新和发明创造的早期想法。

同时,研究生院还进一步改革了"优博育苗"计划,对学业成绩突出、创新意识强、科研潜力大的优秀博士生进行较大力度的资助。学校从"优秀导师、优秀博士生、优秀课题"等方面深入研究挖掘,加强过程跟踪,助力拔尖创新人才脱颖而出。学生可根据自身情况选择"奖学金"和"论文研究"两种经费发放形式,为优秀的博士生解决生活上的后顾之忧,解决创新研究中的经费紧张,使其能够真正全身心地投入到科学研究中去。迄今,获得北京市优秀博士生和全国优秀博士生的博士学位获得者绝大部分都曾获得过"优博育苗"资助。

培育优秀博士学位论文作为学校研究生培养工作的一项重要环节，也是学校抓好研究生培养质量的重要抓手。近五年来，学校从评选北京理工大学优秀博士、硕士学位论文入手，从当年博士学位论文中评选出校级优秀博士生，经过一年的培育和跟踪，选送参加第二年全国、北京市优秀博士生论文评选，为培育优秀博士生论文营造了良好的制度环境。同时，配套设立了《北京理工大学优秀学位论文奖励与资助办法》，对荣获各层次优秀博士论文的学生、指导教师和所在学院予以奖励和相应的专项研究资助，从而从导师和学院的层面强化对学生的指导和支持。

博士生培养创新资助体系的建立和逐步完善，为博士生集中精力从事科研工作提供了多元的支撑资源，同时，学校也可以在各项目的实施过程中发现、跟踪和培养突出人才。各类资助项目一般均能实现资助力度大、资助期限长和可持续性好，通过这些项目的交叉覆盖和有效衔接，逐步形成特色鲜明、重点突出、持续发展、策略平衡的高层次创新人才资助体系。

打开国际视野

世界一流的大学必须是国际化的大学，国际交流与合作是提高研究生培养质量的重要途径与手段。近几年，学校积极推行了各种形式的研究生国际化培养措施，尽其所能为研究生提供宽广的国际平台和全面的配套政策，拓宽国际视野、增长学术见识、了解前沿信息。

国际化首先从研究生英语教学课程的建设方面入手，学校不仅改革了研究生英语教学的内容与方法，而且通过全英文课程和全英文专业建设，建设若干组教学理念先进、教学内容优化、教学方法合理的全英文教学课程，提高学生的专业知识水平、研究能力和英语水平，以方便打通我校研究生课程与世界一流大学研究生课程的学分互认，提升我校研究生课程质量，扩大和促进我校研究生的国际交流。目前启动建设研究生全英文专业11个，开设全英文课程53门，聘请外籍教师直接讲授课程22门。

为了推进研究生国际交流的开展，研究生院着力加大了国际交流平台的建设。近五年来，通过国家公派留学项目，我校已有332名研究生赴国外留学。近年来，我校又启动了研究生短期国（境）外交流访学项目，资助优秀研究生参加国际学术会议、资助博士研究生中短期出国（境）开展

第一章 矢 志

与博士论文研究相关的研究与资料收集工作、资助博士研究生开展"国际专题学术研讨会",每年参加国际交流的博士生约 160 人,占博士生每年招生数的 25%。此外,学校又积极开展"校内联合培养博士生基金项目",进一步深化研究生的国际交流和合作。

我校 2012 级光学工程专业博士生李昕,2013 年受学校资助前往美国参加了"数字全息和三维成像"会议。他说:"学术在于交流,闭门造车很难造出好车。那次去国外参加学术会议,和本学科的'大牛'们交流,使我了解到了国际科技前沿的知识,学习了他们做学问的方法、理念,会有'一句话点醒梦中人'的感觉,他们的寥寥数语,对我的科研工作帮助很大。"

除了做好学校层面的国际化交流平台建设,研究生院还充分利用现有资源,积极整合资助项目,逐步形成"国家—学校—学院—导师"的多层次多渠道的研究生国际化培养机制和"短期—中短期—中长期—长期"的时间梯度覆盖体系,为培养高质量的研究生提供了坚实的基础。

近几年,我校全国优秀博士论文、北京市优秀博士论文获得者均获得过北京理工大学公派留学项目或研究生短期国(境)外交流访学项目资助,在研究生学术能力得到提升的同时,也加快了我校研究生教育国际化的进程,成为我校国际化人才培养的一个重要窗口。

阅读北理

【后记】研究生教育是国家培养高层次人才的主要途径，是国家创新体系的重要组成部分。党的十八大对实施创新驱动发展战略和培养创新人才提出了明确要求。教育部等三部委《关于深化研究生教育改革的意见》中也提到，研究生培养要"更加突出创新精神和实践能力培养……更加突出对外开放，为提高国家创新力和国际竞争力提供有力支撑，为建设人才强国和人力资源强国提供坚强保证"。

北京理工大学始终将研究生教育作为学校的重点工作之一，学校第十三次党代会提出的"6+1"发展战略中明确要"把研究生教育作为培养拔尖创新人才的重要实现形式"。原党委书记郭大成、校长胡海岩非常重视研究生教育，多次在学校各层会议中就研究生的国际化培养、研究生导师队伍监督评价机制、优秀博士学位论文培育、资助和奖励制度的建立健全等多方面进行集中探讨。相信在全校的共同努力下，北理工研究生教育将会不断积累、发展，为把学校建设成为特色鲜明、理工为主的世界一流大学做出卓越贡献。

文：雷笑

图：斯君

2014 年 10 月 6 日

顶层谋划，扎实推进，留学北理开创新局面
——【十四次党代会专题报道】北理工留学生工作纪实

【编者按】近期，北京理工大学将迎来第十四次党代会，在学校全面推进综合改革和制定"十三五"规划大背景下，为全面贯彻党的十八大，十八届三中、四中全会和习近平总书记系列重要讲话精神，加快"争创一流"步伐，党委宣传部推出"发展巡礼"专栏，展示学校、学院自十三次党代会以来取得的各项成绩。

在北京理工大学这所生机勃勃的校园里，细心的人会发现，近两年，在校园的各个角落里、在校、院两级各类活动中，有越来越多不同肤色、陌生面孔的外国同学出现，他们在学校的学术科研和文体活动中崭露头角。在学校国际化办学进程中，他们是中国对外开放和留学北理的受益者，更是学校国际化发展中不可多得的力量。

2014年，我校在校留学生人数首次突破千人，达到1 209人，较2013年增长40%，增长幅度列北京市高校首位。

报道就要从"1 209"这个数字说起。

留学北理，全面推进留学教育新局面

相对于庞大的国内学生群体，"1 209"是个不起眼的数字，但对于我校的来华留学生来说，这个数字意义重大。从几年前的数百人到1 209人，它意味着在全校的努力下，学校的国际化办学水平全面提升，我校来华留学工作迎来了大发展的机遇期。

2014年，全国来华留学生共计35万多人，增幅为8.6%，其中北京、上海、广州等一线城市留学生规模因受生活成本和国内接收留学生院校增

阅读北理

多等情况的影响增势减缓。在这样的形势下,留学生中心不但没有被困难束缚手脚,还在2012年主动将学校第十三次党代会制定的到2015年外国留学生规模达到1 000人的目标上调至1 200人,并且经过不懈努力,于2014年提前一年完成了目标,可谓逆势上扬。

数字"量的增长"是留学生中心教育体系和管理体制改革"质的优化"的成果。《国家中长期教育改革和发展规划纲要(2010—2020)》提出要加强中外教育交流,推动来华留学事业持续健康发展,提高我国教育国际化水平。我校十三次党代会也明确提出了"开拓新思路、开创新局面、实现办学国际化新跨越"的国际化发展战略,留学生中心在2012年相应制订了《北京理工大学留学生教育发展计划》,简称"留学北理行动计划",全面推进我校留学生教育体系建设。

"留学北理行动计划"是我校为扩大留学生规模、提高教育质量、规范管理、优化结构而实施的一系列全面提升计划。学校主动服务于国家重大经济和外交需求,提升我校在培养具有国际视野、通晓国际规则,在全球科技、经济、国防领域有领导力的高层次、创新型人才的教育能力,为世界培养实施中国战略的高级人才。

以"留学北理行动计划"为纲领,留学生中心从2012年开始全面推进各项工作。

扩大奖学金规模，吸引优质生源

奖学金对于吸引外国留学生的作用不言而喻，尤其在硕博阶段，研究型岗位奖学金的优渥与否是能否吸引优质海外生源的重要保障。

留学生中心对于这一点自然有着很清醒的认识。在认真完成中国政府奖学金（CSC 奖学金）招生的基础上，留学生中心主动出击，争取资源，积极推进多种政府奖学金的招生。同时，在 CSC 奖学金框架下，开展了大量扎实有效的对外交流活动，联系了多所海外高水平院校，招收了大批优秀的学分交换生。这些措施不仅促进了学校的国际交流，也使得我校来华奖学金规模得到重大突破，强有力地支撑了学校来华留学工作的发展。

在所有奖学金中，中东欧奖学金是一个亮点。"要较好地执行这个奖学金，学校需要有较强的对外交流能力，我们必须找到高水平的海外合作伙伴，并与对方学校签订学分或校际交换协议。"留学生中心主任汪滢介绍道。为了积极推进中东欧奖学金，2014 年，学校共与 10 个国家签订了 21 个合作协议，吸引了来自中东欧的 200 余名高层次优秀生。

搭建海外招生平台，源头保障生源质量

搭建海外招生平台，是构建全新留学教育体系浓墨重彩的一笔。

2012年起，留学生中心首创性提出建设高层次海外招生平台，重点开发欧洲、东南非、东南亚三大板块生源基地，与所在国高水平大学、教育部门和社会组织建立联系，意在构建成体系的、稳定的招生渠道。

由于我校没有医学、建筑学、水利水电、对外汉语学历教育等来华留学传统的优势学科，在招收来华留学生方面有天然弱势。"我们在建设海外招生平台方面下了很多功夫，投入了很多精力。我们在选择生源地国家时，第一，要结合学校优势，师我所长，瞄准新兴的、工业化和信息化需求度较高的国家，如东南非、东南亚国家，以及需要再度工业化的国家，比如中东欧地区；第二，要紧跟国家的重大外交和经济政策，国家重点发展外交关系和经济合作的国家和地区将意味着文化教育领域合作空间倍增。"汪滢如是说。她认为，谋划得当，踩准拍子，瞄准靶子，对海外招生平台建设极为重要。

近两年，留学生中心成功搭建了欧洲20国、东南非5国、东南亚4国海外招生平台，分别与来自法国、葡萄牙、土耳其、波兰、捷克、斯洛

伐克、爱沙尼亚、罗马尼亚、塞尔维亚、保加利亚、立陶宛、印度尼西亚、毛里求斯、韩国等14个国家的20所知名大学签署了校际合作协议和补充协议。在留学生中心建立的包含数千所海外高校的数据库中，与200多所高校的合作是重点工作内容，是数据库里最活跃的部分。除此之外，留学生中心与各国政府和企业以及各类机构组织积极合作，开辟了多个优质生源渠道。

海外招生平台的效果逐渐显现。2013年，报名人数与录取人数比例较低，可供选择的优秀生源有限；2014年报名人数成倍增长，综合招生录取比例达到1:5；2015年的招生工作尚未结束，系统报名人数截至4月底已达2 500人。报名人数的大幅度上升为留学生中心在招生选才方面提供了更大空间，可以从容地"优中选优"。2014年，留学生中心招收的300多名高质量新生中，欧洲留学生大比例增长。"来到北京，来到北京理工大学读书，极大地开拓了我的眼界，让我认识了正在迅速发展中的中国，我很希望毕业之后能够在北京找到一份工作。"艾美丽是一名来自印尼的留学生，不同于我们之前接触的其他留学生的是，她能够用一口流利的汉语和我们进行无障碍交流。她是2014年在我校与印度尼西亚墨邱布安南大学签订双学位合作协议后来校学习的，汉语能力和学习成绩均表现突出。

建设全英文授课专业，推动留学生趋同化管理

教学语言国际化是扩大外国留学生规模、提高生源质量的客观需要和有力支撑。

2014年，在教务处和研究生院的大力支持下，留学生中心采取多种办法，与相关学院一起努力推进全英文授课本科专业和硕士研究生专业的对外招生。目前我校对外招生的本科全英文授课专业8个，硕士全英文授课专业13个，2015年有22个全英文授课专业可以招收留学生。机械学院制定了机械工程博士专业全英文培养方案，这是我校首个中国学生和外国留学生同堂进行全英文培养的博士专业。该专业按照机械工程国际化培养模式，打破了按产品划分学科和开设课程的方式，力争做到与国际接轨，培养具有国际视野的高层次人才，使学生具备坚实的机械工程专业基础，同时全面提高博士生参与国际交流的能力，为赢得国际竞争做好准备。

阅读北理

"如果想要把留学生工作做深入，长远来看，我们就需要提高学校整体的国际化水平，通过学院开设全英文授课专业，让留学生和中国学生一起上课、一起学习、一起交流。这样，学院的国际化水平会促进留学生工作进展，留学生融入普通学生也会推动学校的国际化水平更进一层。"在留学生中心副主任赵坤看来，推广全英文授课，对于推动留学生和中国学生趋同管理，意义深远。

全英文授课专业建设的最终目标是实现留学生教育趋同化管理，为此，留学生中心还与各学院和相关职能部门从多方面共同努力推进，包括开设"同中存异"的课程设置、推进留学生进入本科生学籍管理系统、研究生学籍管理系统等。

2014年招收的近300名学历生新生中，超过70%的学生为英文培养。其中很多优秀研究生来自世界知名高校，如西班牙马德里理工大学、波兰格但斯克大学、捷克西波西米亚大学、土耳其科贾埃利大学和安娜多鲁大学、巴西里约联邦大学、坦桑尼亚达累斯萨拉姆大学等。新生综合素质好，学术能力强，英语水平高，生源质量的提升对提高培养质量，促进教学改革和国际交流提供了有力的保障。学院普遍反映，新来的外国留学生素质高、学习刻苦、融入能力强。在计算机学院2014年12月25日召开的本科留学生培养研讨会上,学院领导和任课老师对留学生的表现给予了很高评价。

建设对外汉语教学体系,大幅提高教学质量

想让来华留学生了解中国、了解中国文化,全英文教学是不够的,还必须深入开展汉语教育。一位墨西哥的学位生学习汉语不到两年,就能讲一口地道的汉语。"我们学校的汉语教得特别好,我现在已经可以给汪老师当翻译了,我们从墨西哥一起来的在其他学校学习的同学,汉语水平不如我。"他骄傲地说。

在全国高校来华留学圈内,留学生中心推行的对外汉语教学体系在业界一枝独秀。

留学生中心对外汉语教研室采用语言中心的管理模式,自 2013 年起创建了新的教学及教师管理体系。在全国首个提出汉语教学按听说读写八个等级精细划分,这样细致的归类授课在全国高校独一无二。学生来校后经过水平测试,根据个人的实际情况,选择不同等级的基础汉语、口语课、听力、阅读或写作课,构成个性化课表,从而满足自己汉语学习的需求。

汉语教学实行小班授课,精讲多练,班主任制,严格考勤,几乎每周都有一次语言实践活动；组织学生去长城、颐和园、首都博物馆、798艺术区等参观；为学生免费开设HSK（汉语水平考试）辅导课；中国概况、中国历史与文化讲座，书法、太极拳、剪纸、烹饪等中国文化体验活动；组织学生参加全国、市、校级各类文体比赛，文化交流、企业参观等活动；为学生搭建了学好汉语、了解中国、体验文化的平台。丰富多彩、精细分类的授课和管理模式极大地提高了学生的学习积极性和学习效果。我校留学生在学率达到98%，远高于全市60%～70%的平均数，甚至有不少其他高校学生慕名转学而来。

创新人事制度改革，激活团队活力

非事业编管理人员目标责任制和教学人员承诺课时制是留学生中心保障管理和教学质量、创新体制机制的又一项重要举措。

2013年起，留学生中心利用学校非事业编制人才招聘及管理方式，面向全国招聘了一批具有硕士学历、外语专业或对外汉语教学专业毕业、有一定教学及管理经验的优秀管理人员和教师，其中大部分具有海外留学或教学工作经历。

对外汉语教师们基本来自北语、北大、北外、香港中文等对外汉语教学传统强校，经过面试、试讲、实习等环节从众多求职者中脱颖而出。他们多才多艺，不乏能歌善舞、擅长琴棋书画或体育项目者。留学生中心与他们签订了承诺课时协议，每个非事业编专职汉语教师每周需承担18课时以上的汉语教学任务，按时坐班，同时还要担任班主任，参与教学管理工作。专职教师取代以前的外聘教师，消除了教师的后顾之忧，让他们有了归属感，更乐于奉献。这批教师年纪轻、有朝气、极富责任感，几乎"全天候待班"的模式保证教师与学生有足够的课上课下交流机会，交流的增加让学生归属感也大为增强，学习劲头加大，学习质量提高。"以前学生可以随时报班，现在不行了，每个班都爆满，一旦错过报名时间就会错失学习机会。"留学生中心办公室主任李江红老师介绍道。

除了课时制度的严格把控，合理的考核管理也功不可没。留学生中心对管理人员和教师的考核办法比照国际标准，分本职工作、公共服务、短期工作三块，分别占比60%、20%、20%，所有人员在完成自己的本职工作后，都要承担中心的公共服务和短期工作，才能达到全年考核标准，考核标准的结果又有相应的激励制度。考核制度凝聚了人心，激励制度激发了团队，留学生中心的体制创新无疑是骄人成绩的制度基石。

沈佳培是留学生中心招收的第一批非事业编管理人员。2013年年初，她于英国曼彻斯特大学毕业回国，经过层层选拔后正式成为留学生中心的一员。在这个大家庭中，她深深体会到了中心高效严谨的办事风格。她的工作由最初数据收集整理，到各类外事接待工作，再到牵头建设中心的全英文网站，她在紧张的工作中迅速地成长了起来，多次获得中心的奖励并获得了校级A类员工称号。

留学生中心同工同酬的工作制度使得非事业编员工和事业编员工得以享受同样的评奖评优机制及学习进步的机会。在留学生中心，从初出茅庐的应届毕业生到可以独立负责国际交流、招生、教务和学生管理工作的不止沈佳培一个，这支年轻团队的成长完全得益于留学生中心良好的培训以及激励机制。"我亲身经历，我心存感激。"沈佳培欣然说。

打破住宿资源壁垒，营造国际化氛围

住宿资源是制约我校扩大外国留学生规模的主要因素之一。为此，留学生中心在学校领导和相关部门支持下，经过连续两年努力，通过校外租赁的方式，扩大了住宿资源，暂时解决了两到三年内制约留学生发展的瓶颈。

为营造国际化氛围，改善外国留学生生活和活动场所环境，留学生中心自筹经费修建了国际文化广场和休闲走廊。为了尊重外国学生的生活方式并提升学生的生活住宿体验，留学生中心特意改造了门禁系统、热水系统、上下水系统，并把楼里所有厕所的蹲位改造成了坐便器。这种对外文化的尊重与贴心，让留学生中心每一位师生员工都感受到了家的温暖。

阅读北理

国际风起关不住　引得四方赞许来

回到文章最开始，留学生的优异表现在校园刮起了一阵国际风。

第一章 矢 志

  2014年,留学生首次参加了学校运动会,取得了4个第二、2个第三的优异成绩,2015年表现依旧不俗。继津巴布韦的赵胜利获得第38届深秋歌会冠军后,在第39届深秋歌会总决赛中,乌克兰的安娜和韩国的金度勋给全场观众留下深刻印象,金度勋获得了最佳潜力奖;2014年优秀外国留学生颁奖典礼暨新年联欢会上,外国同学展现吹、拉、弹、唱、舞蹈、相声等多种才艺,被称作国际化水平极高的一场盛会;首届北京理工大学"中文角"活动从不同方面向留学生展示了中国文化,加强了多国学生之间的多语言交流,获得了中外学生一致好评。

  留学生参加的校外活动同样异彩纷呈。在我校协办的以"网聚正能量,青春'中国梦'"为主题的2014年CCTV网络春晚中,学校30名外国留学生参与到了开场舞、杂技、魔术、歌曲等节目中,展现了北理工外国留学生的风采;在2014京津冀高校外国留学生汉语辩论赛中,首次参赛的外国留学生代表队不畏强手,与北京外国语大学、北京师范大学、北京语言大学这些对外汉语强校一起晋级四强,以一票之差惜败于冠军北京语言大学代表队,一辩欧冰茹获得"最佳辩手奖",其他辩手获得"优胜奖",我校获得"最佳组织奖";此外,留学生在"我与北京"主题征文比赛、"来华杯"在京外国留学生羽毛球比赛、"外国友人眼中的百姓中国梦"摄影比赛、CCTV4《趣兵团》节目等十余项活动中,取得了优异成绩,为学校争得了荣誉。

  随着"一带一路""亚投行"等国家战略举措的深入,中国走出去的步伐逐渐加大,中国经济实力稳步增强,中国的文化教育影响力也越来越令人瞩目。北理工留学生工作是中国高校来华留学教育中一个缩影。国家不断进步、学校不断发展、来华留学教育制度不断完善、留学生数量和素质不断提升与一个学校的整体国际化水平息息相关。北京理工大学不断探索适合自己的新模式,夯实硬件环境、优化软件环境,让施教者和受教者都能乐在其中,成为中国工科来华留学的代表,成为接收留学生数量增长中的领跑者,最终成为外国留学生一生中难忘的母校,难忘的"家"。

文:和霄雯 赵琳
图:留学生中心
2015年5月7日

让热爱良乡校区成为一种习惯
——北京理工大学副校长李和章谈良乡校区建设

北京理工大学从延安走来,在烽火岁月中辗转办学;迁入北京,从黄城根到车道沟,再到中关村。回首往事,在学校75年的建设发展历程中,办学地址多次迁移的高校在全国屈指可数。每一次变化虽然都充满新挑战,也面临新困难,但最终都带给了学校新发展、新变化,奠定了新基础。

进入21世纪,伴随着京西南北理工一块新的基石被奠基入土,学校又进入到一个新的历史发展阶段,虽不像历史上迁移校址,但"开疆拓土"的发展魄力,必将永载史册。2000年,学校抓住历史机遇,具有前瞻性地在北京市房山区争取到3 000亩土地,开始了至今十余年的良乡校区建设历程。

大学是现代社会孕育先锋思想和人才的摇篮,也是科学文化与人居环境"软硬件"的结合体。因此,在办学规模扩大、办学条件有限的情况下,

第一章 矢 志

建设新校区是适应高等教育发展的必然选择。早选择要优于晚选择。时至今日，相比北京部分兄弟高校迟到十年的动作，新校区建设的优势正在日益显露。

当然，战略上的正确决策，并不能取代实际工作中的困难与挑战，抓住历史机遇的同时，学校也要付出发展的"代价"。在二十年左右的时间内，北京理工大学都要面临新校区建设给学校整体工作带来的影响，因为既有的工作模式正在逐渐变化，新的工作机制正在逐渐摸索形成。面对"形散"的现实格局，如何做到凝心聚力"神不散"？如何尽快释放多校区的发展红利，又消弭空间上的分割劣势？这些都是摆在全体北理工人面前的一个"大课题"和"大项目"。

解读十几年来良乡校区发展建设成果，展望下一个阶段新校区建设的重点，党委宣传部专访了副校长李和章，让我们共同分享北理工的新发展和新起点。

从一片荒芜到缤纷满路

2000年、2002年、2005年、2007年……在良乡校区的发展历程中，有这样几个历史时刻值得纪念。

阅读北理

2000年9月26日，北京理工大学60周年校庆，教育部、北京市人民政府、原国防科工委签署了三方共建协议，明确在良乡高教园区建设北京理工大学良乡校区。2002年12月20日，良乡校区举行了奠基仪式。2005年下半年，正式开工建设。2007年9月17日，北京理工大学良乡校区迎来了第一批3 000名本科新生。

"良乡校区完全是按照现代大学的标准来规划建设的。"副校长李和章作为新校区建设的主要负责人是这样评价规划理念的。良乡校区在规划建设之初，就明确其是学校的重要组成，是中关村校区的有效扩展，两校区是密不可分的一体。学校在发展建设良乡校区过程中始终坚持一脉相承的原则和循序渐进的节奏。

新校区建设者们面对一片荒芜，正如面对一张铺开的新纸，成竹在胸，意在笔先，中锋运笔，勾勒轮廓。良乡校区第一阶段建设秉承"以人为本、因地制宜"，紧紧围绕本科生学习、生活基本保障开展，建成徐特立图书馆、两栋综合性教学楼、物理实验中心、化学实验中心、工业生态楼以及13栋学生宿舍楼、南北两食堂、教师公寓等，建设规模达到31.8万平方米。

良乡校区不仅通过基础设施建设为学生提供了较好的学习生活保障，

第一章 矢 志

还充分发挥新校区地缘优势,在校园环境建设中"善弄粉彩",既有可圈可点的"神来之笔",也着眼于大空间、大布局,疏密有致,通透流畅。良乡校区51.41%的高绿化率,使之成为当之无愧的园林校区。当下,良乡校区有乔木12 147株,灌木22 940株,攀缘植物432株,丛簇植物12 920株,色带有8 000多平方米,这其中花卉面积1万多平方米,野花5万多平方米,野草10万多平方米,总绿化面积达318 467平方米。

良乡校区的点睛之笔当属北湖,水色天光,倒影迷离,墨色丰富,尽柔和之妙,呈氤氲之趣。这个获得中国风景园林学会最高奖——"优秀园林绿化工程"金奖的"一湖之水"建设之初曾是蚊蝇纷飞、臭气熏天的垃圾大坑,目前已成为学生休闲放松、集会交流的核心场所,不仅有小型的集会广场,还有环湖步道,极大地提升了新校区校园环境文化品位,将环境育人和文化建设落在了实处。"环湖步道一圈正好1 000米,每100米都有标记,学生们可以约定在红色跑道的几百米处见。"李和章对北湖建设的细节如数家珍。

一所大学的文化积淀不是一朝一夕形成的,文化的延伸和覆盖需要一定的时间和过程,本校区的优秀文化难以在短时间内辐射和"拷贝"到新校区。因此,多校区运行更需要气脉贯通、一脉相承的笔墨,要使良乡校

阅读北理

区的文化场与本校区浑然一体。良乡校区行政楼广场屹立着由著名书法家欧阳中石写成的校训石——"德以明理，学以精工"，八个大字苍劲有力；徐特立图书馆前学风石上书写的"实事求是，不自以为是"是徐特立老院长对后代的殷切期许。行政楼前广场上屹立着千字文、道德经，不时有学生驻足观看、细细品读。"老院长徐特立纪念展""校史长廊"、穿插廊间的两校区图片展都是让入校新生逐渐获得学校文化认同感和归属感不可或缺的环境建设。

望层楼立起　看蓝图渐展

在刚刚闭幕不久的北京理工大学第十四次党代会上，学校对良乡校区的发展进行了明确定位，即"成为以理科、文科、新兴交叉学科为主的人才培养基地和科学研究基地，同时逐步成为科技成果孵化、高新技术产业培育基地"。

围绕这个定位，蓝图如何绘制？

李和章与记者进行了深入交谈："良乡校区建设已取得阶段性成果，层楼立起、环境优美，但是尚未达到办学功能齐全。学校不断探索和实践解决问题的路径和方法，实行了延伸与集中相结合的管理模式，逐渐强化延伸，通过逐步提高良乡校区的办学资源供给能力、提高良乡校区的办学服务能力、提高良乡校区的大学校园文化品位和校园文化氛围、提高广大师生对良乡校区的认同感，将发展重点逐渐向良乡校区倾斜。"

提高办学资源供给能力。在学校"十三五"规划讨论制订中，将以人才培养为核心，着力提升良乡校区的功能定位，大力推进其新一轮的发展建设。2015年，良乡校区开工建设东区市政基础设施、体育馆、工程实践训练中心，其中体育馆将建成以篮球馆、游泳馆为主的综合馆，建筑面积15 700平方米，建成后将极大满足师生员工的体育文化需求；工程实践训练中心建筑面积33 060平方米，建成后将为学生提供机械、"三电"等方面的实验、工程实践训练以及创新创业实践训练，这将彻底清除目前两校区办学中困扰本科生教学计划和课程安排的一个最大障碍，为按照人才培养规律科学开展教学工作提供有力保障。

第一章 矢　志

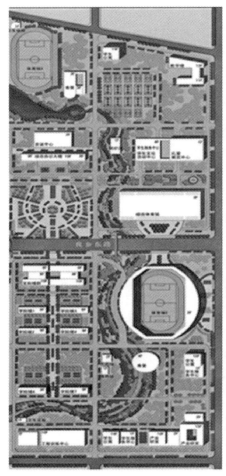

加强育人配套服务建设。办学资源供给增加，相应还需配套服务能力，遵循"效益原则"，提高校区间现有教育教学资源的使用效率和效益，通过调整学科专业布局和机构改革，加大资源整合力度，实现信息资源、师资队伍共享和合理配置，提高资源利用率。按照这个思路，学校"十三五"期间还将优先启动两个较大的组团建设项目。所谓组团，就是让相似度较高的学科与学院、部门统一规划，组团式建设，既有效减少成本，又利于学科融合发展。目前，学校将人文学院、法学院、外国语学院等文科学院进行组团；计算机学院、软件学院、网络中心及公共计算机实验中心也会组团入驻良乡。除此之外，按照建设规划，学校还将兴建 10 万平方米的学生生活组团，包含学生宿舍和食堂，分布在良乡校区待建土地上。

注重结合地区发展优势。 良乡校区的建设不能与当地经济社会发展隔离开来,就如同中关村校区的发展离不开中关村的特殊环境一样。特别是在国家提出 "大众创业、万众创新"时代背景下,房山区按照北京市统一布局,结合京津冀发展大趋势,提出建设CSD(中央休闲购物区)的战略规划。对其中处于重要核心的良乡高教园区提出了建设"智汇城"的发展定位,旨在形成集教育、科研、服务、生产、居住、旅游休闲等多种功能为一体的综合型城市社区,既是人才的摇篮,也是创业者的乐园;既是教育产业园区,也是高科技研发中心。因此,高教园区不仅更加贴近学校需求配套设施建设,还将服务高科技企业与高校学科优势相结合,实现园区产业发展与大学科技园建设相结合,最终打造房山创新文化中心、高端人才中心、科技研发中心、金融中心。

特别是作为继中关村之后,北京市又一个鼓励引导创新创业的重点区域,良乡已经配套了相应的创业支持政策,各类"孵化器"汇集于北理工良乡校区周边。

由此可见,学校在新校区建设中,也将分享属地区域所带来的发展红利,因此北理工不仅要积极参与其中,更要借势推动自身大学生创新创业工作的开展。学校计划不断深化与房山区政府的合作关系,结合校区建设,建设良乡校区的科技园(创新园),参与到"中关村南部科技城"的建设宏图之中。

化转变为共识 以共识谋发展

良乡校区与中关村校区的融合发展始终是学校最关注的问题。

如何处理好实际工作中的问题,确保两校区的发展建设相互融合、相互促进,形成合力,在学校争创一流的关键时期,使这艘"大船"上的"新旧两张帆"一起迸发出强劲的动力,有赖于行政管理队伍使好帆、掌好舵,与"船上"的师生一起同舟共济,乘风破浪。

"从一开始,我们就对干部同志提出了要求,发展眼光要谋长远、观全局,不要只是关注中关村校区,还要将良乡校区、西山实验区,包括京外实验区系统考虑,每一位机关管理干部,每一位老师、同学,都需要转变和调整思路。"李和章说。

学校的发展建设任重道远,要达成十四次党代会提出的目标,李和章

第一章 矢　志

认为，当前，师生员工的思想共识很重要，管理干部和师生员工在认识上要实现"四个转变"：一是眼光转变，要把眼光从紧盯中关村校区拓展至放眼北京理工大学整体，包括良乡校区、西山实验区和京外实验区；二是理念转变，管理部门要从远距离遥控转变为零距离服务，多到良乡校区走一走；三是态度转变，驻区单位由接受、要求、等待服务转变为主动提供服务、主动了解师生需求、主动解决问题；四是资源配置方式转变，从单一的发展模式向通盘考虑两校区发展转变，将分散的资源最大限度整合。"十三五"要重点建设良乡校区，使其有大发展、大起色、大格局、新气象。

"良乡校区现在有 8 876 名学生，以本科生为主，其中研究生有 430 人，延安大学交流生 49 人。如果这么多学生还叠加在中关村校区，那局面是可想而知的。"李和章说。

"北京理工大学良乡校区走过了十几年的发展建设之路，自 2007 年第一批本科生入住良乡校区开始，良乡校区对学校整体工作的影响力度和工作渗透愈来愈大，并且每一年工作局面都有新意和亮点，这样的局面还将持续相当长的时间段，由此会带来未知的困难和挑战，但是纵观长远，伴随着新校区建设的不断强化和深化，良乡校区所释放的'红利'必将不断扩大，为全校的发展注入新动力、带来新机遇。"李和章坦言。

"曾经有学生把我们的良乡校区叫做良乡理工大学，简称'LIT'，虽然是戏称，但也是鞭策，希望我们的管理服务水平不断提升后，软硬件环境不断提高后，同学们不再称自己生活在'LIT'，而是自信地作一名'BITer'。"

这是李和章几年前说过的话，现在正在逐渐变为现实。

文：和霄雯
图：郭强　张天佑　刘云轩　全源
2015 年 7 月 3 日

写在 9 月 17 日，校庆之际回首良乡校区

9 月 17 日是一个特殊的日子。8 年前的今天，2007 级本科生正式入住北理工良乡校区，标志着良乡校区正式启用，这一天对很多人、对北京理工大学都有着特殊的意义。良乡校区，生日快乐！

自 2002 年良乡校区开工建设以来，一个全新的校区在北京西南的农田中迅速崛起，成为良乡高教园区不可或缺的组成部分。

北京理工大学 75 周年校庆之际，回首往事，历史如此相似：一个甲子前的北京工业学院（现北京理工大学），也曾在北京西郊艰苦创业，开辟巴沟校区（现中关村校区），创造了一段辉煌的"京工岁月"，相信良乡校区的建设必将成为北京理工大学发展建设、争创一流最牢固的基石！

今天，让我们一同回顾良乡校区一路走来的创业历程！

第一章 矢　志

2002年3月15日，北京市良乡高教园区举行开工仪式，标志着良乡将进入一个"大学时代"，北京理工大学师生代表和高教园区其他高校师生共同出席了仪式。

2002年10月22日，学校与北京市房山区人民政府举行良乡校区合作签字仪式，标志着良乡校区建设正式启动。

第一章 矢　志

2002年12月20日，北京理工大学良乡校区在一场冬雪之后，举行了奠基仪式。彼时的良乡校区，还是一片被大雪覆盖的荒野和农田，在寒风与低温中，北理工的师生们见证了这一历史性的时刻，郑重埋下一块意义不凡的奠基石。

2002年年底，良乡校区的建设大幕正式开启。在短短几年时间内，一

阅读北理

栋栋建筑拔地而起。至 2007 年，已经能初步满足一年级本科生在此正常学习和生活。

2007 年 9 月 17 日，良乡校区迎来了第一届本科新生。21 日，北京理工大学第一次在良乡校区举行开学典礼，开学典礼上国旗班战士在良乡校区升起了五星红旗！

第一章 矢　志

阅读北理

  值得一提的是，从 2009 年 10 月至 2010 年 5 月，一项特别的工程大幅提升了良乡校区的校园风貌——校园北湖工程。从原来的一处天然积水的洼地到如今风景如画的国家优质园林工程，北湖已经成为良乡校区最耀眼的一颗明珠，也成为整个高教园区的亮点。

  今天，校区的建设还在继续，良乡校区东侧预留土地的建设已经进入实施阶段，这里即将破土动工全新的文化体育综合馆和工程训练中心。今后，还会有更多的基础设施在良乡校区陆续开工，将为北理工师生提供更好的成长发展平台，为学校发展建设提供更好的物质资源保障，使北理工良乡校区成为京西南真正的"智汇城"！

  建校 75 周年校庆之际，让我们感谢那些在延安杜甫川前艰苦创校、带领学校辗转华北办学、迁入北京厚积薄发、规划京西开创新区、新世纪创业良乡，为学校发展建设"开疆拓土"的前辈和师生们！

文：王征

2015 年 9 月 18 日

良乡，北理工，梦想

"未来得及留恋夏季的温暖，秋天便迎着北湖的波光、抚着丹枫的红叶悄然而至。从清晨始，诵读梧桐下，漫步北湖畔，奋笔于窗明几净之室，思辨于舒展心胸之地，昼夜交替，月朗星稀下，点点知识的灯光，在良乡，照亮我的北理工梦。"

——良乡校区学生随笔

北京理工大学自延安创校以来，无论是辗转迁移，还是开辟新址，都饱含着北理工人办学求知、培育英才、服务国家、追求卓越的梦想。良乡校区自 2002 年拉开建设序幕，学校又一次在发展蓝图上写下了多校区办学关键而有力的一笔。

北京理工大学第十四次党代会提出了将良乡校区建设成为"以理科、文科、新兴交叉学科为主的人才培养基地和科学研究基地，同时逐步成为科技成果孵化、高新技术产业培育基地"。围绕这样的定位与目标，良乡校区发展进入新的历史阶段。越来越多的中外学子在这里开启人生航程，越来越多的科研教学力量在这里扎根生长。良乡校区，从一片荒芜变作生活热土，我们的北理工梦想在这里孕育、成长，北理工人在逐梦的道路上探索前行。

"在良乡，我们的工作顺畅有序！"

随着良乡校区的发展，校区功能从原有的生活、学习支持逐渐向多元化转变。2014 年 9 月，数学与统计学院成为第一家整建制搬迁至良乡校区的专业学院，在空间"移形换位"后，逐渐褪去初期的"不适"，抓住新校区办学的优势，一步一个脚印地实现着自己的北理工梦想。

回顾一年"良乡路"，数学学院各项工作有序推进，在科学研究、人

阅读北理

才培养、平台建设、师资队伍建设等方面取得了显著的成效。"整体搬迁后，虽然对于广大教师和同学尤其是毕业生来说还面临着很多困难，但整建制的搬迁使人才培养的整体性和系统化建设更加受益。不仅能够使教师群体更加有效地进行人才培养，高低年级的传帮带作用也得到了充分的发挥。这一年，同学们，特别是在良乡校区的低年级学生对学院的认同度、归属感都有了显著的提高。"数学学院党委副书记、副院长衡靖这样分享了自己的感受。

人才培养是学校的中心工作，在两校区运行的情况下，教师与低年级本科生、高低年级学生之间的联系被空间距离"拉远"，为人才培养工作带来了诸多困难。数学学院整体搬迁后，学院敏锐地意识到，虽然搬迁会给学院的发展、教师的工作带来新的问题，但是却给人才培养工作带来了新的契机。

学院抓住变化中的有利条件，大力推进人才培养工作的深入开展，在各项措施中，"讨论班"可谓最具特色。在中关村校区时，数学学院就一直在研究生群体中开设学术讨论班。搬迁到良乡校区后，为了加强对本科生的培养，不仅将研究生的讨论班对本科生开放，一些优秀的专业教师还专门开设了本科生讨论班，为学院的本科生提供了从学习到学术的有力支持。在良乡校区，在数学学院，经常会看到一个个讨论班汇聚了博士生、硕士生和本科生，他们相互学习和探讨，由此形成的浓厚学术氛围是学院近些年来前所未有的。另外，数学学院针对本科生发展的不同阶段，还系统开展了"与教授面对面""德学小导师""新生教育"等一系列主题活动，为学生的成长发展、学术水平和科研能力的提升搭建了多样化的平台。

"很羡慕师弟师妹们在低年级时就能和硕士、博士甚至是导师直接交流，各方面条件都变好了，研究生在良乡也都有了自己的讨论室和实验室，与过去相比真是好太多了。我上本科的时候，很难有这样的机会。"数学学院2007级本科生、2013级研究生高冰再回良乡时，感受颇深。

经过一年的建设与发展，学院广大教师以良乡为家，在教学科研等工作中也倾注了更多的心血。作为承担全校基础课教学的重点单位，数学学院不仅在学院内部建设上取得了显著的成绩，全校数学类基础课的教学质量也得到了明显的提升。

在整体搬迁前，中关村校区办公资源非常紧张，教学任务也比较分散，教师在两校区间匆忙"赶路"成为家常便饭，课后辅导等工作也难于开展。"对于低年级学生来说，缺少与教师和高年级同学的沟通和互动，学术活动也不便于开展，已严重制约了学院的发展和人才培养质量的提高。"数学学院党委书记高伟涛介绍说。

搬迁后，数学学院第一时间对理科教学楼 A 段办公区进行改善，着手解决两校区办学给全校数学基础课教学带来的诸多不便。学院为任课教师配备了办公室，在满足教师办公需求的同时，更利于为学生随时进行答疑解惑，促进教学工作的顺畅进行。学院还主动增设了多门数学实验选修课程，给更多喜欢数学的学生提供更加多元化的学习平台，这在搬迁前是难以实现的。

"学院整建制搬迁到良乡校区，消除了地理上的分割。无论是在师生交流，学院文化建设，高低年级传、带、帮方面，还是在学生本、硕、博贯穿式的培养方面以及全校数学教学工作方面，工作更加顺畅有序。"高伟涛书记这样分析学院工作的变化。

"在良乡，我们在温暖中愉快地工作！"

作为第一批整建制搬迁至良乡校区的学院之一，化学学院紧抓难得的发展契机，从学院文化建设入手，绘制全新的蓝图，不断加快发展步伐，提升学院核心竞争力，使学院内外焕发出蓬勃的生机。

2014 年 9 月，化学学院积极响应学校号召，在新校区工业生态楼建设了自己全新的"根据地"。面对新空间，学院立足学院文化建设，抛开单纯的物理空间扩充的思考，从办公办学环境入手，融入学院办学理念与特色，通过精心的设计，实现了营造学术氛围、创新人才培养、提升科研水平以及增强服务能力的全面推进，使学院建设打开一片新天地。

"2014 年 9 月以前，工业生态楼还保留着竣工时原有的模样。化学学院本着以人为本的原则，根据学校加强基层文化建设的指示，结合学校历史文化和化学学院的学科特色，对七至九层的办公环境进行了简装，使办公环境现代化、人性化、具有亲和力，吸引了更多的师生前往，起到了促进师生员工间交流、创造和谐文化氛围的作用。"化学学院党委副书记、副院长栗兴这样介绍化学学院的新空间。

与在中关村时期的办公区域分散、科研条件简陋不同，化学学院在新

阅读北理

校区环境文化的建设充分体现了学院办学理念和整体设计规划的思路。学院设计了具有化学学科特色的办公区域和活动空间，不仅为教师们提供了充足的实验办公平台，还积极构建学术讨论室、职工之家、阅览室、休闲活动室、水吧等公共空间，为师生提供了工作学习之余交流放松的场所。

化学学院对公共空间进行了精心的设计，从材质到内容，不仅充分体现北理工校园文化特色，还着力将化学的学科特色文化融入其中，达到了环境与人的有机结合，使得师生在此工作和学习变成一种兴趣与享受。"我们将原有的水房改造成简易的'水吧'，让师生们能够在轻松、幸福的环境中工作和学习。"栗兴副书记这样介绍道。化学学院结合学术氛围的建设，还在生态楼一楼建设了百人规模的多功能报告厅，使之成为举行学术交流、文娱活动和各类会议的核心活动场所，每周二晚上这里还会摇身一变成为小型影院，大大丰富了师生的课余生活。

"良乡校区的新平台，给了我们更多的空间。置身其中，似乎整个人的精神状态都愉悦起来。学生们也更愿意走近老师，走进学院，老师和同学们时刻洋溢着一种幸福感。更重要的是我感受到一种温暖，这是原来在中关村的'地砖白墙'所不能给予的。我们在这里可以愉快工作！"化学学院曲良体教授自豪地分享自己的感受。

在良乡校区，化学学院不仅获得了难得的发展机遇，而且在全新的建设蓝图中打下丰厚的文化底蕴，使得全院师生在空间和心理的距离都更加紧密相连。

"在良乡，我们用实践创新培育英才！"

在良乡校区多年的发展历程中，有这样一批教师，他们驻守良乡，为学校的人才培养默默奉献，成为在良乡校区筑梦的守望者。这其中，物理实验中心的教师们，用自己的探索实践，真正实现了培育英才的北理工梦想。

物理学院承担着全校理工科"大学物理"公共基础课程的教学工作，而物理教学不可或缺的就是实验教学环节，物理实验中心担此重任，承担全校每年三千余人、48课时的大学物理实验课程。与任课教师的"穿梭往来"不同，实验中心恰恰需要一份驻守。

"物理实验课程是为了帮助同学们做好理论与实践的结合，希望能够从基础开始，培养低年级学生们的科学素养，学习实验基本方法，提升实践操作能力。"自 2007 年起便开始在良乡校区物理实验中心工作的史庆藩老师这样介绍中心的课程。而物理实验中心作为 2007 年良乡校区第一批投入使用的实验教学平台，至今已经完成两万余名理工科学生的物理实验教学任务，为全校人才培养工作打下了坚实的基础，做出巨大的贡献。

物理实验中心的老师们，八年如一日地默默付出，守望着一批又一批北理工学子。他们不但要对实验设备进行管理，还要完成课程和教材的建设，并为同学们提供课程指导。谈及这八年来物理实验中心的发展变化，史老师说："随着良乡校区软硬件设施的不断完善，我们亲眼看到了校区很多设施从无到有的过程。学校在学生创新实践活动中给予大力的支持，让我们在工作中找到了新的方向，开辟了新的人才培养路径。"

自良乡校区投入使用以来，学校不断加强校区建设。随着基础设施的不断完善，学校也逐渐加大对学生创新实践培养的力度。物理实验中心作为良乡校区的守望者，紧抓机遇，迎接挑战，成立大学生创新实践基地，以北京市物理竞赛和中国大学生物理学术物理竞赛为牵引，由物理实验中心的教师作指导，面向全校学生，开展学生科技创新活动。经过多年建设，科技创新取得了骄人的成绩。

信息学院 2012 级本科生武烨存的成长，可以说是物理实验中心实践创新育人的缩影。武烨存在大一参与大学生物理竞赛时，被史老师发现。史老师根据他的特点与潜力，进行了有针对性的辅导与培养，他逐渐在各类物理竞赛中"摘金夺银"。通过实践创新平台的培养，武烨存在老师们的指导下发表了 4 篇 SCI 论文，在审 2 篇，同时他还获得了"一种利用亥姆霍兹共鸣器的声学实验装置"等三项专利。武烨存谈到自己的"物理梦"时说："特别感谢物理实验中心创新基地这块筑梦之地，我现在所取得的成绩都得益于那一次参加的物理竞赛，史老师就是我的领路人。感谢老师们在我们需要帮助和指导的时候不遗余力、第一时间给我们带来帮助。"事实上武烨存只是史庆藩等老师多年来潜心育人众多成果中的一个，仅史老师所指导的参与创新实践的低年级本科生就已经发表了四十余篇具有影响力的学术论文。

文至此处，让我们用物理实验中心刘伟老师的感受来收尾。2013 年北大毕业来到良乡校区工作的刘老师看到简洁的建筑、朴实的校园、美丽的

阅读北理

北湖时，第一反应便是"这就是我脑海中现代化的大学，一眼便爱上了这里"。

"帮助他们实现自己的人生追求，也是自己的人生价值所在。"刘伟老师不仅喜爱良乡的校园，更喜爱与学生、与北理工同仁一起筑梦的人生追求。

在良乡，我们一起实现北理工梦想！

文：辛嘉洋　王征
图：张一弛　杨铠铭　魏天宇
2015 年 11 月 4 日

北京理工大学良乡校区建设迈入"东区"时代

　　2015年11月28日，北京理工大学良乡校区建设规划汇报会在良乡校区行政楼举行。北京市委领导，房山区委书记刘伟，工信部规划司副司长宋志明，工信部财务司副司长盛继明，房山区委常委、区政府党组副书记、常务副区长吴会杰，房山区副区长、房山区良乡高教园区管委会主任魏广勋，工信部规划司投资处处长陈克龙，工信部规划司工程建设处处长胡玥，房山区委办公室主任齐文东，房山区良乡高教园区管委会常务副主任蔡本睿，房山区良乡高教园区管委会副主任孟庆新出席了会议。北京理工大学党委书记张炜、校长胡海岩等学校领导与相关部门、学院负责人参加了本次会议。会议由常务副校长杨宾主持。副校长李和章向与会人员报告了良乡校区"十一五"和"十二五"期间建设成果、"十三五"规划设想、校区建设规划以及本次开工项目情况。会后，与会领导与师生代表前往良乡

阅读北理

校区东区待建用地进行了实地考察。

自2000年以来，良乡校区经过十五年的发展建设，取得了显著成效。东区建设的启动，既是学校"十三五"规划建设的重要内容，也是对学校第十四次党代会精神的具体落实。"最近，学校党委常委会进一步明确了北京理工大学校区发展的定位，这个定位既符合中央关于京津冀协同发展的战略，也考虑到了北京市对高校下一步发展的布局以及工信部对学校下一步发展的要求。到2020年，良乡校区将入驻12个以上的学院和16 000多名学生，中关村则保留不到8个学院和小于10 000名学生。要完成这样的任务，我们需要继续得到北京市和房山区的关心和帮助，在工信部的正确领导和大力支持下，加快建设进度。"校党委书记张炜这样阐释学校未来五年两校区办学格局。

学校第十四次党代会提出将良乡校区打造成为以理科、文科、新兴交叉学科为主的人才培养基地和科学研究基地，同时逐步成为科技成果孵化、高新技术产业培育基地。"希望良乡校区能够成为北京理工大学的主校区，不仅体现在两校区的学院和学生数量上实现对调，更主要的是营造主校区所应有的人才培养和科学研究的氛围。"校长胡海岩表达了他对未来主校区的期望。

第一章 矢 志

同时，新校区的建设在不断完善教学、生活基础设施，创建科研学术机构，打造创新创业平台的同时，将汇聚更多的创新要素和办学国际化要素。"以留学生为例，到 2020 年，学校预计有 2 600 名留学生，其中约有一半留学生将入住良乡，与此同时，一批学科交叉融合的研究机构也将设立在良乡校区。"胡海岩这样表示。

"北京理工大学在承担国家重大战略需求，尤其是国防建设任务的同时，还要完成统筹推进一流大学和一流学科建设任务。工信部对北理工的发展建设高度重视，也给予了重点的支持，希望学校在北京市的整体发展战略中得到更多的支持。同时希望北理工在校区建设过程中为学校创建世界一流理工大学、更好地服务国防科技创造好的条件。工信部规划司也将与学校做好对接、规划以及前期的准备工作。"工信部规划司副司长宋志明表达了对学校发展的殷切期望。

良乡校区的发展建设，契合了国家京津冀协同发展的政策背景。北京市委领导充分肯定了北京理工大学新一轮建设启动和未来两校区运行规划方案。他认为，这既是对国家发展战略的积极落实，也是主动抢抓京津冀协同发展机遇的明智之举。郭广生还表示，"房山区以及良乡地区作为'北京—保定—石家庄'——'京保石'轴带的桥头堡，将成为高端制造业和信息产业的重要发展区域。良乡地区作为中关村南部创新城，将为学校在科研合作与人才培养方面提供有力的牵引和支持。北京理工大学的发展建设对于当地文化教育发展、国际化构建等多方面均有积极作用，应加强合作，实现校地双方共赢的局面。"

"北京理工大学不仅抓住了办学条件方面的战略先机，也为房山区的发展带来了巨大效益，一方面改变了房山区的城市品质和品位，另一方面改善优化了房山区的人才结构，同时提高了房山区的美誉度和知名度，也促进了房山区的经济社会发展。"房山区委书记刘伟提及北理工良乡校区的建设十分感慨。

北京理工大学作为在房山区落户的唯一一所"985 工程"大学和理工科大学，在发展建设中，既得到房山区的支持，也对房山区整体战略发展有着重要贡献。"良乡高教园区从建设到现在有十年的时间了，北京理工大学一直是高教园区的主体学校，占地面积最大，发展速度最快，大学的配套设施也最完善，这些年为房山区的经济社会发展做出了很大的贡献。"

阅读北理

房山区副区长魏广勋这样评价。

北京理工大学的发展与房山区的发展相辅相成，相互支撑。当前房山区正迎来一个发展新高潮。在近期刚刚通过的《北京市"十三五"发展规划建议》中，现代生态示范区、中关村南部创新城和"京保石"协同发展桥头堡建设是房山区"十三五"期间的主要发展战略。房山区将以创新产业作为支撑，推进科技创新、文化创新和金融创新。刘伟明确表示，这将是北理工与房山区携手发展的第二次战略机遇，期望北理工能够肩负起推动房山区科技创新发展的重任，在房山区城市品质提升、完成宜居城市建设等方面发挥作用。

针对房山区的发展规划，胡海岩表示，房山区的创新驱动发展与《统筹推进世界一流大学和一流学科建设总体方案》是相辅相成的。坚持创新要素和国际化要素，北理工良乡校区的建设必将为房山区创新发展提供有力的支撑。学校将通过多方合作，把大学科技园延拓到良乡校区，做好成果转化，支持中关村南部科技城的建设。"十三五"期间，良乡校区将建设70万平方米的新校区。"一座非常美丽的、优雅的校园，也就是我们的主校区将在良乡校区落成。"胡海岩这样展望良乡校区发展前景。

"'十三五'期间，房山区和北理工一样都面临挑战，但更多的是机遇，应该携手并进，协同共赢。"刘伟讲道，"只要抓住机遇，对于北京理工大学跻身亚洲一流、世界一流，我充满信心。学校有着求是、务实的优良校风，我们将把北京理工大学作为良乡高教园区的名片、房山区的名片，全力支持北理工良乡校区建设。"

2015年11月28日，北京理工大学正式开启良乡校区建设的"东区"时代。面向未来，如何抓住京津冀协同发展大势、抓住创新驱动发展新机遇、抓住地方经济社会需求，围绕"争创一流"战略任务，扎实推进综合改革和"十三五"规划，提高办学水平和质量，加快良乡校区建设和美化，将成为每个北理工人不断思考的深刻命题和为之奋斗的宏伟目标！

文：王征　辛嘉洋

图：郭强

2015年12月3日

北京理工大学良乡校区建设再启新篇

2015年,北京理工大学走过75年沐风栉雨的建校之路,走过75年耕耘不辍的育人征途,迎来75周年华诞。

这一年,学校召开了第十四次党代会,明确了到2020年发展成为亚洲一流理工大学,到2040年成为世界一流理工大学的奋斗目标。

这一年,学校全面深化综合改革,以"学术为基、育人为本"为第一价值取向,系统谋划综合改革,着力调动全员积极性,凝心聚力争创一流。

这一年,学校编制"十三五"教育事业规划,将学校发展的决策部署落细、落小、落实,实现学校新的历史性跨越。

这一天,2015年11月28日,北京理工大学良乡校区一批重要工程项目破土动工,首批建设文化体育中心、大学生工程实践训练中心、先进结构技术研究院及若干基础设施,标志着良乡校区建设再启新篇。

拓展办学抓住契机　东区建设加足马力

进入新世纪以来,我国高校办学规模扩大,办学资源紧缺问题日益凸现。为确保长远可持续发展,不少大学推进新校区建设,逐步形成了多校区办学格局。北京理工大学也不例外,中关村校区现容纳着学校机关、大部分学院和服务机构,入住学生16 608人。虽然办学设施比较完善,但整个校区人口密度过高,呈现拥挤状态,与世界一流理工大学相距甚远。

近十年来,学校抓住契机、积极谋划、稳步推进校区拓展工作,已形成了多校区办学格局。

学校第十四次党代会上,良乡校区被正式定位为"以理科、文科、新兴交叉学科为主的人才培养基地和科学研究基地,同时逐步成为科技成果孵化、高新技术产业培育基地"。显然,承载这样的历史使命,新校区建设

阅读北理

将打破学科布局分散、办学空间不足这个向世界一流大学迈进的巨大瓶颈。

第十四次党代会闭幕不久,党委宣传部记者曾就良乡校区下一个阶段新校区建设重点采访了李和章副校长。他指出,学校不断探索和实践解决两校区办学的路径和方法,实行延伸与集中相结合的管理模式,逐渐强化延伸,通过建设提高良乡校区的办学资源供给能力、提升良乡校区的办学服务能力、深化良乡校区的大学校园文化品位和校园文化氛围、增强广大师生对良乡校区的认同感,将发展重点逐渐向良乡校区倾斜。

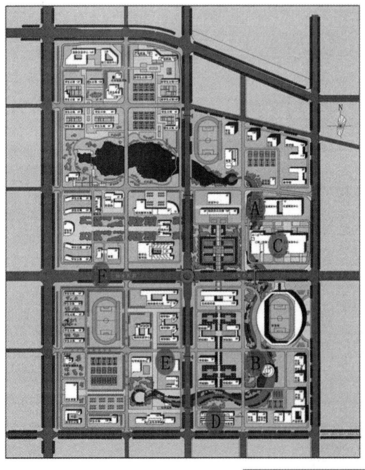

注解
AB 锅炉房等3项项目所在位置
C 文化体育中心项目所在位置
D 大学生工程实践训练中心项目所在位置
E 先进结构技术研究院项目所在位置
F 人行过街天桥项目所在位置

第一章 矢　志

如果说当年良乡校区的西区建设是从一片荒芜开疆拓土，那么今天东区建设就是全面实现校区建设蓝图的关键一步。"大学之大，非大楼之大。"但一所大学楼宇的规划和建设的合理性，不仅体现大学的文化，对学校教育教学、科研和多学科协同发展具有积极的促进作用。

此次破土动工的文化体育中心、大学生工程实践训练中心、先进结构技术研究院、动力中心、良乡东路人行过街天桥将从不同方面提高办学资源供给能力，为学校人才培养、科学研究、科技孵化加足马力，保驾护航，是师生热切期盼的重要工程项目。

让我们走近这些重要的建设项目。

文化体育中心

文化体育中心（以下简称"文体中心"）位于良乡校区东区北院地

阅读北理

块内,总建筑面积 16 346 平方米,地上 4 层,地下 1 层,总投资 15 273 万元,采用钢筋混凝土框架结构,抗震设防烈度为 8 度,建筑高度 23.95 米。文体中心屋面以"双曲线"为造型,创意源于导弹发射后呈现的抛物线,设计新颖、灵动。文体中心包括主场馆(篮球、羽毛球、排球)、游泳馆、健身房、乒乓球室、武术训练房、体操房、拳击房、跆拳道及柔道房、体测中心、配套设备用房等。文体中心与中关村体育馆南北相望,共同承担学校的体育教学功能。同时,与中关村体育馆相比,文体中心实现了多样化提升,不仅增加了种类多样的体育教学项目,而且兼顾了健身、跆拳道、武术等一些高水平运动队的用房需求,并为开展学生大型文体活动提供宽阔场所,满足学生文体活动需要。文体中心南北通透,"灰空间"充裕,彰显建筑自然感,提升校园美质和舒适度。

大学生工程实践训练中心(以下简称"工程训练中心")位于良乡校区东区南院地块内,总建筑面积 33 254 平方米,地上 10 层,地下 1 层,总投资 15 810 万元。工程训练中心将入驻学校 2 个国家级实验教学示范中心(工程训练中心与电工电子教学实验中心),与化学实验中心、物理实验中心共同构成大学生实验教学组团。工程训练中心建设内容主要包括大学生常规工程训练、先进制造技术训练、机械专业基础课群实验、电工电子教学实验、大学生创新实践等,相应实现多项功能:一是实现实践、实验教学等基本要求,锻炼学生动手和科学思维能力;二是为开设综合型、创新型、研究型课程等教学改革提供空间;三是为大学生自主创新创业基地开辟独立场所——"创新工作坊";四是在北京市教委的指导和支持下成立的北京学院接收北京地区高校学生开展多种形式的访学"实培"计划,提供实践实验、创新创业等学习机会。

工程训练中心在设计阶段,深入调研、反复沟通,在实验室设计、公共空间设计中充分融入两个实验教学示范中心的学科要求和文化需求,最大限度展现特色亮点,在连廊部位还预留了学生创新作品展览、展示空间。工程训练中心建成后将满足学生工程训练和电工电子教学实验需要,解决目前两校区办学中困扰大二大三本科生实践教学计划和课程安排的障碍,为按照人才培养规律科学开展教学工作提供设施保障。其中,大学生创新

第一章 矢 志

大学生工程实践训练中心

阅读北理

创业基地将以大开间、无隔断的开放形式和"图书馆"式学生自主发展的管理模式相结合，消除有形壁垒，打破交流阻隔，塑造浓郁的创新创业氛围。

先进结构技术研究院

先进结构技术研究院位于良乡校区西区南院地块内，总建筑面积3 178平方米，地上1层，局部2层，总投资2 457万元。主体结构采用钢制框架及排架结构，抗震设防烈度为8度，建筑高度15.5米。建设内容主要包括轻质多功能一体化复合材料及结构研究平台、大尺寸主承力复合材料结构研究平台、能源与光电材料结构及柔性功能器件研究平台、学术接待室、通风机房、配电室等用房。本项目的实施，将为学校先进结构技术研究承担国家重大项目提供基础设施条件。

第一章 矢　志

动力中心

　　动力中心位于良乡校区东区北院地块内，建设供热锅炉房、换热站、变配电所。新增建筑面积 2 100 平方米，其中：锅炉房地上 1 层，建筑面积 1 232 平方米；换热站地上 1 层，建筑面积 179 平方米；变配电所地上 2 层，地下 1 层，建筑面积 690 平方米。动力中心建设将完善良乡校区东区基础设施，满足良乡校区东区教学科研和学生生活的需要。

　　良乡东路（西区）人行过街天桥横跨良乡东路，天桥主桥中心线位于学校校门西侧约 75 米，2 号食堂南侧，跨径为 60 米，梯道与坡道与地面衔接后，新做步道通过校园围栏开口顺接入校园内。总投资 1 900 万元。此次建设的天桥将是良乡校区的第一座天桥，坡道设置既可方便出行，又可减少交通事故的发生，在保障师生交通安全的同时还可提高良乡东路的车辆通行能力。过街天桥还将深化设计，建成封闭式天桥，邀请宣传部、

阅读北理

设计艺术学院运用文化元素对天桥进行人文设计,建设"文化走廊",提高师生出行的舒适度。

良乡东路(西区)人行过街天桥工程

孕育十载校区成熟　砥砺奋进前景在望

"文体中心、工程训练中心与动力中心基础设施是良乡校区东区建设的第一批项目,是良乡校区教育教学功能完善和拓展的重要项目;先进结构技术研究院建设项目将为我校重大科研提供平台,提升学科水平。这些项目的开工,为我校'十三五'全力建设良乡校区奠定了好的基础,提前开了好头。"李和章对校区建设充满信心。

在近日召开的学校工作会上,胡海岩校长作了题为"悉心推进改革齐心争创一流"的报告，分析了国内研究型大学新校区建设发展规律和新老校区办学格局，总结了我校多校区现状。他指出，通过对国内若干研究型大学新老校区办学格局的调研，可归纳得到如下规律：一是对于占地面积千亩以上的新校区，从启动建设到投入使用、再到基本完善，大多需要15年时间；二是新校区启用10年左右时，校区周边的社会服务设施基本完善，校区步入成熟期，师生入住新校区的满意度日益提高，但校区周边的房地产价位也迅速攀升；三是学校均将面积最大的校区作为主校区，营造自然科学、工程技术、社会科学、人文与体育等较为综合的育人条件和研究氛围，部分学校还在主校区建设大学科技园等设施。

根据上述规律，学校良乡校区在"十三五"期间将开始步入成熟期，并有望在2020年成为主校区，呈现出教学科研设施完备，学术氛围浓厚，校园文化生活丰富多彩，学生朝气蓬勃、湖光潋滟、幽木林荫的新图景。

终又始、便从容，且相待、圆梦时。学校的今天是一代代师生接续奋斗、接力探索的结果，学校的发展建设需要在承前启后、继往开来中持续推进。昨天，我们的前辈数易校名，辗转办学，迁移校址，"雄关漫道真如铁"，因"军工报国"的历史使命使"延安根、军工魂"一脉相承；今天，我们这一代人改革创新、再谋新篇，"人间正道是沧桑"，以"德以明理、学以精工"的崭新面貌让"延安情、京工梦"辉煌璀璨，迎来"长风破浪会有时，直挂云帆济沧海"的美好明天。

文：和霄雯
图：党委宣传部 基建处
2015年11月28日

别无选择，北京理工大学必须实现"双一流"

"别无选择，北京理工大学必须努力实现'双一流'！"在 2016 年 3 月 7 日下午的八届二次教代会、十三届二次工代会暨 2016 年学校工作会闭幕式上，北京理工大学党委书记张炜开宗明义。

2015 年，面临全面深化高等教育综合改革，加快推进一流大学建设任务，学校党委审时度势，深刻认识到：学校要在高等教育新一轮的发展大潮中抢占先机、赢得时机，就必须用综合改革的思路谋划学校的未来发展。由此，学校开展了为期一年的"综合改革、争创一流"大讨论，并在多个方面增强了共识。在集聚智慧、提高认识、统一思想的过程中，北京理工大学"双一流"建设这条主线脉络日益清晰，这既是国家要求、人民需要，也是北理工的历史使命、责任担当，更是所有北理工人的不变初心与梦想所在。

2016 年是"十三五"开局之年，也是学校谋篇布局、改革创新的关键之年，学校于 3 月 4 日上午召开了八届二次教代会、十三届二次工代会暨 2016 年学校工作会。大会开幕式上，胡海岩校长作了题为"精心谋划'十三五'规划，狠抓落实创一流大学"的工作报告。在当日下午代表团讨论会上，代表们围绕胡校长报告展开热议，集思广益，为"双一流"出谋划策，议论明达，言中款要。

3 月 7 日下午，大会闭幕，张炜作总结讲话，对学校"综合改革、争创一流"的若干问题做了深入剖析解读，引发了共鸣与思考。

带砺山河，毫不犹豫向世界一流大学进发

大学基业长青，有赖于代代学人的接力奋斗、接续探索。北京理工大学作为中国共产党创办的第一所理工科大学，新中国第一所国防科技工业高等院校，在创校之初就肩负了国家与民族的期望，并以"多个新

第一章 矢 志

中国第一"的卓越之姿在新中国的科技史和高等教育史上奠定了"争创一流"的基础。砥砺七十五载，带砺山河，北京理工大学对一流的追求始终不变。

"建设一流大学和一流学科，是党中央、国务院在新的历史时期，为提升我国教育发展水平、增强国家核心竞争力、奠定长远发展基础作出的重大战略决策，北京理工大学别无选择。从形势上说，顺势而为、应时而动是我们的历史责任和时代担当，我们绝不愿意自甘二流、主动放弃；从实力上看，确有差距，但是努力就有希望、担当方出作为！"张炜清晰阐明了学校"争创一流"、时不我待的原因。

在"争创一流"的时间表上，北京理工大学在第十四次党代会上提出了"2020年发展成为亚洲一流理工大学"和"2040年学校成为世界一流理工大学"两阶段目标，按照国务院的《统筹推进世界一流大学和一流学科建设总体方案》，学校把两个阶段又分解为三个时间段，即2020年、2030年、2040年建设目标，与国家建设的新要求保持一致。张炜强调："时光如白驹过隙，机遇稍纵即逝，留给我们的时间其实只有20多年。"

对一流的追问，对时间流逝的紧迫感，机电学院党委书记栗萍深有体会："'十三五'是我国第一个百年目标的最后一个五年，是学校建成亚洲一流理工大学的最后五年，是学校发展的历史机遇期，更是机电学院发展的关键时期。从某种意义上讲，这也是一种'战斗'。号角已经吹响，我们唯有奋勇前行。机电学院作为一个既具有鲜明的军工特色、又有纯民用技术、风格独特的学院，在学校建设亚洲和世界一流理工大学中负有重任，学院将从领导班子做起，团结全院师生，破解发展难题，勇于担当，真抓实干，为实现学校建成世界一流理工大学的目标而努力。"

光电学院党委书记郝群谈到，创建一流大学和一流学科是我们责无旁贷的历史使命和时代要求。面对竞争日趋激烈的今天，只有抓住机遇、敢于挑战，应势而动、顺势而为，才能赢得发展的先机。学院以深化综合改革为契机，以高端国际合作和强化科研为突破，以人才引进和队伍建设为关键，传承光电学院六十余年的优良传统，开启"十三五"发展建设新篇章。

阅读北理

业广惟勤，一流大学需要每一个人的担当

实现一流，既是一个宏大的命题，又是一项需要落小、落细、落实的具体工作。"以人为本"，一流大学的建设关键在"人"，要以人才培养为中心，不断提高教育质量。同时，设计规划、制定制度、务实推进，无不依靠人来实现；学科建设、人才培养、队伍建设、科学研究、办学国际化、资源优化配置都要依靠人来作为和推动；将所有细节点石成金绘制成一张具有一流水准的蓝图，更需要人来铺陈和把脉。一流建设靠谁？张炜用了"实干家"和"清谈客"的比喻，"双一流"需要"实干家"，不要"清谈客"，"必须坚持实字当头、干字为先，脚踏实地地干，坚持不懈地干；要务求实效，做到紧之又紧、细之又细、实之又实，推动各项工作任务落地生根。"

对全校师生员工提出期望和要求的同时，张炜强调，"双一流"建设，党员干部是带头人和领头羊，张炜认为，达到"双一流"，责任担当是领导干部必备的基本素质，这是根除"慵懒散浮拖"问题的关键所在，领导干部应有三境界：任务艰巨、久久为功，领导干部应有"功成不必在我，着眼长远"的胸怀；时间紧迫、只争朝夕，领导干部应有"功成一定有我，忠实履职"的气魄；行之以渐、持之以恒，领导干部应有"功成坚守在我，持续发力"的韧劲。"我们要为后人栽树乘凉，否则对不起历史，对不起后人，对不起学校。"张炜说。

"为官避事平生耻。"中国自古就有干部担当的理解。生命学院党委书记刘存福在听完张书记的报告后对记者坦言，"当前北理工'双一流'建设的形势非常严峻，必须要真抓实干，而真抓实干，关键在人，关键在党员干部。基层党委一定要认清精神懈怠、能力不足、脱离群众、消极腐败等不良现象的严重危害，团结带领党员干部，要以决心、勇气、信心投身到一流大学的建设大潮之中。要创新教育方式方法，积极传播北理梦、延安根、军工魂、国防印等北理工特色基因，将广大党员干部培育成精神上硬、能力上硬、作风上硬的实干家，从而成为建设世界一流理工大学的名副其实的中流砥柱。"

自动化学院党委书记金军感言，正如张炜书记所指出的，建设世界一流理工大学必须要脚踏实地、真抓实干。"与其坐而论道，莫如起而行之。"

实现"双一流"建设目标，需要全校师生树立主人翁责任感，以等不起的紧迫感、慢不得的危机感、争一流的使命感，积极行动起来，迎难而上，抢抓机遇，奋起赶超，努力实现学校在新起点上的跨越式发展。

管理与经济学院党委书记李金林谈道："我们深知一流大学的建设不是一蹴而就的，需要全体师生的共同努力，需要我们有勇于创新的精神和脚踏实地的实干家的责任担当。当前，我们要制定好管理学院的'十三五'规划，继续加强师资队伍建设，做好 AACSB 国际认证及学科评估的各项准备工作，在获得国家基金项目和发表高水平学术论文、教学科研、人才培养等方面继续努力不松劲，以更加广阔的视野、更加开放的姿态、更加执着的努力，开创学院工作的新局面，为建设世界一流理工大学的目标做出我们的贡献。"

"学校'双一流'目标的实现，物理学院责无旁贷，要与学校同呼吸、共命运。下一步，学院将更加主动作为，围绕学校总体战略，力争在基础研究、原始创新和理工结合、特色发展方面取得突破。"物理学院党委书记姜艳也从学院的角度表达了自己的认识。

争创一流，要打牢理论基础、思想基础

毛泽东同志曾经用过河要有船和桥的生动比喻，深刻说明了方法的重要性，如何"争创一流"，张炜有自己的思考。

争创一流，关键在学理论。张炜在总结时指出，必须高度重视理论的作用，增强理论自信和战略定力，对经过反复实践和比较得出的正确理论要坚定不移地坚持。要坚定理论自信、道路自信、制度自信。改革开放以来，中国发生了翻天覆地的变化，在 70 年代末 80 年代初改革开放初期，有多少人能想象中国能够有今天这样的成就？包括我们自身，有谁能够想象北京理工大学能够有今天这样的发展？"双一流"建设要打牢理论基础、思想基础，要牢固树立政治意识、大局意识、核心意识、看齐意识，坚持社会主义办学方向，加强党的领导，扎根中国大地，遵循高等教育规律。

争创一流，关键在辩证思维和科学分析。张炜认为，我们党始终把思想建设放在党的建设第一位，强调革命理想高于天，"这一点也是适用于北京理工大学创世界一流，如何把精神变物质、物质变精神，就必须毫不放松理想信念教育、思想道德建设，意识形态工作。同时，坚持运用辩证

阅读北理

唯物主义世界观和方法论，加强调查研究，坚持发展地而不是静止地、全面地而不是片面地、系统地而不是零散地、普遍联系而不是单一孤立地观察事物。要深入思考'双一流'与综合改革、'双一流'与'十三五'规划、'双一流'与人才培养、'双一流'与党建和思政工作的关系。"张炜总结道。

宇航学院党委书记于倩深以为然："坚持辩证唯物主义观点是建设一流大学的自信所在。张炜书记讲话中强调要用辩证唯物主义的认识论看待学校发展中面临的问题，分析产生问题的原因，找到解决问题的方法和途径，这是统一全校思想的关键所在。同样的事情，怎么看？看什么？怎么做？做什么？真正发挥核心作用的是用什么观点去指导，只有辩证地、系统地、实事求是地去思考问题，我们才能做到面对形势不迷茫，面对争论保持清醒，面对差距坚定自信，才能在激烈的竞争中既不骄也不馁，把握方向，坚持特色，勇往直前。作为学院基层党委要坚决贯彻学校党委的精神，坚持用辩证唯物主义的观点认识学院发展中面临的挑战和机遇，统筹好学院发展中各项工作目标的关系，坚定自信，真抓实干，为把我校建设成一流大学承担起历史的责任。"

自动化学院院长王军政同样感触颇深："张书记讲话中多次提到工作中要用辩证法的思想，比如SCI论文数量与质量、基础研究与经费投入、人才培养与科学研究、教师总数与学校成果产出，等等，需要我们认真学习、讨论、领会，更加合理地处理好这些矛盾，加快学科建设速度，有效提升学科水平。"

教育研究院党委书记庞海芍这样理解理论的重要指导意义："党的第十八届五中全会提出了我国在实现'十三五'发展目标中，必须牢固树立'创新、协调、绿色、开放、共享'五大发展理念。张炜书记在2016年学校工作会议上也着重论述了开放办学的理念，这一点非常重要。的确，对外开放是我国繁荣发展的必由之路，是我国不断取得发展新成就的重要法宝。同样，开放办学也是北理工迈进世界一流大学的必由之路。当今，在全球经济一体化、社会政治经济文化教育等方方面面深度融合的形势下，开放办学既是高等教育自身的发展趋势，更是北京理工大学走向世界、争创一流的迫切需求。唯有以积极开放的行动、合作共赢的心态，寻求校内外、国内外、行业内外的广泛合作，才能取得跨越式发展。"

第一章 矢 志

守正创新，弘扬北理工个性特色

守正创新，守正是根本要义，创新是不竭动力。创一流大学，要辩证理解共性与个性，走出自己的特色之路。张炜说，既要善于借鉴国际高等教育发展的经验教训，遵循高等教育规律，也要尊重我国高等教育的文化和环境，实事求是，增强自信，构建中国特色高等教育话语体系，扎根中国大地办好世界一流大学。

国防与军工是北理工的立校之本，兵器科学技术是学校的传统优势学科。张炜强调，不能对已经拥有的不珍惜，学校的比较优势和核心竞争力一旦失去，即使花数倍的投入和十年的时间也难以恢复。学校国防和军事装备体系建设的特色必须保持和发扬，紧跟国防战略和新军事变革的步伐，推动两化融合、军民融合和服务地方，把学校的特色做强、做大、做优。

机电学院院长焦清介感言："张炜书记讲话中谈到工科优势和国防特色是我校建设一流理工大学的主要力量，我们感到使命重要、责任重大。机电学院要转变观念、达成共识、抓住制约发展的主要矛盾，服务国防建设和国家重大战略需求，将兵器学科原有优势继续做大做强；另一方面要面向世界科技前沿，积极谋划、超前布局，优化学科结构，探索新的学科增长点。学院以人才培养为核心，在提升教学、科研和社会服务方面上新台阶，助力学校的发展。"

信息学院党委书记安建平深刻认识到，建设有中国特色的世界一流大学，需要协调"工、理、文"多学科发展，要抓住重点、突出特色。"我校在国防和军事装备体系建设方面具有鲜明的特色，特别是对于信息与电子学院，传统优势学科几乎全部与国防和军工紧密关联。学院内部对学科发展的重点、方向也有不同的声音，认为国防特色和国际前沿之间存在矛盾。张书记的讲话为我们理清了思路，统一了认识：世界一流大学必须要有特色，而保持军工特色与加强国际前沿研究并不矛盾，两者互为补充。一方面，我们的国防、军工特色必须保持和发扬，要面向国防战略，解决国家重大需求中的科学问题，提升核心竞争力。另一方面，在学科发展中要瞄准国际前沿，加强信息领域基础理论研究和原始创新能力，通过国际化引进高水平人才等多种途径，尽快提升学科的国际竞争力，为传统优势学科的可持续发展注入活力。"

闭幕式上，张炜举了一个例子：曾有所大学，部分教授对教学缺乏热情，想方设法逃避给本科生授课，很多学生对学校的本科教学极为不满；学校行政化很严重，教师们抱怨学校的权力越来越集中到行政管理者手中；学生心理问题严重；校长在上任之初大多信心满满，但是在离任的时候却满腹委屈和心灰意冷……谁能想到这个大学就是哈佛大学的曾经呢。可见，一流大学是一个相互比较和相对模糊的概念，任何一所大学都有自己的矛盾和问题，北京理工大学亦然。但是这些矛盾和问题不影响也不应该阻碍创建世界一流大学的步伐。学校发展诚如人做学问，初有决定不移之志，中有勇猛精进之心，末有坚贞永固之力，只要增强信心，坚持目标不动摇，梦想定能实现。

盛年不重来，一日难再晨，及时当勉励，岁月不待人。此时此刻，我们不想再犹豫，再迟疑，再争议，"空谈误校，实干兴校。"历史选择北理工争创一流，北理工选择在历史长河留下一流的身影。如材料学院党委书记陈鹏万所言："如何定位北京理工大学在前行中坐标的问题？是每一位北理工人都要严肃思考、并身体力行的问题。这些问题的答案显然不仅是捏在教育部门的手里，而在于社会、学校乃至每一个教师、学生的共建中。'罗马并非一日建成。'名校的养成绝不是朝夕之功，而表现为一个'文火慢炖、自然发酵'的过程，以此才形成各自独特的'风味'。在这个意义上，北理工建设'双一流'既要有决心与信心，也要有恒心与耐心，以沉潜之力、积淀之功，让我们的大学成为我们希望的样子！"

"我要一流，一流有我。"在北理工，这将不仅仅是一句口号，更将是全校师生齐心努力向现实迈进的每一个今天！

文：和霄雯
2016年3月9日

"顶天立地树标杆"
——北理工从教师聘任制度改革发力推进综合改革

2016年3月30日,在北京理工大学图书馆报告厅,36位教师从校党委书记张炜和校长胡海岩手中接过聘书,开启了他们在学校全新的职业生涯——成为学校教师"预聘—长聘—专聘"岗位制度实施后的首批专聘教授。这意味着我校教师聘任新体制正式实施,并以此作为切入点,发力推进综合改革。

高效率"组合拳",综合改革第一步

学校第十四次党代会明确了我校创建中国特色世界一流理工大学的发展目标,"培引结合、分类管理,汇聚高端人才队伍"是面向这一发展目标的主要建设任务。2015年,学校全面谋划和启动综合改革,决定把人

事制度改革作为综合改革的突破口,率先迈出综合改革中最困难、最关键的一步。

2015 年年末,学校相继出台《北京理工大学深化教师聘用制度改革汇聚一流人才队伍的实施意见》(简称《意见》)和《教师"预聘—长聘—专聘"制度实施办法》(简称《办法》)等系列性改革文件,教师聘任制度改革自此拉开帷幕。

这套"组合拳"标志着学校综合改革在人事制度方面率先发力,旗帜鲜明地聚焦在"如何最大限度地激发和增强广大教师的积极性、创造力,汇聚一流人才,显著提升教师队伍的国际竞争力"上。

根据《办法》规定,本次改革要建立健全教师聘用、晋升、流转通道,重点是建立以"预聘—长聘—专聘"为核心的教师聘任新体系,并用 10 年时间完成新老体系的并轨。在面向新招聘教师全面实施新聘任制度的同时,对校内原体系教师先启动专聘教授岗位遴选和聘任,进而树立学术标杆。在教师自愿申报基础上,通过学院岗位聘用初评组审核推荐、各学部评审推荐、学校组织校内外专家评审等环节,最终 2 人入选杰出教授,10 人入选讲席教授,24 人入选特聘教授。

下定决心,就必须突破!本次教师聘任制度改革在不到半年时间内全面启动、实施,并完成了首批专聘教授的遴选和聘任。高效率不仅体现了全校上下各个单位的积极配合与参与,更代表着学校切实推进改革、争创世界一流的魄力、决心与意志。勇于破解改革难题,推动学校追求卓越,必将得到全校教职工的积极拥护与响应。

年薪 10 倍人均 GDP "树标杆"

"学校在专聘教授的薪酬问题上广泛调研和深入研究,下了大决心、花了大成本。我校制定的专聘教授年薪标准达到我国人均 GDP 的 10 倍以上,相对年薪水平远高于发达国家的大学教授年薪,绝对年薪则与亚洲一流理工大学的教授年薪相当。由此可见学校对一流教师的渴求和期盼。希望各位不辜负这样的期盼,更不要辜负全校师生的期盼。"这是校长胡海岩在聘任仪式上用情至深的讲话。

北理工在本次教师聘任制度改革上态度鲜明、目标明确。那么什么样的教师是我们期盼的一流教师呢?首批 36 名专聘教授给予了我们这样的答案。

他们均来自各专业学院教学科研一线，包括 25 名"长江学者奖励计划"特聘教授、国家杰出青年科学基金获得者。他们的平均年龄 51.1 岁，45 岁以下 9 人；其中有 16 人是近年来引进的优秀人才，27 人在校外（国外）获得博士学位，13 人具有海外学习或工作经历。

在他们当中，有我国装甲材料、绿色电池材料研究领域的领军学者王富耻教授、吴锋教授，有在雷达探测、炸药合成等国防科技研究中获得国家技术发明奖一等奖、国防科技进步奖特等奖的吴嗣亮教授、庞思平教授，有在凝聚态物理、无机化学等基础研究中取得重要进展的姚裕贵教授、曲良体教授，还有在能源与环境经济、农业生物技术政策等方面为国家重大决策提供依据的魏一鸣教授、胡瑞法教授。

建设"世界一流"就必须有一流的人才队伍，吸引人才、培育人才在这个"大争"的年代，必须有大魄力、下大力气，这体现着学校求贤若渴的真诚和力度。可以说，首批聘任的 36 名专聘教授不仅是北理工 2 100 余名教师的杰出代表，而且为全校教师的未来发展树立起了追求卓越的标杆。

"顶天立地"是标杆的尺度，是卓越的标准

建设一流教师队伍是打造世界一流理工大学的必备条件，这也是学校迎难而上、坚定不移开展教师聘用制度改革的初衷。然而，高薪酬、高待遇代表着学校重视人才、渴求人才的决心，它不是标杆的尺度，而是树立标杆的坚实基础。在保障背后，标杆尺度和卓越标准到底是什么？在北理工的校园里，我们的教师又应该如何对照标准发展呢？

"解决国家科技发展中'顶天立地'的问题，为建设世界一流理工大学奠定良好的基础。所谓'顶天'，就是期望我校教授能够领衔开展世界前沿的科学技术研究，通过聚焦研究方向，在基础研究和重大问题方面有所突破，并对未来科学技术发展有重大的影响。所谓'立地'，就是期望我校教授能够领衔开展国家急需的重大工程项目研究，通过多学科交叉融合，基于自主创新推动国家工业化、信息化、国防现代化发展。"这是校长胡海岩在 2015 年 7 月我校首期"特立论坛"上一段对学校教授的期许。

"顶天立地"正是学校对一流教师队伍的要求，也是学校为一流教师

发展设定的标杆尺度。首批 36 名专聘教授是北理工人"顶天立地"希望所在，期盼他们在基础研究、应用研究、工程研究中取得重大进展。

当然"顶天立地"的学术贡献并不是一流教师标杆的全部。专聘教授们既要在学术研究方面产出高质量的成果，并敢于探索更有挑战性、更有前瞻性的研究方向，努力去开拓和引领一个学术领域；还要在人才培养上，用一份爱心，专心致力于培养优秀学生，倾心学术团队建设，用开阔的胸怀培养、支持青年教师成长发展。当然，秉持良好的学术道德，潜心治学，恪守规范更是学者的永恒底线，每一位专聘教授要做北理工优良校风、教风、学风的守护者和代表者。

本次全面深化推进教师聘用制度改革，作为学校综合改革的开篇举措，不仅建立了教师"预聘—长聘—专聘"岗位聘用制度，更重要的是要充分激发广大教师投身教育事业的内在动力、创新活力，营造见贤思齐、人才辈出的良好局面，为建设中国特色世界一流理工大学固本强基。

文：黎轩平

图：徐思军

2016 年 4 月 6 日

"我们要在宇宙空间占一个位置！"

1957年，在我国航天事业刚刚起步后不久，大型天象仪被国家确定为向国庆献礼的重点科技攻关项目。牵头研制该仪器的北京工业学院（北京理工大学前身）师生发出了"我们要在宇宙空间占一个位置！"的雄音伟志。经过100天的攻关奋战，中国首台大型天象仪诞生，华丽再现了遥远的宇宙苍穹。

2014年1月8日，在人民大会堂召开的国家科学技术奖励大会上，北京理工大学师生因在"神舟"飞船、"天宫一号"等一系列高速飞行器交会测量技术领域的原创性贡献，荣获国家技术发明奖一等奖。在茫茫太空，北理工已留下了自己的前进轨迹。

从一句口号到一纸证书，期间饱含的是北理工几代师生的艰辛付出，更是国家对学校近年来"拓天"特色发展战略实施效果的充分肯定。这标志着学校在不断强化传统军工优势的同时，已经成功攀登上航天科技研究高峰。

航天科技是20世纪以来人类在认识、改造自然过程中，最活跃、发展最迅速、最有影响的科学技术领域之一，是高度综合的现代科学技术与工程，也是一个国家科学技术先进性的重要标志。

作为新中国第一所国防工业院校，建校七十余年来，北理工始终立足国防，坚守并光大军工办学特色，发展成为国内一流、国防特色鲜明的理工科大学，在国防科技研究方面优势明显。然而，优势必须保持在不断的可持续发展中，守成不变永远是优势的坟墓！

2009年，当一场国庆大阅兵令北理工声誉日隆之际，学校前瞻性地启动了"拓天"之旅，带着"在宇宙空间占一个位置"的梦想，在逐梦的道路上前行不辍。"拓天"特色发展战略实施以来，学校在航天科技领域取得了多方面的重要进展。在首个"中国航天日"到来之际，学校实施"拓天"特色发展背后的可圈可点之处,值得思考。

居高自远,自"拓天"战略以顶层设计谋篇布局

浩瀚天际,广袤无垠,如何在"宇宙空间占一个位置"?在中国航天事业大发展的背景下,争论、交锋,走出去,请进来,在探寻的道路上,北理工逐渐明晰了方向,将"拓天"作为一项学科特色发展战略,顶层设计、谋篇布局,旨在对学校整体的办学水平和发展形成巨大助推力。

2009年,学校党委在第十三次党代会上提出实施"6+1"发展战略,并将"强地、扬信、拓天"作为学科特色发展路径。"主动瞄准国家重大战略和国防重大战略需求,紧密围绕我国航天事业发展主题,潜心研究,重点攻关,大力推进航天领域科技工作"成为学校的战略发展规划。

学校通过优化学科,将航空宇航科学技术、力学两个学科进行强强联合,组建了面向航天器总体技术的宇航学院;推动一批与航天科技相关的学院积极开拓航天探测、航天材料与结构等新的技术领域;积极开展航天生物与医学、空间法等研究,为航天科技研究奠定了坚实的基础。

学校着力加强航天科技高端人才队伍建设,引进优秀中青年学者,鼓励和培养优秀教师在航天科技领域成长发展。近年来,学校在航天科技领

第一章 矢 志

域集聚了毛二可、胡海岩、方岱宁三位院士，崔平远、梁军、黄强、吴嗣亮、龙腾、安建平、赵维谦、刘向东、王富耻、邓玉林、李寿平等一批优秀中青年学者。

学校在人才培养工作中强化"拓天"意识，有针对性地加强航天科技人才培养，通过面向航天科技领域实施"本硕博贯通培养实验班"，与航天科研机构联合培养工程博士、工程硕士等多种方式，加强向航天系统培养和输送优秀毕业生。自 2009 年以来，学校累计向航天系统输送毕业生 2 232 人（不含定向委培生），人数在全国高校的位次由过去的第四位跃升至 2015 年的第二位，并连续获得中国航天科技集团颁发的"航天人才突出贡献奖"。更为可喜的是，一批近年来的优秀毕业生已经成长为我国航天科技领域的新星。

学校大力提升航天科技领域的研究能力，先后建设了"飞行器动力学与控制"教育部重点实验室、"卫星导航电子信息技术"教育部重点实验室、"深空自主导航与控制"工业和信息化部重点实验室、先进结构技术研究院等科技创新平台。学校还积极与中国航天科技集团、中国航天科工集团开展产学研合作，先后共建了"空间通信信号处理"联合实验室、"空间光学工程"联合实验室、"空间微波与综合测试技术"联合实验室、"空间结构动力学与控制"联合实验室、"航天结构测试与分析"联合实验室等一批高水平联合研发机构。

作为我国国际空间立法支撑单位之一，学校积极参与国家航天局组织的外事活动和国际合作，获批设立首个"国家航天局空间法律中心"。历经数年筹备，学校于 2014 年创立了我国深空探测领域唯一的综合性学术刊物《深空探测学报》。所有这些，都凸显了学校以高水平人才培养和科学研究为中心，积极服务我国航天事业的理念。

从 20 世纪 50 年代创立为"两弹一星"培养人才的专业体系、成功发射我国第一枚二级固体探空火箭，北理工奠定了服务航天科技的学术基础。新世纪以来，从学院学科整合、高端人才队伍汇聚到高水平研究平台建设，北理工通过一系列举措将"拓天"特色发展的梦想变成了现实。近五年来，学校在航天科技领域共承担研究课题 200 余项，获得了包括国家技术发明奖一等奖、二等奖和国家科技进步奖二等奖等一系列奖励。

阅读北理

动中肯綮，抓住基础创新的本源引领科研

"以突出基础研究为重点、高水平科技成果为标志、引领国防科技发展为方向，加强科技创新体系建设，推动科技工作逐步实现'自主创新、重点跨越、支撑发展、引领未来'的目标，服务国家战略目标，服务区域经济发展，全面开创学校科技和产业工作新局面。"这是学校发展战略中明确指出的科技工作基本思路。

解决国家重大工程问题的本源是基础创新。只有实现基础研究的创新突破，才能从本质上提升学校的科研实力，带动人才培养，实现服务国家重大战略和学校发展的"双赢"。

北理工牢牢抓住这一关键点，"十二五"期间在深空探测、材料与结构、固体推进、目标探测、星载信号处理、空间碎片防护等技术领域产出了一批重要的基础研究成果。

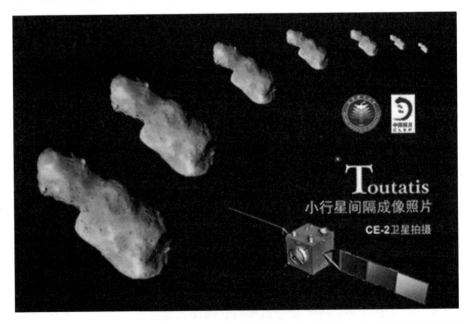

例如，飞行器设计学科获得我国深空探测领域的第一个国家深空探测项目，成功实现对航天器借助星体引力有效飞行进行轨道设计，形成自主知识产权的深空探测任务轨道设计分析系统，为"嫦娥二号"完成探月后成功飞越图塔蒂斯小行星，实现我国首次小行星探测任务提供了关键技术

支撑，使我国成为世界上第四个实现小天体探测的国家，获国家科技进步奖二等奖。

又如，力学学科获得我国航天器力学领域第一个国家自然科学基金重大项目，及相关的国家自然科学基金创新研究群体，形成了研究优势。在该领域开展的大型空间结构展开动力学建模与分析、高温环境下热防护结构设计、航天器空间碎片防护技术、火箭储液箱液面晃动分析与测试技术等研究，迅速提升了我国新型航天器和未来航天器的结构设计水平，解决了航天工程中若干重要技术难题，在国内外学术界产生了重要影响，在四年一届的世界力学家大会上作动力学领域的唯一邀请报告。

再如，信息与通信工程学科获得我国雷达探测技术专业组首个重大基础研究项目，瞄准高速群目标检测与识别、海量实时信号处理重大基础问题开展研究，提出系统的高速实时信号检测、处理、评估理论，并成功将应用于地基雷达的核心技术推广于航天工程，获得了我国航天科技史上第一颗天基 SAR 雷达快视图像、第一幅在轨可见光实时处理图像等重要成果。2015 年，该学科的雷达信号处理团队凭借一系列原始创新贡献，成功斩获首届国防科技创新团队奖。

新建的生物医学与工程学科发挥学科交叉优势，实现中国微流控芯片太空应用技术领域"零"突破，在神舟飞船上完成了我国首次空间环境下的基因实验，并实现在轨检测，提升了我国空间生命科学研究的水平。

问题导向，服务国家战略需求解决重大工程问题

基础理论的源头创新，其目标是要"支撑发展、引领未来"。北理工始终将创新与服务国家战略目标密切结合，在服务国家重大战略需求中，实现理论创新的价值，实现学校的光荣使命，实现办学实力的提升。

然而，从基础理论创新到解决重大工程问题并不是轻而易举的，有针对性地加强引导、紧紧抓住关键技术、大力协同……哪个环节都必不可少。

问题是研究方向最好的指挥棒。北理工在参与航天工程、承担工程配套任务的过程中，注重分析需求、解决问题、凝练问题，特别是抓住从工程中提出的基础理论需求这一关键，有效牵引着航天基础理论和关键技术的持续发展，"思路、设计算法，成功、失败，经验、教训，实践"是解决技术发展问题最好的"导师"。集中力量针对航天科技重大工程的关键

阅读北理

技术问题进行攻关，学校形成了对航天科技研究整体工作的有效牵引，以点带面，研究态势良好。

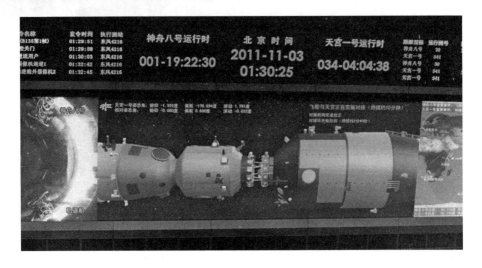

在载人航天工程领域，学校研制出我国第一部星载空间目标测量雷达，并将其应用于航天器相对定位测量、载人航天交会对接，成为"神舟"系列飞船与"天宫一号"历次空间交会对接任务的关键支撑技术，获得了2013年国家技术发明奖一等奖。

在航天测控与信息处理领域，学校研制出发射场地面图像解码处理设备、神舟飞船导流系统、交会对接测量雷达信号处理机等关键设备，有力支撑了载人航天任务的实施；学校研制的长征系列火箭专用图像处理设备，使得全球亿万观众可实时见证中国航天发射星箭分离的壮观瞬间。

在北斗卫星导航领域，学校围绕区域系统应用需求，有效开展信号生成技术、精密测距技术、多系统接收机技术、多体制模拟源技术、导航终端测试技术、抗干扰技术等关键技术攻关，打破我国航天器基础器件技术"受制于人"的局面，为北斗导航的工程化与产业化奠定了坚实基础。

在固体推进领域，学校研制的含能材料CL-20，作为我国在研的能量最高的固体推进剂的主氧化剂，实现了我国固体火箭推进能力的大幅提升，成为航天动力研究领域的耀眼贡献。

第一章 矢　志

六十年前的北理工师生或许没有想到,"我们要在宇宙空间占一个位置"正在成为现实。今天,北京理工大学正在"拓天"的道路上踏实前行,必将在广袤星空之中留下北理工前进的新轨迹,向着更加浩瀚的宇宙飞翔!

文:黎轩平

2016年4月23日

打破"一家一户",服务"上下左右"
——北京理工大学分析测试中心建设纪实

"打破'一家一户',支撑学科发展,服务教学科研,能够面向社会。"寥寥数语,道出了北京理工大学分析测试中心的清晰定位。

资源是事业的保障,对于大学建设更是尤为关键。回顾中国高校的发展之路,每一次的改革与提升,都离不开对资源配置模式的调整。当"双一流"建设的号角吹响时,"深化高等教育综合改革就必须扭住'资源配置'这个至关重要的'牛鼻子'"进一步成为共识。以资源配置改革推进高校综合改革,不仅可以突破利益固化藩篱、实现资源最佳开发利用,还能促进高校职能有效发挥,进而为形成管长远、可持续的高校治理体系提供支撑。

2014年3月,北京理工大学启动了良乡校区分析测试中心的建设工作,开启了新时期的资源配置改革工作。

问题导向,实现资源合理配置

伴随着时代发展的脚步,大学始终面临巨大的资源压力。办学资源永远是有限的,如何以师生为本,合理配置资源,走集约化、共享化的资源平台建设道路?从哪里开篇,哪里的资源需求更为迫切?如何有效启动资源配置改革,盘活高校办学资源,使资源配置对人才培养、科学研究和学科建设提供更大动力?

"我校历来重视高水平分析测试设备平台的建设,但是原有分析测试实验条件的建设,大都依托院系或者单个实验室,设备重复采购,利用率不高,维护使用成效不佳。由于资源分散、信息不对称,教师还要辛苦周折到校外做实验,非常不便。最为关键的是,这样的资源分散配置,直接削弱了学校办学实力的提升,影响了学科建设。"实验室与设备管理处处长史天贵谈到。

坚持问题导向，北京理工大学找到资源配置改革的切入口——建设分析测试中心（以下简称"中心"），目的是通过校级大平台的建设，有效合理配置资源，优先保证教学与科研，服务于师生需求，克服资源的碎片化和孤岛现象。中心定位为公共支撑技术平台，为教学和科研提供测试服务，支撑高素质人才培养和高水平科学研究。

学校在推动良乡校区建设的背景下，抓住综合改革契机，大力推进中心建设，建成的中心位于良乡校区化学化工楼，面积约1 340平方米，建有核磁室、衍射室、电镜室、质谱室、光谱室、热分析室、材料加工室等多个测试分室以及管理办公室、业务办公室。中心不仅整合了化学学院、化工与环境学院已有的实验条件和管理体系，还为大量先进仪器购置和使用提供了有效保障。

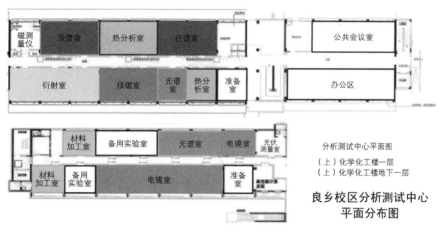

分析测试中心平面图
（上）化学化工楼一层
（上）化学化工楼地下一层

良乡校区分析测试中心平面分布图

透射电子显微镜　　扫描电子显微镜

阅读北理

模式创新，多维打造一流平台

学校的第十四次党代会对良乡校区做出明确定位：以理科、文科及新兴交叉学科为主的人才培养基地和科学研究基地，同时逐步成为科技成果孵化、高新技术产业培育基地。

学校依据上述校区规划定位，积极学习国内外高校的先进经验，以建设一个"管理规范、服务到位"的高水平公共服务平台为目标，从设备购置、管理机制、人员配备等多方面将中心倾力打造为一流水准。

"工欲善其事，必先利其器。"一流设备是分析测试中心平台的重要硬件支撑。目前中心拥有 700M/400M 核磁，扫描电镜，透射电镜，X-射线单晶衍射仪，X-射线粉末衍射仪，液相色谱、质谱、光谱、质量分析仪，元素分析仪等各类大型仪器设备 50 余台套，总值 6 200 余万元。除了整合原有资源，分析测试中心还引进购买了一批高水平分析测试设备。其中尤以 Bruker Avance III HD 700M 核磁共振波谱仪和 D8 VENTURE 双光源自动切换 X 射线单晶衍射仪具有代表性。中心引进的 Bruker Avance III HD 700M 核磁共振波谱仪采用 ASCENDTM 超屏蔽超导磁体系统并配备最新型的超低温 BBO CryoProbeTM 探头，在射频输出、数据获取、灵敏度和分析速度方面均具有卓越表现。D8 VENTURE 双光源自动切换 X 射线单晶衍射仪是布鲁克最新推出的基于 CMOS 二维探测器的最新一代单晶衍射仪，该设备的 Mo/Cu 双微交斑光源，配备双发生器，可自动切换，配以最新一代 KAPPA 四轴测角仪，使得同时操作两种光源变得更加简单。

第一章 矢 志

700M 核磁共振波谱仪
400M 核磁共振波谱仪
X 射线单晶衍射仪

中心建设立足于"高起点、高要求、高效率",本着"科学规划、整合资源、完善体制、统筹建设"的原则,推行"依托学科、集中管理、有偿使用、开放共享"的管理与运行模式,实现资源集中管理、集中使用,专管专用,最大程度发挥大型仪器设备的使用效率,成为学校多学科教学科研及为社会提供服务的一个综合性平台。

中心聘请相关学科专家和具有丰富经验的管理干部组建了专家委员会,为中心日常工作提供咨询和指导,中心建设和管理的重大问题须经专家委员会讨论通过。中心还制定了管理运行办法等各类管理制度、规定 20 余个,实现了管理工作制度化,业务工作流程化,日常运维日臻完善。中心建立了大型仪器设备的准入与退出机制,组建了专兼职技术队伍,聘请高水平的 PI 参与中心管理,建立了队伍的培训、培养、考核评价机制。"一流的分析测试中心应该有先进的仪器设备+专业的技术人员+高效务实的政策制度+信息化的管理手段。"化学学院院长、分析测试中心专家委员会主任胡长文教授说。

值得一提的是,中心以信息化建设推动管理水平的全面提升,建立了包括信息查询、安全准入、安全防护、预约服务、质量追溯等标准化的综合管理信息系统,所有设备使用实现在线预约管理,实现中心大型仪器设备测试服务的全过程管理和全天候开放。"我们在使用设备之前,通过网络查看什么时间段可用,然后进行预约。预约之后,在约定的时间内凭个人一卡通刷卡进入中心、进入房间、打开设备。"化学学院王曙光同学说。信息化平台的建设既给师生使用带来方便,也提高了中心的管理效率。

化学学院、化工学院是中心现阶段的主要使用者,中心对于两个学院的学科建设也将发挥日益重要的作用。

然而,中心的使命还不仅此。随着学校发展逐步迈入"良乡时代",将有生命学院、材料学院等学术机构整建制迁入良乡校区,分析测试中心还将逐步扩充设备,发挥多学科服务的功能,这对于学校的学科交叉融合意义重大。化工与环境学院副院长冯金生谈到,"分析测试中心不仅为教师、学生带来了极大便利,同时为化学、化工、生命、材料等相关学科的建设提供了很好的支撑,数据共享使得资源的集约化效应在学科发展中的作用成倍提升。"

在中心建立之初,分析测试中心由学校实验室与设备管理处直管,依托学科平台和职能部门共同管理。2016年4月,学校将分析测试中心设置为独立机构,负责建设与管理学校资源共享的分析测试平台。创新的管理模式使中心在整体建设规划、大型设备购置、管理运行机制和技术队伍引进等方面,有更加良好的保障,成为为多学科教学科研提供分析测试服务的重要技术支撑。

优化运行,真正实现服务社会

"以管理促发展,以技术求创新"是中心提升管理和服务质量的核心原则。目前中心已经发挥出资源整合后的"威力",实现了大型高水平设备的统一规划、论证、采购,为科学研究提供了有力支持,初生之际,就显示出极大的优势和生命力。

面对未来,分析测试中心的管理者更是信心十足,成竹在胸。中心将在满足学校学科发展和人才培养的基础上,积极打造成服务周边,对外合作的新亮点。"一个好的分析测试中心,不仅能服务学科,还能给学校创收。"分析测试中心负责人彭绍春说,"我们在保证满足校内师生使用的基础上,把多余检测能力按照市场价对外开放,以提高自身的生存

第一章 矢 志

发展能力。"

  这样的设想并不是"空穴来风":一方面,国内外同行中的佼佼者,均能跨出学校范围,成为面向社会开放的高水平测试平台;另一方面,从地域条件看,结合北京发展战略,房山区及北京南部将会聚集更多的高校、企业和科研机构,而分析测试资源相对匮乏,一流分析测试平台更是难求,这些都为中心的发展提供了广阔的空间。"不断提高测试的服务内容、技术水平,提高品牌美誉度是我们开展对外合作的前提。"彭绍春表示。

  北京理工大学分析测试中心,是学校建设共享实验平台的一个重要起点,是学校优化资源配置的一个案例,也是学校综合改革的一项重要实践。分析测试中心用"存量调整"的改革方式服务学校"一流大学"和"一流学科"建设,正是学校"顶层设计、谋划大局、把握重点、统筹兼顾、循序渐进"综合改革思路的现实注解。

文:党委宣传部

图:分析测试中心

2016年6月6日

我在北理工做"青千"

他们是尚未踏出校门便受到"热捧"、学术成果卓著的学界新秀；他们是肩挑成为学科带头人的重担，能把握本学科领域发展方向和战略规划的拔尖人才；他们是有志于用学识和技能奉献社会、服务国家，推动人类进步的有志青年。无论来自麻省理工学院、加州大学洛杉矶分校还是剑桥、帝国理工等欧美顶尖学府，还是来自日本东北大学等亚洲一流大学，这些回国加入北理工的"青年千人"都有了一个共同的名字——"北理工人"。

"致天下之治者在人才，人才是衡量一个国家综合国力的重要指标。"为大力引进一批有潜力的优秀青年人才，为今后10年至20年中国科技、产业的跨越式发展提供支撑，2010年12月，中央人才工作协调小组批准通过了《青年海外高层次人才引进工作细则》，"青年千人计划"正式启动。

"人才是兴校之基，是强校之本，是提升学校核心竞争力和可持续发展能力的关键，是实现学校中国特色世界一流理工大学目标的可靠保障。近年来，学校全面深化落实'强师兴校'战略，着力打造平台，筑巢引凤，吸引人才，保障发展，人才队伍建设尤其是'青年千人计划'正持续有力推进。"北京理工大学校长胡海岩强调。

"青千"选拔：不拘一格降人才

东汉末年，刘备三顾茅庐诚访诸葛亮出山成为千古佳话。今日，为引进世界各地优秀人才，求贤若渴的北理工派出的宣讲团的足迹遍布世界名校。今年受聘材料学院的"中组部青年千人计划"学者陈棋教授便是在2015年4月宣讲团去加州大学洛杉矶分校宣讲时加深了对北理工的认识，并有意向加入北理工的。"我更加关注的是自己的风格与北理工是否相宜，学校对我有何期待，我能给学校做怎样的贡献。宣讲会上，我详细了解了学校的基本情况、发展方向及材料学院的学科发展布局。2015年7月，我来到北理工，同学校

第一章 矢 志

领导、学院领导及科研人员有了深入交流,感受到学校风格低调、实在,也拉近了我与学校的距离感。经过深思熟虑,我选择了北理工。"

"学校对人才工作高度重视,用'求贤若渴'来形容一点也不为过。我们在引进人才过程中,双方交流的重点并不是入校后的待遇。我们关注的是如何传递北理工优良的学术传统、良好的科研氛围及鲜明的办学特色,了解对方的学术成就与职业生涯规划。我们希望能够吸引既匹配学校的学科特色,又符合国家需要的前沿领域研究人员。同时,我们也有实力能够为他们提供一流的支撑服务与科研保障,让这些青年科学家在北理工实现更好的发展。"北理工人事处处长阎艳说。

"人才者,求之者愈出。" 2013 年,在北京理工大学师资队伍建设工作会上制定并实施人才强校战略的"2132"工程,计划到 2020 年前,拥有 20 名左右以院士为主体的具有国际影响的学科领军人才;100 名左右以"千人计划"专家、"长江学者奖励计划"教授、国家杰出青年科学基金获得者等为主体的学术领军人才;300 名左右以"青年千人""青年拔尖人才"、优秀青年科学基金获得者、"新世纪优秀人才"等为主体的青年学术骨干;20 个左右国家级创新团队。目的是汇聚一支学术大师与青年领军人才的师资队伍,为学校创建世界一流大学和世界一流学科提供智力保障。

"青千"入校:职业生涯的坚强后盾

"从决定加入北理工开始,学校便对我'青千'的申报提供了大力的支持。入职后较短的时间内,在学校和院系的支持下,各项启动工作都在有序地开展,团队建设已经初具规模,生活上的安顿与保障也全面解决了我的后顾之忧。学校的配套政策落实很快,效率高,让我回国后能马上全身心投入到新的科研工作当中。"受聘北理工宇航学院的"青年千人"洪家旺教授告诉记者。

洪家旺的"满意"源自学校对"青千"工作的高度重视以及引进机制的全程贯通。"青千"回国后,职业生涯迈入了新的阶段。离开了海外熟悉的科研环境,一切重新开始并非易事。为保障"青千"教学科研工作快速启动,为了让刚入校的"青千"们能够潜心学术、倾情育人,赢在职业生涯的起点上,由学校人事处牵头,发展规划处、教务处、研究生院、科学技术研究院、国际交流处、财务处、国有资产管理处、实验室与设备管理处、后勤集团等部门通力合作,为他们提供一条快捷、便利的"绿色通道":从繁琐的入职材料、各类行政审批手续,到招生、团队配备、仪器设备配备、办公及实验用房,再到生活的安顿与保障,学校集中优质资源,从无到有,让"青千"们能够尽早、安心地投入工作状态。

科研的快速启动是青年科学家在同行业内脱颖而出的关键,对此,陈棋深有体会:"我正在从事的光伏新能源材料的研究是全世界关注的热门科研领域,竞争非常激烈,其中一个课题去年有两三千篇文章发表。对于青年学者来说,竞争让时间变得非常宝贵,若科研启动不及时,很多想法

很可能就被同行抢先发表。学校高效地将科研配套政策落实,满足了科研启动条件,解决了我回国前的担忧,令我感到非常顺利和幸运。"

"科研是纯粹的,这些海外回来的学者们性情相对单纯,让单纯的人做纯粹的事情,其他事情交给我们来做。"阎艳道出了学校职能部门服务、支撑高层次人才的理念。

北理工对"青千"的"爱贤尚贤"、大力投入,可谓是"舍得"。除经费保障外,学校舍得给他们职称,使他们能够更便捷地对接相应资源;舍得给招生名额,使他们能够尽快组建科研团队,开启归国后的科研征程;舍得给他们打造学术交叉创新平台——前沿交叉科学研究院,用全新的机制、完整的体系,发展新兴交叉学科方向,促进学科交叉融合,使得汇聚在这里的人才队伍能够理念碰撞、资源共享;舍得给他们设立青年教师交叉研究等专项基金,鼓励青年教师更好地开展科技创新工作;舍得将其他省部级各类人才计划、国家项目的报送优先倾斜给有突出成就的"青千",使他们能够更快、更好地实现自身价值。

"青千"发展:各尽其能的广阔舞台

校党委书记赵长禄在北京理工大学教师岗前培训班上对新入职的北理工青年教师提出期待:"爱是为之主动奋斗的基础,而了解是爱的前提。青年教师们既要尽快熟悉北理工的文化与环境,主动融入团队和集体,又要保持一定的个性与风格,源源不断地给北理工注入先进的理念、前沿的方向、清新的风格。只有这样才能使学校保持活力,不断创新发展。"

为了让"青千"更好地了解、融入学校,学校开展各类培训、学术沙龙、座谈会等活动,并组织他们参加中组部赴延安等革命老区举办的培训活动,加深他们对党史、国情、校情的了解。"青千"也逐渐在北理工生根发展,他们不负使命,用一张张惊艳的成绩单回馈学校:2011年入职化学学院的王博教授,已通过2016年国家杰出青年科学基金会评审答辩;2012年入职机械与车辆学院的周天丰教授,于2014年成功申请到科技部青年"973"项目"玻璃微纳阵列高效超精密模压制造基础研究",成为当年制造领域唯一的青年"973"项目首席科学家。

阅读北理

"我本科时期就读北理工,是学校培养了我,对我世界观、人生观、价值观的确立产生了关键影响。回国后,母校支撑着我,给予我很高的起点、坚实的支持和一切可能的帮助,使我能够在自己擅长的制造前沿技术方向上顺利过渡、前行与开拓。我将继续扎根北理工的科研沃土,充分利用近年来搭建的资源平台,把玻璃微透镜制造研究做到极致,拓宽其在军用、民用的跨领域应用。"周天丰告诉记者。

刚加入北理工大家庭的"青千"们满怀热情地投身新的人生角色中,他们用国际化的视角、前沿的理念、扎实的科研功底,为学校、学院、学科的建设和发展输送新鲜的血液。

在学生培养上,陈棋颇有独到的理念:"我希望能够培养学生的'科研鉴赏力',这是科研能力和人文素质的综合体现。让他们有这样一种判断力,能知道什么是有科研价值的,什么成果是好的,知道科研领域最尖端的是什么,哪些是宝藏,可以挖掘的方向在哪里。这是我要着力引导学生成长的方向,同时也是我,作为一名科技工作者,终其一生该去不断加强的自我修养。"

洪家旺对即将踏上多学科交叉的科研之路充满期待:"本科到博士,我的研究领域都是工科,现在从事偏理科的基础研究。北理工'理工并重'的学科优势对我来说具有很大的吸引力,希望在将来的工作中,能够发挥理工学科交叉的特点,做一些有意义的工作。"

"青千"在国际平台上交流、展示、竞争,北理工是他们扎根的大后方。采访中,"青千"们对北理工的满意度溢于言表:

第一章 矢　志

"这感情不用说了，就努力工作吧，以成果回报母校。我在北理工做'青千'，我感恩！"被问起对母校的感情时，周天丰用质朴的语言热情地回答。

"回国迈出了踏实的第一步，学校有力的支持可以让我专心往下走，我在北理工做'青千'，我期待！"陈棋说。

"作为北理工的一分子，希望通过努力，为北理工的发展做出自己的贡献，我在北理工做'青千'，我奉献！"洪家旺告诉记者。

有意回国投身祖国建设发展的海外优秀青年人才们，时刻准备好迎接新一批"青千"的北理工欢迎您！

文：马瑶

图：党委宣传部　人事处

2016年7月14日

第二章

品　格

连铜淑：棱镜中的世界

【人物简介】连铜淑（1930—），广东潮阳人。光学仪器专家，反射棱镜技术光学理论的开拓者之一。教授、博士生导师。1948年毕业于上海市南洋中学；1952年毕业于清华大学机械系。1952—1996年在北京理工大

学光电工程系任教，曾任副系主任。连铜淑长期致力于光学仪器和应用光学的教学与研究，在"反射棱镜的成像和转动原理"的研究中，创立了崭新的"刚体运动学"学派的理论体系——反射棱镜共轭理论。其中，提出了一系列新的概念、定理、法则、基本方程、特性参量、新型棱镜和棱镜组，编制了反射棱镜工程图表、国家标准，并持有国家专利。发表的文献对从事光学仪器设计与研究的科技工作者具有重要的参考价值。他1991年的英文专著《Theory of Conjugation for Reflecting Prisms》把反射棱镜共轭理论推向世界，在国际光学工程界广受欢迎，享有盛誉。

第二章 品　　格

为国：刻苦学习，努力工作

连铜淑，广东潮阳人，1930年生于上海，他的少年时期适逢日本军国主义侵华战争的年代，亲身经历了侵略者给中国人民造成的深重灾难。1937年8月13日，日军入侵上海。在母亲郑桃英带领全家四口从虹口逃到英租界后的第二天，他们的家就被敌机炸平了。珍珠港事件后，日本占领了英租界，他们又重新生活在侵略军的铁蹄和刺刀下。当亡国奴的滋味，在连铜淑幼小的心灵中激起了强烈的爱国情怀，他立志长大后要报效和捍卫祖国。这就是他人生中最大的精神支柱。后来，在生活、学习和工作上，无论遇到多大的困难、挫折和坎坷，他都能扛得住。特别是在教学工作和科学研究事业上，一路走来，六十个年头，他对待每一项任务都是兢兢业业，奋发向上，从未有过任何懈怠。自从1973年在反射棱镜的理论研究中取得了突破之后，四十年来他更是集中全副精力，倾注全部心血，把兴趣完全聚焦在这个点上，直到取得了相当完整和系统的成果。现在他仍然保持着这种心态，在科学研究的道路上跋涉着、探索着。2013年7–9月，他先后在《科技导报》上发表了两篇论文：《反射棱镜调整法则》和《反射棱镜调整定理》。

清华学习经历为连铜淑日后的发展奠定了深厚的数理基础。他师从力学泰斗钱伟长教授。连铜淑深情地怀念着已故的钱先生，先生除了教会他精湛的力学知识外，还传授给他"举一反三"的学术思想，这些在他后来创新的道路上始终发挥着巨大的作用。他尤其敬佩钱先生一生的爱国精神和爱国行为。

连铜淑说："学习除了在课堂上要认真听讲和做笔记之外，重要的是自己在课外的独立思考。当在学习中遇到困难的时候，譬如需要推导一个复杂的公式，我会自己努力去把它推导出来，哪怕花上一个月或更长一点的时间也是值得的，在工作中也是如此。因为只有不断地亲自参与解决一个又一个的难题，克服一个又一个的困难，才能获得扎实的知识、丰富的经验，提高独立思考和独立工作的能力，特别是总结出真正属于自己的一套思维方法。"

艰苦奋斗是连铜淑一贯的作风，也是一种态度或一种精神。在20世纪60年代初国家困难的那几年，他仍然经常工作学习到深夜两三点钟。

阅读北理

他记得一次有一位好心邻居还向他提了个意见："你怎么晚上睡觉也不关灯啊！"1955—1965 年，他写完了 60 万字的书稿《机构精确度计算》，并先后给教师、学生以及工厂里的技术员讲授了这门课程。

对于名利，他的看法是不能把它当做接受工作的前提，尤其他这一生从未在承担任务之前同人家谈论过报酬的事情。

1952 年，连铜淑从清华大学机械系毕业，随即到北京工业学院（现北京理工大学）仪器系任教。他先后讲授过"炮兵光学仪器""航空军用光学仪器""几何光学""光学系统三级像差理论与查表法望远物镜设计""反射棱镜共轭理论""光学仪器调整与稳像""自动车床凸轮设计""机构精确度分析与计算""傅里叶光学"等课程。学生们大多是通过上课知道连铜淑的，殊不知"连老师"称呼的背后，还有不少社会兼职：兵器工业部科学技术委员会委员、兵器工业部学位委员会委员、中国光学学会理事、《光学学报》编委会编委、《仪器仪表分析监测》编委会副主任、北京市人民政府第三届专业顾问团顾问……

他的研究成果和学术专著在国内外获得了一系列殊荣：

1982 年，《棱镜调整》被评为"1977—1981 年度全国优秀科技图书"一等奖。

1980 年，"棱镜调整与实践"获国防工办重大技术改进成果二等奖。

1992 和 1995 年，《反射棱镜共轭理论》的中文版及英文改进版先后被评为中国兵器工业部优秀教材一等奖。

1995 年，"远程反坦克导弹控制技术和稳像技术研究"获兵器工业总公司年度部级科技进步奖三等奖。

拥有"分离式圆束偏器"及"方截面等腰屋脊棱镜"两项国家实用新型专利。

1991 年，《Theory of Conjugation for Reflecting Prisms》出版，并在牛津、纽约、北京、法兰克福、圣保罗、悉尼、东京、多伦多发行，受到了国际著名专家的好评。国际光学工程界权威 R Kingslake 教授认为该书"在相当一段时间内将是这个复杂课题方面的权威性的著作"；我国两院院士、两弹一星功勋王大珩教授在给这本英文专著的题字中写道："提出了有关各种反射棱镜性能的统一理论……这是作者的一项新成就，就其实际价值，应可看作为几何光学增添了新篇章。"

某些美国公司和国际光学工程学会随即邀请他去工作和主持国际会议。

连铜淑因此在国际光学界被誉为"反射棱镜共轭理论方面的世界一流权威""棱镜设计与组合方面的最佳者"。

科学的探索,是一条漫漫长路。一位真正科学家的快乐,是创新和奉献。

连铜淑,背负棱镜调整,传承拓新中国学派的使命,披荆斩棘,攀上一个个学术高峰。

为师:为人师表,甘为人梯

连铜淑培养了硕士4名、博士4名。

一脉相承的师生,合力把棱镜调整研究推上国际水平。

赵跃进教授,是连铜淑的第一位博士生。他不会忘记,连教授指导他进行棱镜调整实验,耐心为他补习专业外语,后来又指导他撰写论文。

"我从连老师身上最大的收益就是他做学问的认真态度和严谨的科学精神。"赵教授说,"他教我的做学问的方法对我有潜移默化的作用。"赵教授如今研究方向已转为太赫兹成像、红外成像和非接触的人体生理参数的测量方面，但连教授分析问题、解决问题的思想依然深刻影响着他。

"赵跃进他们这一批学生，基础是非常好的。他们是 1977 级，对知识的渴求相当强烈。所以说他们取得成就，很大一部分原因是他们自己热爱学习，渴求知识。"连教授说。

如今赵跃进的研究日臻成熟，他已经培养了博士生 20 名和硕士生 30 余名。其中博士生张亮亮的学位论文《太赫兹波位相成像》被评为全国百篇优秀博士学位论文。

赵跃进本人也拥有一项有关棱镜调整方面的国家专利——盘型三轴稳像棱镜组。其他方面的国家发明专利 10 余项。

在学生眼中，连铜淑是谦逊豁达的长者，严谨求实的学者，爱才惜才的老师。

"连老师做学问肯定没问题，我感觉他对理论这方面研究得比较深。而且他对学生也是非常随和的，他在这个方向上给予指导以后，让学生自己努力去做，跟学生一块儿分析、解决问题。"赵跃进说。

耄耋之年，连老身后，是徒弟们一片崇敬的潮涌。

我读懂了人生的发迹—鼎盛—衰落的抛物线。在自己这条"抛物线"快要衰落时，培养比自己更加优秀、全面的学生，让有能力的年轻人站在自己的最高点继续向上，避免"抛物线"下滑给国家带来的损失。从钱伟长，到连铜淑，到赵跃进，从他们身上我们看出，为师，最大的成功就是把自己的学术财富传给年轻人。

谁能说，这不是毫无保留的奉献？

连铜淑，老马识途甘为人梯，培养造就了一批光学领域的研究俊才。

为人：诚恳待人，生活简朴

1997 年 7 月的一天，北京某中外合资仪器有限公司的副总工程师来找连铜淑，请教一个双目体视显微镜设计中的棱镜问题。双目显微镜天生有"左、右支出射光轴发散"的缺陷，该公司的研究小组试图利用系统中的一块半五角棱镜的转动来达到光轴平行性的目的，但却派生了像倾斜。他们已花去了一年多的时间，然而始终未能攻克这个难关。公司的香港出资方表示，再给他们两个星期，还解决不了，该项目就下马。连铜淑了解到来者所处的困境，便无条件地接下了这个难题。他利用自创的"余弦律和

第二章 品 格

差向量法则"在很短的时间内就得到了问题的初步判断。然而为慎重起见，须确定残留的光轴不平行性和像倾斜的大小。为此，他继续推导准确的公式，进行了大量的计算，用了 5 天时间，每天从早晨 7 点到晚上 12 点，最终完成了这一任务。解题的途径就是利用这块半五角棱镜在两个适当平面上的微量转动，以达到光轴平行而又不产生像倾斜的要求。所用原理就是光轴偏和像倾斜的综合计算。为了使研究小组的所有成员都能掌握这一原理，他又花了 5 天时间把这些设计资料编写成一份简明的讲义，并到公司给他们讲了 8 小时的课。公司按照他求得的数据做出了合格的样机。产品送到美国参展，获得不少订单，后来产品远销欧美。该公司领导称赞他说："您是一位真正的教授，一个纯粹的知识分子。"

连铜淑的书房布置简单：一张大床，一个挨着两面墙、比一人还高、堆满了书的书柜，一台电脑，一张书桌。"我这里面的书俄文的比英文的还多！"连教授笑着说。仔细看看书柜里，除了《辞海》《牛津字典》等工具书之外，还有很多连教授四十年棱镜调整研究的心血，整个房间都弥漫着一股淡淡的油墨味道。书桌上放着几副眼镜——连教授正在撰写一本新书，以作为他一生的工作总结。偶尔，这位面部线条一直显得很硬朗的老人也会流露出那么一丝疲惫和倦怠，"最后一本书喽……我这个岁数，很快就干不动了。"

83 岁的连铜淑，能够熟练地收发电子邮件、上网，还兴致勃勃打开电脑给我们展示了一段乌克兰达人秀的双人舞表演。"这里面很多动作很惊险啊！表演得很不错。"

钱伟长先生在世时，曾写信向胡锦涛同志建议启动"二十世纪中国知名科学家学术成就概览"项目。经周立伟院士的推荐，连铜淑教授被收录其中。

撰书、汇编、发表文章，连教授晚年的生活依然充实而有意义。

谁能说，这不是一片赤诚？

周立伟院士在祝贺连铜淑 80 岁寿诞的诗词中写道："传承拓新，桃李天下。棱镜调整，中国学派。"爱国丹心，学术精诚，严谨认真，兢兢业业，连铜淑教授在大爱中行走，做出了重大的贡献，也温暖着身边每一个人。他是一位真正的科学家，真正无私忘我的、大写的人。祝愿连教授的学术研究历久弥新，祝愿连教授健康长寿。

阅读北理

文：赵琳　何颖哲
图：斯君
2013 年 12 月 27 日

吴嗣亮：久有凌云志，敢为天下先
——专访 2013 年度国家技术发明奖一等奖获得者吴嗣亮教授

在 2012 年本科新生开学典礼上，校长胡海岩院士在讲到北理工"德以明理、学以精工"的校训时，曾经给同学们介绍了这样一位崇德尚行、学术报国的教师，他就是北理工信号与信息处理学科责任教授吴嗣亮。

2011 年 11 月 3 日凌晨，"神舟八号"飞船在跨越了近 130 万千米的追逐历程之后，与"天宫一号"目标飞行器在茫茫太空紧紧"相拥"，载人航天工程首次空间交会对接圆满成功。在这场代表国家最高科学技术水平的展示中，由吴嗣亮牵头研制的交会对接微波雷达信号处理机与微波应答机信号处理机，全程提供了"神舟八号"和"天宫一号"之间的相对位置和运动参数测量信息。随后的两年，"神舟九号""神舟十号"与"天宫一号"载人交会对接任务的圆满完成，一次又一次给吴教授和他的团队带来高强度拼搏后成功的喜悦和自豪。面对研制周期短、攻关任务重、技术难度大、质量要求高等多重困难，吴嗣亮带领研究团队弘扬"德以明理，学以精工"的校训精神，按照载人航天产品的高标准、严要求完成了全部研制工作，为我国载人航天工程交出了一份完美答卷。

阅读北理

2014年，新年伊始，又一份来自吴嗣亮及其团队的完美答卷呈现在世人面前。吴嗣亮等发明的一套高速交会目标相对定位测量技术，让其站在了国家科学技术奖励大会的领奖台上，又让全校师生为之振奋。国家技术发明奖一等奖分量很重，吴嗣亮及其团队"用这套技术研制出的海、陆、空、天系列测量装备，为导弹命中精度的全天时、全天候定量评估提供了一种有效手段。这个项目从原理、方法到实现技术，所用的全是我们自己独特的一套思路，完全不同于国外。也正因为这种原始创新，这个项目的主要技术指标才达到了比国外同类技术高出几倍的水平"。

敢打攻坚战

一份份完美答卷来之不易，本次获奖的这项"高速交会相对定位测量技术"从开始研究到现在持续时间长达 22 年。在这不经意间伴着青春逝

第二章 品　　格

去的岁月中，吴嗣亮无数次找寻到了"山重水复疑无路，柳暗花明又一村"的感觉，而正是这种感觉让他体验到了研究工作的魅力。在吴嗣亮看来，在研究过程中，遇到技术方面的问题和困难，就是找到了创新的基点和机会。

七年前的这个时候，年关将近，解放军某部即将组织一场"实物比测"招标。面对这场招标，团队中的每一个成员都异常紧张，因为当时北理工的雷达技术研究所在该领域尚处于起步阶段，而竞争对手们早已先行多年，这场较量中我方处于绝对的劣势。也正是这一场里程碑式的较量，让参与到那场竞争中的团队成员们感受到了吴嗣亮在遇到问题时的临阵不乱，在解决问题时的缜密思维。面对竞争中的劣势，面对技术上的难题，吴嗣亮更是斗志昂扬，信心百倍。在那场九天九夜的攻坚战中，他只休息了四个晚上，团队中的一位老师谈道："吴教授经验丰富，能力超强，每次遇到问题到他那里都能迎刃而解，和他接触时间越长，就越佩服他解决问题的能力。"那场攻坚战打下来，吴嗣亮的团队终于取得了优秀成绩，硬是从别人碗里分了一杯羹。

五年前的这个时候，同样的比赛，吴嗣亮团队和其他中标单位再次比拼，又一场"抢夺阵地"的战斗打下来，吴嗣亮团队排名综合第一。

吴嗣亮多年以来打过无数场这样的攻坚战，在他看来，解决技术上的难题已经是习以为常，他从来不会对技术问题有畏惧或者犹豫。当然，除了技术方面，工程上还会有时间进度、质量等方面的压力和困难，一场场攻坚战打下来，作为项目负责人，他更感到最终的胜出不仅需要过硬的技术，还需要科学的管理，必须在责任心、毅力、拼劲上实实在在地做出表率。要求别人做到的，自己首先应该做好。

敢为人先

说起吴嗣亮的"敢为人先"，他有两个特点：敢做别人不敢做的；敢想别人不敢想的。"强地、扬信、拓天"是北理工的发展路径，这一特色注定了学校的很多科研都必须在艰苦环境下去完成。吴嗣亮的科研项目也都不例外。茫茫大海、苍茫戈壁、无际草原，到处都留下了他们的身影。在他看来，这样艰苦的条件并不算什么，他的团队早已适应了这样的环境，最后成功的喜悦终会将艰苦的经历化作美好的记忆。在科学实践的道路

阅读北理

上，给他留下最深刻印象的是那种完全把自己交给大自然的无助感。有一次在海上执行任务，出海前预报6级风，出海后风力实际上达到了8—9级，一百多吨的小船犹如狂风中的一片落叶，连船上的老鼠都难以承受汹涌的波涛，上大学时坐火车都晕车的吴嗣亮第一次感到了生不如死。当时船上两台主机还坏了一台，这更增加了随时遭遇灭顶之灾的危险。海上三天三夜的历险，伴随着技术难题的逐一解决，最终留存于吴嗣亮内心的反而不是九死一生之中的险象环生，而是任务圆满完成之后的无尽喜悦。

至今，吴嗣亮已获发明专利45项（第一发明人31项），一项项的发明背后折射出的是他敢为人先的创新意识。科学上必须要敢想别人不敢想的。2009—2011年，军方要在某个新领域遴选出技术优势单位，为了能够在最后的"实物比测"中胜出，他提出了一种大胆的方案，拟通过将学术界对信号处理的相关前沿理论成果系统化、实用化来解决其中的关键问题。当时团队中所有人都觉得太冒险，而且在规定的时间节点内很难完成，但是他详细分析可行性后，告诉大家："我们如果沿用常规方法，大家都照着国外公开的路子走，尽管可以达到基本要求，但是很难形成特色和优势，更不可能超越国外。我们要做就要做到最好，要做就做这个领域的技术引领者。"最终，团队所有成员在吴嗣亮的激励和带领之下，按照既定的时间节点攻克了所有技术难题，依靠技术自主创新取得了遥遥领先的成绩。在军事应用需求爆炸式增长的这一领域，北理工的技术水平在国内目前依然无可匹敌，并在多个国家重点型号上得到成功应用。

从吴嗣亮的学习和工作的经历上，我们可以看到他不同寻常的人生轨迹。从东北重型机械学院（现在的燕山大学）自动检测技术专业毕业后留校任教，两年后又攻读燕山大学工业自动化专业的硕士学位，从事控制理论方面的课题研究；毕业留校后，从事教学和计算机测控技术的工程应用研究；三年后，又去攻读哈工大电磁测量技术及仪器专业的博士学位，从事现代信号处理理论方面的课题研究和计算机测控技术应用研究；博士毕业后来北理工电子学与通信博士后流动站，师从毛二可院士从事雷达技术研究。这种多学科的经历、理论与工程实践研究交替的过程，锻炼了吴嗣亮多学科、多视角、理论联系实际分析解决问题的能力，培养了通过主动学习快速进入新领域的能力。不同学科知识交叉融合、思维方法互相借鉴，好的创新点就油然而生。记得当年承担的某项科研任务中,需要解决磁罗盘罗差盲校准这个跨学科的问题,正是多学科知识的融合,使这个当时国外最新产品都没能有效解决的难题得到突破,乃至这家美国生产商反过来发电子邮件询问他的解决办法。跨学科的经历和优势经常能够帮助他们的团队在一次又一次的技术挑战中取胜。

咬定青山就不放松

吴嗣亮小时候家里条件艰苦,他的两个哥哥都中途辍学,务农补贴家用。为不负父母和兄长的期待,吴嗣亮从小就刻苦学习,立志成才。毕业后,围绕教学和科研,更是废寝忘食,从四号楼到七号楼再到信息大楼,只要是他的实验室,都是他安营扎寨之所。怪不得有人用"特别能吃苦,特别能熬夜,特别能坚持"来评价吴嗣亮。

"神舟"与"天宫"的成功对接只在刹那间完成,而对于吴嗣亮的团队而言,为了"天神"的顺利对接,他们却是要"十年磨一剑"。

2003年,某研究所面向载人航天交会对接需求,自筹经费开始研究交会对接微波测量雷达技术。鉴于毛二可院士团队在特种测量雷达方面的良好技术积累和严谨务实的科研作风,对方把其中关键的信号处理机研制任务交给了吴嗣亮。在有限的自筹经费支持下,经历了原理样机、工程样机一轮轮的艰苦攻关,但依然迟迟等不到纳入载人航天工程计划的消息。面对这种困难,吴嗣亮选择了坚持,选择了与合作伙伴风雨同舟,因为他相信先进的技术总会有用武之地。2009年年初,载人航天工程终于将微波雷达作为测量手段纳入研制计划,但留给他们走完初样电性件、鉴定件到正样件全流程的时间已不到两年。在庆幸没有放弃的同时,巨大的压力让一向配合默契的吴嗣亮在第一次计划协调会上就与合作伙伴发生了争执。同样是坚持,让吴嗣亮的团队在不到两年时间内按载人航天的高标准走完了工程化的全过程,保证了"神八""神九""神十"与"天宫"在茫茫太空中找寻到对方。未来的一艘艘"神舟""天舟",在吴嗣亮这种"咬定青山不放松"的精神下,也会更加自如地遨游于太空。

感怀师恩浩荡,不忘团队发展

说起所在团队,不是很健谈的吴嗣亮忽然侃侃而谈起来。任何一项荣誉的获得，都是团队合力攻坚的结果，这次国家技术发明一等奖，尽管获得奖励的只有几个人，但其实是团队众多师生、军方用户、协作单位和学校科研主管部门多年共同努力的结果。团队的健康发展离不开学校和学院的长期耐心支持，他感恩于学校提供的科研条件和营造的务实氛围，他感恩于科学技术研究院在每一项科研任务中的组织协调，他感恩于同事和学生们对他的宽容和体谅，他感恩于妻儿对他献身于科研的理解与支持。

在吴嗣亮看来，"学术是无国界的，而技术是有国界的。""学术讲求共享，需要互通有无；而技术讲求先进，存在相互竞争。"团队将自己定位为相关领域学术界与工业界之间的桥梁、学术成果向尖端实用技术的转化器。为此，吴嗣亮要求团队成员既要了解学术前沿、掌握学术进展，又要思考和了解国家、社会的需求，通过不断吸收学术性成果基础上的系统化、实用化创新，不断产出高水平的实用技术。在他看来，高校工科老师未必人人都去做前沿学术研究，但是了解和掌握学术动态，想着国家相关行业的需求，则是尖端技术创新所必需的。利用学术成果不断创造新技术、引领相关行业的技术进步，也应是高校义不容辞的一份责任。

不论是对团队成员还是对他的学生，吴嗣亮最常说的话是："要实事求是，不自以为是。""不要想当然。"在教学科研中，他会一反生活中随和的一面变得异常严厉。本次成果的第六获奖人侯舒娟，在接受记者采访时说：“吴教授特别执着，凡事都讲求尽善尽美，他对学生是出名的严厉，也正是这种对科学精益求精的精神和态度让我当年毅然决然地决定投靠吴教授门下，如今看来真的是不失为一种正确的选择。”

当然，吴嗣亮的学生李加琪除了告诉我们他极为严厉的一面外，还让我们从另外一个视角了解了他。李加琪 1996 年被保送至北理工，从本科毕业设计直至拿到博士学位都在吴嗣亮门下。就读博士期间，他曾有一段时间思想陷入偏激，当吴嗣亮发现他这种思想波动后，反复找他长谈，直至解开了他心头的疙瘩。很多年过去了，李加琪如今也已在吴嗣亮团队中独当一面，成长为卫星导航定位方向的带头人，但是回忆起当年的那一幕来，仍旧感激不已。

身处信息学院雷达所毛二可院士及其创新团队这样的一个集体中，吴嗣亮始终不忘是毛二可院士把他带到了雷达领域，他在毛二可精神的感召和鼓舞下，踏踏实实做事。正如吴嗣亮在给毛二可院士即将到来的八十华诞贺词中写到的那样："是毛老师把我带入了雷达技术领域、带入了无线电技术领域，让我体验到了电磁波的无限魅力和操纵电磁波的无限乐趣。"吴嗣亮及其团队就是在这种"电磁波魅力"的吸引下，怀着对祖国无限的热爱，瞄准国家重大战略需求，坚定而自信地走在国防科技的前沿。

文：张爱秀

图：斯君

2014 年 1 月 10 日

中法大学的前世今生

【编者按】2014年是中法建交50周年,中法两国开展了大规模的交流与纪念活动。2014年3月26日,国家主席习近平访法期间,参观了里昂中法大学旧址,习主席表示"里昂中法大学见证中法两国一段特殊交往史,也记载了近代以来中国两段重要对外交往史。中方愿同法方开展有关文献的整理、保护和研究,希望有更多中国人到这里参观,祝愿里昂和中国的交往不断加深。"

法国里昂中法大学是北京中法大学的海外部,在赴法勤工俭学运动中,为中国青年学子提供了赴法留学的便利与支持,是中国现代高等学校国际化建设的先驱,具有独特的历史地位。1950年,建校30年的北京中法大学完成了它的历史使命,在国家统一安排下进行拆分,与其他高校合并。北京中法大学校本部与数、理、化三个系并入了刚刚迁入北京的北京理工大学前身华北大学工学院。中法大学的并入极大地提高了学校的办学实力,为学校之后的发展建设奠定了坚实的基础。

在此背景下,党委宣传部与《北京青年报》联合策划推出了有关中法大学专题报道,宣传部组织力量,围绕中法大学的历史及校友进行了深度挖掘,推出专版,作为中法大学校史系列报道之一。

中法大学背景

20世纪初,中国一批热血青年走出国门寻找振兴中华的良策。在蔡元培等人的推动下,里昂中法大学应运而生,设有文、理、医、农等众多学科。

学校的管理由中法双方共同负责,校长由法方人员担任,教务长由中方人员担任。1921年9月,里昂中法大学首批学生127人入校。此后,每年从中国招考20多名新生。从1921年到1951年,共有473名中国留学生在中法大学就读。从1951年起,中法大学停办。

1980年2月,中法大学以里昂法中交流学院之名"重获新生"。学校不培养一般大学生,而是为已有大学学历或专业特长的人提供一年的进修、深造机会,使其了解本学科的世界水准,更新知识。新中法大学由法方单独负责,学校经费主要来自里昂市政府、工商会和其他团体赞助。

校长寄语

当年的中法大学虽然只存在了30年,但是它在中国教育史上却是颇有特色的一所大学。中法大学停办后,校本部和数、理、化三个系并入华北大学工学院,也就是今天的北京理工大学。中法大学爱国主义的光荣传统和国际化的办学理念,为北理工的建设带来丰厚的文化遗产,并激发着北理工人在一流大学的建设中不断奋进。

面对经济全球化、教育国际化的世界发展趋势,一流的大学必须以培养具有全球胸襟、国际化视野、跨文化思维和国际交流与竞争能力的人才为己任。办学国际化可望成为新时期北理工文化在延安精神、服务国防基础上的第三个特色得到继承和弘扬,成为加速推进建设高水平研究型大学的文化保障。

——北京理工大学校长 胡海岩

阅读北理

【里昂篇】

里昂中法大学又指中法大学海外部，正式成立于1921年。在创办北京中法大学之前，李石曾等人先是在法国倡导勤工俭学，并以"退还庚款"活动为契约，要求在法国建立一所中国大学。1919年，张继等在法国负责筹建，选址在办学条件优良的里昂郊区圣伊雷内堡，起初根据约定以协会的形式注册，1921年，"中法大学协会"才正式宣布注册成立里昂中法大学。

里昂中法大学是中国在海外建立的第一所大学，它为中国学生提供了高等教育的机会，为中国培养了一批高级学者和研究人员。短短30年里，到里昂中法大学注册的中国学生人数达到473名，学习专业以理工科为主，主要分布在基础科学、工业技术、纺织、商业贸易、市政工程、建筑和航空等学科领域。他们中大部分学生获得了高等教育文凭，其中131人获得了博士学位，60人获得工程师文凭。他们中的多数学成之后回国工作，不少人后来成了我国科学界、教育界和文艺界的中坚力量，如著名科学家朱洗、汪德耀、范秉哲，著名文学家和诗人罗大刚、戴望舒，著名艺术家常书鸿、王临乙等。

第二次世界大战期间，里昂中法大学校舍曾被德军占领。然而，除了战乱的冲击外，在海外建立大学，经费问题往往更为突出。里昂中法大学成立后，前期在李石曾等人的努力游说下，换来一些捐助暂能帮助里昂中法大学渡过难关，后期法国退还的庚子赔款到位后，经费才相对稳定，但到1951年，里昂中法大学终因经费困难而不得不停办。

第二章 品 格

【北京篇】

学生奔向解放区,生源减少

1937年,卢沟桥事变爆发,中法大学因涉及国际关系,艰难维持现状。中法大学坚持爱国立场,不屈从日寇,不接纳"辅导官"、不开日语课、不挂日本国旗。敌人未能踏入校门一步,课业勉强进行。1938年,日伪的压迫变本加厉,并且不惜使用武力胁迫,使得中法大学既不能招收新生,也无法公开上课,只能以研究的方式维持课业,中法大学的发展被迫中断。同年,中法大学附属中学也被迫停课。后来,中法大学被迫南迁,敌伪强占校舍。

1946年,中法大学迁回北平。1948年,中法大学学生纷纷奔向解放区,在校学生人数锐减;留校师生共同护校,迎接北平解放。次年1月,北平解放,又有不少同学离校参加革命工作。由于生源减少,中法大学发展再受影响。

李麟玉两次致函,期待接管

1949年6月,北平和平解放后,时任中法大学校长的李麟玉两次致函军管会的文化接管委员会并呈请华北人民政府主席董必武接管中法大学。同月,军管会发布第152号令,派军管会代表接管中法大学。中法大学改称为"国立北京中法大学",仍由李麟玉任校长。9月,华北高等教育委员会发布第1475号令,决定自即日起撤销中法大学军管代表和接管小组,由校长、教务长、秘书长、总务长、教职联代表和学生代表共9人组成校务委员会和筹备委员会,协助校长处理校务。

教育部研究批准,决定拆分

1950年6月,中法大学向中央呈文,希望与华北大学工学院合作,在业务上受中央重工业部领导。同年8月,中法大学拆分,数、理、化三个系和校本部并入华大工学院,文史系、法文系并入北京大学,生物系、经济系并入南开大学。药学专修科合并于上海医学院,各附属中学及小学移交北京市教育局,各农场、疗养院移交北京市人民政府。至此,中法大学宣告终结。同年10月,中央人民政府教育部下发第811号令,决定中法大学于1950年暑假后停办。

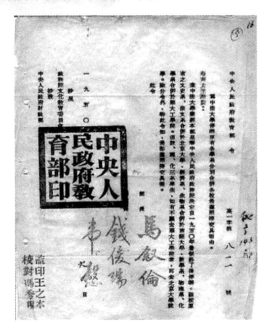

并入"北理工" 生机盎然

北京国立中法大学拆分时,曾将移交各项事宜统计造册,为后人留下了详尽的统计资料。通过北京市档案馆收藏的近百种移交统计清册,我们能够清晰地看出中法大学的人员和资产是如何流转到其他单位的。

清单中记载,中法大学曾移交给南开大学的三大箱仪器、标本中,有48盒动物标本和18盒植物标本。在移交给华北大学工学院的清单中,精确记录了各类藏书,从中可见昔日中法大学办学的深厚积累。在中法大学教务处移交目录中可以看到招生、注册、课程、成绩、文件、考试等各类资料,这为华北大学工学院未来的办学提供了良好的借鉴;目前在北京市档案馆里保存有陈毅、钱三强等人的中法大学毕业证书等珍贵资料。

除了资料外,中法大学教室、办公室、实验室、阅览室、书库和礼堂约9 000平方米,都拨给了华北大学工学院使用,满足了办学需求。中法大学重视自然科学的实践和研究,早在20世纪30年代初就已经建立起了较为完备的实验室,还有配合教学的仪器设备、实验基地和实习工厂,这些为今天的北京理工大学成为新型的工业大学做好了必要的准备。

中法大学校本部和数、理、化三个系并入后,华北大学工学院成为新中国第一所部属高等院校和第一所新型重工业大学。1952年年初,学校更名为北京工业学院,成为新中国第一所国防工业大学。1988年,更名为北京理工大学。几十年来,学校曾为新中国国防科技事业创造了诸多第一:第一套电视发射接收装置、第一枚二级固体燃料高空探测火箭、第一台大型天象仪、第一部低空探测雷达、第一台3米焦距远程照相机,等等,成为培养红色国防工程师的摇篮。

改革开放后,北京理工大学承担科技奥运和奥运安保项目的数量位列全国高校第一,如全景式智能仿真编排系统成为北京奥运会开、闭幕式艺术设计和组织实施的"核心利器",并成为国庆阅兵、上海世博会和广州亚运会等国家盛典的必选;动态烟火技术为全世界呈现了以"笑脸"为代表的奥运绚烂烟花;纯电动大客车"独步"奥运核心区更是彰显学校在国家新能源汽车领域的引领地位。北理工参与了国庆60周年30个阅兵方阵中22个方阵装备的设计和研制,其数量和深度位列全国高校第一,为我国拥有世界一流陆军装备做出了不可替代的贡献。在航天领域,微波雷达信号处理设备成为"神九"与"天宫"首次对接的核心部件;"微流控芯片基因扩增装置"实施了中国首次太空基因实验;"嫦娥二号"遵循北理工"轨迹"成功实现国际上首次对"战神"小行星的近距离探测。

本组撰文/张爱秀

【交流硕果】

中国和法国都是文化大国,分别代表着两种不同的文明,在近代中法关系中,文化关系始终占有重要地位。中法大学作为近代中法文化交流的产物,在为中国培养学术研究人员的同时,还积极致力于中法两国的文化交流。

创办刊物

中法大学创办的一系列期刊,为促进中法两国文化交流起到了重要作用,其中最为突出的是创刊于 1925 年 10 月的中法大学校刊——《中法大学》。中法大学校刊初为半月刊、月刊,直至 1937 年 9 月改为季刊。十余年的时间里,这份刊物广泛介绍了法国的科学、哲学、文学和艺术。就其内容来看,可以说它是民国时期国内唯一一份专门介绍法国学术文化的刊物,为中法学术文化的沟通起到了桥梁的作用。

在自然科学方面,中法大学校刊除介绍法国生物学家陆漠克和居里夫人的生平和学说外,还介绍了其他一些著名的法国科学家,如 1926 年诺贝尔物理奖获得者毕汉、著名化学家博德罗的生平及他们在各自的领域所做出的贡献。同时,校刊也曾译载过一些法国科学家的论文。

在哲学和社会科学方面,校刊也译载了不少法国学者的论著,主要有:社会学家布格尔,巴黎大学教授勒菲尔、欧乐、富耶、唐内,史学家古郎绥等。同时,校刊也译载法国一些著名思想家如柏格森的文章。此外,校刊还发表了一些中国学者介绍法国哲学和社会科学的文章,如杨堃、萧子升、彭相基、郑子修、胡鉴民、萧石君、王来庭等。

在文学方面,中法大学校刊所作的介绍大体分为两个部分:一是大量译载法国作家的作品;二是译载和发表与法国作家和作品以及文学思潮相关的研究论著。就前者来说,中法大学校刊译载了自中世纪至 20 世纪各个不同时期法国作家的作品,涵盖的范围很广。据不完全统计,中法大学校刊先后译载了 20 余名法国作家的作品,共计 63 篇,这些作品既有诗歌、小说,也有剧本。

本组撰文 / 吴翼飞

学者交流

中法大学在促进中法文化交流过程中所做的另一项重要工作是邀请法国学者来华讲演。据不完全统计,在 1926 年至 1937 年的 10 年内,中法大学先后邀请了十余名法国学者来校演讲。在民智未开、国民教育体系尚未完善的情况下,这些法国学者在中法大学的演讲对于当时中国的科学普及和学术国际交流有着非常重要的意义。

1926 年,巴黎大学教授、考古学家富歇,在中法大学服尔德学院作了题为"印度佛学之传述"的演讲。法国电学家白兰用幻灯图片介绍了他发明传递图像电报的经过，讲解发信机和收信机的构造和用法。巴黎博物学院教授、著名地质学家拉夸用 67 张照片具体说明了倍雷火山喷火的各种现象。

1927 年，巴黎自然博物院成员、法国鸟类保护会会长德拉鼓来中法大学演讲，题目为"中国和印度支那的哺乳类及鸟类"。

1930 年 5 月 27 日，法兰西学院教授沃伦诺夫博士在北京中法大学礼堂介绍返老还童术手术实验时，为了能更直观地说明实验的方法和过程，在讲演现场准备了两只实验用狗，并在现场做了解剖手术。这场手术吸引了一千多名观众前去观看，引发了极大轰动。而第二天沃伦诺夫教授题为"人类接腺与兽类接腺"的演讲，竟然吸引了两千余名观众。

1931 年 10 月 6 日，法国物理学家、巴黎理化专门学校校长兼法兰西学院教授郎之万作为国联教育考察团成员来华，在中法大学礼堂作题为"太阳热之起源"的演讲。这是一篇关于天体演化的演讲，朗之万以太阳辐射乃氢氦之间的原子嬗变为依据，对维持太阳辐射的时间做出估算，这份研究是 20 世纪 30 年代关于太阳能量最好的天体物理学成果。我国著名物理学家严济慈教授当时翻译了这份演讲稿，并和朗之万进行了深入交流。此后，正是在朗之万的推动和帮助下，严济慈和中国物理学工作者们成立了中国物理学会，并与国际物理学联合会建立了联系。

本组撰文 / 吴翼飞

延续中法文化亲缘

近年来，北理工的国际交流合作日益广泛，已与世界 58 个国家和地区的 200 余所大学建立了正式合作关系。

法国仍是与北理工合作十分活跃的一个国家。2008 年以来，仅本科生就有 130 人前往法国访学、做毕业设计和读研，其中做毕业设计的学生就有 40 多人，体现了北理工与法国大学的深度合作。

2013 年 9 月，北理工开办了首个全英文授课硕士专业——软件工程，迎来了学校第一批全英文授课软件硕士生。毕业于法国的欧洲理工学院的法国学生友安就是其中一员。

北理工现任宇航学院院长胡更开教授，1991 年，获法国巴黎中央工程师大学（ECP）博士学位；1993年，回国任教，并与法国学者保持密切合作。2014年年初，他和法国巴黎东大学Qichang He教授在中国力学学会主办的《Acta Mechanica Sinica》刊物上组织学术专题，邀请法国学者系统介绍相关工作。

2013年，北理工又与法国南特经济管理学院和亚眠高等工程师学院在MBA、控制、电子和计算机等方面开展硕士双学位合作项目，标志着与法国高校的合作又上了一个新的台阶。

文：王庆林
图：党委宣传部　国际交流合作处
2014年4月9日

安阳：启程于中法，情归于中法

安阳，1919 年出生，祖籍四川成都。1943 年就读于因抗战搬迁至昆明的中法大学文学院，1946 年随学校返回北京（时称北平），1948 年 7 月毕业，毕业之后到了晋察冀解放区工作，后来进入了中共中央财经部工作。"文化大革命"期间到了天津负责"三废"事务，1983 年成为了第一批离休干部。

"你好，Bonjour！" 95 岁高龄的安老神采奕奕地用熟练的法语欢迎了我们。在两个半小时的娓娓讲述中，我们被带入了他的中法情缘。

激情燃烧的校园岁月

"我是 1943 年从成都到昆明的，当时四川没有一条铁路，没有一条柏油路，从成都到昆明走了差不多一个月。"

安老的中法大学之旅始于碎屑路，中途搭乘了装满酒精的大卡车翻越了艰险的云贵高原，经过近一个月的颠簸，他来到了西南边陲重镇——昆明，开始了大学生活。

中法大学风气开明，思想自由，让安阳呼吸到了异于中学的新鲜空气。安老首先和我们回忆了他参加学术报告会的情况，"那个时候我们的学术报告非常多。"

当时昆明有三所大学：从北平到昆明的西南联大、中法大学，以及云南大学，三所大学的主要院系都集中在昆明城的西北角，纵横不足一平方公里，就在这一平方公里，高密度地聚集着许多知名学者。中法大学经常组织专题学术报告会，其他大学的专家教

阅读北理

授也会受邀讲授,学生们慕名而来一睹名家风采。"当时的学校就如市场一般热闹。"在中法,安阳聆听到了罗常培讲音韵学、吴宓讲红楼梦、刘文典讲庄子、邵循正讲元史、罗庸讲陶渊明、朱自清讲诗、游国恩讲楚辞、冯友兰讲中国哲学史,还有朱光潜、徐炳昶等的演讲。"现在回想起来,花两个小时系统地、提纲挈领地把一门专门知识教给青年人,既增加了知识,也让青年学生进一步加深了学术上的思考。"安老说。

"黔桂大撤退"、日寇侵占贵州独山后,整个西南岌岌可危,学术性报告渐渐减少,政治性的报告开始增多,很多教授如闻一多、费孝通、华罗庚、吴晗等都将矛头指向了国民党政府的专制腐败,一直持中立态度的张奚若教授就曾讲过:"国民党说共产党是赤匪,我看国民党早就是白匪了,白字太干净了,简直就是黑匪。"

学生们除了学习,渐渐以多种方式投身于谋求国家独立、富强的道路中。安阳意识到,个人的义愤解决不了社会问题,必须参加社会团体。当法文系助教叶汝莲征求他意见参加中国民主同盟时,安老斟酌再三,加入了中国共产党新民主主义青年联盟(简称民青)。抗战胜利后不久发生了震惊全国的"一二·一惨案",全国学生纷纷罢课游行声援昆明,身在昆明的安阳也加入到昆明学联领导下的反内战民主斗争中,参加示威游行,护送烈士灵柩,张贴"反内战"大字报,揭露批判国民党政府。烈士祭台前,挂着中法大学师生的挽联:"集会无自由,杀人有自由,是'谓'民主;血泪哭同学,馨香祭同学,哀此国魂。"在反内战、要和平的政治斗争中,"有一半的大字报出自我手。"安阳欣欣然说。

"一二·一惨案"后,经过与国民党反动派谈判,斗争取得初步胜利,民青盟员与进步青年深感形势恶化,斗争艰巨,策划开辟新阵地,筹办《大众报》,经费由学生自己出,每人凑3万法币,稿源或通过个人关系向外地组织通讯,或由自己写稿。安阳在创刊号上写了一篇《昆明学联举行记者招待会侧记》。报刊创办后,报道了各地蓬勃的民主运动以及海外华人的同情和支持,揭露了国民党政府的反动本质。每期印刷3千份,由同学们上街叫卖,很多人愿意掏好几倍的价钱购买。"得民心者得天下。"安阳说。

中法大学迁回北平后,安阳又参与到组建学生自治会的活动中,组建了中法大学第一个学生党支部。此后他又积极参与到抗暴运动、"反内战、反饥饿"、"助学运动"、"反对美国扶植日本运动"等民主革命运动中。中法大学和北大、清华、燕京、师院等高等院校的师生们始终紧密站在一起，并肩战斗，为中国革命和新中国诞生贡献了青春与力量。

悠悠岁月中的校园情

"中法大学对于我而言是一个有特殊感情的地方。"安老的校园生活不仅有惊心动魄的政治运动，还有温馨的生活。

让安老记忆犹新的教授有两位——一位是中法大学的校长李麟玉教授，另一位则是郭炳阁教授。国民党的"三青团"撕毁了进步学生团体"雄鸡社"办的壁报，双方产生了激烈冲突，闹到校长办公室。李麟玉严厉地批评了"三青团"分子："有意见可以贴壁报，但不能撕毁壁报，中法大学有自由。"1948年，国民党"八一九"大逮捕，李麟玉教授支持学生会，反对军警进学校逮捕学生。安阳认为，中法大学的革命运动不断，与中法大学领导和教授有关，他们大都留学法国，具有民主主义思想，对学生要求的民主自由和爱国运动是同情和支持的。

提到郭炳阁教授，安老开心地笑了。因为当时投身到学生运动中，没有时间做论文，他就翻译了一篇法语戏剧并稍作修改交到了郭炳阁教授处，郭教授刚开始说这样不行，最后却因为时间紧急通过了他的论文。讲到这里，时光虽过去几十年，安老依旧露出了孩子般天真的坏笑。

"我们同学之间的情谊是亲密无间的，没有隔阂的。"

进步青年们做宣传工作（如贴大字报）需要躲避国民党反动派的逮捕，因此每次他们都会一起行动，相互保护。这种患难相济的友谊是终生的。现在95岁高龄的安老并不常常出门，然而每次出门甚至出远门都是拜访自己中法大学时期的老友。安老现在还记得和同学们一起啃窝窝头的经历。

安老从1948年毕业至今早已过了一个甲子，中间经历了中法大学的变动，唯一不变的就是那份回馈母校的心情。2004年10月到2005年7月，法国文化年以"人文与革新、浪漫与创新的法国"为主题在中华大地闪亮登场，安老参与了历时一年的《中法大学·北京理工大学》编著工作。也许那时的心情正如书中一句话所说："怀着对教育事业、文化事业的热忱，怀着对中法文化年的热切关注之情，把我们曾经共同拥有的中法大学的历史，以及在高等教育领域两国的交流与合作以画册的形式展示出来，献给中法文化年。"除了参与《中法大学·北京理工大学》编著工作之外，在中法大学建校八十周年纪念时，安老还参与编著了《永远的情怀》。当我们把这本书拿给安老时，他并没有强调自己是编著者，而是首先谦虚地打开了一页便说"我们还有一处错误"。

中法大学校友常常聚会共同追忆往昔，而将大家聚集在一起的正是包括安老在内的 20 世纪 80 年代的校友会筹办者们。

有一句歌词这样唱道："给你我的心作纪念，这份爱任何时刻你打开都新鲜，有我陪伴多苦都变成甜，睁开眼就看见永远。"半个多世纪的朋友们的这份情意让安老任何时候回忆都很新鲜，永远都不会变质，而这正是中法大学给了安老最大的礼物。

静静时光下的恬淡人生

"我是 1983 年第一批主动离休的干部。"

安老离休已经 30 多年了，离休的生活完全不像中法大学时的生活那样火热。现在的安老每天会过着规律的生活，然而却并不单调。早上会做养生操，按摩穴位，练练钢笔字，中午必喝一杯三种水果打成的饮料，下午写一些随笔小记。有时还会常常一个人坐公交车去会朋友。

安老很喜欢交流，他思路清晰，记忆力绝佳，皮肤泛出健康的红晕。当问到安老养生秘诀时，安老先是开了个玩笑说要多吃窝窝头，看到我们

愣了一下，他才很开心地透露了四个秘诀：首先要多吃粗粮，少吃油；其次要坚持锻炼身体，每天做操、按摩；再次要想得开，少生气；最后晚餐少吃一些。

荣格说："老年人总是经常重温他们的学生时代的辉煌事迹，只是想靠着回忆他们年轻时代的英雄事迹来燃旺他们的生命火焰。"见到安老后我们改变对这句话的理解，不同的人生阶段有不同的生命火焰。就像安老学生时代的火焰虽然跃动明亮，然而充实的年老时光却更显倔强而坚强。

第二章 品 格

　　记得西班牙的桑塔亚那在《我的世界之主》中曾写过这样一段话："在老年人的宁静生活中，精神大概比较容易进入人的存在，在那里比较平静地住下。"安老平静地面对着自己的人生，如同窗外的天空静守着世界。

文：和霄雯　王向

2014 年 7 月 2 日

刚郁芳：见证中法大学发展史的"铿锵玫瑰"

刚郁芳，1928年出生，女，东北人，中共党员，曾任华北大学工学院（北京理工大学前身）首位团委书记，现为中法大学校友会理事。1946年毕业于西北师范大学附中，同年考入中法大学化学系。在校期间，参加过数次反对国民党反动派的学生运动。1950年中法大学并入华北大学工学院，刚郁芳由于表现突出，被选为第一任工学院团委书记，后在学校教务处任职直至离休。离休后，一直担任中法大学校友会理事，组织举办历届的校友会，为校友会的发展做出了重要贡献。

巾帼战火不输勇

1946年，抗日战争刚刚胜利，日本帝国主义被驱赶出中国，国人对建设和平、统一、富强的国家，斗志昂扬，充满希望。刚郁芳抱着她的"强国梦"，来到北平（现为北京），考入当时进步、开明的中法大学，就读于化学系。

1946年12月24日，北京大学女学生沈崇疑遭两名美国军人强奸。事件发生后，引起北平各高校学生的抗议，作为刚成立一个月的学生自治会成员，大一学生刚郁芳服从会里的决议，"30日罢课一天"，加入游行示威行列，抗议美军暴行，却遭到国民党政府镇压。国民党政府贪污腐败，导致货币贬值、物价飞涨，民不聊生。众多爱国人士对其失望透顶，开始思索"中国应该往何处去？怎么救中国？"

第二章 品 格

受爱国思潮的影响,刚郁芳开始参加进步学生社团运动。

中法大学是一个有着特殊学制的私立大学,不受国民党政府统治。地下组织运动由此鼎盛一时,民盟、民联、青年组织等,进步学生围绕着"反内战、反饥饿、要和平、要自由"奔走呼号、为革命理想挥洒激情。刚郁芳在进步同学的帮助下,在地下图书馆开始阅读《共产党宣言》、艾思奇的《大众哲学》《唯物论》以及高尔基、托尔斯泰等作家的进步小说,这些进步书籍均是由中法学生踊跃捐献所得,还有毛泽东的著作,在当时必须得"伪装"好,"里面是'新民主主义论',表面是'三侠五义'。"

1948年,国民党政府发动针对学生的"八一九"大搜查。受中统组织"三青会"检举揭发,政府拿着"反动"学生名单去大学逮捕相关学生,中法大学校长李麟玉得悉消息,第一时间通知学生躲避抓捕。"像我们的地下书刊,都想方设法要藏起来。我宿舍8个女同学,住3间平房,我把进步书籍都藏到房顶上,就跑到东单菜市场里躲避,直到听说抓捕结束后才返回学校。"刚郁芳回忆道。

学校有很多进步社团:读研社、生活社、民舞社、剧团。刚郁芳参加的生活社,主要是组织大家学习一些进步外文刊物,学习"唯物论""唯心论"等哲学史观,介绍解放区的情况,刚郁芳逐渐得到真理的启示和鼓舞,人生观、世界观开始转变。对比国民党政府的腐败无能,在中国的敌后解放区,她看到一个"民主、幸福的理想国",从此对共产党无限向往。

那时华北一带高校学生自发成立了华北学联,学生们宣誓"同甘苦,共生存;一校受迫害,八校支援;一人被摧残,全体营救",学联旨在加强校际团结,使各大学间互通有无,"北大的学生来中法旁听法语课,中法文史系的学生整个去北大听课。"学联组织过一系列促进各校联合活动,刚郁芳就曾参加过在北大民主广场举行的平津同学万人营火大会、去基层考察、到"七七事变"的发生地卢沟桥参观,到天津九大盐厂,晚上就住在南开大学。解放战争初期受紧张局势影响,大部分学生选择去了解放区,作为先进分子的保留力量，刚郁芳留在中法继续斗争。解放战争后期，国共斗争胜负已定，为响应共产党的城市政策，"民舞社"在学校地下党的组织下，冲出学校，走上街头，演节目，做演讲，向市民宣传党的城市政策，引来大量围观群众。刚郁芳与同学们展开了对北京市的文物、遗迹、街道调查统计工作，并向亲戚朋友宣传党，让他们更多地了解共产党的政策。学生们积极响应，让久处在国民党反动宣传蒙蔽下的北平市民，顿觉耳目一新。

莺舞高歌曙光明

一次，社团组织进步学生去颐和园游玩，"那时的颐和园不收门票。"刚郁芳和同学们也许是在昆明湖畔，或是万寿山旁，开起篝火晚会，唱起《光明赞》《茶馆小调》，还有异域风情的新疆歌舞剧《大坂城的姑娘》《从群众中来，到群众中去》《兄妹开荒》，还唱解放区的歌，这在当时是"禁歌"。大家纵情唱呀跳呀，歌声、笑声响彻颐和园的夜空。

还有一次活动让刚郁芳印象深刻：地下党的同学通过与苏联大使馆联系，要到了《列宁在十月》的影片资源，在中法大学礼堂放映，放到中途，被国民党特务掐断电，观众席上的学生便唱起《光明赞》。

并入华北大学工学院后，刚郁芳曾一度得不到家里的救济，她被抽调出来任团支部书记有了工资，一份工资养着她和几个同学，"我们老同学家里来钱了，大家伙就都分摊用，同学间友好得像一家人。"

1949年2月，北平解放；3月，市委领导要求贴榜公开原来的地下组织民青、民联成员，成员的进步身份终于从"地下"转到"地上"，他们公开成立党的支部，建立新民主主义青年团，作为党的助手和后备军。"我当时作为建团负责人，到1949年5月，中法大学建立支部，大量发展新团员，原来的民青、民联成员自然地成为团员。"

1949年10月1日，中华人民共和国成立。不久，中法大学正式由政府接管，改称为"国立北京中法大学"。

1950年夏，北京中法大学奉命与由解放区迁京的华北大学工学院合并。刚郁芳的身份也从中法大学的一名学生变成华北大学工学院的学生。在理学院学生可以自由选择北大还是华工时，因为青年团的工作需求，她选择留在华北大学工学院,成为工学院的首任团委书记,学习工作两不误。到 1950 年抗美援朝时,她便成了专职的团委书记,之后进入校教务处直到离休。

家庭和睦享晚年

刚老今年已经 88 岁了,满头银发,目光柔和,像个亲切的邻家老奶奶,平日里最常做的就是在小区里散步。采访中,她儿媳不时给我们茶杯续水,对自己的婆婆赞不绝口,刚老只是笑笑,看得出一家人和和睦睦,其乐融融。

刚郁芳的爱人吴威,曾是上海交通大学的学生,1947 年,因为搞"学运"被国民党通缉,后被送到晋察冀边区,又穿越监管区到达解放区,改了全名,成为华北大学工学院的教师。刚老的爱人已经离世,但从他家客厅的墙上,我们还是得以一睹先生清秀刚劲的书法。

刚老给我们翻看《中法大学校友会史料》,每一页,每一张照片,每一句题词,每一个署名作者,她都能娓娓道来。被问及校友作者中现在有谁还健在?刚老指尖划过一个个名字,嘀咕着"唉,不多了,……李治华活着,99 岁了,……李卫走了,……李彦还在,……范明哲走了,……这些都走了,……李强还在,这老头快 80 了……史料编辑安阳在,今年 95 岁了,昨天还给我打电话了,说有一份中法大学的资料……"当她动情地给记者读"这不是一部史诗/不是一所高等学府的画卷/也不是广大师生的回忆录/这只是/校友们心中留下的/对母校不可磨灭的记忆/是校友对母校的深深怀念",我们也从刚老的话语中,听出了自豪,听出了眷恋,听出了一个学子的母校情!

文:张芬　和霄雯

图:喻典

2014 年 7 月 9 日

马士修：新中国军用工程光学和电子光学专业的奠基人

马士修（1904—1984），河北高阳人。1923年赴法勤工俭学；1927—1929年就读于法国加恩大学，获得电机工程师职称和数学教学硕士学位；1930年在加恩大学获得物理学硕士学位；1930—1934年就读于法国加恩大学理学院，荣获法国国家物理学博士学位，并获得法国物理学会终身会员称号。1934—1935年在巴黎潘加赉学院从事物理学研究。1935年回国在北京中法大学任教，后伴随院校调整，担任北京理工大学前身华北大学工学院和北京工业学院教授、物理教研室主任、工程光学系主任，是新中国军用工程光学和电子光学专业的奠基人，为北京理工大学光学学科的发展建设做出卓越贡献。

上午九点，我们来到马士修生前研究生开门弟子彭利铭教授家中，听彭教授将马老的故事。

真理守望者

"马老常常说他在法国勤工俭学期间对得起自己的一生，没有虚度光阴。"——彭利铭

马老初到法国时只是在工厂里面工作，并没有学习，后来依靠着自己勤工的积累、在法国务工的二哥的支持以及中法大学的奖学金开始了艰辛的求学历程。

第二章 品　　格

马老作为与周恩来总理同期的留法学生，学养深厚，受到李麟玉校长的盛情邀请回国，任北平中法大学物理系教授和系主任。1937 年"七七事变"后，日本侵略军入侵，华北失守，中法大学内迁，马士修留守学校照看守护实验室和学校资产。他终日自思自忖，绝不甘当亡国奴，更不能为敌伪效力，始终不肯到北平的一些敌伪大学教书，不愿出来为敌伪政权和日本人做事。为了表达自己的态度，马老使用了"守一"的笔名——"守"即为坚守，"一"则一心一意搞科学，不问政治。当时生活非常艰苦，经费来源中断，中法大学大楼也被日军占据，马士修只得暂借北平研究院理化部的楼房，但后来实验也无法再进行，只能转向纯理论方面的探索。当北平研究院也被日本侵略军占领而无处存身时，他才不得已停止了各项工作。抗战胜利之初，中法大学仍在昆明没有回迁，这时马士修在北京大学和北京师范大学（当时称"临大"）任特聘教授，此间曾作过一系列当时堪称前沿科学的学术报告，如"中子和 γ 射线""化学能与原子能""居里对称原理"等，曾为世界科学出版社编著了《铀的转变和原子能的利用》等并出版发行。

"马老认定了一个信念——教育救国，只有教育才能让中国强大起来。"——彭利铭

在法国期间，马老几乎不参加任何学术之外的活动，因为一心只想将国外先进理念学到手。马老从大学到硕士到博士生共学习了三个专业——电机、数学、物理学，就是为了能海绵吸水般穷尽世界上最先进的科学，与时俱进。马老回国后，不仅带回来一颗炽热的爱国心，还带回了最先进的科学理论。从中法大学到北京工业学院（现北京理工大学），马老不断编写完善着自己的教材，创建了北京工业学院光电工程学科，成为中国军用工程光学和电子光学专业的奠基人。

"苟利国家生死以，岂因福祸避趋之。"无论是留学、抗战期间还是后来中华人民共和国成立初期，马老有很多次机会与夫人留在法国过优越的生活，但他都婉拒了。

阅读北理

传道解惑人

谈到老师，我们常想起来两句古话——韩愈"师者，所以传道授业解惑也"，关汉卿"一日为师终身为父"。

1949 年起马士修任华北大学工学院、北京工业学院教授、物理教研室主任、工程光学系主任，长期从事理论物理学和工程光学等的教学、科学研究工作。马士修是新中国军用工程光学和电子光学专业的奠基人，他开设并讲授过应用光学、电子光学、波动光学、量子光学、薄膜光学等多门新课程，最终指导培养了多批工程光学技术领域人才。

"我是 8531 班的，当时《光学仪器理论》就是马教授上的，"北理工首席专家周立伟院士回忆道，"马老讲课的时候，先把讲授的内容往黑板上抄，抄完后他逐句解释其概念和细节。这样，学生在课堂上能完全记下他讲授的内容，课下认真复习便能深刻理解并掌握要领。这样的讲课方式很可能在现代人看来，觉得效率不高，但对当时学习的学生来说，学习时概念清楚，细节都不放过，因而基础打得十分扎实。20 世纪五六十年代，没有复印机，也没有打印机和打字机，电脑还没有问世，学生复习时一部分是用油印的讲义，大部分是靠课堂上的笔记。记笔记于是就成为那时大学生学习的一项基本功，这也养成了我一生记笔记、做笔记的习惯。"

第二章 品　　格

彭利铭教授当时是以调干生的身份考入北京工业学院（现北京理工大学）的。调干生是指工农出身，参加革命工作多年，有一定文化基础的人。大部分调干生进入大学学习一般比较困难，很多教授不重视调干生，而马老对所有的学生一视同仁，只要是人才，马老从不介意，反而因为调干生参加过革命工作觉得特别亲。

"马老过去最喜欢出去吃饭了，每次人家问他，老先生吃什么，他总是说随便吧。"——彭利铭

作为师者，马老同时又扮演着长辈的角色。

彭利铭教授印象最深的一次是和马老一起去吃饭，到了店里马老点了一份红烧海参，端上来后，马老一点没吃，全部给了学生。到了六十年代初最困难的时期，彭教授体重直线下降，马老看在眼里、疼在心里，对他关怀备至。

六十年代初时，彭教授研究生毕业被分到西安，当时彭教授的夫人怀有身孕。马老听说后拍案而起说："不识人才，没有人情味。"后来马老一直为彭教授的工作奔波，最终使得彭教授留校任教。

"马老是我最敬佩的人，不仅学问做得那么好，还有对学生真真切切的爱。"——彭利铭

低调慈善家

"马老这个人啊，非常简朴，他没有什么西装革履，他就一身中山装，无论冬天还是夏天。"——彭利铭

然而马老却有一个外号——"老财迷"。其实"老财迷"来自于一段很有意思的故事。马老十几岁就到了法国，深受西方价值观和行为方式的影响。回国后马老被聘为二级教授，待遇不错，当一个同事家庭困难向他借钱时，他却"不通人情世故"地让同事向银行贷款。后来马老就有了一个"老财迷"的称呼。

十年浩劫开始，马老遭受迫害，因为"老财迷"这个称呼从此顶上了"大元宝"的帽子。

马老是一个很豁达的人。每当受到批判时他会很认真地听而后会摇头反驳。当彭利铭教授安慰马老时，马老反而安慰他说："没什么看不开的，很多人都这样，我这算什么。"

阅读北理

那时马老每天上下班都抱着他的"大元宝"。班车上人多时，他还要客气地提醒别人，千万别把他的帽子挤坏，那种像对待学问一样认真严肃的样子，常令人啼笑皆非。

"文化大革命"结束后，当年迫害马老的人来道歉，马老只说了一句："过去的事就让它过去吧。"说到此处彭利铭教授不禁动容，声音哽咽。

改革开放后社会安定下来，然马老年事已高，加上常年遭受摧残，暮年多病缠身。马老始终抱着"教育救国"的信念，认为国家强盛的前提是教育强盛，马老用省吃俭用的毕生积蓄设立了"马士修奖学金"，当时很多对马老有误会的人都深深愕然，惭愧不已。出于对马老的深深敬仰，彭利铭教授连续十九年坚持向基金会捐款。

"名利一眨眼风里送，名利应知道只是梦，再回头轻烟四散，已失了影踪。"马老精彩的一生不断地让后人追忆，然而人们已不再仅仅追寻马老人生中的名与利，周立伟院士的深情，彭利铭教授的哽咽都在告诉我们马老人生最精彩的、不会随烟散去的是他毕生的学术事业、对学生的爱和教育强国梦。致敬马老！

文：和霄雯　王向

2014 年 10 月 15 日

刘迪:"为钢铁赋予猛兽的灵魂"
——专访国际汽联 FE 唯一中国工程师刘迪同学

2014 年 9 月 13 日,北京国家奥林匹克公园内人潮涌动,世界首场国际汽联电动方程式世锦赛™(FIA Formula E™ Championship,FE)盛大开幕。在围绕"鸟巢"与"水立方"建设的国际汽联标准 U 形赛道上,来自中、美、德、英、法、日等各国的 10 支车队的电动方程式赛车,呼啸飞驰,而首次参与国际汽联顶级赛事的中国"战车"尤为醒目。

作为顶级方程式汽车竞赛,绝不仅仅只是一辆赛车的比拼,更是赛

车背后核心技术团队的较量，FE 赛事更是如此，能够参与其中的赛车工程师全部都是汽车技术界的"世界高手"。本次在北京举办的首届 FE 大赛中，在中国战车旁，一位红衣白帽不断与车手交流车况的年轻人，引人注目，不仅因为他是场内少有的黄皮肤的亚洲面孔，更因为他身上青春气息中伴随着认真、自信与沉着的"专业范"。他就是 FE 大赛中唯一的中国工程师——北京理工大学机械与车辆学院研究生刘迪。

小小工程师的 5 年磨练

"那只飞向世界的'唯一'的雏鹰已展翅翱翔。"

"我 2009 年考进北京理工大学车辆工程专业，接触赛车，如今已有 5 年。"

1990 年出生的刘迪面庞中还带着些许稚嫩，然而赛车场上的他沉着而带有自信，这份真挚并非性格本身，而是 5 年的风雨磨练，让他在面对任何困难时，都会用心思考、努力解决，从一个对赛车一无所知的学生摇身变为世界顶级赛事的唯一中国工程师。

"我的赛车梦是从大学生方程式赛车开始的。偶然的机会让我接触了方程式赛车。大一那年的一个下午，我正走在去自习室的路上，隐约听到远处传来引擎的轰鸣声，我寻声来到操场边一条空旷的马路上，只见到一辆造型很酷的小赛车正在路中央的桩桶中飞快地穿梭着，几个学长在一旁端着电脑，分析各种数据。他们告诉我，这是一辆方程式赛车。它动听的轰鸣声、入弯出弯时完美的操控，给我留下了深刻的印象。"再开学，正逢方程式赛车队招新，刘迪抱着试试看的态度报了名，谁知这份姻缘竟一发不可收拾。

赛车这项事业在中国起步晚，技术相对落后。中国汽车工程学会为培养更多的汽车产业精英工程师，同时促进国内赛车运动和汽车技术的发展，联手国内所有汽车专业王牌院校，发起了中国大学生方程式汽车大赛。北理工方程式赛车队于 2009 年成立，在第一届、第二届中国大学生方程式汽车大赛中均夺得总冠军，并参加日本、德国大学生方程式汽车大赛，获得多个单项冠军，是当时中国大学生参赛队在海外取得的最好成绩，成为中国大学生方程式车队的标杆。

第二章 品　　格

　　刘迪在 2011 年进入学校车队的发动机组，对于当时大三的他而言，专业的发动机电控知识并非容易。而刘迪恰恰最擅长的，就是钻研别人无法解开的难题。那时刘迪在方程式车队负责的是发动机的电控，在他刚接手发动机组工作时，就得到了一项艰巨的任务——在半年时间内把一台本田 CRF450 赛用化油器发动机改成电喷并匹配全新的电控单元。他把这项任务的难度，形容为"给一堆冰冷的钢铁，赋予灵魂，再把它变成一只凶猛的野兽"。面对一台全新的机器和一部全新的 ECU，如何让发动机喷油、点火，如何让它转起来，如何让它工作在性能最佳的工况压榨出全部的马力等一系列问题随之而来。那段时间，他每天与发动机和电脑为伴，整日整夜地钻研，直到解决发动机出现的每一个问题。

　　"我有种感觉，好像只要我不睡觉，就什么问题都能解决，哈哈。"虽然这只是个玩笑，但面对困难，刘迪总是如此乐观而开朗。"后来，在我们都很忙的时候，我们会习惯性地把解不开的难题丢给刘迪，因为有他在我们会很放心，他一定可以解决这些困难，给我们一个满意的答案。"刘迪的队友张雨甜告诉我们。在接触赛车这五年里，刘迪已经记不清有多少个不眠之夜。尤其是到了赛前，连续三五夜的调程序、修车已是家常便饭，夜里睡在比赛现场，或者只能小憩一会儿更是正常不过。

阅读北理

方程式赛车每年要根据不同的目标设计出不同的性能和程序。2013年大学生方程式大赛前夕，作为纯电动方程式赛车的核心部分，电机控制器出现问题，车子无法发动，对于故障的原因整个车队都只能处于"猜测"阶段，眼看比赛将至，车队上下都十分焦急，而那时作为纯电动方程式赛车队队长的刘迪更是每天寸步不离赛车，连着几个晚上进行着无休止的调试。

张雨甜回忆说："那天早上，我们一到车队，刘迪便笑着冲过来，特别开心地告诉我他已经把程序调出来了，车子可以启动了！他把这个消息传达给每一位队友，这对于我们来说是整个赛季历史性的一刻，本来就憨厚可爱的刘迪那一刻笑得像个孩子，多亏了他，我们顺利参加了比赛并且取得了不错的成绩。"

就在接受采访的几天前，刘迪正在随队参加中国大学生方程式汽车大赛，比赛过程中北理工的电动方程式赛车"银鲨"发生故障，他连续三天三夜未眠，一直将"银鲨"顺利送入战场，最终取得了总成绩国内第一的好成绩。

五年光阴，刘迪因为坚持不懈的努力和敢于向困难挑战的钻研精神一举以工程师的身份冲进了世界顶级车队，虽然自己仍然更多的是在学习，但这些宝贵经验，他都会带回国内、带回学校，带给亲爱的同学和队友们。"他作为我们车队的技术指导和顾问，给了我们很多宝贵的意见，让我们足不出户也能感受世界顶级比赛的强大魅力。"张雨甜说。

轴间5微米公差的启迪

"那些曾经'枯燥'的课程竟是我如今引以为傲的资本。"

或许你还不知道FE的真正意义，但享誉国际的F1（Formula1™）方程式赛车您一定知晓，它是由国际汽车运动联合会（FIA）举办的当今世界最高水平的赛车比赛。而FE（FIA Formula E Championship）——电动方程式赛车世界锦标赛，可谓F1的亲生兄弟，世界第一届FE大赛的首站刚在北京奥运中心区落下帷幕。

来自世界各地前来参赛的10支车队、20名车手中，有10位前F1赛车手、3位前F1试车手、3位前世界冠军后代、2位女车手，如此强大的阵容足以体现这项赛事在世界赛车领域的重要地位。而缺席F1行列的中国车队却在这项赛事中首次闪亮登场。

第二章 品　　格

由于中国赛车起步较晚，无论是本届 FE 大赛在中国进行首站还是中国的参战，都是中国赛车进军国际的重要举措。而刘迪作为中国电动方程式赛车领域经验丰富的在校生，经过重重选拔，最终成为 FE 大赛中唯一的中国人。

"中国的电动赛车跻身世界强国行列是形势所趋，更是理所当然，我们国家有着物美价廉的电池资源，在国际上也广受欢迎。"刘迪告诉我们。

在车队技术团队的 12 人中，有 9 名西班牙人、1 名法国人、1 名意大利人，唯一的中国人便是刘迪。刘迪在团队中负责轮胎和电池。在比赛前期与其他工程师们确定新旧胎的使用策略、换胎策略、胎压选择、温度的控制，并且在比赛过程中进行实时监测。在电池方面，刘迪需要做的就是根据比赛的排位、分组来制定几辆车的充电策略，权衡时间、充电功率、充电顺序、均衡效果等各个因素之间的取舍。电动车的电池相当于赛车的心脏，必须对其"宠爱有加"，比赛全程需要对电池的温度、功率进行监控，进站之前便提前制定好冷却、充电的策略。即便在低温充电时，也要让电池加热保持在 35 摄氏度左右，这样才能保证充电的效率，同时保护电池的性能。

刘迪作为中国队的唯一一名中国工程师，难免会被人拿来与国外工程师相比较，谈到相互的差距，刘迪坦言说："西班牙的团队可以说专业中的专业，对于工程问题富于灵感又敢于实践，所有工作的质量、效率都很高。而对于专业技能，我们之间的差别，就像我们常常谈到的国外的小孩儿和中国小孩儿间的差异，我很得益于从国内教育中得到的扎实的基本功，善于运用公式，善于空间想象，用精准的数字对需要的零部件进行设计。"

车队的日常工作中，机械零件的设计、制图、校核都由刘迪来完成。之所以他们把这些工作放心地交给他，是因为在一次赛车调试过程中，需要重新加工轮辋和引导销、定位销，队友让刘迪在画好的图纸上标注出这些销的位置关系"尽可能准确"，并且它们与轮辋的配合关系"要受力均匀，没有缝隙，但还要容易拆卸，不刮擦"，刘迪在图纸上画了两个框架，标上形位公差，又在销上标了 IT5 的配合精度。国外的队员们对这几个字母是否真能表达出这么丰富的意思半信半疑，直到测试了工厂加工出的零件，才相信这种表达方式确实准确无误。

问到当时是如何通过这些字母来确定加工效果的，刘迪说："国外的队友们习惯的加工方式是做好图纸之后，跟加工工人描述需求，让工人们自己把握精度，然而这些在国外队友们看来不可能出现的具体数据正是我们在大学课程中所学的基础课程，比如机械制图、机械原理、几何规范学等基础课为我今天数据的计算与运用打下了基础。大家熟悉的 C 语言编程和 CAD 制图，都是这里最常用的，我很庆幸我当时没有对这些课程草草了之，只有经历了这些工作，才懂得这些课程的重要性。"

"工程师"对于大多数人来说是一个高大上的职业，具有很强的专业性。刘迪也承认，比赛过程中会遇到很多课堂上没有学过的知识，这就要求他必须自行学习和钻研，而且在赛车准备过程中，组装车辆时，不能有丝毫的马虎。哪怕是一个螺丝的松紧，都会影响赛车的速度、成绩甚至车手的安危和性命。这也使得刘迪在从事赛车事业过程中练就了不容丝毫错误的严谨科研态度。

24 岁的刘迪如今俨然"空中飞人"，在国际和国内的各大赛事上都能见到他忙碌的身影，然而，无论再忙、再累，他都毫无怨言，因为他知道，这是一份责任、一份荣耀，为母校争光，为祖国奋斗。

学生 CEO 的 10 年 "中国梦"

"希望这只国家赛车队在未来十年内能够完全打造成'中国制造'。"

24 岁的刘迪和大多数年轻人一样有着自己的梦想，他说："我还很年轻，我现在能做的就是脚踏实地，一步一个脚印地走下去，我还有很多事情能做、要做。"

今年 3 月，在学校和学院团委老师的支持下，刘迪同自动化专业的两位同学一起创立了北京京工赛业科技发展有限公司，半年内获得投资额的五倍以上收益，仅仅三人的公司先后研发了纯电动汽车能量监测设备与车载计时模块，目前已经收到了众多厂商的合作意向。

第二章　品　　格

　　说起产品创意的来源，都是这个创业团队在各个赛事中发现的商机。在目前国际市场上，仅德国有生产纯电动汽车能量检测设备的技术，且专利保护意识很强，每次比赛，德国都派专业人员前来操作，其他国家能看到的仅仅是能量计的一个外壳和露出的两个正负接线头。带着这个疑问，三人开始了研发，成功研制了纯电动汽车能量计。中国汽车工程学会副秘书长闫建来在比赛期间给车企和媒体答谢会上说："我曾被这个仪器困扰了半年，再三地恳请德国人才同意把这个设备带过来使用。如果拿不到这个技术，我们无论如何也办不了大学生方程式大赛。但刘迪和他的团队今年把这个设备研制出来，可以说为我们电动车大赛的未来发展起到了推动性的作用。"刘迪告诉记者，能量计这款产品还有改进的空间，不久后，更加完善的产品将会投放市场。在今年 10 月的"昆仑润滑油杯"中国大学生方程式汽车大赛上，京工赛业作为指定供应商，为比赛提供了 40 套纯电动汽车能量监测设备与 90 套车载计时模块，并圆满完成任务。

目前，刘迪正在着手准备硕博连读事宜，希望自己能够将赛车经历和科研结合起来。他认为虽然自己现在参与各项赛事，并且拿到了 WTCC 车队的 offer，但很多工作还是侧重于工程性的改进和调试，想要更长远地发展，必须有坚实的理论知识作为基石，去解决自己没有遇到过的问题，或去实现技术性的突破。"我想我需要更多的理论基础，去更进一步地了解赛车上的每一个细节。"刘迪说。

刘迪坦言自己有两个梦想：一个是希望自己的公司能够有更长远的发展，另外一个是自己的更是大家的"中国梦"——希望未来的 10 年内，FE 中国队能够完全实现"中国制造"。今年 FE 中国队的 3 名车手都大名鼎鼎，分别是华人车手董荷斌、巴西的小皮盖特和西班牙的加西亚。无论是刘迪，还是所有的中国人，都希望未来能够打造一支完全由中国车手和中国技术人员组成的百分之百的中国队，而中国队在 FE 上的成绩，能够冲进世界前五或者前三甲！

古语有云："十年寒窗无人问，一朝成名天下知。"能在求学之路上恒久坚持的人也必然功有所成、卓尔不群。刘迪，选择了自己的兴趣，创造了自己的事业，这都源于那份小小的信念，是自信，是自强，是自立，更是自尊。这些，都将成为他成功路上的铺路石！

"随风奔跑，自由是方向，追逐雷和闪电的力量，把浩瀚的海洋，装进我胸膛，即使再小的帆也能远航⋯⋯"我们期待着，京工之子刘迪，在赛车道路上，扬帆远航！

文：辛嘉洋

图：刘迪

2014 年 11 月 18 日

中法大学：中国高等教育的先驱

【编者按】20世纪初，在为振兴中华而求知求变的时代大背景下，中国高等教育也进入了一个新的发展阶段，一批中国大学应运而生，虽然未能改变积贫积弱的中国，但也肩负起了一定的时代责任，为国家民族培养了人才。

1950年，中法大学本部及数、理、化三系并入北理工前身华北大学工学院，中法大学校史也成为北京理工大学发展历程中的一个重要的组成部分。中法大学是中法交流中瑰丽的篇章，为中国高等教育的发展做出了贡献，开拓了众多新模式、新做法，为后人所研究借鉴。在2014年，中法建交50周年年终之际，发表此文，以纪校史。

1920年，在火热的赴法勤工俭学运动蓬勃开展之际，在一批批中国青年走向法兰西，寻找振兴中华的良策之际，北京中法大学在蔡元培等人的推动下成立。次年，里昂中法大学也应运而生，设有文、理、医、农等众多学科。中法大学这所地跨两大洲，由中法双方共同管理的全新模式的国际化大学，由此开始了它30年不长却又精彩的历程。

阅读北理

从"豆腐公司"开启中国大学的国际化之路

进入 21 世纪，伴随着中国改革开放的不断深化，国内高校纷纷将国际化战略作为提升办学实力，与国际接轨的当然之选。殊不知在近一个世纪之前，在中国现代大学刚刚诞生，探索发展的初期，有这样一所学校已经开历史之先河，横跨欧亚大陆，开启了中国大学国际化之路。它就是诞生于 1920 年的中法大学，虽然存世仅有三十年，但在中国近代高等教育历史上的独特贡献，不容小觑。

然而这座开启近代中国高等教育国际化道路的传奇大学，追根溯源，却源起一座开办于法国的中国豆腐公司，欧陆风情遇到中国特产，却书写了轰轰烈烈的留法勤工俭学运动，也缔造了国际化的中法大学。

第二章　品　格

　　1902年，年仅21岁的李石曾，作为清末军机大臣李鸿藻的儿子，凭借显赫的出身，以使团随员名义赴法，修习农业、生物和社会科学等，成为较早一批接受西方正规高等教育的饱学之士。旅欧学习期间，李石曾用化学方法着重关注了大豆之功用，证明了其营养可与牛奶、肉食相当，同时又将素食与肉食作为进步与蒙昧的划分，李石曾成为忠实的素食主义者。带着这样的信念，他启动了一项意义深远的工程——创办豆腐工厂，把中国豆制品引入法国，为此他返乡筹款，募集工人。中国豆腐公司的创建，不仅在法国推广了中国豆制品，在工厂内也形成了一个华工群体。

　　正是为了提高华工们的文化素质，李石曾尝试开展"以工济学"和"以工兼学"两种学习模式，前者为中国留法学生提供勤工支持，而后者则为工厂的华工提供学习机会。李石曾不仅亲自讲学，还邀请蔡元培等人共同参与。经过几年运行，这一诞生在豆腐工厂里的学习模式，终于在李石曾等有识之士的推动下，形成了轰轰烈烈的留法勤工俭学运动。并于1917年在北京西山碧云寺成立法文预备学校，随后各地先后建立类似学校二十余所。1 700余名胸怀救国梦的中国青年由此远赴法国，学习新思想、新知识、新理念，他们中的周恩来、邓小平、陈毅、钱三强、严济慈等成为新中国的一代栋梁。

　　在留法勤工俭学运动开展得如火如荼之际，民国初年到第一次世界大战结束，一个历史机遇的出现，推动了留法勤工俭学的"升级换代"。这一时期国内兴起"退还庚款"运动，美国的"庚子退款"建设了清华大学，也对法国退还"庚款"带来直接的推动。在李石曾等人的游说下，法国版的"退款兴学"得以启动，并设立中法教育基金委员会，落实了退款事宜。

　　1920年，汪精卫、吴稚晖、李石曾和蔡元培等人在法文预备学校的基础上创办了北京中法大学，蔡元培任校长。同年，里昂中法大学在法国正式建校，虽然仅由一座里昂西郊的旧兵营改建而来，但是这也开创了中国高等教育史的先河，是中国大学在海外建设的第一个海外机构，也直接促进了中法交流，与北京中法大学遥相呼应，使得中法大学真正成了一所国际大学。次年，在比利时创设晓露槐工业专修馆，近一步加强了中法大学的国际化背景。

　　至此，经过十年多的发展，从法国的中国豆腐公司的工人夜校，到横跨欧亚大陆的近代中国第一所国际化大学机构的设立，在那个国内外风云变幻的年代中,李石曾,这位生在相国之家,却执着"豆腐"理想,奔走四方,推动留法教育,振兴国家,他的崇高思想和爱国情怀值得我们永远纪念。

国际教育的桥头堡

在里昂市西区,有一座小山,小山顶部一座古老的兵营,叫做"圣·伊雷内堡"。在里昂大学和里昂市政府的支持下,里昂市政府用每年一法郎的象征性租金,将这座老兵营租给了中国,方便中国学生能够免费进入里昂大学走读。这里距离里昂大学步行仅需要十五分钟。经过一番艰难的资源筹措,1920年里昂中法大学开始招生,但是招生之初还惹出了一场不小的"风暴"。

在里昂中法大学建立之前,开展了多年的留法勤工俭学运动,已经将近两千名中国学生在法国开展勤工俭学:一边做工,一边学习,甚至是几人一组互助,几人做工供一人学习,学成后再行轮换,十分艰苦。当得知由中国人设立的里昂中法大学开始招生,并能提供一定生活保障后,勤工俭学的中国学生无不心生向往。但里昂中法大学并未对他们敞开大门,两方矛盾激化。为了争取就学机会,在周恩来、赵世炎、陈毅等进步学生的策划下,一百多名学生冲入里昂中法大学,被法国警察包围,形成对峙,这就是著名的"占领里大"事件。包括陈毅在内的百余名中国学生被遣返,国内招收的学生才正式入住就读。伴随着办学资金的逐步到位,里昂中法大学才逐步面向留法勤工俭学学生开放招生。

"占领里大"事件背后折射出的是中国学生海外求学的迫切愿望,而积贫积弱的国家能提供的也只有这一座海外教育"桥头堡",为中国留学生走入欧洲一流大学提供难得的帮助。

中法大学作为国际化办学的先驱,其在海外建设的留学机构,成为其与众不同的优势资源,其中法国里昂中法大学和比利时晓露槐工业专修馆是中国大学仅有的两处海外分部。但是这两所机构距离真正的大学还相去甚远。它们都建立在与该国著名大学毗邻的区域,其真正的作用和重要意义是为赴海外留学的中国学子提供基本的学习条件和集中住宿,极大地降低了留学海外的生活成本,同时能够在一定程度上为留学学子提供学习资源和费用方面的保障与支持。但是,真正的本科教育需要进入到法国或者

第二章 品　　格

比利时的大学中继续深造，这样的模式，应该说在当时的历史条件下，已经实属不易，也确实为赴法留学生提供了有效的支持。

法国中法大学办事处

从幼稚园到大学

李卫是中法大学校长李麟玉的儿子，他和他的同学李彦在中法大学度过了他们全部的教育时光，他们曾经合作写过一篇关于孔德学院的回忆录。

孔德学院是中法大学开办的基础教育学校。这所以法国哲学家孔德之名命名的学校，崇尚博爱的思想，是一所"十年一贯制"的学校。该校招收 4～6 岁的儿童，培养至高中一年级，重视美育和实践，全新的师生和谐关系等，都开创了当时基础教育的先河。一批社会名流均将自己的子女放在该校培养，其中较为知名的就有李大钊、周作人等。钱三强和吴祖光也是孔德学院毕业生中的优秀代表。

在李卫的印象中,他在中法大学度过了无拘无束的幼年、童年、青年时光。自小学一年级开始男女同学就在一起上课,直到中学毕业,这在当时是首创;在辛亥革命后提倡的妇女剪发运动中,孔德学院也走在前列,入学时女生大部分都是童式短发;学校不用市面上出售的现成课本,大部分讲义由老师自行油印发给大家。

北京中法大学孔德学院

孔德学院有两个专用的"美术教室"和一个"劳作教室";小学部有一个专用"自然教室";中学部有一个"科学馆",上生物、化学、物理诸课时,可供给学生做表演试验或者供学生自己动手做实验;此外,小学部还有一处小动物园和一处小植物园。

李卫小学时最喜欢自然教室,这间教室是他和同学们最向往的地方,因为教室里有很多标本、模型。这间教室很大,分两部分,一部分上课,可容五六十个学生,有玻璃黑板,这在当时是很了不起的一个新鲜事物。上课也寓教于乐。他回忆说教自然的陈老师就充分利用实物和表演来试验。李卫第一次看到马德堡半球是在自然课讲大气的时候,当时老师挑了班上有名的"大力士",他们拼了命也没拽开。

中学部所谓"科学馆"是一栋两层楼房,每层分为两部分;大的一部分是教室，有实验台；小的一部分是储藏室，存放仪器、模型、化学器皿、药品等。一楼供上化学课用，二楼供上生物课和物理课用。初中的动、植物课就在这个楼上做实验，内容主要是用显微镜看各种细胞。

李卫高三物理课的两位老师——王述英老师和谢箖老师当年在中法大学任教，后来在北京理工大学一系任教。

中法大学自1920年10月建立，仿效了法国大学区制的教学体制。到1932年成立药物研究所，十多年间，成立了幼稚园、小学、初中、高中、大学、专科，同时还建立了研究所和海外留学机构。大学包括文、理、法、医、商学科，并设立有多处疗养院和数千亩的农林试验场，海内外单位多达35个，成为一所学制独特的综合性大学。当时创造了中国教育史上的一个奇迹，实现了小而全的教育体制探索。

民国时期的"产学研"结合

原来在北京前门大街一带立着的都是方形有孔的水泥电杆，这些电杆见证的是20世纪20年代中法大学和企业相结合、科学技术和工业生产相结合的范例。

1906年，北京华商电灯公司（北京电力系统的前身）在其开业之初，安装的是英国阿林麦格厂生产的两台150W发电机，由英国派驻的工程师伯金翰负责安装和日常维护。伯金翰掌握着电灯公司的技术大权。但在1920年前后，他告老回国了，使得公司一度出现了技术真空。公司总办冯恕等人焦急之时，得知中法大学拥有一批懂电气、会机械的专业人才，便前往求助。中法大学及时伸出援手，安排理学院讲师魏希尧前往担任公司总工程师，接替英国人遗留下的工作。此后，又有数位中法大学教师参与到公司的技术工作中。他们工作勤勤恳恳，与职工打成一片，为北京电业打下了坚实基础。

中法大学在工程师培养方面颇具特色，在民国时期开"产学研"之先河，不少学生都将电气、机械等作为自己的学习方向，并且他们很多都在工厂实习或工作过，既有科学、理论知识，又有实际操作技能，正是当时中国急需的人才。北京中法大学在工程类人才方面具有独特优势，不仅建设了自己的附属工厂，也为当时社会提供了有效的工程技术支持。

阅读北理

北京中法大学学生学习生活留影

文：王征
图：校史馆
2014 年 12 月 22 日

徐更光：为炸药把脉

2015年1月7日，这一天，我国火炸药行业需要铭记。因为从这一天开始，这个行业要适应没有徐更光存在的日子了。

很长时间以来，军工界在爆炸领域一遇到难题，首先就会想到徐更光。工厂发生事故时，徐更光亲临现场，分析原因，有他就有了主心骨。

从1984年起，徐更光就担任了兵器工业部火炸药专家鉴定委员会炸药组组长，1994年当选中国工程院首批院士。多年来，国内炸药方面的各种论证、立项、检查、鉴定，他都是把脉人。

"徐更光在炸药行业钻研了一辈子。他最了解行业的需求，最有发言权。我们是制订计划的，但很多时候都是徐更光推着我们往前走。"原中国兵器科学研究院计划处的一位负责同志说。

中国火炸药行业已经习惯了有徐更光的存在，而今，他离去了。

2010年秋，中关村南大街5号院，柿子树枝头挂起累累果实，记者第一次见到了火炸药行业威名赫赫的徐更光。

老爷子穿一件军绿色的夹克，头发雪白，梳得一丝不苟，热情而爽朗，有一种和78岁高龄不相符的精悍。

话题的开始非常轻松，漫画、上网、摄影……徐更光很"时尚"。

1932年11月18日，徐更光出生在浙江东阳吴宁镇的一个职员家庭。小时候喜欢吹笛子、吹口琴，最喜欢画漫画。老师讲课的时候他偷偷在下面画一幅老师的漫画，这个"爱好"甚至在他自己成为老师后也保留着。

1951年秋，徐更光从金华中学肄业，参加了新中国高等学校的全国招生考试，他接到了南京工学院（南京大学前身）和东北兵工专门学校的录取通知书。

阅读北理

起初，中学学历证书等资料已经到了南京工学院。此时抗美援朝开始了，参军，是那时热血青年的共同梦想。他从南京工学院老师那里要回了自己的证书，远赴东北。

然而，徐更光并没预料到，东北兵工专门学校没能圆他的军旅梦，而他多年以后却成为军工重臣。

东北兵工专1951年以后的学生不再有军籍，不再是军人。不过学校在伙食、津贴、日常管理等方面还和以前一样维持军校方式。徐更光成了一个"准军校生"。1953年，该校的兵工专业并入北京工业学院（北京理工大学前身），教师、学生、教学设备等一律迁往北京。徐更光成了北京工业学院化工系火工品及装药专业的学生。

1956年，徐更光留在化学系，教授弹药学。1962年，随着专业调整，他来到刚组建的力学工程系。1971年，他是力学工程系实验室主任。

从化学系到力学工程系，徐更光的工作内容并没有变，身份却变了。这个变化背后是一件影响深远但并未引起特别瞩目的事情。

我国爆炸专业最早在东北兵工专门学校出现时，当时认为炸药的研制属于化学领域。国家需要用什么，系里就学什么，头绪不清楚。

爆炸学的主干学科是什么？怎样理解主干学科？学科发展和人才培养怎么打基础？怎么搞才能思路清晰？这些问题都要认真地思考。实际上，爆炸学是工程力学，能量、速度、结构等都是力学的事情。只懂得化学，研制不出有威力的炸药。

力学工程系的成立，归功于徐更光的导师、原北京工业学院副院长丁儆先生，他对我国爆炸学做出了历史性的贡献。

徐更光和丁儆年龄相差近10岁，亦师亦友，感情很深。2013年4月，北理工举行纪念丁儆诞辰90周年暨"八三精神"研讨会，徐更光深情回忆往日的相处。而今，他自己也留下一个挺拔的背影让人怀念。

"他是一个宽容的人，他指导我、栽培我、帮助我，我才能有今天的成就。"2010年，徐更光对记者这样说。丁儆批评过徐更光很多次，徐更

第二章 品　格

光始终明白那些批评背后的支持。

1969 年，珍宝岛冲突发生。当时我军最重要的单兵反坦克武器 56 式四零火箭筒威力不足，69 式火箭筒应运而生，迅速装备部队。然而，大家很快发现 69 式火箭筒使用的 8321 炸药有问题，容易腐蚀导致瞎火。

1971 年，北京工业学院力学工程系（八系）接到一个任务：为破甲弹研制新药。这个任务被命名为 8701，意思是八系 70 年代第一个重大任务。

两年后，徐更光摸索出用二硝基甲苯（DNT）代替 8321 中的 4 号药，解决了炸药的热安定性问题。经过大家艰苦的努力，8701 高能炸药问世。

从 1975 年开始，8701 替代 8321，为一系列破甲武器提供了高水平的装药。1978 年，这一成果获得全国科学大会奖，这是徐更光作为主要研制者获得的第一个国家级奖励。

8701 成功之后，在国内大量生产，徐更光在工厂发现：在生产过程中，不同地区水质的酸碱性会细微地影响炸药中某种物质的安定性，这说明 8701 还是存在隐患。虽然这个成果已经获得国家大奖，但徐更光没有停下改进的步伐。

通过长时间的摸索，徐更光创造性地引入了一个缓冲系统，用来自动吸收弹药中析出的酸和碱，从而保证了炸药的长期稳定性。

这项成果在炸药界引发了一次轰动，保证长期储存的安定性，这是一个世界性的难题。8701 因此一跃成为具有国际先进水平的高能炸药，被装备在我国多种型号的武器上，直到如今。

8701，被誉为我国高能炸药的常青树。

勋章

徐更光一生中最早、印象最深刻的研究成果并不是 8701。

1962 年，丁儆交给徐更光一项天大的任务：参加"032 工程"科研组。这是徐更光参加国防项目研究的开始。

科研组的主要任务是研制新型高能炸药，满足核武器的需要。当时，很多单位都参加了此项工作，北京工业学院将这一工作命名为"032 工程"。

经过近 3 年的艰苦努力，以徐更光为主的团队发明了全新的炸药配方，高能塑性炸药（HBJ 和 HJJ）问世，创新选用玻珅胶（БФ 胶）这种添加剂，解决了一系列难题。

阅读北理

直到 30 多年后，徐更光才知道自己的研究成果在我国新型核武器的研制中立了"功"。

当时，"032 工程"的研究成果最初并没有被核武器研制工程采纳。工程采用的另一家单位研制的高能炸药在使用中药柱总出现裂纹，成型性不好。最后，使用了徐更光的科研成果——玻坩胶作为添加剂。难题解决了，我国新一代核武器研制圆满成功。

30 多年后，一位当年核武器高能炸药的主要研制者说，我国新型核武器的研制成功，有丁儆、徐更光等老师的功劳。

徐更光听到这一消息，吃惊之余说："要是早采用了 HBJ 和 HJJ 效果会更好。但不管怎么说，我的东西国家还是用上了，我很高兴，真的很高兴。"

作为一个大学教授，徐更光喜欢跑兵工厂，从 20 世纪 60 年代开始一直如此。

在实践中发现问题，这是北理工人做学问的信条。国家需要，未雨绸缪，则是这所学校的文化传统。这两点，在徐更光身上体现得非常充分。

1976 年，徐更光在江西九江的 9333 厂，发现工人们从车间出来的时候都成了"铝人"，毛孔里都是铝粉。工厂生产含铝炸药，由于采用苏联的炸药干混工艺，生产过程重度污染。

徐更光立即着手改进配方：在 8701 中加入铝粉，溶合成新的含铝炸药，8702 新型含铝炸药诞生。这开创了我国第一代高威力含铝炸药的先河。更重要的是，车间里弥漫的铝粉扬尘不见了。

TNT 炸药是我国产量最多，也是污染最多、给工人带来损害最多的炸药。徐更光从 1976 年就开始动手研究解决 TNT 生产及装药工艺的问题，没有人安排他完成这项任务，他自觉自愿地默默进行着。

前前后后用了十多年，徐更光彻底解决了 TNT 生产及装药工艺的问题。在几乎不增加成本的情况下，大量减少了工业废水的产生，大量降低了有毒蒸汽和粉尘的浓度。这些改进世人知之甚少，但对 TNT 生产来讲就是一场革命。

"你才是我们工人阶级自己的科学家！"兵工厂的工人们都把徐更光当作自己人。徐更光的很多研究都是军队、工厂最需要的。而且很多都是没有立项，也没有报酬。国家需要，就是他科研的动力。

石油射孔弹、602 特种混合炸药、M1—1 型工程起爆药柱……1991 年，为了表彰徐更光在军工行业的特殊贡献，中国兵器工业总公司授予徐更光"兵器工业功勋奖"。

财富

每一个认识徐更光的人都知道他很勤奋，对工作总是充满了热情。有任务就加班加点干，没任务，就自己寻找题目研究。不过不管多忙，他都把自己打理得干净整齐，清爽干练，浑身上下充满了精气神儿。

夫人沈秀芳是一位典型的贤妻良母，跟着徐更光在学校分的 12 平方米房子里住了 20 多年，二人相濡以沫半个多世纪。

20 世纪 60 年代，两个儿子相继出生，房子更拥挤了。狭小的空间里，徐更光不仅挤出一块地方放办公桌，还养了两只鹦鹉。鹦鹉们就和他桌上的各种技术资料以及手摇计算机朝夕相对。徐更光有深夜工作的习惯，手摇计算机一响鹦鹉就乱蹦乱跳。而沈秀芳和两个孩子早已习惯，在这"乐声"中安然入睡。

因为当时夫人没有工作，是农村户口，两个孩子也是农村户口，没有定量粮票和购货本，一家四口靠徐更光一个人 32 斤粮食的定量和 62 块钱工资生活。让徐更光夫妇难以忘怀的是，同学、同事、邻居、领导、朋友很多人都伸出援助之手，省下一点粮票给他们。在近二十年的时间里，徐更光夫妇都记不清有多少人帮助过他们。

用友善的心对待每一件事、每一个人，是徐更光做人的信条。他成了院士之后，学子、后辈来拜访，走时他总是亲自送出门。有人问起，他质朴地说："我也是从前辈那儿学的。你们来，是客人，我要送，这是礼节。"

徐更光家里有个老时钟，从住 12 平方米房时就有，这老时钟见证了徐更光深夜工作的勤勉，也见证了这个家庭的温馨。每次搬家，徐更光就

阅读北理

在老时钟背后贴一个条做记录。从一间到两间,到三间。"每搬一次,房子就变大一次。"2010 年记者采访他时,他也只是住在北理工教工小区一个普通的单元内,却满足而快乐。

1990 年,已近花甲的徐更光遇到了"海萨尔"。

"海萨尔"高威力炸药是为引进瑞士"厄利空"双—35 高炮系统而研制的炮弹专用药,其研制过程是一个异常复杂的难题,徐更光知难而上,"海萨尔 PW30"问世。

"海萨尔"的研制成功如同一份礼物,1992 年,由于"海萨尔 PW30"在国防领域里的突出贡献,北京理工大学集体获得国家科技进步一等奖,徐更光个人也获得国家科技进步一等奖。

1994 年,徐更光当选中国工程院首批院士。

从 20 世纪 90 年代开始,徐更光把大部分精力放在改性 B 炸药配方及装药工艺的研究上。他巧妙地解决了 B 炸药悬浮液的不可逆增稠这一世界性难题,又发明了低比压顺序凝固装药技术及装药质量的无损检测技术等关键技术,使我国在这一领域达到了世界先进水平。同时由于改性 B 炸药以及相关技术的研制成功,使我国大口径榴弹的威力提高 30% 以上。

70 岁以后,徐更光又一头钻进了 125 破甲弹、水中破障技术、水中兵器、炸药探测技术等科研项目中去。

"工作给每人以机会,然而,成果只属于那些勤奋、诚实,为工作做出创造性劳动的人。"徐更光说。

徐更光告诉身边的人,自己的科研从矛盾论中受到了极大的启发,研究炸药,他一直在爆速与钝感、能量与安全、密度与黏结性、性能与价格、存储与稳定之间寻找平衡。可以说,矛盾论这一哲学思想是他科研的思想基础。这两年,徐更光整理了许多资料,想把自己的经验传给后人。

北理工的师生经常看到,这位老院士骑着一辆老自行车在校园里悠悠驰过。大家劝他岁数大别骑车了,他满不在乎地说:"我还行,骑车比走路稳。"

实验室、兵工厂、各种会议……徐更光非常忙,总是精神抖擞地奔波。

"我大器晚成,时间当然宝贵了。哈哈——"几年过去了,记者犹记当时与徐更光聊天时他爽朗的笑。

文:李玉兰　王民

2015 年 3 月 20 日

力透纸背,塑造北理品格
——北京理工大学文化建设侧记

【编者按】近期,北京理工大学将迎来第十四次党代会,在学校全面推进综合改革和制定"十三五"规划大背景下,为全面贯彻党的十八大、十八届三中、四中全会和习近平总书记系列重要讲话精神,加快"争创一流"步伐,党委宣传部推出"发展巡礼"专栏,展示学校、学院自十三次党代会以来取得的各项成绩。

步入北京理工大学校园,无论是在闹中取静的中关村校区,还是在云淡豁朗的良乡校区;无论是郁郁葱葱的中心花园,还是波光粼粼的北湖之畔,林木掩映间,花丛遮伴处,校训、学风、理工精神时常映入,花香鸟鸣读书声不时听闻,具有北理工特质的"文化生态"已初见端倪。

高等学校具有人才培养、科学研究、社会服务和文化传承创新这四大功能。自十三次党代会以来，学校将文化建设作为需要长期推动的重要工作。本着凝练内涵、打造亮点、辐射带动的基本工作理念，在各单位和全体师生员工的共同努力下，取得了一些成绩，积累了一些成果，在推动文化建设深入开展的同时，为北理工的发展建设和办学能力提升，提供了软实力支撑。

凝练精神文化体系——为大学文化"锚定"

文化是一所大学的"大文章"，涵盖面广，内容丰富，学校方方面面的工作，不仅都是对大学文化建设的支撑，也同时处在文化的辐射与带动之下。面对多元化的工作局面，如何构建能够反映学校精神文化特色，同时又可以对师生的思想行为起到积极引领作用的优秀北理工文化，这篇"文章"的"起笔落字"，着实不易。

做好大学文化建设，首先要"定好位"，为北京理工大学的文化找准定位，成为文化建设的第一笔。北理工的文化从来不是一片空白，也不来

阅读北理

自于某一个阶段的集中创造。北理工文化始自 1940 年抗战烽火中创校、辗转华北间办学，在服务国家中成长发展、在矢志军工中铸就红色，由学校数代师生员工、校友用自己的工作、学习、生活，用自己的智慧、精神、奉献共同书就，既有历史的底蕴，也有当代的风采。如此宝贵的大学文化其实早已形成，我们要做的就是通过文化建设进行深入的挖掘与梳理，并将其转化为学校发展的内生动力。

2010 年 70 周年校庆之际，学校首先将凝练北理工的精神文化体系作为大学文化建设的"开篇之笔"。谈起学校文化，不论谁，只要是在北理工学习工作过，略谈几句总是有的，但是是否能够准确地为北理工文化定位，则不能"信口开河"。学校的文化就像一只大船，如何为其扎下坚实有力的定位之"锚"，显得意义非凡，锚定自然船稳，随波逐流的文化，最终只能任凭风来浪去，散而不聚。

早在 2007 年，学校就面向全校师生、海内外校友和关心北理工事业发展的广大社会人士启动了新校训征集活动，期间几经讨论，至 2010 年，形成以新校训为代表的北理工精神文化体系。

20 世纪 60 年代以来，学校中门主干道的固定式标语壁上，曾经相继书写过"团结、紧张、严肃、活泼"的抗大校风、校训等符合时代要求的口号；到 80 年代中期，学校形成了"团结、勤奋、求实、创新"的校训，为学校人才培养和良好氛围形成做出了历史贡献。

进入新时期，为了更加深刻反映学校历史传统和文化积淀，学校开始了新校训的征集和研讨工作。历时数年，各方围绕延安精神和大学育人等几个主要方面达成共识。最终，经过学校上下的反复讨论，广泛的意见征求，确定了"德以明理　学以精工"的校训，"团结　勤奋　求实　创新"校风，"实事求是，不自以为是"的学风，并与学校标志视觉识别系统和校歌等共同构成了北京理工大学的精神文化体系。

北理工精神文化体系不仅坚持弘扬延安精神、秉承军工文化，传承了学校长期办学过程中形成的"延安根、军工魂"的文化特色，更为重要的是为学校文化建设"下好锚""定好位"，使文化建设和宣贯工作有了不断凝聚、积累的内核，成为具有里程碑意义的标志点。

自此，学校各项文化建设工作，始终紧密围绕学校精神文化体系开展，并且从精神层面向环境文化建设等现实层面进行了有效延展，也为延安精神和军工特色在北理工的传承与建设提供了有效支撑。围绕精神文化体系，学校开展了大规模的宣贯工作，引导全校师生员工和广大校友，将对学校历史文化的认识与精神文化体系有效对接，加强认同，并使之融汇到日常的工作学习和对外交流中。随着时间的推移，学校精神文化体系在学校文化建设中的核心带动作用得以充分体现，成为全体北理工人的集体认同和共同文化，也有效带动了全校各学院、部门的文化建设，意义深远，社会影响广泛。

勾画校园环境核心区——把大学文化"点亮"

加强文化建设，除了构建精神文化体系这一文化内核外，还需要通过现实环境发挥其辐射与带动作用。近年来，围绕精神文化体系，结合新校区建设等工作，学校着力环境文化构建，使美丽的北理工校园成为培育人、影响人的文化场。

一所大学的环境文化建设，并不是一朝一夕的工作，是需要经历十几年或者几十年的积累，才能使学习工作其中的人们感受到蕴含于校园风物和花草树木之间的文化气息。当你漫步中关村校区的时候，你可曾发现纵贯东西的梧桐大道、白杨大道和银杏大道，正向你展示着不一样的道路文化；你可曾发现自东门而起，主楼、中心教学楼、体育文化综合馆至即将竣工的国防科技园"五栋大楼"，连成一线，从学校历史出发，一路走向21世纪的创新时代；你又可曾品味出这条主线上反映了服务学校发展建设的大学治理、人才培养、校园文化和科技创新四方面工作，这些都是前辈们为北理工留下的宝贵文化财富。

阅读北理

　　学校的文化积淀从不曾停止,十三次党代会以来,为了进一步加强文化建设,学校专门制定实施了"九秩工程",其中针对两校区校园环境文化建设,确立了打造校园主题景观文化区的工作思路,特别是结合良乡校区的建设,重点贯彻和落实,取得了良好效果。

　　中关村校区的中心花园公共文化区最具代表性。中关村校区作为我校较早建设的办学区域,具有较好的文化积累。校区东部的中心花园历经建设,形成了大草坪、校标喷泉景观和柿子林的主题格局,环境优美,教学科研设施环抱。特别是近几年来,围绕学校精神文化体系,中心花园的文化内涵不断加强,从中心教学楼校训铜字到草坪上的延安石,从校风碑到校标喷泉雕塑,还有林间花丛中的徐特立塑像、学风碑刻,中心花园主题景观区成为展示北理工精神文化体系的核心区域,师生漫步其中,可以感受到北理工"文化场"的有效"辐射"。

　　除了对中关村校区已有景观区进行文化提升外,学校还十分注重在良乡校区建设中打造精品校园主题文化景观区,全面提升新校区校园环境文化品位,将环境育人和文化建设落在实处,这其中最具代表性的当属良乡校区北湖主题景观区。

　　北湖景观区占地面积近十万平方米,经过近两年的施工,于 2010 年 5 月 28 日全面竣工。作为一项突出节约型、生态型的园林项目,其在良乡高教园区也颇具知名度。北湖整体布局合理、道路曲线流畅、驳岸景观自然、地形婉转流畅、植物丰富多彩,其在 2011 年获评中国风景园林学会最高奖——"优秀园林绿化工程"金奖。

这"一湖之水"成为良乡校区建设中的点睛之笔，突出体现了生态型规划的理念和新老校区的文化传承。北湖主题景观区采用"中心突出、整体分散、局部集中"的组团式环形布局，可以概括为"一轴、一环、六区"。景观节点，它的开敞空间、半开敞空间和私密空间形成了校园中通透流畅、空间感较强的景观特色，并通过中央景观视觉轴线、环湖路及水体空间、硬质空间、实体空间三种不同肌质的核心空间，将各个功能区串联一体，构成生态走廊，形成双轴多核的生态结构。

现在的北湖，已经成为学生休闲放松、集会交流的核心景观区。这里不仅有小型的集会广场，还有环湖步道；既有芦苇荡荡，也有鱼鸟畅游；一条曲幽栈道帮助你横跨湖面，晨曦暮色更是风景旖旎。在北湖区主题景观区与良乡校区各处建设的精神文化标志物，不仅形成了全新的北理工新校区校园文化环境格局，也与老校区精神一脉相承，服务北理学子的成长发展。

挖掘文化设施辐射效能——为大学文化点燃"热源"

做好大学文化建设的目的是服务学校中心工作，促进学校发展建设，特别是发挥学校文化的内涵价值，形成对师生员工的辐射带动。文化建设工作并不是一个短期行为，具有长效性，特别是文化基础设施的构建，更

阅读北理

是要在更长的时间内为学校文化建设发挥基础支持作用。因此，如何发挥文化项目的辐射带动作用，是学校文化建设工作的重点。

这个方面较具有代表性的当属学校校史馆及其延伸设施。学校 70 周年校庆之际，在中关村校区利用原有 250 平方米的平房建筑，改造建设成学校首个校史馆，全面反映了学校从延安创校到改革开放以来的历史风貌和办学成就。校史馆成为学校精神文化全面展示的良好平台，学校的光辉历史、精神文化都可以通过对校史馆的参观，得以全面深入的了解。

为加强校史的传播与辐射，加强了学生讲解员团队建设，使其成为宣讲校史和传播北理工文化的重要力量之一。校史馆积极开展学校史料的搜集整理，不仅为学校搜集挖掘了包括"中国共产党创建的第一所理工科大学"等大批关键性校史资料，还积极走访学校老专家、老职工，抢救史料，并通过校史文物征集保护工作，为今后建设北京理工大学博物馆做好准备。

校史馆建成 5 年来，每年接待校内外参观达到 7 000 人次，成为展示学校精神文化的"物质窗口"。校史馆连续三年面向新入校本科生、研究生开展校史教育，取得良好效果。为了更好地面向良乡校区本科新生开展校史教育，2010 年，在徐特立图书馆建成徐特立纪念展厅，2014 年，又在良乡校区综合教学楼公共空间，建设了校史长廊，极大提升了新生校史教育的工作成效，实现了入学阶段对本科新生群体校史教育的全覆盖。

注重每个文化项目的辐射作用，秉承这一思路，学校积极加大文化基础设施的建设和改造,在良乡校区徐特立图书馆建设了音乐厅和艺术空间,在中关村校区对学生活动中心和学生食堂多功能厅进行了升级改造,特别是近期建成的北京理工大学艺术馆更是成为学校文化建设的最新平台,将有效提升学校文化建设能力。

大学文化是一所大学的灵魂所在。传承延安精神,秉持军工特色,是北理工文化的精髓,是北理工品格的风骨。在学校深化改革、争创一流的大背景下,如何将大学文化建设作为一种有意识、有目标的深层次战略举措和管理行为持续加强,以构建北理工价值共同体,传承弘扬北理工品格的大学精神,并使之内化为推动学校事业发展的强大动力,是永恒不变的命题。

文:王征

图:党委宣传部　摄影协会

2015年5月20日

李东伟：何以可敬可爱？缘因感人至深

2015年6月13日，周六，碧空如洗，北京持续几天的好天气，蓝天白云让生活在这里的人们感受到了生活的宁静美好，发现原来那个雾霾笼罩的首都北京竟也如此美丽、可爱。"北京蓝"映衬下的北京理工大学，显得更加纯净透彻。这里有青春朝气的学生，也有可敬可爱的老师。北理女生郭雨地铁救人的故事仿佛还在昨天，李东伟老师跳水救人的故事又在学校悄然传开。

惊险万状时，赤诚一片心

对李东伟来说那天是个重要的日子，他带着妻儿到北京某儿童摄影工作室为女儿拍摄生日写真，为女儿记录下美好的一刻。上午九点左右，他们来到了这家环境不错的摄影工作室，在室外还有一片专门设置的外景水池，小巧雅致。可谁能料到，小小水池却暗藏危机。一名3岁幼儿在水池边玩耍，一不小心，翻身落入水池，水池里水深达两米多，形势危急万分。然而说时迟那时快，正在池边打电话的李东伟，见状不及多想，随手将手机放入裤兜，几个箭步从三米开外奔来直接跨过栅栏跳入池中。整个奔跑、跳水、救人过程，就在一两分钟之间，由于反应迅速、施救及时，孩子很快就被李东伟托出水面，脱离危险。

由于池水深达2米，李老师衣裤进水过沉，拖出幼儿后无力爬上岸边，幸好此时其他人也都闻声而来，赶紧伸手帮忙拖拽，李东伟才安全上岸。

他上岸后便默默离开现场,未留下任何个人信息。孩子家长几番打听后,才找到了陪女儿照相的李东伟及家人,此时李东伟刚刚换下浑身湿透的衣裤。孩子的家长出于感激之情,坚持要给李东伟一笔感谢金、换一部新手机。李东伟毅然拒绝了孩子家长的酬谢请求,一直重复说着一句话:"不用给我手机,不用给我钱,我救孩子真没想那么多!手机坏了没事,孩子安全了我就放心了。"孩子家长多次询问,李东伟才告知他是北京理工大学的一名教师。

李东伟,北京理工大学信息学院电工电子教育教学实验中心教师,2003年进入北京理工大学攻读硕士学位,2006年留校工作。事后家长才得知,这位体格魁梧、笑容可亲的李老师是一名白血病患者,正在治疗康复阶段。

泪语因情而下,感激恩人义举

6月17日,周三,下午2点,落水孩子的姥爷和姥姥代表全家来到北京理工大学信息学院向李东伟老师赠送锦旗表达感谢。北京理工大学信息学院党委书记安建平主持仪式,信息学院多名老师参加本次仪式。

孩子的姥爷和姥姥向在座老师详细介绍了事件发生当天的具体情况。当谈及孩子当时的危急情况时,姥姥一度泣不成声,起身向李老师多次鞠躬表达感谢。他们感恩于孩子落水一瞬间李东伟挺身而出的义举,感动于李东伟见义勇为的优秀品德,感谢北京理工大学培养出的好教师,恳切希望学校对他进行表彰和嘉奖,将正能量传播给更多的人。

听闻此事，同事们却对李东伟的身体更加担心。同事们都知道，李东伟在前几年得过白血病，最怕感冒、发烧和着凉，到现在也要每天吃药维持身体健康。救人当天天气虽然晴朗，风却很大，李东伟将孩子救上岸后，因为衣服湿透光着膀子回家了。在同事的心目中，李东伟平时为人低调踏实、工作兢兢业业、具有极强的正义感和助人意识。安建平书记说，李东伟不顾自身安危勇救落水儿童的英雄行为，彰显了其作为一名中共党员应有的觉悟，是每一位同事学习的榜样。李东伟的导师丁志杰对自己学生的英雄行为感到十分骄傲。他说，东伟只有出于本能反应才能做到在第一时间跳水救人，这对他本人也有很强的教育意义，他为李东伟的身体而担忧，为李东伟的事迹而自豪！

唯爱不竭　以心立业

一名好教师，不唯有广博的学识、丰硕的科研成果，更因纯洁的品质、谦逊的气质与宽广的胸怀而倍显可敬与可爱。

再次问起李东伟此事，他一脸平静地说，下水的一瞬间看见水面一片平静，解救孩子千钧一发，脑子里只有"救人"二字，完全不会多想。在他生病时期，信息学院的老师、周围的人安慰他、照顾他、帮助他、为他捐款、找医生、找中药，让他体会到前所未有的温暖，熬过了人生中最艰难的阶段。如果说他跳水救人是正能量的散播，那么今天的撒播正是因为他心中那颗爱的种子已经长大，接力传播大家对他的那份爱、那份温暖、那份感动。

由此我们想到，高考刚刚结束，我们要向广大考生宣传什么？我们有李东伟这样的教师；即将到来一年一度的毕业季，我们要向数千毕业生传达什么？我们有李东伟这样的教师；今年是我校 75 周年校庆，我们要向外界展示什么？我们有李东伟这样的教师！从延安走来的北京理工大学，被誉为中国高等教育"国家队"，以雄厚的师资力量、尖端的科研实力、璀璨的校友群体立足于高等教育之林，这个背后，延安精神的传承、军工文化的洗礼，正是这些可敬可爱的人茁壮生长的土壤。

文：和霄雯

图：郭强

2015 年 6 月 18 日

执自然科学，抗战烽火中创校报国

自然科学院校门

2015 年，中国人民迎来了抗日战争胜利 70 周年。回溯历史，延安作为中国共产党领导全国抗战的中心，许多重大的决策和方针在这里诞生，深深影响着全国抗战，但是自 1937 年以来，中共中央进驻延安以后，遇到了很多难以想象的困难，以毛泽东为首的中国共产党自力更生、艰苦奋斗，在逆境中生存，在逆境中强大，在政治、经济、教育、科技等诸多领域创造了很多可歌可泣的奇迹。

这其中，在教育、科学方面的成就更显得难能可贵，引人瞩目。在抗战期间，陕甘宁边区形成了一套比较完备的教育体系，不仅为革命培养了一大批宝贵人才，还直接为边区的社会经济建设和抗战救国做出了巨大贡献。

北京理工大学的前身，就是 1940 年创建于延安的自然科学研究院即之后的自然科学院，作为中国共产党建立的第一所理工科院校，在抗日的烽火中，发挥了独特的作用，做出了卓越的贡献。

服务抗战，烽火之中孕育诞生

1939年年初，抗日战争开始进入相持阶段。由于日本侵略者的进攻和国民党顽固派的封锁，陕甘宁边区的军民生活遇到了极大的困难。毛主席、党中央高瞻远瞩，于1939年1月提出了"发展生产，自力更生"的口号，号召开展大生产运动。随着运动深入，提升生产力水平成为最为紧迫的问题。

当时中央主管经济工作的李富春同志，深感提升生产力迫切需要一批专门的科技力量。于是他在1939年向中央提出成立延安自然科学研究院，集中科技人才，整合科技力量。在中共中央书记处的批准与支持下，延安自然科学研究院开始筹建，由李富春兼任院长，留德科学家陈康白任副院长和筹建小组组长。在中央组织部、边区各单位的大力支持下，自然科学研究院形成了边区最强的科研队伍，不仅涵盖各个领域，大部分成员为大学学历，还有不少人具备留学背景和博士学位。1939年6月，中国共产党领导下的第一个专门科研机构——延安自然科学研究院正式成立了，在边区财政部院内开始办公。

勇挑重任，培育抗战科技英才

1939年12月下旬，党中央召开了陕甘宁边区第一次科技盛会——自然科学讨论会，对边区经济建设和抗战生产问题进行了深入讨论，共同建议党中央在边区创办高等学校，解决科技人才匮乏这一当务之急的问题，建议把自然科学研究院改为自然科学院，培养边区自己的科技人才。1940年3月，中共中央书记处同意延安自然科学研究院改为自然科学院。自此，两字之变，一所正规的自然科学大学诞生，从此为"抗战建国"、为陕甘宁边区培养急需的"革命通人，业务专家"。

1940年9月1日，自然科学院正式开学，中国共产党创建的第一所自然科学大学正式成立。学院分为大学部、高中部和初中部。大学部设化学工程科、机械工程科、土木工程科、农业科、林牧科。

第二章　品　格

科技报国，抗战生产贡献卓越

在延安建校时期，学校集中力量解决边区经济建设和生产生活中遇到的各种技术难题，在军工、民用和农业生产等边区经济和服务抗战的多个领域，做出了卓越贡献。

为延安难民纺织厂"开方抓药"。延安难民纺织厂是边区的一家纺织企业，生产一度陷入停滞。1939年夏，研究院的专家们深入生产一线，与工人一道建厂房、调设备，并科学筹划生产流程，不仅在很短时间内恢复其生产能力，它的产品也从粗糙的疙瘩布，发展到粗呢和毛线，成了边区最早、最大的纺织工厂，极大缓解了边区军民穿衣难问题。

自然科学院夫妇为毛主席送上"一张纸"。1939年10月间，在国民党

163

阅读北理

的封锁禁运下,延安出现纸张短缺,严重影响了各项工作的开展。针对这种情况,自然科学院华寿俊、王士珍夫妇开始了在边区寻找造纸新原料的大胆尝试。经过艰苦的努力,他们最终利用边区常见的马兰草造出了纸张,完全满足报刊印刷要求。之后,边区《解放日报》等报刊和毛主席《论持久战》《论联合政府》等一些重要著作都是印刷在马兰草纸上,传播天下的。这一发明为党领导抗战、宣传抗日思想做出了重大贡献。1940年,自然科学院又成功研制出钞票用纸,彻底解决了边区印钞用纸难题,为边区的金融稳定做出了积极贡献。

一双"慧眼"发现"陕北好江南"。1940年夏,自然科学院的生物系师生组成"陕甘宁边区森林考察团",考察了陕甘宁边区的森林自然状况和植被分布情况。考察中,师生们发现并正式向党中央报告了一处非常适合农垦和屯兵的"烂泥洼"。这一重要发现,得到了中央领导的高度重视,最终通过了开发决定,也成就了大生产运动中最成功的典范——"南泥湾开发"。

盐田寻海眼,"盐罐子"成为边区经济支柱。1940年,自然科学院按照中央指示解决边区食盐产量提高问题。学院专家深入盐田一线,艰苦勘察,科学分析,终于勘定了一批地下高含盐涌泉位置,俗称"海眼",迅速提高了出盐量。盐田规模迅速扩大,盐产量提高了五六倍,边区盐业迎来辉煌,为边区经济做出巨大贡献。

矢志军工,从服务抗战开始。在延安建校时期,学校就已经开始运用科技优势,通过与边区一批工厂紧密合作,直接生产军工产品。在这些学校的实习工厂中,自然科学院研制出了灰生铁,改善了手榴弹的生产工艺,提高了破片杀伤力,大幅度提高威力;研制成功二硫化碳,直接用于炸药生产;试制成功了硝化甘油、硫酸、硝酸、盐酸等火炸药原料,使边区能够生产出系列的火炸药产品,为抗日前线提供了有力的军品支援。

建造边区"红色地标",修建中共七大会址。1945年,在抗战胜利前夕,自然科学院教师杨作才设计并指挥建设了两座至今仍然矗立在延安的地标性建筑——杨家岭中央大礼堂和中共中央办公楼。中国共产党第七次全国代表大会就是在这座宏伟的中央大礼堂中隆重召开的,毛泽东主席和中国共产党人,在这里谋划抗战胜利后的中国革命形势,发出新的号召和指示。

延安创校时期,学校在冶金、纺织、玻璃制造、陶瓷生产、肥皂生产、石油生产、酒精生产、薄荷油提炼等多方面,为边区做出巨大贡献。既撰

第二章　品　格

写过《关中分区的地质及矿产》等高质量的考察报告,也筹建生产铜纽扣等具体生活产品,自然科学院在教育、科研、经济"三位一体"的办学思想指导下,全面参与边区建设,用自身突出的科学研究能力,直接为边区建设和抗战做出了巨大贡献。

贡献巨大，弘扬科学人才辈出

抗战烽火中的延安，虽然生活条件艰苦，却形成了民主、科学的良好氛围，自然科学研究院、自然科学院在这一时期发挥优势，成为边区弘扬科学精神、普及科学知识和培养科技人才的重要力量。

1939年12月，在中央的指示下，自然科学研究院全面组织策划了陕甘宁边区第一次科技盛会——自然科学讨论会，有效调动了广大科技人员的积极性，增强为抗战服务的信心。1940年2月5日，自然科学研究院组织召开大会，成立边区自然科学研究会。这次大会在中国科技史上极其重要，具有里程碑意义，毛泽东等领导同志亲临大会并讲话。大会向全国自然科学界发出抗战建国的伟大号召，昭示了自然科学界抗战到底的伟大决心。边区自然科学研究会常设办公机构在研究院，并广泛征集科普文稿和研究论文，带动了多个学术团体的成立，成为边区弘扬科学精神的重要力量。

弘扬科学的同时，自然科学院在抗战中共培养了近500名科技人才。抗战胜利前夕，学生陆续在边区参加革命工作，或直接奔赴抗战前线，成为"又红又专"的革命通才。自然科学院在五年多的办学过程中，始终坚持"三位一体"的办学思想，强调政治与业务相结合。中央领导、前线将领成为学院形势政策报告的常客，院领导亲自讲授政治理论课，有效提升了学生的政治素养。自然科学院积极组织的各类生产劳动和社会实践，在主动运用科技手段解决生产问题的同时，也将政治和业务紧密联系，实现人才培养"又红又专"。自然科学院的师生既是抗战先锋，又在新中国建设中发挥了令人瞩目的作用。

作为一所诞生在抗战烽火中的学校，我们要永远铭记那段艰苦岁月中前辈们的丰功伟绩，永远铭记学校创校之初服务抗战的历史贡献，传承延安精神，发扬军工特色。在建设世界一流理工大学的新征程中，不辱使命，将延安点燃的火种，薪火相传，发扬光大，铸就新的辉煌。

文：党委宣传部

2015年8月27日

建校元勋陈康白
——弃笔从戎的"海归"化学家

"海归",这个中国政治、经济生活的热点词汇,是相对在国内学习、工作的本土人才而言,指有国外学习和工作经验的留学归国人员。然而,有这样一位"海归"人才,他在战争的硝烟中归来,用自然科学抗战报国,书写了一生精彩的篇章。

陈康白,这位从德国归来的化学家,在延安开启了光辉的革命岁月,参与了中国共产党创建的第一所自然科学大学——延安自然科学院(北京理工大学前身)的组建工作,并担任第三任院长,成为建校元勋之一。

发奋学习,科学救国,而立之年以化学行天下

陈康白原名陈运煌,字康白,后按照中国传统的"以字行"之习惯,改名为陈康白。

1902年7月7日,陈康白出生在湖南长沙县麻林桥乡的一个普通家庭,父亲陈淡园是一名私塾先生,全家主要依靠父亲的微薄收入维持生计。自幼随父读书的陈康白,10岁进入麻林桥小学读书,16岁,在父亲的建议下考入长沙第一师范学校。就读长沙第一师范,除了免除学费可以减轻家庭负担外,还因为父亲的好友徐特立先生也在这里执教。

从1918年起,青年陈康白在长沙第一师范开始了对新知识、新文化的全面学习,也开始了认真地观察思考中国的社会和民族,孕育自己报国救国的进步思想。在长沙第一师范就读期间,徐特立对这位老友之子关怀备至,不仅在学习生活上悉心呵护,徐特立的言传身教也对陈康白的思想成长产生了重大影响。陈康白在学习期间,逐渐认识到科学技术和教育事业对于民族复兴、国家富强的重要作用,从此立志科学救国,并发奋学习。

1919年7月,徐特立赴法国勤工俭学,探寻救国救亡的真理,临行前

阅读北理

专门叮嘱陈康白要完成学业、要有所作为。陈康白与徐特立虽然师生时间不长,但是徐先生为师的崇高品格,也使他理所当然成为陈康白一生的老师,师生情谊延续40多年。

1922年,20岁的陈康白从长沙第一师范学校毕业,父亲将他又送入上海沪江大学(上海理工大学前身)学习化学专业。陈康白在这所由美国人创办的教会大学中,继续发奋学习,成绩出色,思想也愈发成熟进步,积极参与到当时反抗列强、争取民族独立的学生运动中。他在一次反美运动中,被校方勒令退学,中断了学业的陈康白只得离沪,返回湖南。虽然辍学返乡,但是命运始终垂青这位有志的青年学子,陈康白在湖南又一次碰到了刚从法国归来的恩师徐特立。这次"机缘巧合"让老师徐特立对陈康白的学业和志向更加欣赏,并亲自将其推荐至厦门大学继续攻读化学专业。时隔三年之后,陈康白再次回到了大学的校园。

在厦门大学,陈康白真正走向了自己的化学之路,小有建树,成家立业。1927年,他以优异的学习成绩留校任教,从一名学习化学专业的青年学生,逐渐成为旧中国化学领域的研究者,潜心钻研,取得了不少创新性的学术成果,得到国内学术界的认可。1929年,陈康白受邀到浙江大学化学系从事研究工作。1930年,在北京大学力邀之下,陈康白又来到北大化学系担任研究员,成为国内具有一定影响力的化学家。

在北大工作的3年中,他发表了多篇高水平研究论文,其中一篇发表在美国学术刊物上的论文,引起了包括诺贝尔奖获得者阿道夫·温道斯在内的国际化学界的重视,阿道夫·温道斯还特别邀请陈康白到自己所供职的德国哥廷根大学讲学交流。得到国际学术界如此的肯定,这使得陈康白成为20世纪30年代中国化学研究领域的重要专家之一。

1933年,陈康白到德国哥廷根大学化学研究院开展生物化学的研究工作,在异国的土地上迎来人生的新起点。陈康白的研究工作得到哥廷根大学的高度重视,不仅为保障他办公和实验开辟专属楼层,还配备专门助手,充分体现出对这位中国化学家的尊重和肯定。陈康白并未因物质待遇的丰厚而骄傲自满,他继续保持勤勉作风,赴德时间不长就取得丰硕的研究成果,科学研究能力得到了德国同事们的一致肯定,哥廷根大学甚至极为罕见地决定为其夫人提供特别助学金,邀请她到德国学习并照料陈康白的生活。

第二章 品　　格

三十而立的陈康白，已经成为一名用化学"行走天下"的国际科学家了。

弃笔从戎，抗战救国，圣地延安找寻革命真理

在那个动荡的时代，潜心治学的时光总是那么短暂。

1937年7月7日，日本侵略者发动了全面侵华战争，远在德国的陈康白如同每一位拳拳报国的海外赤子一样，义愤填膺，心急如焚。面对国家和民族之危难，陈康白毅然决定放弃在德国蒸蒸日上的科学事业，偕全家立即回国，投身抗战救国。

而恰恰又是在陈康白人生的关键时期，恩师徐特立再一次为他指明了人生的正确方向。刚从德国归来的陈康白与恩师徐特立又在长沙相见，此时作为国民革命军第十八集团军高级参议、驻湘代表的徐特立，在长沙负责八路军办事处的日常工作。师生相见感慨之余，徐特立对陈康白回国投身抗战的决定甚感欣慰，也与陈康白交换了对当前中国时局的看法。陈康白将自己的迷茫和困惑与恩师分享，徐特立则为自己的学生鲜明指出了去向——去延安投身由中国共产党领导的抗战救国。恩师徐特立的详细介绍，帮助陈康白看清了国内抗战形势，对中国社会当前存在的问题有了更加深刻的理解，坚定了正确的方向。1937年年底，陈康白历尽艰辛来到了延安。

初来延安，边区人民的热情和中共最高领导人的礼遇，让陈康白进一步坚定了自己的选择，开始认真学习马克思主义等进步思想理论。1938年，陈康白在八路军西安办事处工作期间，加入中国共产党，完成了由爱国主义者向共产主义者的伟大转变。

陈康白作为边区少有的"海归"科技人才，始终得到中央的高度重视，他也在工作中积极发挥自己的科技背景。陈康白不仅发起成立了延安的第一个科学技术团体"边区国防科学社"，还受命组织筹划了陕甘宁边区工业展览会。1939年4月举办的这次陕甘宁边区工业展览会，不仅开创先河，而且对推动边区经济建设意义重大，毛泽东在开幕式上作了重要讲话。十几天的展会期间，参观者达数万之众，使边区各阶层充分了解边区工业建设新面貌，鼓舞了抗战信心，得到各方一致肯定。

在这一时期，陈康白直接参与中央财经委工作，兼任中央军委军工局技术处处长。在"大生产"运动中，陈康白跟随时任中共中央组织部副部

长兼财经部副部长的李富春直接参与到边区生产运动领导工作中,发挥了重要作用。

科技救国,培育英才,白手起家创建自然科学院

陈康白在延安参与领导边区经济建设的同时,中央还向他委以重任——筹建自然科学研究院,整合边区的科技力量,服务边区发展建设。

伴随着工业展览会的成功举办,边区各界对工业生产和科学技术有了更加直观的认识,但是科技基础薄弱的事实,也让中央认识到筹办一所自己的自然科学大学的重要性和紧迫性。虽然困难重重,但中央要求全党支持这项工作。在党中央的有力支持下,陈康白全身心投入到自然科学院的筹建工作中,"从零开始"着手建设。从调查研究、挑选人才、勘察院址、基础建设到日常管理,各项工作有条不紊,紧张开展。1939 年 5 月 30 日,自然科学研究院正式成立。延安自然科学研究院的成立,切实为边区生产提供了有效的科技支持。按照中央要求,研究院主动参与一大批工厂的技术改造,为生产部门提供全面的技术支持,其中具有代表性的贡献有:恢复并提升了延安难民纺织厂的生产能力;全面参与延安振华造纸厂建设,成功试制出马兰草造纸工艺,一举解决了边区用纸困境。

勘察校址(左三为陈康白)

第二章　品　格

自然科学研究院的成立和做出的巨大贡献，使得边区上下更为重视科学技术在生产领域的重要作用。1939年年底，在中央召开的自然科学讨论会上，将自然科学研究院改为自然科学院，建设一所真正大学，成为与会者的一个重要共识。会后，李富春、陈康白向中央进行了汇报，中央书记处批准了这一申请，任命李富春兼任自然科学院院长，陈康白任副院长并负责全面筹备工作。

在自然科学院的筹建工作中，陈康白决心建设一所可以比肩当时国内其他大学的正规大学，办成边区的最高学府，培养真正的大学生。他一方面积极推动基础建设的展开，一方面组织力量解决招生、课程、师资、学制等一系列问题。经过半年多的紧张筹备，1940年9月1日，自然科学院正式开学，设有大学部、高中部和初中部。招生专业包括化学工程科、机械工程科、土木工程科、农业科、林牧科。这所中国共产党创办的第一所自然科学大学的光辉历程自此开启。

1941年，徐特立接替李富春担任自然科学院的院长，陈康白在恩师的领导下，推进学校改革，学院在边区的生产生活、人才培养、科普宣传等多方面都取得了骄人的成绩。1943年5月，陈康白接替徐特立担任院长，至1944年6月，他按照中央安排随359旅旅长王震南下开辟新的大后方，离开学院。1949年以后，陈康白历任中华全国自然科学专门学会联合会副主席、哈尔滨工业大学校长、中国科学院秘书长、国务院参事等职，是中国人民政治协商会议第二、第三、第四届委员。

1980年，在北京工业学院（北京理工大学）建校40周年之际，老院长陈康白回到这所他亲手创建于抗日烽火中的红色大学。曾经杜甫川前的窑洞大学，已经发展成为一所理工为主的全国重点大学，以鲜明的国防特色，为国家不断做出巨大贡献。

备注：陈康白的出生年份档案记载为1898年，笔者与家属核实后，其实际应为1902年生人。

文：王民
图：党委宣传部
2015年10月8日

孙一铭：报到日，他在拯救生命

2015年9月7日，是北京理工大学2015级研究生新生报到的日子，四千余名研究生新同学来到美丽的北理工校园，准备开启一段崭新的求学之旅。然而，他们之中，却有这样一位新生，在报到日，拯救生命。

这位缺席报到的新生是北京理工大学机电学院2015级博士新生孙一铭。他在报到日当天，在北京海军总医院，完成了一名造血干细胞捐献志愿者最光荣的义举——捐献自己的造血干细胞，成为北京理工大学第4位、北京市第223位成功捐献造血干细胞的志愿者。他所捐献的造血干细胞，将用于救治一位上海的八岁白血病儿童。"我只是举手之劳，能给其他人以新生，何乐而不为呢？"在面对校内外的关注和赞誉之际，他总是这样朴素而有力地回答。

在采访中我们发现，做出"惊天动地"之举的孙一铭，其实是一位平凡的北理工"工科男"，一道标准的北理工人的成长轨迹，伴随着学识的不断增长，一份北理工人的品格在不经意间慢慢成长。

第二章 品 格

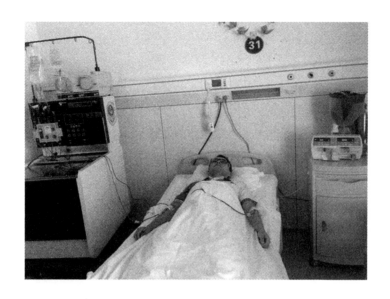

"这是一种不会拒绝的责任"

对自己负责,是肩负社会责任的起点,社会责任感不仅仅是一句轻谈,在关键时刻的"临危不惧"才真正体现了一名北理工人的品格。捐献造血干细胞,源自2012年,孙一铭加入中华骨髓库造血干细胞捐献者资料库,郑重做出了自己的一份承诺。这份不知何时可以兑现的承诺,也是一份对生命的承诺。

2015年7月10日,孙一铭接到与一名患者造血干细胞配型成功的消息时,这一"千万分之一"的概率也让他不太相信,但是经过短暂平复之后,他毫不犹豫给予回复:"我愿意捐献造血干细胞。"他的决定也得到了父母的大力支持。9月2日,孙一铭入驻海军总医院进行采集前的各项准备。9月7日,孙一铭以一名博士新生的身份,在入学报到日,用自己的"生命"拯救生命。"我在做新生的时候给别人以新生,双喜临门啊!"一句玩笑式的话语让我们看到了这位北理工学子的乐观与豁达。这一刻,爱与责任相逢。

在多数人看来,捐献造血干细胞是"勇气"支撑的举动,而在孙一铭眼中,这只是一件微不足道的小事,孙一铭只觉得自己牵动着另一个宝贵的生命。"这是一种不能拒绝的责任。"

在这次捐献中,孙一铭是在完成所有体检后,确认自己可以采集造血干细胞时，才回家告诉父母的。"身体发肤受之父母，我必须得到父母的支持。开始可能他们会有抵触，但如果了解情况，他们一定会同意我的举动的，这也是我作为子女的责任。"孙一铭的父母由于对相关知识缺乏了解，将传统的骨髓穿刺和造血干细胞采集混为一谈，孙一铭通过普及科学知识做通了父母的思想工作，最终开明的父母不仅支持了孙一铭的决定，还来到北京陪伴他完成造血干细胞的采集。"这样的概率太少了，并不是每个人想救人都能救，自己的孩子能有这样的心，愿意去救一个人，做家长的一定会支持的，这也是我们这个家庭的社会责任。"孙一铭的妈妈在谈到这件事时说，"'妈妈，这样做我觉得很幸福'，这是他告诉我的，让我很感动，也让我们决心支持他。"

孙一铭的善举得到了北理工师生们的高度赞扬，副校长方岱宁院士在代表学校看望他时说："只有良好的家庭教育和系统的学校教育有效结合，才能共同培育出像孙一铭一样具有社会责任感的高素质青年。孙一铭在自己博士入学报到的时候选择为他人捐献造血干细胞，正说明了他是一名先人后己、有担当的北理工好青年。"

"这不是一份荣誉，是更大的责任"

做出一份善举，也许令人瞩目，成为一个榜样，也许受到关注，但荣誉是更大的责任，将荣誉作为更大的责任，这也是北理工人品格背后的底蕴。

能够成为一名光荣的造血干细胞捐献者，孙一铭得到了校内外的广泛关注，除了校园媒体的报道，《北京青年报》等多家社会媒体也先后对他进行了采访，孙一铭"瞬间"成为大家眼中的青年榜样。"这是一项难得的善举，孙一铭的行为不仅仅代表着个人，也充分展现了北理工机电学院学生的风范和青春风采，也希望能有更多的同学积极投身公益，真正做一个有知识、有责任感的北理工青年。"机电学院党委书记栗苹说。

在孙一铭看来，成为捐献者并不是多大的荣誉，应该是更多的责任。

如今已经回到校园开始自己博士生涯的孙一铭,在与人分享自己的捐献经历时总是说:"这是一件小事,但我希望更多的人能够对捐献造血干细胞有清晰的认识。"在他看来,捐献造血干细胞的经历虽然短暂,但是亲历这一过程,最大的体会还是,大多数人对这一科学救治方式的知识匮乏。

刚接触造血干细胞捐献时,孙一铭与大多数人一样,对造血干细胞捐献与骨髓捐献还是混淆的,以为要面临骨髓穿刺的疼痛与折磨。"这也是父母在一开始并不赞同我捐献的主要原因所在。"孙一铭说。亲身的经历,让他真正地感受到,做出捐献的决定虽然能体现个人的某种素质,但是如果能够让更多的人消除误解,其实意义更大。

因此,孙一铭积极接纳媒体的采访,不是为个人,他利用各种方式普及一份科学常识,让更多的人正确认识捐献造血干细胞的科学性,能够积极参与到公益活动中,使更多需要帮助的人得到帮助。个人的善举总有降温之时,但荣誉其实是更大的责任,他在公益的道路上却从未停止,传播正能量,诠释大爱。

做自己理想的"责任人"

在一个人的品格中,写入"责任"二字,绝不是一朝一夕之功。在北理工人的成长轨迹中,以学习为本,以学业为重,完成一名学生的本职,是锤炼责任感的第一步;在此基础上,求学探索,找寻理想,做自己理想的"责任人"。

2010 年,18 岁的孙一铭带着对大学生活的憧憬与期盼,从齐鲁大地来到了北京理工大学,度过了自己大学四年的美好时光。作为一名探测制导与控制技术专业的本科生,他拥有"标准"的工科生涯。无论是厚实的基础课程,还是开放的创新训练,若想取得成绩,离不开全心的投入与不懈的努力,哪怕是"苦中作乐"。

和其他同学一样,孙一铭面对工科生"标准"的高强度学习,用自己的勤奋与努力,在踏实的学习中慢慢锤炼理性思维和生活态度。大学的学习不简单,大学的成长更有挑战,孙一铭也曾在几许迷茫中找寻自己的成长方向。转机来自于大二,当时的他有幸进入科技创新的广阔天地——参加了机电学院科技创新协会,对科技创新的这份热爱竟从此"一发不可收拾",他也找到了自己的成长之路。

阅读北理

在科技创新的道路上，孙一铭不仅完成了一个本科生从"学习"到"学术"的转变，找到了自己今后的发展方向，还收获了科研创新过程中那种特有的北理工气质。在他的"科研经历"中，最让他记忆犹新的是制作"球笼式飞行机器人"，作为这个国家级科技创新项目的负责人，除了负责部分设计工作，他还要对机器人的整体进行把控。"当时我们是在地下室搞项目，为了能够实现我们的目标，做出成果，虽然地下室有时候又冷又潮、也不够明亮，但是我们的团队一直在坚持实验。"孙一铭这样回忆当时的情景。冬天的时候，制作机器人使用的 AB 胶水，性能强大但气味难闻，由于地下室通风不好，孙一铭总是带着工具跑到室外进行工作，等胶水晾干后再回到室内，整个过程要几个小时。虽然辛苦，但是每个人心中澎湃的动力，让他们无所畏惧。一群小伙伴凭着坚持，走过冰冷的寒冬，功夫不负有心人，球笼式飞行机器人最终得到了学校"世纪杯"的一等奖。

几年的科技创新经历，让孙一铭对今后成长与发展形成了深入的思考，最后他为自己负责任地选择了一条投身科研之路——做一名"靠谱"的北理工博士。2014 年，经过认真准备，他成功考取机电学院智能探测与控制方向的硕士研究生；2015 年，又毫不犹豫地选择硕博连读，每天穿梭于宿舍和实验室之间成为生活的常态。

"研究生和本科不同，想要成为一个合格的研究生，融入的是真正的科研项目。在科研中，我们每个人都不能面面俱到。解决问题的过程，其实就是找寻自己的弱项进而改正它的过程。"孙一铭就这样走上了自己的科研之路。"虽然科研很辛苦，但是我要作自己理想的'责任人'。"

博士生孙一铭，繁忙的学业并没有阻挡他坚持的公益梦想，支教、献血、环保，已成为他生活中最为普通的"小事"。作为北京理工大学第四例捐献造血干细胞的同学，孙一铭同学展现出一种标准的北理工气质，责任，始终是这位优秀青年身上北理工品格最耀眼的光辉。

文：王征　高幸

图：全源　斯君

2015 年 10 月 29 日

王博：北理工"80后"教授，用创造成就不凡

"在北理工，我们潜心学术，用创造成就人生中的不平凡。"

王博，北京理工大学"80后"教授、博士生导师，国家"青年千人计划"入选者；

2000年，高中毕业的他被免试保送至北京大学就读化学专业；

2004年，他放弃世界前100强企业的offer，毅然前往美国密歇根大学攻读硕士学位，师从诺贝尔化学奖提名人Omar M. Yaghi教授；

2008年，他用两年半时间提前自美国加州大学洛杉矶分校博士毕业；

2011年，他放弃优厚待遇，回到祖国，将学术之根扎于北京理工大学……

王博是我校化学学院教师，28岁时入选"北京理工大学杰出中青年教师发展支持计划"，成为学校最年轻的教授、博导。他作为第一作者或主要完成人在国际顶级学术期刊《Nature》和《Science》上发表多篇文章，是"2015年度中国化学会青年化学奖"、英国化学会"2008年度十大前沿化学技术奖"以及"美国能源部新兴绿色技术奖"获得者，学术成果被英国BBC、美国《纽约时报》和我国《人民日报》海外版等几十家国际媒体报道。这位"80后"杰出学者，在自己人生轨迹上踏实前行。

阅读北理

"我选择了北理工，它给了我更大的舞台"

"博士毕业后，我开始寻找国内的科研平台，最终被我们北理工所吸引。它有着深厚的国防底蕴，雄厚的科研实力，优秀的科研成果，它广阔的科研平台、浓厚的学术氛围，尤其是纳贤人才的态度，成为我回国工作并扎根北理工的最主要原因。"王博说。

王博在读博期间便创造出一种材料，被美国《Wired》杂志评为"十大绿色科学技术"。"在国外工作时，我经常会想，如果自己所取得的科研成果在国内进行转化应用，那对国家的发展会不会带来一些新鲜的血液呢？"王博这样想，也这样做了。2011年，他回到中国，诞生于延安、中国共产党创办的第一所理工科大学——北京理工大学，深深地吸引了这个盼望"回家"的陕西学子，让他更加看重的，是北理工人在其红色历史中所展现出的使命与担当，还有他们"实事求是，不自以为是"的踏实学风，不务虚声、不图虚名的务实精神。同年9月，在美国学习工作了8年的王博，放弃掉美国的绿卡，放弃掉美国公司的股份，放弃掉在美国的所有，毅然入职北京理工大学化学学院，开始了他创造人生的新起点。

2011年，王博作为"校杰出中青年"入校，次年以其优秀的表现入选国家"青年千人计划"。至今，王博已荣获11项发明专利，其中两项实现了大规模工业化生产。

"到学校工作以来，我深深地感觉到了学校对人才，尤其是青年人才的高度重视。"王博说。学校为其配备科研实验室，并在科研经费上给予了王博大力支持，鼓励他申请科研项目，并逐步提高项目水平。"学校始终倡导我们做有益于国家、社会的优秀大学教师和高级科技人才。"他介绍说，"我们学校拥有的多个国家重点实验室和北京市重点实验室、众多高水平的研究交流平台和仪器设备平台为我科研项目的顺利开展提供了有力保障。"

科研工作中，王博始终坚持创新，取得了重要的创新成果。他在国际范围内首次提出并发展了纳米穿插编织（Interweaving）和合成后聚合（PSP）等金属有机骨架（MOF）薄膜材料的新颖的设计合成方法学，实现了 MOF 材料的功能化与器件化，赋予 MOF 薄膜在爆炸物检测和绿色储能等领域的新功能和新应用。他立足新型 MOF 薄膜材料，在已取得的成果基础上，将研究领域拓展到国防安全等重大国家需求上，取得了具有鲜明特色的科研成果。

自 2011 年入职以来，王博已作为通讯作者在《J. Am. Chem. Soc.》《Angew. Chem. Int. Ed.》《Adv. Mater.》《Chem. Sci.》《Coord. Chem. Rev.》《Chem. Commn.》《J. Mater. Chem. A》《Energ. Environ. Sci.》《Chem. Commn.》《Chem. Eur. J.》等国际顶级期刊上发表论文近 30 篇。正是他勇于创新的精神，突出的科研成果，王博获得了"2015 年度中国化学会青年化学奖"。这一奖项自 1983 年设立以来，每年从全国化学工作者中评选出不超过 10 人，这是我校首次有教师获得该荣誉。

"以身作则、言传身教，我爱北理工这方为师的舞台"

"教师的言传身教是最好的教科书。"这是王博一直以来的育人理念。他认为，学校为广大师生提供了良好的工作、学习平台与环境，每一位教师都应当以"学术为基，育人为本"作为第一价值追求，将教书育人作为第一职责，用科研工作反哺教学工作。

王博讲，化学学院自 2014 年迁入良乡校区，学院努力为师生们营造良好的学术和创新人才培养氛围，不断增强服务能力。

"在这样的条件下，我们耳濡目染身边像'长江学者'、国家'杰出青年'杨国昱教授，'青年千人'王金亮教授等一大批优秀的中青年教师同我们一道，共同为学院、学校的人才培养工作做出自己的努力。学院曲良体教授，不仅在学术上有着较高的造诣，在人才培养方面更有着突出的成绩，他培养的学生们蝉联四届北理工'徐特立奖学金'特等奖，是我们青年教师的榜样。"王博就在这样的育人氛围中言传身教，为学生引领专业的发展之路，点亮化学的奇幻之灯，指导学生在繁复的结构式下博弈，道出富有哲理的人生。

对于自己的工作，王博坦言自己十分热爱它。他悉心指导学生的学习、科研，全身心投入，工作至凌晨更是家常便饭。一次王博在办公室一直工作到十二点半，离开时发现自己被锁在了办公楼里，可后来他依然经常在工作中不经意间忘记了时间。他常说："做老师，如果能够对一名学生、一个家庭有所影响、有所帮助，这也是善莫大焉的事情。"王博的学生陈宜法博士这样评价他的老师："遇到王老师是我的幸运，王老师对我们的指导不仅仅在于学业，更影响我们一生。曾经我的关注点仅仅在眼前的科研任务，而如今却已经开始学会做好职业生涯的规划。"

王博十分关注学生的发展与能力培养，他努力为学生们提供交流学习的机会，开阔学生眼界，也积极鼓励本科生参与科研项目。王博用自己的亲身体验告诉同学们："本科阶段在搞好专业学习的基础上，做一些科研对工作以后发展大有裨益，尤其是把学术作为追求的同学。"他鼓励学生主动查阅文献、自己写文章、修改文章，培养扎实的学术功底和良好的习惯。"我希望我的学生能够想别人之不敢想，做别人之不敢做。"王博说。正基于此，他培养的多名学生在《J. Am. Chem. Soc.》《Angew. Chem. Int. Ed.》《Adv. Mater.》《Chem. Sci.》《Coord. Chem. Rev.》《Chem. Commn.》《J. Mater. Chem. A》等国际顶级期刊发表多篇科研成果。2012年,他被评为"北京理工大学十佳教师"。

"在北理工的舞台上,追寻我的人生梦想"

"导师不但是我学术的导师,更是我人生的导师。"

在大家看来,1982年出生的王博求知旅途一路平坦。事实上,与大多数人一样,在追求知识的道路上他也曾面临纠结与选择。然而每一次攀登高峰的选择,都源于他对自己的高要求、高标准,也正是这种内动力,让他在学术路上偶遇恩师Yaghi教授,促使他不断创新、不断创造历史。

王博大学毕业前曾实习于宝洁公司,面对唾手可得的诱人录取通知书,他并非没有心动。"上学时觉得自己对书本知识掌握通透,然而在实习期间发现知识完全不够用。企业内严格实施'学者治企、博士管理'的制度,如果真的想要有所发展,我觉得自己还是需要用另一种方式开阔眼界。"

带着这样的想法,王博从他拿到的11所给予全额奖学金的国外知名大学入学通知书中选择了美国密歇根大学,师从国际著名化学家、诺贝尔化学奖提名人Omar M. Yaghi教授,开始了他在化学领域的科研之旅,也为他在北理工的科研工作打下坚实的基础。

国外4年的硕博生涯,王博依然没有选择"平凡之路"。他一边跟随Yaghi教授学习深造、提高能力,一边走入"工业界""学术界",不断开拓自己的眼界。他将创新作为自己科研的宗旨,将科研成果积极进行转化,完成一项又一项的科研任务。

"具备某种有用的素质是我学习的动力,而在学习中创造,在创造中改变生活是我最终的目的。"王博说。带着这样的源动力,王博在研究生期间，便做出出色的成绩，Yaghi 教授更是给予了"Bo is creating history right now"（王博现在正在创造历史）的极高评价，也正是这样的评价，更加坚定了王博对科研的选择。"如果我们的工作，能对这个社会有一点点的影响和改变，也就实现了我们的人生价值。"在科研工作之初，王博就已经把科研融入为国家、社会发展做出贡献的追求中。

王博长期从事新型功能多孔材料的设计与合成、功能化修饰及其应用研究工作，之后参与了部分材料的规模化量产、工业性能评估和催化性能研究等工作。这些产品已实现大规模工业化生产（>100 吨/年），年产值可达上亿美元，并已逐步推广到氢燃料电池、车载吸附式天然气系统（ANG）以及工业气体纯化等领域。

王博在北理工的学术道路上，为自己设定既定目标和长远目标，将科研工作与国家、社会发展融为一体。他认为，作为国内的科研工作者、化学领域的研究人员，应致力于环境与能源的可持续发展，在自己的研究领域做出应有的贡献。这是王博的梦想，他的北理工梦，更是他的中国梦。

2015 年，在学校的统筹安排下，王博课题组随化学学院整体迁往良乡校区。学校新建了工业生态楼，实验场地和条件得到更好保障；学校领导也多次前往良乡校区指导工作，对王博的工作给予了高度关注和评价。新环境下，王博不忘初心、坚定前行，不断发扬北理工人"家国天下"的社会情怀、坚韧创新的时代精神，用王博的话说："在学校，我时刻感受到北理工的情怀，我愿与众多的北理工人一道，在学术与育人的道路上，追求属于我们的不平凡，实现我们自己的北理工梦想！"

文：辛嘉洋　冯霄
图：斯君　王博
2016 年 1 月 21 日

徐伟：在北理工，用小质谱做大事业

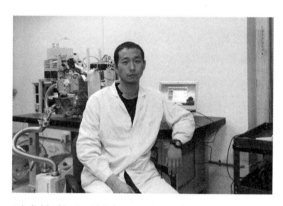

"有数据显示，在自然科学领域，多数荣获诺贝尔奖的项目都与仪器的发明发展有着直接或间接的关联，这是因为借助于新的检测手段常有可能观察到全新的科学现象，而恰是这些新的科学现象会带来大的科学突破。"

以上这段"开场白"已经成为北京理工大学徐伟教授向来访者介绍自己研究工作的经典用语。

今年35岁的徐伟是一名优秀的"80后"青年学者，他长期在国外求学，参与美国普渡大学Cooks实验室和Ouyang实验室的质谱研制工作。Cooks作为世界著名的质谱研究领域科学家，是ISI检索引用率最高的一百名化学家之一，于1985年获得了质谱学领域的最高荣誉Thomson奖，并于2002年获得了诺贝尔化学奖提名，也是美国Academy of Science和Academy of Arts and Science双院士。

徐伟在该实验室直接参与了世界顶尖水平的质谱研究工作。4年前，他作为入选国家"青年千人计划"的一名优秀青年学者，来到北京理工大学生命学院，成为一名北理工人，从事微型生化质谱仪及生物分子结构分析质谱技术的研究。

工欲善其事，必先利其器。这句古语已经准确描述出徐伟从事质谱行业的必要性——自然科学领域中的重大发现，离不开分析测试技术的发展。质谱技术在有机分子及生物分子的鉴定方面发挥着非常重要的作用，具有灵敏度高、样品用量少、分析速度快、分离和鉴定同时进行等优点，

阅读北理

因此质谱技术广泛应用于化学、生物、化工、环境、能源、医药、运动医学、刑事科学技术、生命科学、材料科学等各个领域。

牵手北理工 做最小的质谱

世界顶尖实验室的工作经历，再加之自己的勤奋，徐伟在归国前已经成为一名质谱研究领域的优秀青年学者，对质谱研究形成了自己的理解与认识。但是，做事业离不开大势，更离不开有力的平台支撑，伴随着国内对科学技术发展投入的不断加大，回国发展成为海外学子的心之所向。谈及回国的契机，徐伟淡然一笑，简单答道："就是时机问题。"但事实证明，这样的时机绝对可以算是可遇不可求的良机。

2012年回国的徐伟恰逢"十二五"规划将科学仪器研究列为重要方向，国家充分认识到先进仪器在科学研究领域中的战略地位，决定从顶层设计出发，告别过去依赖进口仪器的旧况。基于这样的背景，拥有世界顶尖质谱研发经验的徐伟得到国内许多企业、院校、科研单位的青睐，它们纷纷伸出橄榄枝。"最终选择北理工是看中学校良好的学术氛围与对青年科研人才的重视、培养。"徐伟如此说道。

来到北理工，这里浓厚的学术氛围、开放的学术风气，都为徐伟的科学研究提供了充裕空间。徐伟所在的生命学院重视新兴交叉学科建设，充分发挥生命科学学科与理工传统优势学科之间的交叉作用，为徐伟质谱研究工作提供了学科支撑。质谱的研究既要围绕生命、化学学科的研究需求，也要依托机械电子、信息控制等学科的技术支持。另外，学院在国内空间生命科学领域的研究占有领先优势，这也为他的质谱小型化研究提供了更为广阔的应用前景。

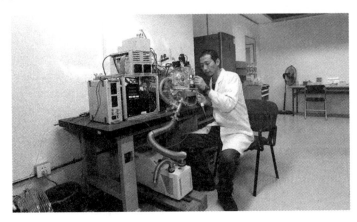

第二章 品　　格

在北理工的四年时间里，徐伟潜心学术，取得了一系列的学术成绩。申请/获得国际/国家发明专利十余项，发表国际期刊论文 20 余篇（SCI），受邀大会报告 9 项。值得一提的是，在此期间徐伟带领团队完成了许多在国际上处于领先水准的科研项目，这其中便包括成功研发出世界上最小的微型生化质谱仪（连续接口），让业界瞩目。

"仪器是高成本行业，考虑到资金投入，过去并没有得到重点发展，现在应该是最好的发展时机。"徐伟如此解读仪器行业的发展黄金期，为见证并投身于这样的时代感到自豪，更为能在北理工的平台上做出一些成绩感到欣慰。

产学研结合　做有用的学问

在科研上取得点滴成绩，仅仅是人生事业的起步，要成就一番更大的事业，就要规划更为广阔的空间，徐伟对自己的质谱事业有更深远的设想。

过去人们提到徐伟，第一印象便是他要做"世界上最小的质谱仪"，如今，已经成功挖得科研"第一桶金"的他，却希望人们忘记这些光环。徐伟介绍："这只是我研究的一个方向，是一个较好理解也较好传达的方向，并不是全部。"如此低调务实的秉性确实符合大众对于学者的固有印象。但除去这些学者的标配气质，徐伟同样是位具有远见与创新的青年学者。他主张产学研结合，做有用的学问。

"科研的本质是为人类服务。发表文章与为社会、国家服务要有机结合，不脱离科研的初衷。"尤其是像质谱仪这样的化学类仪器是为了科学发现或社会应用而开发的方法、设备。产业化的推动对其研究基本是有百利而无一害。结合徐伟自身研究而言，以微型质谱仪为例，其产业化推广在大气及水体监测、食品安全检验检疫、产品源头质量控制等领域均具有现实意义。

"像徐伟老师这样的优秀青年学者，到学院工作是想干一番事业的。我们一定做好他事业的孵化器，尽可能地提供支持与保障，同时要发挥学院的学科优势，为他提供事业发展的牵引力，构建'创业动力'，也促使其为学校'双一流'建设做出更大的贡献。"生命学院党委书记刘存福如是说。

生命学院结合自身在生物医学工程、空间生命科学方面的学科优势，一直积极鼓励徐伟进行质谱仪器与航天、生物医疗等领域应用结合的研究，学校人事处也投资经费 60 万元为徐伟配置设备。徐伟目前所在实验室已经拥有 Bruker Ultra HCT 离子阱质谱仪（ETD）、Shimadzu 8080 Triple Qaudrupole 质谱仪、Agilent 液相色谱仪等多套国际领先的微型质谱仪、结构生物学解析大型质谱仪、开放式质谱测试平台等装置。

精深科研，着眼应用，心中装着事业大方向的徐伟，在北理工的平台上，正一步步开创属于自己的质谱事业。

传道授业　做纯粹的老师

在大学建树事业不同于在社会上创业发展，因为还有一份教师的光荣使命，这既是一份奉献，也是一份收获，在万千事业中，为师是一种精神的创业。

年仅 35 岁的徐伟作为一名指导 4 名博士及 9 名硕士的年轻博导，在谈及自己的学生时，一改之前的朴素措辞，自豪讲道："这些孩子的综合实力在同类高校中应该属于第一阵营。"

"徐老师非常年轻，各方面想法都和我们很接近。"博士生二年级的翟雁冰同学已经是徐伟的"老学生"了，"我从本科毕设开始跟着徐老师，这几年受益匪浅。"据翟雁冰介绍，徐伟一直鼓励学生自主、有效地做科研，从未规定固定的科研时间，出现问题，随时沟通、随时解决。"我们很喜欢这种方式，非常灵活，完全不会影响科研进度。"事实也确实如此，徐伟团队中的两名博士包揽了今年学院的全部博士国奖名额、团队每年发表文章数量保持在 10 篇左右……"除了科研，徐老师也会参加我们团队的各种活动，集体出游、日常聚餐，他基本都会出现。"翟雁冰认为"亦师亦友"这四个字应该可以准确形容自己的老师。

面对科研与教学的双重挑战，如此高强度的工作量并未令这位年轻教授感到疲惫。徐伟表示一名教授在理想状态下应该可以指导 10 位博士生，按这样的数据来看，自己做得还远远不够。在北理工，徐伟为师勤奋，这是一种精神上的创业。

低调、谦逊、务实，这都是徐伟给人的第一印象，典型的科学家形象。多数人认为科研工作乏味又沉闷，但徐伟的想法非常简单，他说如同创业者的原始动力，自己也是在根据兴趣做事，从孕育想法到把它变为现实，不论成功与否，都是有意义的事，而一个想法的失败只会催生更多新鲜的念头，

第二章 品　格

每一天都不枯燥。在北理工，徐伟正在用实际行动来实现自己的梦想与事业。

正是怀抱这样的纯粹想法，徐伟在北理工已经度过了四年的科研时光，这或许也是一位青年学者创业阶段中宝贵的四年。30岁至40岁，这是公认的科学家黄金创造期，当谈及现在是否处于最好的状态时，35岁的徐伟依旧低调："这大概要等到我五六十岁的时候才能回答这个问题，但我相信'当下'永远都是最好的时候。"

文：王筱桐　王征

图：郭强

2016 年 3 月 3 日

崔平远团队：在星空，
划出闪亮的北理工轨迹

"危楼高百尺，手可摘星辰。""星垂平野阔，月涌大江流。"……诗和远方，寄托了人类对未知的无限向往。

当小行星撞击地球，地球的主宰者恐龙走向灭绝；当哈雷彗星经过，惊恐的古人对"扫把星"唯恐避之不及；当流星划过，人们双手合十许下心愿……对于小天体的情愫，已经深深印刻在人们心中。

这些存在于茫茫宇宙中的小天体到底有什么奥秘？人类试图从科学的角度进行解密。21世纪初，美国、日本先后发射了小天体探测器，有的已经完成了小行星采样任务。

有人问，何时中国才能实现对小天体的探测？实际上，这一梦想已在国力日臻强大的中国由理想变为现实，北京理工大学宇航学院崔平远团队就是其中一支"造梦"队伍，他们用自己的汗水与智慧，在壮阔的星辰之间，划下一道闪亮的北理工轨迹。不久前，他们的"深空探测任务轨道设计"项目获得国家科技进步奖二等奖。

一飞冲天的回响

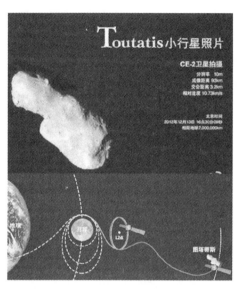
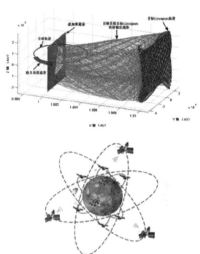

探月工程的第二颗卫星——"嫦娥二号"在完成主要使命之后,工程总体经过充分论证后,确定了利用剩余燃料开展飞越探测小行星这一新任务。这对于长期以来致力于深空探测研究的崔平远团队而言,确实是个好消息。"这让我们既紧张又兴奋,成功完成这一任务将实现我国深空探测多个'零'的突破。"团队负责人崔平远教授激动地说。

"嫦娥二号"卫星在完成了日地拉格朗日 L2 点探测任务之后,成功飞抵距地球约 700 万千米远的深空,与图塔蒂斯小行星由远及近擦身而过,交会时"嫦娥二号"星载监视相机对小行星进行了光学成像。"这一'擦身而过'首次实现我国对小行星的飞越探测,也是国际上首次实现对该小行星的近距离探测。"团队成员乔栋副教授说。

在宇宙间划出一道闪亮的轨迹,并不是一蹴而就,北理工深空探测团队有幸能够参加"嫦娥二号"这样的大工程任务,也是源于多年的积累。目前该团队主要针对深空探测的轨道设计、自主管理、自主导航三大关键技术开展研究工作,"嫦娥二号"探测图塔蒂斯小行星的成功,很好地验证了团队轨道设计相关的研究成果。

阅读北理

2009年以来，该团队陆续承担国家"863计划""973计划"项目，在深空探测的理论研究和模拟仿真方面取得了不俗的成绩。随着航天相关研究的需求越来越强劲，北理工结合自己的传统优势，把"拓天"作为学科特色发展战略之一，其中对深空探测研究给予了特别的重视和支持：2009年5月，成立了深空探测技术研究所；为了突出小天体探测技术研究，又于2010年开始建设"小天体探测与防御"实验室；在栾恩杰、吴伟仁等专家的积极支持和帮助下，北理工获批主办《深空探测学报》，该刊于2014年创刊，是国内唯一以深空探测为定位的学术期刊；2015年获批"深空自主导航与控制"工信部重点实验室。

随着国家深空探测规划的逐步实施，我国有望在2020年前后实现自主火星探测，继而开展小行星着陆、木星飞越等探测活动，北理工的"轨迹"研究也并未原地踏步，而是将视野展向更远的深空。该团队承担的"973计划"项目研究工作正是火星和小行星的精确着陆问题。相信不久的将来"北理工轨迹"将环绕火星，服务小行星着陆探测活动。

"我们设想在火星上布设数颗轨道器，最终形成一个类似地球上的GPS，通过规划轨道器的运行轨迹，配合着陆器在进入火星的过程中更多地提供信息，从而提高导航和着陆的精度。"团队成员、讲师高艾说。

科研历经磨难

今年是猴年，一部耳熟能详的《西游记》重回人们的记忆中，在《西游记》里唐僧历经九九八十一难，终于取得真经。可你知道吗？一些重大科研的诞生也是几多磨难，方能"守得云开见月明"。

崔平远清楚地记得一个日子"2011年6月23日"。那一天是"973"项目视频答辩的日子。天降瓢泼大雨。项目团队成员清华大学李俊峰教授所乘坐的出租车被大雨阻滞在路上，冒雨走了一公里多才赶到现场。"当时，来不及换衣服他就直接坐上了汇报席，恰好摄像机镜头只能照到他身体的上半部，而座位之下早已淌出了一条'小溪'。"像这样的或大或小的意外还有很多，但对于一群坚韧不拔的科研人来说，这些也许并没有什么。

2012年，为了建设全新的宇航实验大楼，创造更好的科研教学条件，团队被安排到由学校游泳池改造的临时实验室继续做科研，条件艰苦，但没有人有一句怨言。"朱圣英是团队中最辛苦的老师，由于没有专职实验人员，设备采购都是由他负责。前阵子他为赶末班地铁崴了脚，但实验室工作又离不开他，他就每天拄着拐来上班，平时感冒发烧就更不会主动去休息了。"崔平远举例说。

创新来自煎熬

"一路走来，外人看到的是鲜花和荣誉，而在我们看来，这些都是经过长期的努力，一天一天积累、一点一滴堆积而来的。"乔栋说。

"就像牛顿从苹果落地中发现万有引力，理科的创新更多靠的是天赋、灵感；与之不同的是，工科的创新更多靠的是日积月累的付出。"团队成员徐瑞副教授说。

大多数时候，工科科研人员的日子过得异乎寻常地单调。"我们每天做的事情都很平凡。早早来到实验室，处理各种各样的事情，再看看学生做的东西，忙一忙课题实验，几乎每天都是如此。我们也想出去玩一会儿，但是没有时间。"团队成员朱圣英副教授说。

感叹时间不够用，日子过得快，是团队里每个人的心声。乔栋告诉记者："科学家的日子是以五年为一个计算单位，上一个五年所做的事都是在为这个五年做铺垫和积累。"

只是相比"路漫漫其修远兮"的深空探测研究，这样一轮又一轮的五年，不过只是历史长河里微乎其微的小篇章。

最向往的生活状态

那么，他们最向往的生活状态又是什么呢？

"自己最想每周抽一天的时间跟学生深入交流，多为学生培养投入点时间。"乔栋告诉记者。

在北理工宇航学院，不少学子以进入深空探测团队、从事深空探测研究为追求。天际留清轨，做人首当先。进入团队的同学，入校后的第一次会议，首先学习的就是"做人、做事、做学问"，而在研究和论文质量上更是宁缺毋滥。除去正常的学位论文过程跟踪外，大方向每月一次集中汇报，小方向每周一次一起讨论，同学有问题随时交流，答辩前对学位论文质量严格把关，"崔老师甚至可以从引用文献的语句中找出问题。"多年来，深空探测团队已经形成了"周六无休，每天 10 小时的弹性工作制"，作为

阅读北理

工科专业，需要有足够的学习和研究时间，才能取得理想的研究成果。

博士后于正湜打趣说，和女朋友约会还放过对方"鸽子"。订好了电影票结果要加班，好在女友善解人意，有那么几次就习惯了。

但是，学生们在内心里还是很感激这个严格的团队。不久前，博士生秦同、武小宇、葛丹桐一起赴美参加了学术会议，就自己所作的研究向与会者作报告。团队中的学生大多都有出国交流的经历，不少人还拿到了国家奖学金。

第二章 品　　格

紧张之余，学生们也会买点栗子、瓜子在晚饭后开个"零食会"，"老师们偶尔也会参加，但大多数时候他们都在加班。"

记者让团队中的师生评价一下导师崔平远，"严肃、谨慎、活泼、谦虚"是大家对他的一致印象。"崔老师在工作上严肃认真，但私下里他会想学生之所想，急学生之所急，为我们付出了很多。"博士生秦同说。

采访即将结束，记者也请崔平远总结一下"这是一个什么样的团队"。

崔平远想了片刻，回答道："这是一个工作很辛苦，偶尔会有委屈，但又舍不得离开的团队。"

崔平远告诉记者，有一位老师曾和他讨论过一个好团队究竟是什么样子，"他告诉我，能打硬仗、再苦再累也不会说个'不'字的团队，就是好团队。"

一想到青年老师在科研过程中默默的付出，他常带愧意。"但是到目前为止，没有人怕苦怕累，大家都在深空探测事业的追求中闪耀着自身的价值。"崔平远坚定地说。

在天河中为飞行器刻画一道科学精准的轨迹，瞬间完美的背后正是这股踏实肯干、追求完美、不计较名利的北理工精神，这股"轨迹精神"成就了今天的北京理工大学深空探测团队，更成就了他们的国家科技进步奖。

文：党委宣传部
图：斯君
2016 年 3 月 17 日

姜春兰：军工科研有红妆，巾帼何曾让须眉

新年伊始，2015年度国家科学技术奖励大会在人民大会堂隆重举行。在众多发明奖获得者中，一位女性的身影格外引人注目——她就是北京理工大学从事兵器科学技术创新研究的机电学院教授姜春兰，由她主持完成的"某串联攻坚系统技术"在2015年获得了国家科技发明二等奖。

因热爱而执着　因执着而收获

武器系统、枪炮弹药、爆炸毁伤……好像历来就是男人的领域，"战争让女人走开"是人们心中善良的共识。姜春兰从1979年考入北京工业学院（现北京理工大学）导弹战斗部专业开始接触弹药，至今已36个年头，在她身上看不到所谓"冷门专业"带来的发展受限，更看不到女性对

第二章 品　　格

危险行业的畏难心理。谈起弹药专业,姜春兰津津乐道,充满自豪感。长年的工作经历让姜春兰认识到:"弹药学是一个应用性极强、融合多个学科的专业,既需要深厚的数学、力学基础,较宽的专业知识面以及丰富的工程应用背景,又需要对武器系统、行业发展的前瞻性眼光。弹药行业是一个人值得用一生去学习去研究的领域。"她是这样说的,更是这样做的。

1983年,姜春兰以优异成绩考取本校硕士研究生,师从我国著名爆炸力学、爆轰学家丁儆教授及著名爆炸理论与炸药应用技术专家、我国工程院首批院士徐更光教授。姜春兰在两位德高望重、学术精深的大师身边耳濡目染,对他们内化于心、外化于行的理想与责任高度认同,并在学术研究的目标与方法、理论与实践等方面得到了老师严谨的

指导。她浸染在北理工浓厚的国防研究氛围和"实事求是、不自以为是"的学风中,这一切无不深深影响着她,她立志献身于这一危险而又艰苦的行业。

1986年,姜春兰留校任教,主要从事爆炸理论与技术的教学和科研工作。1993年,姜春兰被破格评为副教授。1998年,35岁的姜春兰从前辈手中接过接力棒,成为课题组负责人。与此同时,她一边工作,一边继续深造,在职攻读博士学位。多年来,姜春兰获得多项省部级科研奖项和20多项国防发明专利授权,在国内外学术刊物发表学术论文数十篇,取得多项学术成果,获得了多个先进称号。2000年,年仅38岁的姜春兰被评为教授,成为年轻教师中的佼佼者。

在弹药专业老一辈教师的影响和带动下,姜春兰主动深入实际,与军方、兵工企事业单位、科研院所保持密切联系,用自己掌握的知识直接为工厂服务,在偏远的山沟里、嘈杂车间中、荒漠试验基地上为中国的军工事业紧张忙碌着。这期间,姜春兰也在实践中获得了最宝贵的弹药产品加工工艺、生产流程、实际装配、野外试验等方面的知识和经验。她依靠扎

实的理论功底和丰富的实际经验，以及严谨、认真、执着的责任心，逐步奠定了自己在行业中的影响力。

校企联合　攻坚克难

这次获国家发明奖的"某串联攻坚系统技术"是针对我国新一代机载武器平台的主装备弹药而开展的创新研究，系统功能复杂，涉及爆炸毁伤、内外弹道、材料、结构、系统控制及总体匹配等多项关键技术，需要众多理论与技术的支撑。虽然这些年姜春兰在弹药技术领域积累了丰富的经验，但是面对国家重大装备的迫切需求，面对这么多需要攻克的难题，她和她的课题组都感到责任重大，不敢有丝毫的懈怠和侥幸心理。在项目研究的初始阶段，她们就预想了可能遇到的各种困难，扎实做好每一项单项关键技术攻关工作，同时做好系统顶层设计，做到合理匹配，尽可能少走弯路。

姜春兰和她的团队感受到的另一种压力就是行业内的竞争。由于该项目的重要军事背景，整个研究过程中都伴随着不同单位的激烈竞争。姜春兰和她的团队凭借扎实的理论功底和创新意识，提出了全新的技术路线，通过校企联合攻关，突破了多项技术瓶颈，最终在激烈竞争中脱颖而出。

回想十多年的研究历程，姜春兰和她的团队有太多感慨。这个项目历经三个五年计划，她忘不了在项目研究初期蔡汉文、马小青等老一辈教授的传、帮、带，忘不了在项目研究的技术攻关阶段，孔径太小、散布不均、速度不足等难题经常让大家感受到"无路可走"，更忘不了在项目处于工程化关键时期的那一年，由于技术瓶颈难以突破而度过了一个个不眠之夜。团队的王在成老师回忆说："那段时间，团队的每个人压力都很大，尤其是姜老师。一次次往返靶场，在候车室里、火车上，她从未停止思索，时不时和我详细讨论解决难题的技术途径，有些灵感就是在旅途讨论中产生的。"伴随着逝去的青春，姜春兰无数次体验到"山穷水尽，柳暗花明"的起伏与波折，但她依然乐观坚定。在她看来，研究过程中遇到的技术瓶颈都是原始创新的机会和基点，闯过去就是新的成功。

团结协作，众志成城。复杂的集成系统，需要多家单位的密切配合。姜春兰和她的团队坚持走产、学、研一体化道路，依靠国内相关企业的技术优势，攻克一道道难以逾越的关口。姜春兰教授谈到，弹药技术是一门基于众多理论支撑的实用化技术，仅仅依靠试验模拟和仿真计算不可能形成满足武器装备需求的实用化技术成果，只有与相关企业深度融合，才能把学校的理论研究成果和创新思维快速转化为实用化技术。回想该项目的研究历程，正是由于有学校的政策支持、企业的协作，才使教师的理论分析结果、创新思路和技术路线得以快速转化为工程化设计，并以最短的时间完成试验验证。随着项目研究的逐渐深入，研究团队也像"滚雪球"一样扩大，在研究后期形成了由学校技术牵头、5个不同专业领域的企业参与的创新研发团队，这支团队一直合作到产品设计定型并形成批产装备。事实证明："某串联攻坚系统技术"的成功是校企团结协作的成果，是走产、学、研一体化道路的成功尝试。

面对挑战　巾帼不让须眉

敢于面对挑战的人，遇到的挑战从来都不会比别人少，更别说是一位集妻子、母亲、女儿、儿媳、教授、军工项目课题组负责人于一身的女性学者了。这些年，姜春兰不知牺牲了自己多少业余时间。为了技术攻关和野外试验，她常年奔波在学校与合作单位、试验靶场之间。一个个酷暑，一个个寒冬，从太行山脉、渭水之滨，到茂密的北国森林，再到荒凉的戈壁大漠，都留下了她的足迹。千差万别的野外工作环境对一个生长在城市的女性而言，困难是可想而知的。十几年中，姜春兰巾帼不让须眉，用实

阅读北理

际行动向大家证明了她攻坚克难的强大力量。

20世纪90年代末,项目正处于新概念和新原理的探索时期。小兴安岭深山中的某野外靶场距离城镇有三个小时车程,那里当时没有电话,也没有无线信号,零下二十几度的冰天雪地间只有几排砖房、一个值守的老大爷和几条大狼狗。每次去做试验,除了试验装备和器材外,还需携带生活必需的柴米油盐。茫茫群山之间,一群科研工作者在厚厚的雪地里忙碌着。寒风凛冽,滴水成冰,姜春兰和她的团队穿梭于密林中寻找需要回收的试验弹,眉毛上都挂满了霜花。一次,在丛山密林中,一车十几人因木桥断裂差点翻入数米深的冰河里,又碰上车辆发动机皮带断裂,险象环生。在零下二十多度的冰天雪地中,他们只得固守待援,大家不停跑动,捡拾树枝生火取暖。等到半夜凌晨一点才被救回靶场,靶场职工细心地为大家准备了消夜,团队犹记得,那一大盆清水煮面是他们十几人吃过的最香的美食。

春秋寒暑,岁月流年。一分耕耘,一分收获。在姜春兰和她的科研团队共同努力下,"串联攻坚系统技术"现已成功应用于多型武器装备中,成为具有世界先进水平、我国独有的国防利器。

发展新型装备、铸就强大国防是大国地位的基石,是缔造和维护世界和平的坚强后盾。姜春兰和中国军工战线上的北理工人为此做出了巨大贡献,他们为了国家强盛这一共同目标而奋力拼搏,追寻北理工"延安根、军工魂"蓬勃发展的根脉,将"国防情、北理梦"融入了中华民族的国防事业。光荣属于千千万万长期在一线默默奉献的他们,让我们记住他们,并和他们一起为实现中华民族伟大复兴的"中国梦"而努力奋斗!

文:王民 王雪慧
图:斯君
2016年3月21日

北理工人的"情"与"义"

你是一树一树的花开，是燕在梁间呢喃。
你是爱，是暖，是希望。
你是人间的四月天。

——林徽因《人间四月天》

四月，一场及时的春雨收服了北理工校园里纷飞的柳絮，还来阵阵清新。雨后的阳光挤出遮盖的乌云，轻轻把温暖洒向人间。

或许很多人都在这样的人间四月天里轻描淡写地过着自己独有的生活，但也有些人、有些家庭正经历着一生中刻骨铭心的难挨岁月。

4岁的星星（化名）是北理工校友龙华（化名）夫妇的可爱女儿，就在去年的这个时候，星星突然被确诊为恶性肿瘤，原本快乐而充满希望的家庭在刹那间陷入绝望与煎熬。也正是那个时候，万千北理工师生校友伸出援助之手，用"大爱"在乌云中拨出一抹阳光，用北理工人的"情"与"义"点亮了星星的救助之路。

在北理工，无论师生、校友遇到怎样的艰难与险阻，我们看到的永远是一双双毫不犹豫伸出的援助之手：当学子担心逐梦路途遥远，"梦想起航助学基金"为他点亮启航前行的灯塔；当他担忧学费压弯了父母的肩膀，学校用丰富的奖助学金为他找到人生困境的出口；当他面临灾难或疾病带来的痛苦，"大爱救助基金"为他擦干眼泪，教他如何学会坚强……在北京理工大学这所烙刻着延安圣地红色情怀的校园里，"情"与"义"始终流淌在一代代北理工人的血液里，外化在行动中。而北京理工大学教育基金会，则承载着万千善良淳朴北理工人的博大胸怀，谱写并讲述着一个个动人的故事。

阅读北理

让"情"与"义"在阳光下传递

勇敢的星星在万千北理工人爱心的帮助下完成了化疗—移植—放疗等过程，病情时刻牵动着每一个北理工人的心。北京理工大学师生捐助三十余万元，基金会更是及时为星星的家庭送上"大爱救助基金"。师生携手雪中送炭，让校友家庭感受到来自母校的温暖和支持。然而，病痛之下仍保持天使般笑容的她却因肺部复发大出血，在2016年4月永远地离开了我们。龙华夫妇强忍悲痛，在第一时间将剩余捐款退还或转捐。"无论是哪一种选择，我们都特别感恩，由星星汇聚的大家的爱心像是一盏明灯照亮了我们的心灵，我们更要怀揣这份爱和感恩重新开始工作和生活，永远将这份大爱传递下去。"

就是像这样，每每有需要，基金会便会将来自校内外个人、集体的小爱汇聚成的参天"大爱"，传递给每一个需要帮扶的北理工人。

2010年1月11日，北京理工大学教育基金会（以下简称基金会）在国家民政部正式登记注册，注册资金2 000万元。带着一份热忱、一份活力、一份情义，基金会作为北京高校非公募基金的新生力量不断前进。目前已成长为拥有"发展类基金""资助类基金""奖励类基金"三大类别，包含"大爱救助基金""梦想启航助学基金""漫步者奖（教）学金""华瑞世纪创新基金"等七十余项资助项目的民政部4A级基金会，不断支持北京理工大学在人才培养、科学研究、社会服务和文化传承与创新等领域追求卓越、做出贡献。

七十五载风雨，北理工秉承延安根、军工魂，铸守国防情、北理梦，培育了一批又一批优秀人才，他们接受母校的熏陶与培养，在各自的岗位上发光、发热。"很多受到母校情怀和知识盈润的优秀校友都希望能够通过自己的力量回馈母校，回报社会，他们找到基金会，找到适合自己的方式和方向对校内外需要帮助的人进行捐助，将爱心传递下去。"北理工基金会秘书长项昌乐介绍说。

北理工杰出校友、新宇投资（集团）有限公司董事长唐南军发起的"唐南军慈善基金"是基金会管理的数十项奖助学金项目中数额最大的一项，每年金额100万元，奖励和资助学生230人，连续资助10年。自2008年基金设立以来，该基金已先后奖励和资助了近2 000名北理工学子，支出总额度达 840 万元。"这些钱对于那些贫困大学生而言,也许可以改变他们的人生。一个人应该懂得知足和感恩,北理工的'情'与'义'曾伴我成长,将这份'情'与'义'传递下去是我发自内心的愿望,帮助他们,我责无旁贷。"唐南军在接受采访时说。

如今,曾经受到唐南军奖助学金资助的北理工学子纷纷步入工作岗位。"我永远也不会忘记在我最困难的时候拿到的助学金,这份最初的温暖一直激励着我不断前进,我也会努力去帮助需要帮助的人。"曾获得唐南军助学金的黄同学在回访时说。

仅 2015 年度,基金会共计奖励和资助了近 2 000 人,总金额逾 725 万元;大爱基金资助 5 名校友及 2 名在校生,救助总金额 61 万元;"爱心传递助学工程"获得百余位校友的支持,资助了 38 名家庭经济困难的新生。每一笔善款都凝结了师生校友对学子的期待与关爱。

"基金会的工作是桥梁、是纽带,传递着每一个热爱北理工、知足感恩、担当责任的北理工人的情谊和爱心,让捐助人和受助人都能够感受到大家庭的温暖,这也正是基金会存在最重要的意义。"项昌乐说。

双向反馈,让爱的温度有增无减

每一份爱心的播种都是北理工人的"情"与"义"的无声传递。为了让这些爱的温度有增无减,基金会用心管理 70 余项基金,努力在工作模式中让捐赠人和受助人都能够感受到无微不至的温暖,让慈善事业在阳光下进行。

以唐南军奖助学金为范例,基金会建立了"企业捐资—项目执行—项目反馈—受助回访"的工作模式,形成"捐资—实施—总结—反馈—回访—再捐资"的良性循环。一方面,基金会开展受助学生回访工作,建立成长跟踪反馈机制,了解获得奖助学金学生受助后的学习、生活情况,为他们建立起与企业、基金会、校友会三者之间的稳定联系,保证资助项目的有效落实。另一方面,积极开展捐资企业的回访工作,建立项目反馈机制,将捐资使用情况、受资助人情况有效及时地反馈给项目捐资方，建立起捐资企业与学校间健全的反馈机制。

2014年寒假期间，基金会办公室组织志愿者通过邮件、电话、信件等形式开展回访，全面分析五年来700余名"唐南军奖助学金"获得者的工作、生活、学习情况，并将所有学生的情况汇集成册，完成了数据清晰的分析报告，反馈给了唐南军校友。此举得到了唐南军的高度肯定，他表示这让他和夫人都很感动。他决定在该项目结束后，继续追加资金支持该项目。

这项工作制度实施以来，基金会已先后完成30余项奖助学金的实施总结，先后回访了十余家捐资企业，取得了良好的效果。

2012年7月，基金会拟成立"大爱救助基金"。唐南军在了解该项目缺少资金的情况下，又当即毫不犹豫地向"大爱救助基金"捐赠40万元。问及原因，他说："只是有感于学校对唐南军慈善基金的细致工作，这么多年来一直向我反馈项目实施情况，我相信你们。"

为了保证所有项目的透明化，奖助学金在评定过程中始终坚持"公开、公平、公正"的原则，评审经过学院内公示、组织校级评审会、全校范围内公示、报送设奖单位进行最终复核以及公布最终名单等多个环节。学校还制定并发布了《北京理工大学校级奖助学金评选结果公示办法》，在整个评审过程中引入纪委监督和学生党风廉政监督员计票监察等机制,学生党风廉政监督员密切联系学院,并列席学院内部评审推荐会,保证评选过程在监督下进行,以保证每一笔善款都用到实处。

"很多人认为,基金会工作每天只是'要钱'和'花钱'。事实上,基金会的工作是'用情'的工作,每一笔资金、每一个项目、每一个捐赠人、每一个受助人,都是我们用情用义去关注的对象。如何争取更多的教育资源,并把资源用于实处,保持这份爱的温度有增无减,这不仅仅是份工作,更是需要用心去琢磨、去感受、去付诸行动的事情。"基金会办公室主任余海滨说。

前路漫漫,势必做好北理工人的爱心接力

一直以来,基金会所收到的每一笔捐赠款都根据捐赠人意愿,用于支持学校教育发展及社会公益事业。其中,发展类基金用于支持学校教育、科研事业和办公环境的发展建设;资助类基金用于资助贫困学生,学生科技创新、学科竞赛,基础研究、教学研究和著作出版,以及教师出国深造及参加国际学术合作和国际会议等;奖励类基金主要用于奖励优秀学生和优秀教师。六年来,受益师生校友共计两万余人次。

阅读北理

如今的基金会已不再是单纯进行资金的筹募和资助，在某种意义上讲，它更多地成为北理工人的感情寄托。我们设立不同的项目类型，根据捐赠人的意愿资助给他们所希望资助的人、事、物上，将这份爱心传递工作做到最大的人性化。

中新网曾以"北理工校友陈立光捐赠母校千万鼓励后辈创新"为题，报道了我校1991届校友、华瑞世纪投资集团公司董事长陈立光，为学校捐赠1 000万元人民币设立"华瑞世纪创新基金"，资助我校大学生开展创新活动，引起学校内外广泛关注。陈立光认为，创新无处不在，这种意识和能力的培养要从大学阶段开始。"作为一个农民子弟，能够取得今天的小小成就，靠的是母校教育与培养。我愿意通过自己的微薄之力回馈母校，让更多像我一样的普通子弟能够通过接受良好的教育，在不断创新中取得成功。"陈立光说。该基金的设立在推动学校创新活动的开展、提高教育教学质量、促进拔尖创新人才的培养等方面产生了积极的作用。

北理工人的这份"情"与"义"并非一朝一夕、一点一滴，正如涓涓细流，长久绵延。

这其中，在SMC（中国）有限公司总经理赵彤校友的多方沟通下，SMC奖学金已经持续捐赠近20年。他还在北京理工大学捐资建立科研实验室，为学校的科研工作创造良好的环境与平台。黎扬等老校友十年如一日持续捐赠"徐特立奖学金"，一方面鼓励学生爱校荣校，另一方面表达对徐特立老院长的无限缅怀。王双、王乐乐、郭小燕等近百名杰出校友与北京理工大学教育基金会共同设立"芝兰基金"，通过"芝兰成长计划""芝兰奖学金""芝兰俱乐部"等名义组织、培养和奖励更多德才兼备、品性才华出众的大学生，引导大学生树立积极乐观、健康向上的人生态度。

在广大充满"情"与"义"的北理工人的支持下，北京理工大学的公益事业大步前行。在3月结束的教育基金会2016年第一次理事会上，理事们纷纷对基金会的发展建言献策。北理工常务副校长、基金会理事长杨宾强调，在新的历史发展阶段，基金会将放眼80周年校庆，进行长远规划。"立足学校'双一流'建设的要求，在原有的基础上，基金会要创新发展渠道，参考国际一流大学基金会的运行模式，建设专兼结合、校友为主体的团队，开展基金会资金的运作，实现基金会资产更高水平增值。"杨宾在谈到基金会未来发展时说。

徐特立奖学金颁奖仪式

理事会上，北京理工大学校长、基金会理事胡海岩对基金会的工作给予了充分肯定，并提出了新的希望："2016年作为基金会发展第二个五年的开端，希望基金会围绕学校综合改革、'十三五'规划、'双一流'建设等中心工作，不断夯实基础工作，创新工作方法，更好地服务于学校各项事业；要通过更多的方式加强校企合作，搭建好产学研合作平台，做好科技成果和知识成果的转移；要借助校友资源，开发无限的情感支持，实现多方共赢。总而言之，我们要保护好北理工人的'情'与'义'，努力营造'爱校''荣校'的文化氛围，做好北理工人的爱心接力！"

清清延河水，悠悠岁月长，无论我们身在何方，都不会忘记北理工人肩负的责任与担当！涓涓细流，终聚成河，让爱心在奉献中起航，让心灵在助人中成长，让北理工人的"情"与"义"在奉献中源远流长！

文：辛嘉洋　孙文龙

图：教育基金会

2016年5月18日

古志民：信念所向，一往无前

【编者按】习近平总书记在 2014 年教师节前夕考察北师大时，号召全国广大教师做"有理想信念、有道德情操、有扎实学识、有仁爱之心"的"四有"好教师。北理工不乏这样纯粹的师者，他们爱岗敬业、甘为人梯，俯身教书育人、甘坐冷板凳，默默无闻地撑起社会的脊梁，计算机学院已故教授古志民便是其中的优秀代表。在第 32 个教师节来临之际，让我们共同学习古志民教授的事迹，发扬古志民教授的精神，担负起人才培养的使命。同时，我们也真诚地希望全体教师爱惜身体，用健康的体魄迎接事业马拉松征程上的挑战。祝愿全体教师节日快乐，身体安康！

在北理工，有位会"食言"的教授。废寝忘食地指导学生科研是他工作的常态，当被劝说休息时，他说："老师现在还有精力，将来要是没精力了，你们想让老师修改也不行了。"离世的前一天，他仍在病榻上细致耐心地指导学生的博士论文。他对教育事业的赤子之心，留在了这圈圈点点的红色笔迹里，印在了学生的心头。

古志民，北理工计算机学院教授、博士生导师。他没有惊羡的科研成就令他荣誉满身，没有吸引眼球的故事使他在坊间流传。他潜心教育事业，清心寡欲、安贫乐道，诠释着内心坚守的为人、为师、为学之道；他将平凡的事情做到极致，将质朴的人格发挥到高尚，无关世俗、无关名利，一生沿着青年时期立志做一名"好老师"的信念不息地追逐。

倾心教育，只计耕耘不问收

古志民的生活、工作与热闹不曾沾边，往返教室、实验室和家中，多年来过着"三点一线"的生活。

第二章 品　　格

"在古老师心中，课比天大，业比家大，时间对他来说永远不够用。"古志民的爱人付引霞说。家就在离办公室不远的家属楼，却依然极少回去吃饭，有时候忙着就到下顿；经常一早从家走了，半夜才回家，甚至索性在办公室休息。

倾其一生，古志民将道德情操、扎实学识、仁爱之心融入他终身追逐的理想信念中——教书育人。

古志民的"真"在人才培养上表现得最为突出。教学上，他真心投入、求真求实，亲力亲为，从没半点"虚"的、"假"的。古志民每个学期都给本科生和研究生上课，即使在外出差，也会想尽办法赶回，从未落下一节课。他把前沿的研究成果和研究方法贯穿到公共课的教学中，为了巩固教学成果，他会布置很难的作业，期末考试的题量也很大，学生必须认真听讲、认真思考才能取得好成绩。十几年来，他坚守教学一线，先后主讲了"大学计算机基础""高级计算机体系结构"等十余门课程，深受学生喜爱，这种教学研相结合的授课方式令学生收获满满。

古志民的"严"可是出了名的。学生的科研工作从收到录取通知书时便开始抓起，在入校的第一次组会上很多学生便已明确了研究方向，开始了科研征程。他对学生从不惜力，为所培养的 50 余名硕博士倾注了大量的心血，每篇发表论文修改几十遍是常有的事，甚至连标点符号这样的细节都不放过。

古志民还有前瞻的国际视野。2005年12月，由古志民牵头，北理工计算机学院与美国伊利诺伊理工大学签约成立了"可扩展计算联合实验室"，十余年间取得了丰硕的学术成果，培养了一批高水平毕业生。

信念所向，一个心眼为学生

"我从农村走出，深知寒门学子求学的不易。作为教师，我们需要真诚地去爱学生、爱教育，将心比心，助他们一臂之力，让他们在人生的道路上走得更顺一些，将来成为对社会有用的人，我就尽到了当老师的责任。"这是古志民生前说过的一句话。

"你的病情不轻，需要入院作进一步检查，尽快接受系统的治疗。"2014年8月，古志民的主治医生反复强调。

"老古啊，你就听医生的劝告治吧。咱们给学院打个报告，安排其他老师去上你的课。"古志民的爱人付引霞劝说。

月底便开学了，治，也许将会影响学校的课程；不治，古志民的医生留下了"后果自负"的劝告。考虑再三，古志民做了让爱人不感到惊讶的决定："这学期的课程早在5月份就安排好了，每个老师都有各自的教学任务，咱不要给学校、学院添麻烦，我身体还扛得住。"选择保守治疗后，古志民继续回到了讲台和实验室，继续新学期的教学、科研工作。

古志民的忍是难以想象的。早在2014年4月，古志民便已感到身体不适，暑假在医院接受了短暂的治疗，一开学又回到学校投入工作。他不愿给单位添麻烦，更不想让学生担心，自始至终隐瞒病情，更不允许家属透露。为了不影响日常工作，古志民依靠药物控制病情，强忍着腰部剧痛，往返中关村校区和良乡校区上课。上课时，疼痛难忍的古志民偶尔坐着讲一会，待体力稍稍恢复，继续站着讲课。

年底，在完成教学任务后，古志民再次入院治疗。治疗期间，他食不下咽、上吐下泻，即便如此仍然放不下学生，利用每周末白天医院允许短暂离院的时间返校指导学生，常常延迟回家用餐的时间。面对爱人心疼的抱怨，一句"在与学生讨论学术问题时，我忘记了病痛与时间"道出了他对教育事业炽热的爱。

治疗结束后，古志民又埋头实验室，回到了之前的工作状态。

第二章 品　　格

润物无声，清心寡欲做学问

走进古志民的办公室，记者仿佛进了一个"古董"间。他生前艰苦朴素的作风，对教育事业的执着追求，展现在这里的每个角落。

办公室是古志民待的时间比家还长的地方。柜子里放着他工作忙碌时在办公室就餐的餐具，加班到深夜在办公室休息使用的洗漱用品，还有一个塞着几件衣服的布袋，是古志民在办公室席桌而睡自制的"枕头"……

书多是教授办公室的共性，书桌、书架、书柜、办公桌、窗台上，都摆着古志民生前钻研的书籍。几台使用中的电脑"大头显示屏"是他作为一个计算机学院教授的"个性"，也是他清心寡欲做学问的写照。

一张密密麻麻的教学日历吸引了记者的注意，记录了病重中的古志民离世前一学年的行程：除了京内日常的教学及学术活动外，他的足迹还遍及了长沙、合肥、无锡、哈尔滨等地。日历上的日程安排至 2016 年 4 月 13 日，古志民住院而终止。

在古志民淡泊名利、求真求实的科研之旅中，主要从事多核系统与结构、缓存和预取、节能和性能评价等研究，曾在国内外重要期刊和会议上发表研究论文百余篇；曾获省部级科技进步奖、国家发明专利 3 项，并出版《并行计算机系统结构与可扩展计算》等著作。2011 年、2014 年，古志民连续两次成功申请国家自然科学基金。

古志民的博士、郑州大学信息工程学院石磊教授表示："古老师教育我们要志存高远、脚踏实地。师从古老师让我体悟到'取乎其上，得乎其中；取乎其中，得乎其下；取乎其下，则无所得矣'的真谛。"

"古志民潜心学术，不被名利所扰，是学院科研队伍的中坚力量。在从事前沿的科研领域中，他身上充分体现了中国传统知识分子的风骨与道义精神。我曾邀请古老师作为评审专家参与学院报送的国家自然科学基金预评审，他所展现的治学严谨，看问题的高度、深度，为人正直，不说虚话、套话，让我们感到项目由古老师评审非常放心。"计算机学院黄华教授说。

阅读北理

执着逐梦，用一辈子兑现信念

2016年5月7日是古志民的博士生张吉赞终生难忘的一天，这天下午，他带着博士论文来到了空军总医院住院部。

推开病房的门，古志民已经坐在病床边的马扎上等着他的到来。"老师当时脸色苍白，但精神头还不错。他一边打吊瓶，一边仔细翻阅论文，对我的博士论文做了具体指导。"张吉赞回忆，"他在第一页用红笔逐条标记注意事项，逐页翻看论文，圈点出需要修改的部分。他还说等出院了给我提交论文，我把老师要出院的消息告诉实验室的同学们，我们满怀欣喜地等着老师出院。"采访中，张吉赞数度哽咽。

这是古志民病重期间在病榻上多次辅导学生中的一次，也是最后一次。他从未屈服于病痛，从未懈怠根植心田的信念。从下午两点到五点，古志民事无巨细地交代完学生后躺回床上休息。床边的一摊血迹让妻子意识到，古志民的消化道再度出血。在连夜抢救宣告无效后，5月8日，古志民永远离开了我们，离开了他心心念念的学生，离开了他执着一生的教育事业。

古志民数十年如一日，怀着做一名"好老师"的信念低头前行，他一丝不苟地对待科研，兢兢业业地对待教学，一丝不曾懈怠。他认真、执着、忠诚于教育事业，教鞭拿起就是一辈子，三尺讲台上一站就是一辈子，918实验室一待就是一辈子。

师生坚定的信念，是北理工创建"双一流"的不竭动力。古志民一生坚守信念,用他体悟践行中构建的精神世界、清风正气的心灵、崇高追求的灵魂,实现了"生命,如果跟时代的崇高责任联系在一起,你就会感到它的永垂不朽"。

记者手记

从与古志民素昧平生,到做一个熟悉他的人,记者采访了他的同事、家人与学生,希望能够发掘到支撑他的精神力量。采访中,他们时而神采奕奕地回忆,时而眼角泛起泪花,时而沉浸在对古志民的思念中。

古志民用自己朴实无华的言行渗透、感染着身边的人们。

他为人真挚、朴实,从不给集体、他人增添一丝麻烦。古志民生前挚友、计算机学院副院长牛振东回忆,在食堂遇见消瘦的古志民,便询问他身体近况,古志民笑称自己在减肥,并有力地与牛振东握手表示身体尚好。

他希望学生能够潜心科研,减少外界干扰。他叮嘱学生:"做任何一件事都要做到精致,做学问更容不得半点马虎与通融。"面对张铭泉等学生的探望,他交待最多的还是科研:"你们不要来看我,好好写论文,让老师少操点心。"

他唯一觉得亏欠的大概是承担所有家事,使他一心扑在工作上的家人。他常说:"实在对不起,实在太忙了,我又回来晚了。"其实古志民家里条件并不好,老母亲多年瘫痪在床,女儿在美国麻省理工学院读书。他要寄钱给母亲看病、给女儿求学,又要负担自己的医药费,困难程度可想而知。即使在这样的情况下,他也从没有向单位提过任何要求。

斯人远去,精神永存。古志民对信念的坚定与执着追求是每一位麻省理工学院的必修课。传承信念,让信念之花在北理工渐次开放。

文:马瑶

图:段炼

2016 年 9 月 8 日

阅读北理 下

主编 包丽颖 王 征

北京理工大学出版社
BEIJING INSTITUTE OF TECHNOLOGY PRESS

版权专有　侵权必究

图书在版编目（CIP）数据

阅读北理 / 包丽颖，王征主编. —北京：北京理工大学出版社，2017.12
ISBN 978-7-5682-5075-7

Ⅰ. ①阅… Ⅱ. ①包… ②王… Ⅲ. ①北京理工大学–概况 Ⅳ. ①G649.281

中国版本图书馆 CIP 数据核字（2017）第 310587 号

出版发行 /	北京理工大学出版社有限责任公司
社　　址 /	北京市海淀区中关村南大街 5 号
邮　　编 /	100081
电　　话 /	（010）68914775（总编室）
	（010）82562903（教材售后服务热线）
	（010）68948351（其他图书服务热线）
网　　址 /	http://www.bitpress.com.cn
经　　销 /	全国各地新华书店
印　　刷 /	三河市华骏印务包装有限公司
开　　本 /	710 毫米×1000 毫米　1/16
印　　张 /	30.5
字　　数 /	433 千字
版　　次 /	2017 年 12 月第 1 版　2017 年 12 月第 1 次印刷
定　　价 /	168.00 元（上下两册）

责任编辑 / 申玉琴
文案编辑 / 申玉琴
责任校对 / 周瑞红
责任印制 / 王美丽

图书出现印装质量问题，请拨打售后服务热线，本社负责调换

编委会名单

主　编：包丽颖　王　征

副主编：和霄雯　辛嘉洋

编　委：（按照姓氏笔画排列）

　　　　王　民　张爱秀　李玉兰　韩姗杉

　　　　薛乔丹　赵　琳　季伟峰　肖　坤

　　　　马　瑶

前　言

新闻宣传工作是高校宣传思想工作的重要组成部分，是加强高校意识形态阵地建设的重要途径，也是展示高等教育改革发展成就的重要窗口。高校新闻宣传工作对内服务于学校的中心工作，围绕学校的办学理念、人才培养目标定位、校园文化、大学精神等，面向师生宣传党的教育方针和政策，传达学校改革发展的目标、规划、思路和举措，使学校的办学理念成为师生共同的精神文化和价值追求，激发师生凝心聚力、同向同行；对外具有展示、塑造、公关、疏导的功能。对大学校园这所"大课堂"而言，新闻宣传工作是一种无形的"课堂"和育人渠道的有机延伸，也是促进学生全面发展的有力载体和手段。

在学校党委的坚强领导下，北京理工大学党委宣传部把坚持正确的政治方向放在首位，始终坚持正面宣传、坚持团结稳定鼓劲，紧紧抓住"思想线""舆论线""文化线"三条工作主线，坚持落实"两个巩固"的根本任务，牢牢掌握新闻舆论的主导权话语权，涵养化育一流大学文化。

"安邦定国，文以载道"。在当今的全媒体时代，高校新闻宣传工作要坚持脚踏实地，贴近师生，把学校形象展示好、把学校故事讲述好、把师生诉求表达好，凝聚师生，汇聚发展正能量。2014年以来，北京理工大学党委宣传部在新闻"采、编、发"联动上下功夫，积极构建舆论引导新格局，组织专业采编力量，整合新闻宣传资源，精心策划报道选题，推出了"阅读北理"深度报道栏目，以"一文+一图"的形式倾情讲述北理工

阅读北理

故事,在学校主页最显著位置予以呈现,同时通过"i北理"微信公众号、校报等多媒体平台同步辐射。这些人物、故事、校园风物犹如满天星斗,闪耀在北理工的各个角落里。在北理工这个博大精深的"实验室"里,采编人员运用手中的笔、桌上的键盘、掌上的照相机,以生动的语言和精美的图片为材料,"烧制"出斑斓华章,淬炼出带有深刻"北理工印记"的篇篇故事,为学校新闻宣传插上了网络的翅膀、美文的翅膀、思想的翅膀。

本书聚焦立德树人根本任务,聚焦人才培养中心工作,聚焦学校服务国家重大战略需求、瞄准世界科技前沿和中国特色世界一流大学建设,分为"矢志""品格""创造""树人""家园"五个篇章,集中展现了北理工人矢志一流的北理工梦想、任重致远的北理工品格、锐意鼎新的北理工创造、潜心育人的北理工故事、可爱可敬的北理工家园。

《阅读北理》,打开她,北理工与你同行。

目 录

上 册

第一章 矢 志

北理工科技事业"质""量"齐飞 …………………………………… 1
前进中的北理工研究生培养机制改革纪实 ………………………… 9
顶层谋划，扎实推进，留学北理开创新局面 …………………… 15
让热爱良乡校区成为一种习惯 …………………………………… 26
写在9月17日，校庆之际回首良乡校区 ……………………… 34
良乡，北理工，梦想 ……………………………………………… 41
北京理工大学良乡校区建设迈入"东区"时代 ………………… 47
北京理工大学良乡校区建设再启新篇 …………………………… 51
别无选择，北京理工大学必须实现"双一流" ………………… 60
"顶天立地树标杆" ………………………………………………… 67
"我们要在宇宙空间占一个位置！" ……………………………… 71
打破"一家一户"，服务"上下左右" …………………………… 78
我在北理工做"青干" …………………………………………… 84

第二章 品 格

连铜淑：棱镜中的世界 …………………………………………… 90
吴嗣亮：久有凌云志，敢为天下先 ……………………………… 97
中法大学的前世今生 ……………………………………………… 104
安阳：启程于中法，情归于中法 ………………………………… 113
刚郁芳：见证中法大学发展史的"铿锵玫瑰" ………………… 118

马士修：新中国军用工程光学和电子光学专业的奠基人 …………122
刘迪："为钢铁赋予猛兽的灵魂" ……………………………………127
中法大学：中国高等教育的先驱 ……………………………………135
徐更光：为炸药把脉 …………………………………………………143
力透纸背，塑造北理品格 ……………………………………………150
李东伟：何以可敬可爱？缘因感人至深 ……………………………158
执自然科学，抗战烽火中创校报国 …………………………………161
建校元勋陈康白 ………………………………………………………167
孙一铭：报到日，他在拯救生命 ……………………………………172
王博：北理工"80后"教授，用创造成就不凡 ……………………177
徐伟：在北理工，用小质谱做大事业 ………………………………183
崔平远团队：在星空，划出闪亮的北理工轨迹 ……………………188
姜春兰：军工科研有红妆，巾帼何曾让须眉 ………………………194
北理工人的"情"与"义" …………………………………………199
古志民：信念所向，一往无前 ………………………………………206

目 录

下 册

第三章 创造

北理工宇航学院：天然蜂窝由圆形向圆角六边形的华丽转身 …………213
北理工机车学院：让无人驾驶汽车"芯"驰神往 ………………………215
"中国第一枚火箭"诞生记 …………………………………………………219
能爬会飞的"精灵虫" ………………………………………………………225
北理工生命学院：糖敏感肽实现"一滴血"预警糖尿病 ………………231
与"几根手指"的较量 ………………………………………………………236
二十载，北理工品格铸就中国"利箭" …………………………………243
做中国自己的炸药，做世界最棒的炸药 …………………………………252
北理工的爆轰速度，中国力量的可靠基石 ………………………………260
不辱使命！北理工爆炸科技在天津港"8·12"事故调查中发挥
　　重要作用 ……………………………………………………………265
人间天穹，北理之光 ………………………………………………………270
"地面航母"百日亮剑"跨越险阻" ………………………………………278
北理工科技为"长征五号"首飞成功"编织火焰尾翼" ………………285

第四章 树人

给我一捧冰雪　雕出一抹春光 ……………………………………………289
曹传宝：曹老师和他的"巴铁"学生们 …………………………………300
九年"乐学"路，"我在学，你来了吗？" ………………………………306
北理工设计学院："绘画伙伴"斩获国际"红点" ………………………314
"乡里"那群快乐的年轻人 ………………………………………………318
基地家风传帮带，软件报国心似海 ………………………………………327
北理工艺术体操队：足尖上舞动的精灵 …………………………………334
用足迹见证美丽中国 ………………………………………………………344
惠教泽学，深耕细作 ………………………………………………………351
一张课表诞生记 ……………………………………………………………361

校园中的那座"法庭" …………………………………… 367
身有基地双飞翼　筑梦天空任我飞 …………………… 374
航天的舞台，怎能少了你的精彩？ …………………… 380
樊孝忠：用章回体小说教你学好计算机 ……………… 385
给社会实践装上"准星" ………………………………… 390
培养人才，在改革创新的潮头扬帆远航 ……………… 399

第五章　家　园

一曲迎新"协奏" ………………………………………… 406
在"家"中温暖成长 ……………………………………… 412
北理留学生新生：我在北理，我的故事 ……………… 419
宿舍，何以成为我们相伴成长的小家？ ……………… 427
非宁静无以致远 ………………………………………… 435
2015 我的春节留校故事 ………………………………… 437
在北理工，绿茵驰骋，圆梦足球 ……………………… 443
在最美的青春遇见你，亲爱的北理 …………………… 452
垂绥饮清露，流响出疏桐 ……………………………… 458
新生故事：北理工，我们来了！ ……………………… 460

第三章

创　　造

北理工宇航学院：天然蜂窝由圆形向圆角六边形的华丽转身

近期，北京理工大学宇航学院教师张凯讲师与北京大学工学院力学系王建祥教授和英国卡迪夫大学工学院（Cardiff University）Bhushan Karihaloo 教授合作，利用简单的力学模型揭示了天然蜜蜂蜂窝六边形结构的形成机理。

这一研究成果形成的论文《Honeybee combs：how the circular cells transform into rounded hexagons （天然蜂窝：如何由圆形转变成圆角六边形）》已经在《Journal of the Royal Society Interface（英国皇家学会界面杂志）》上发表，同时这一有趣的研究成果还被《自然》《探索》《生命科学》等网站转载，澳洲广播公司网站、美国《赫芬顿邮报》《未来》网站等国际媒体进行了广泛报道。

天然蜜蜂蜂窝具有完美的六边形结构，是自然界中最神奇的结构之一，已被证实该六边形结构最大限度地节省了蜜蜂的劳力和蜂蜡。蜂窝如果呈圆形或八角形结构，会出现空隙；如果呈三角形或四角形结构，面积又会减小，而六边形无疑是"经济效益"最好的形状。蜜蜂利用最少的材料建造出了最宽敞的居住空间，彰显了大自然的神奇之处。然而，迄今为止，对于蜜蜂建造完美六边形结构的过程分析和实验观测尚属空白。

宇航学院张凯讲师与其合作者，经过长时间的观察记录，发现蜂种较优的意大利蜜蜂在建造蜂窝时并非直接建造成六边形，而是首先建造圆形截面的蜂窝孔，这些圆孔堆积成常规的六方阵列，慢慢地，随着蜂窝孔深度的增加，蜂窝孔才逐渐地由圆形转化成六边形。

而这一有趣的过程，还与蜜蜂的生物行为有关。蜂房中，蜜蜂的胸部温度可以超过 40 摄氏度。在该温度下，蜂蜡将变成无定形的塑性状态，使得在相邻孔的孔壁接触点处形成弯面液桥，正是该液桥的作用下，孔壁内产生拉应力，使得蜂窝孔形成圆角六边形。之后，随着时间的增加，蜂窝孔壁接触面积逐渐增加，相邻蜂窝孔的孔壁逐渐熔合，最终形成表面精细、结构对称的六边形结构。

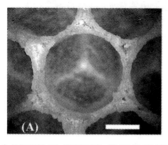 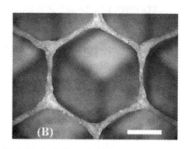

上图展现了"变形"前后的天然蜂窝中单个蜂窝孔的几何构型，图（A）展示的是建造过程中呈圆形的蜂窝孔；图（B）展示的则是建造好的呈完美六边形的蜂窝孔，比例尺为 2 mm。

为了验证这一"华丽转身"的科学过程，张凯讲师等研究者利用圆形截面的塑料吸管模拟蜂窝孔的六方阵列排布，制作简易模型，让其均匀受热，通过实验验证了蜂窝孔可由圆形转变为六边形的科学结论。而六边形蜂窝多孔材料具有较轻的重量、优良的力学性能、较高的材料的可靠性和稳定性，正是这些突出的特性使其在航空航天等工业领域中得到了广泛运用。

对自然现象的科学研究，揭示天然蜂窝六边形结构的机理，对于开展新型蜂窝材料及新型蜂窝结构技术的研究起到了积极的推动作用，对这一领域的深化研究有着特殊的基础意义，将为制造航空复合材料和蜂窝夹层结构技术上的研究提供新思路、新方法，能够更好地满足航天等领域对多品种、多规格蜂窝材料的需求。

文：张梦梦

2014 年 1 月 15 日

北理工机车学院：让无人驾驶汽车"芯"驰神往

2013年11月，北理工"Ray"车队在江苏常熟举行的第五届"中国智能车未来挑战赛"中将总冠军收入囊中。这支来自北京理工大学机车学院的队伍，在11家参赛单位的18辆无人驾驶车辆中拔得头筹，显示出不俗的实力。

"中国智能车未来挑战赛"是由国家自然科学基金委员会"视听觉信息的认知计算"重大研究计划于2009年创办的，旨在推进中国未来智能汽车技术和产业上的原始创新，并确保重大研究计划总体科学目标的实现。该项赛事作为中国智能车领域的权威赛事，在业内外具有非常重要的影响力。

本届赛事上，由北京理工大学机械与车辆学院陈慧岩教授和龚建伟副教授所在的智能车辆研究所与比亚迪汽车有限公司共同合作研发的北理工第7代无人驾驶车"RaY"，首次将智能车辆环境感知、规划决策与控制技术与汽车动力系统、传动系统和电子控制系统进行了初步的一体化融合设计，在众多参赛车辆中，表现出良好的稳定性，代表了中国无人驾驶车

阅读北理

辆的前沿技术水平。

北理工"RaY"车队能够以优异的成绩荣获国家自然科学基金委2013年"中国智能车未来挑战赛"总冠军，创新的技术路线是其核心竞争力的重要保障。如下图所示，控制系统与车辆平台间各总成的通信可通过CAN总线实现，以完成信息交互和控制指令的传递，使车辆横向（转向）和纵向速度控制均通过CAN总线实现。

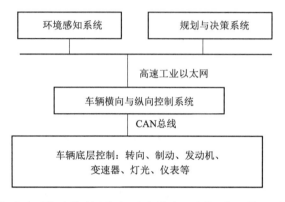

"RaY"彻底摆脱了传统国内无人车辆通常采取的"外加辅助操纵机构"的方式，在横向（转向）控制方面，利用电动助力转向系统助力电机，根据车辆横向与纵向控制系统输出转向角度，进行电机位置控制，实现了自动驾驶时主动转向和人工驾驶时助力转向的结合；而在纵向控制方面，能够通过电喷油门控制发动机转速、变速器挡位，同时对实时路况进行具体分析，以规划与决策系统给出的期望速度行驶，控制中结合了变速箱挡位和发动机转速转矩的影响，并在纵向控制模型中得到体现。

在CAN总线通信及与车辆动力传动一体化控制技术的保障下，"RaY"车可以自如实现无人自动驾驶模式与人工驾驶模式的自由切换。自动驾驶时，将变速器换挡手柄置于空挡位置，同时利用车辆的另一自动驾驶按键作为双重信号，车辆底层所有电控单元ECU检测到这两个信号，并接收到控制系统的"自动驾驶模式"信号，车辆进入自动驾驶模式；上述任一条件不满足时，系统自动退出自动驾驶模式，恢复到人工驾驶模式。下一步，研究团队还计划将这种切换检测信号扩大到对人工干预制动踏板、油门踏板、方向盘等信息的检测，并增加智能手机或者平板电脑的切换和控制干预模式。

第三章 创　　造

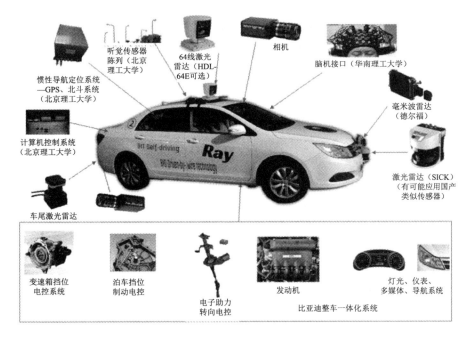

北理工无人驾驶车辆技术研究始于 1990 年，是我国最早开展该项研究的单位之一，中国第一辆无人车现在仍停放在北京理工大学西山实验区。"RAY"无人车不仅成功展示了北理工多年的研究积累，也充分体现了学校车辆工程优势学科综合实力，另外，RAY 车还集成我校自动化学院陈家斌教授的车载导航技术，信息与电子学院谢湘副教授团队的听觉技术。同时，智能车研究所不断深入进行基础理论研究，并在智能车性能测试试验方法上不断创新，目前已经形成一套集环境数据采集、仿真测试、实车测试于一体的智能车辆软硬件系统，做到了仿真结果与实车测试结果的一致。

217

阅读北理

正是得益于一系列创新性设计，在历时三天的"中国智能车未来挑战赛"中，北理工"RAY"无人车在 18 千米城郊道路和 5 千米城区道路的规则赛阶段，就表现出优异的 4S（安全性、智能、平稳性和速度）性能。

无人驾驶车辆研究，是当前国际车辆技术前沿。在近期举行的拉斯维加斯 2014 消费电子展上，奥迪（Audi）、宝马（BMW）、沃尔沃（Volvo）、福特（Ford）、特斯拉（Tesla）、日产（Nissan）等企业研发的无人驾驶概念车都相继亮相，并声称在近期即可实现量产。无人驾驶技术还积极与新能源汽车发展相结合，如福特推出的混合动力无人汽车、新兴汽车企业特斯拉也推出了全电动无人样车。

相比国外汽车企业，中国智能汽车研究形势十分严峻。智能车辆技术的开发，需要的是整体系统技术的支持。博世等国际企业巨头，掌握着传感器、嵌入式系统、汽车动力及电子产品技术控制权，具有独到的优势。而对环境感知传感器等关键技术的不掌握，严重限制了中国智能汽车技术研发。

当前，综合分析国外智能车技术的成熟度和法律壁垒，留给中国智能无人驾驶汽车的研究时间也只有五年左右。时不我待，寻求最大创造力的整合，才有可能在有限的时间内，促成中国无人驾驶汽车技术的飞跃，尽快突破国外汽车产业的专利壁垒。

北理工"RAY"车正是在这一背景下，真正由高校研究机构与企业紧密联合，产生互动，用行动践行国家"协同创新"号召，用创新成果应对中国智能车辆的关键时刻。未来，中国无人驾驶智能车辆的问鼎征途，任重而道远！

文：党委宣传部　学生记者
图：宣传部　机车学院
2014 年 3 月 16 日

"中国第一枚火箭"诞生记

中国第一枚自行研制并成功发射的探空火箭,是 1958 年 9 月 8 日由北京工业学院(现北京理工大学)研制发射的二级固体探空火箭"东方-1 号"。

1958 年 9 月 8 日,北京工业学院师生在河北宣化共发射两枚火箭,均为固体二级火箭。这次发射成功,不仅宣告了中国"第一箭"的诞生,也拉开了中国走向空间时代的序曲。

中国"第一箭"的发射情况

1958 年 9 月初,河北省宣化靶场不分昼夜灯火通明,北京工业学院的师生们正在紧张地进行"东方系列"火箭发射准备工作。1958 年 9 月 8

阅读北理

日，代号为"东方-1号"的二级固体高空探测火箭垂直耸立在发射场，下午两点，一切准备就绪。随着操作员按下电钮，第一级火箭立即点火、起飞，伴随着巨响，火箭拖着数米长的火舌，带着红亮的尾光，如同东方巨龙腾飞而起直冲云霄，消失在天幕里。几分钟后，在靶场远处传来第二级火箭落地的"轰隆"声，整个发射过程表明：火箭系统飞行正常，达到设计要求。这次成功发射向中国大地宣告，中国第一枚自行研制的火箭——二级固体探空火箭"东方-1号"发射成功。

当天下午4时，科研人员又发射了第二枚二级火箭，再次告捷。这两枚二级探空火箭由北京工业学院的师生发射成功，从而拉开了中国走向空间时代的序曲。

1958年，在解放思想、敢于创新和"12年国家科研发展规划"的鼓舞下，北京工业学院的师生们决心攀登新技术高峰。他们首先计划研制一种二级固体高空探测火箭，能把25千克的有效载荷送上100千米的高空，用于气象或高空探测。他们这样做一方面是为了能够在尖端武器研制上为

第三章 创 造

国家做出贡献，另一方面是为了能够更好地建设导弹专业，丰富师生的理论与实践水平，掌握导弹设计的基本知识。依托北京工业学院火炮专业、炮弹专业（涉及内、外弹道、飞行理论）和火药专业（涉及固体推进剂理论）的专业优势，有固体火箭燃料试制成功的基础，以魏思文为代表的校领导带领师生们投入到了轰轰烈烈的火箭研制的科研会战之中。"东方系列"二级固体高空探测火箭作为一个重大的导弹项目，研制代号为"505"，因此又称"505探空火箭"。

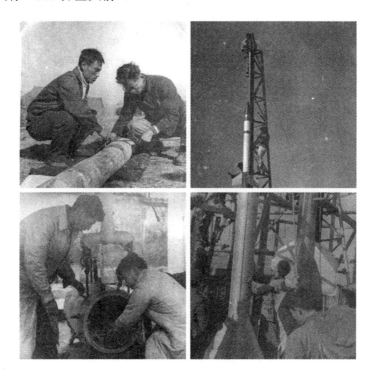

目前关于"中国第一箭"的几种说法

当前社会舆论及媒体就"中国第一箭"存在着不同声音，主要是上海机电设计院（原航天五院508所的前身）、北京航空航天大学（原北京航空学院）和北京理工大学（原北京工业学院）关于"中国第一箭"的争论和报道。

1. 上海机电设计院

上海机电设计院的探空火箭是1960年2月19日在上海南汇县（今为南

汇区）芦潮港成功发射的。这是由上海机床厂、四方锅炉厂、上海柴油机厂、上海汽轮机厂和五七〇三厂共同试制的"T-7M"小型探空火箭。同年9月13日在安徽，上海机电设计院又将一枚推力约三万牛顿，采用常规推进剂，飞行高度在一百公里以内的"T-7"型探空火箭（未带助推器）发射升空，并将箭头回收。《光明日报》曾载文报道上海机电设计院在上海滩发射了中国第一枚探空火箭，并在发射场建立了"中国第一枚试验探空火箭发射成功纪念碑"。上海市浦东新区人民政府于2010年10月12日公布，浦东新区文物管理委员会于同日在火箭纪念碑旁建立文物保护碑，碑文写道"中国第一枚自行研制设计制造试验探空火箭T-7M发射场遗址"，列为浦东新区文物保护单位；《走进钱学森》（287-289页）和《钱学森》两本传记书籍中也将上海机电设计院研制的"T-7M"探空火箭称作"中国第一枚探空火箭"；中央电视台有关航天电视纪录片也称上海机电设计院研制了中国第一枚探空火箭。

2. 北京航空航天大学

北京航空航天大学的探空火箭是1959年9月22日于吉林白城发射的"北京二号"探空火箭。该火箭第一级为活性级，第二级为模拟级，9月24日，全活性固体型火箭发射试验获得成功。10月3日，液体型发射试验也取得成功。

《文汇报》于1994年3月7日在"过去的秘密"栏目下登载了未署名文章：《北京二号——中国第一枚高空探测火箭》；《北京晚报》于1996年2月22日、27日和29日分三次连载记者冯瑞撰写的《中国第一箭》文章，报道"北京二号"探空火箭研制过程；《北京青年报》于1998年6月19日刊登郑彦良文章《上海滩竖起纪念碑 北航人"持箭"论长短：谁是中国第一箭》，称"北京二号"是中国第一箭，且文章提及了北航与北京工业学院的协作；《航空知识》杂志于1993年载文介绍"北京二号"火箭研制经过，称其为中国第一枚航空火箭；北航校园内于1998年9月22日建立了"北京二号"纪念碑，碑文称"北京二号"不仅为国内第一，而且是亚洲第一。

3. 北京理工大学

北京理工大学（原北京工业学院）于1958年9月8日下午成功发射两枚二级固体探空火箭，编号为"东方-1号"。这两枚火箭，重61千克，有效载荷13千克（内装测高、电子仪器等），平均推力1.7吨，发动机内分别装双基药和复合火药，两种固体燃料，其中复合火药是北京工业学院自行研制的。此次二级火箭发射成功是中国首创,用复合火药试飞,也属国内首创。

(1)在研究中国导弹历史的权威性著作《中国探空火箭 40 年》(1958—1997 年)中的记载

"探空火箭是中国发展空间技术的起步项目之一。……在中国,最先开始探空火箭研究的是高等院校,而后又组建了探空火箭研制的单位。"书中在第一章《早期的研究火箭》中按研制和成功发射时间顺序排列:1.1 东方系列火箭(北京工业学院研制,代号 DF-1,于 1958 年 9 月 8 日成功发射);1.2 北京二号火箭(北京航空学院研制,代号 BJ-2,于 1958 年 9 月 22 日成功发射);1.3 探空五号火箭(上海机电设计院研制,代号 T-7M。没有记载发射时间,而在第二章《气象火箭》中记载 T-7M 火箭于 1960 年 2 月 19 日成功发射)。书中分别详细记载了这些火箭的任务由来、主要负责人、火箭方案、主要技术参数、技术攻关、飞行试验等资料。三单位的火箭技术参数相近,都是两级火箭:北京工业学院研制的"东方系列"火箭是两级固体;北京航空学院研制的北京二号火箭是"固—液"和"固—固"两种方案;上海机电设计院研制的探空五号火箭是"固—液"方案。

(2)关于中共北京党史书籍《昨天的开拓》的记载

阅读北理

该书于国庆 45 周年时由中共北京市委党史研究室编写,是记录北京市"新中国第一"的征文选集,于 1994 年由北京出版社分上、下册出版。在 1994 年 2 月由中共北京市委党史研究室下发《关于编辑〈北京市的新中国第一〉一书的通知》中明确规定:"关于编辑《北京市的新中国第一》概念系指 1949 年 10 月 1 日中华人民共和国成立以后,北京市所创造、产生、涌现出的第一个、第一批、第一次、第一位……具有重大或一定历史价值和纪念意义的成就、事件、人物等。"书籍出版时将书名定作《昨天的开拓》。在《昨天的开拓》上册 166—170 页收入北京理工大学徐令昌教授(东方-1 号探空火箭技术负责人)撰写的《东方-1 号——新中国第一枚二级高空探测火箭》文章。北京理工大学档案馆现存完整"东方-1 号"探空火箭设计计算和图纸资料近百卷,包括高速摄影、发射录音等珍贵档案资料。

北京工业学院师生火箭发射场合影

根据上述三个单位关于"中国第一箭"的不同声音,社会上也有不同的舆论支持。但从历史资料客观分析,探空火箭在所完成任务、技术目的一致的前提下,选用何种燃料是技术途径问题,从时间上来看,"中国第一箭"当北京工业学院莫属。

(备注:文章相关内容由宇航学院退休教授姚德源、退休教授徐令昌提供。)

文:辛嘉洋
2014 年 6 月 23 日

能爬会飞的"精灵虫"

在 2013 年落幕的第二届"中航工业杯"国际无人飞行器创新大奖赛的赛场上,一款长相有些许"怪异"的仿生飞行器,吸引了与会专家和各参赛队伍的注意,这只其貌不扬的"小虫子",既可以在复杂地面飞速爬行,又能展开柔性翅膀瞬间窜入空中,飞得无影无踪。最终,这架由北京理工大学宇航学院同学制作的名为"精灵虫"的可折叠柔性固定翼微型仿生飞行器,被与会专家评委们评选为本次大奖赛的创意新星奖,这是我校连续两届在此大赛中获得殊荣。"精灵虫"仿生飞行器是由宇航学院 2010 级张超同学及其团队独立设计和制作的。

第三章 创　　造

作为一款仿生小型无人飞行器，"精灵虫"的灵感和技术实现路线充分借鉴了仿生科学。仿生科学是借用生物体优异的结构和功能原理，来研制新的机械结构或者解决机械技术难题的一门新兴科学技术。仿生飞行器大多利用了鸟类、昆虫等生物体的飞行特点，在减小飞行器体积、质量的同时来实现飞行器的升举、悬停、视觉隐蔽等功能。目前仿生飞行器的研究主要集中于与生物的形似性、飞行器的小型化、飞行器的续航能力、飞行器的隐蔽性等，而飞行器的续航能力及隐蔽性与飞行器的生存能力紧密相关，是决定一款飞行器能否被广泛应用的关键因素。

为了参加本次大赛，同学们在筹划设计作品之初，主要将如何减小飞行器携带体积、提高飞行器续航能力作为设计重点。从学校的国防特色出发，设计一款具有较好战场隐蔽性的小型无人飞行器更是同学们的终极追求。因此，"精灵虫"团队为飞行器提出了具有地面爬行避障能力，同时还能实现快速二次自主起飞的设计要求。

为了实现这样的设计要求，经过反复研讨，采取仿生科学理念，向大自然中的动物和昆虫精巧的生理结构进行借鉴，最终成为设计者的共识。经过改进，飞行器逐渐拥有了类似昆虫的可折叠柔性固定翼和轮腿式起落架，还配有了火箭助推机构和载荷搭载机构。当飞行器最终成型后，其灵活的避障爬行能力和飞行能力，让同学们一致为它赋予"精灵虫"这样一个具有灵气的名字。

"精灵虫"仿生飞行器拥有独特的轮腿式起落架结构设计，它使得飞行器具备了一定的地面越障机动能力，面对一般障碍物时，无须飞行，就可以通过"轮腿"快速翻越或爬行通过，增强了微小型飞行器对地形环境的适应能力。拥有了可快速爬行的轮腿，当飞行器接近目标时，就可以通过地面前进，避免了在空中飞行的易暴露性。而且在爬行中，能随时根据地形，有效地隐蔽自己。

当然，作为一款飞行器，不能总是在地上爬行，而为了实现地面高效爬行能力和隐蔽能力，一双过于"招摇"的大翅膀是不可取的。最终设计团队还是向昆虫"拜师"，"求得"了一双可折叠的柔性翼。这样设计不仅使飞行器便于携带，同时在地面机动时可以减小飞行器的尺寸，便于通过狭窄的空间。

为了增强"精灵虫"更好的升空能力，使其能够在起飞空间不充裕的情况下，也能"一飞冲天"，真正成为一只灵活的"小虫子"，同学们还设计了自动竖起的火箭助推机构，从而实现了机身不同的发射角度，在火箭助推下快速起飞，大大增强了飞行器执行复杂任务的能力。

一只能爬会飞的"虫子"，只是一个载体，能在这个平台上搭载应用载荷，才能使"精灵虫"具有实战化的能力。设计者在机身内部设计了包括装载摄像头等有效载荷的空间，可通过模块化组合使其具备不同的功能。这样一来，拥有如此特殊设计的"精灵虫"可用于战场环境侦查、作战效果评估、精确制导武器的引导以及微型飞行器的大规模集群作战等。

"精灵虫"作为宇航科技创新实践基地的一个大学生科技创新项目，经过长达2年多的设计酝酿，团队成员充分利用创新基地资源，通过与高年级学长探讨和论证，形成了一套设计、试验、改进的研究体系。在此期间，"精灵虫"团队不仅使用了3D打印技术来制作机身，还大胆创新，使用了柔性复合材料机翼技术。

从最初仅会爬行的避障小车到后来既能爬行又能飞行的可折叠柔性固定翼微型仿生飞行器，每一步都充满了艰辛，同时也充满了喜悦。在该飞行器改进期间，该项目还参加了众多比赛，并取得了一定成绩，包括第七届首都"挑战杯"二等奖，2012年科研类全国航空航天模型锦标赛创意赛三等奖，2013年科研类全国航空航天模型锦标赛创意赛一等奖，北京理工大学第二届飞行器创新大赛一等奖，北京理工大学第九届、第十届"世纪杯"二等奖。

第三章 创 造

阅读北理

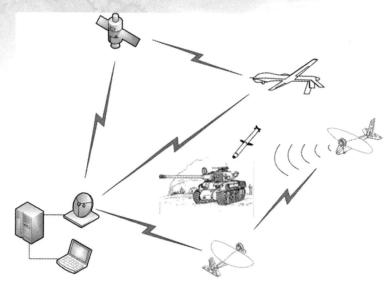

  宇航科技创新实践基地的前身是成立于 2001 年的宇航学院航模队。基地各项活动紧密围绕提高学生综合素质、培养学生科技创新实践能力开展，以"学校指导、学院搭台、教师参与、学生创新"为指导思想，引导科研一线教师积极参与，培养学生科技创新团队，培育和支持学生科技创新作品，激发大学生科技创新和实践探索意识，发扬吃苦耐劳、团结合作精神，使更多的大学生了解科技创新，热爱科技创新，投身科技创新。目前基地拥有创新工作室两间（中关村校区、良乡校区各一间），设备齐全，组织机构健全，每年都能培育出一批优秀的科技创新作品，基地随时欢迎对航空、航天感兴趣的同学加入。

文：刘健　王征
图：宇航科技创新实践基地
2014 年 6 月 30 日

北理工生命学院：糖敏感肽实现"一滴血"预警糖尿病

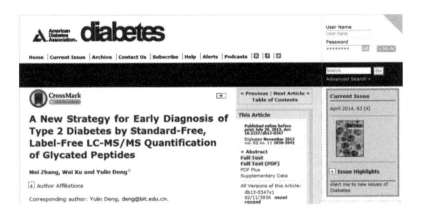

日前，北京理工大学生命学院在糖尿病致病机理方面的研究取得新进展。研究人员将人体内最为常见血清白蛋白作为研究对象，抓住蛋白质内不同肽段对葡萄糖敏感程度的差异，建立对照模型，构建了全新糖尿病早期诊断策略，使得"一滴血"可以实时预警糖尿病。

基于该研究成果，由生命学院邓玉林教授、徐伟教授和张玫博士撰写的研究论文《A New Strategy for Early Diagnosis of Type 2 Diabetes by Standard-Free, Label-Free LC-MS/MS Quantification of Glycated Peptides（2型糖尿病无标定、无标记定量糖基化肽高效液相色谱质谱早期诊断新策略）》已被糖尿病研究领域的顶级期刊《Diabetes》接收并发表，在生命科学与临床医学领域形成了重要影响。

《Diabetes》是医学行业"内分泌学与代谢"子行业中的权威期刊（2013年影响因子为7.895），按照中科院分区标准，属于医学类1区文章。该期刊主要收录关于糖尿病发病机理及病理诊断方面的原创性文章，投稿并被收录及发表的难度很大。

阅读北理

糖尿病作为人类的重要顽疾之一，世界卫生组织 2011 年的报告指出，全世界有 3.46 亿人患有糖尿病，而中国是世界上糖尿病患病人数最多的国家。最新流调资料显示，中国糖尿病患病率高达 11.6%，糖尿病前期高达 50.1%。随着国民生活水平的提高，肥胖和老龄人口不断增加，糖尿病患病人数还将上升，糖尿病防控形势变得异常严峻。

目前，1、2 型糖尿病尚不能完全治愈，糖尿病相关的医疗开支数目巨大，因此，糖尿病的早期诊断及治疗就显得尤为重要。特别是在糖尿病患病前期，人体出现糖耐量低点时期，如果能够早发现早控制，则将大大降低糖尿病的发病概率。但是，当前通行的糖尿病检测方法，还无法做到准确的早期诊断。

临床上，糖尿病的诊断将糖基化血红蛋白（HbA1c）作为判断个体血糖控制状态最有价值的"金指标"。HbA1c 主要是由葡萄糖与血红蛋白发生的非选择性、非酶促交联反应的产物，临床常规的检测是利用同位素标记，定量比较标准血清和测试血清中 HbA1c 的含量来反映测试者对血糖变化的控制能力以及是否存在患病风险。

人体血糖浓度会因个人的进食及活动情况发生波动，因此，葡萄糖与蛋白质的交联反应也是一个动态变化的过程。作为对患者糖尿病的判断依据，由于方法自身的局限性，难以准确反映糖基化程度，同时更不能作为糖尿病的早期预警指标。

围绕人体血糖平衡控制能力动态监测这一关键问题，北理工生命学院邓玉林教授研究团队，大胆创新，采取全新的检测思路，通过大量的临床血清样本实验，提出了无内标、无标记的 2 型糖尿病早期诊断指标筛选的新策略。

首先，该项新研究策略，在生物标志物的选择上，大胆"逆袭"，没有使用大多数生物标志物研究常用的功能蛋白作为标志物，转而选择人体丰度最高的蛋白质——血清白蛋白作为标志物候选物。该蛋白的高丰度和较长的半衰期，使得人体血糖平衡控制能力方面的变化可以在此蛋白上留下"蛛丝马迹"，以便于建立有效的评价指标。

其次，最为重要的创新是，检测思路的全面"颠覆"：抛弃了对蛋白浓度的直接测定，而将关注点聚焦在蛋白酶切后的肽段上，让更加"微观"的肽段来表达自己与糖之间的"爱恨情仇"。经过酶切后发现蛋白肽段对

第三章 创　造

于葡萄糖喜好可谓是各有不同，有的对糖十分敏感，很容易与葡萄糖发生交联反应；而有的对葡萄糖不敏感，与葡萄糖的交联反应"冷若冰霜"。因此，肽段与糖交联的差异，就成了研究人员眼中的"宝贝"。通过比较这两类不同肽段的浓度，便可得知血清中葡萄糖与蛋白质的反应情况，从而可以对人体血糖控制能力进行判别及诊断。

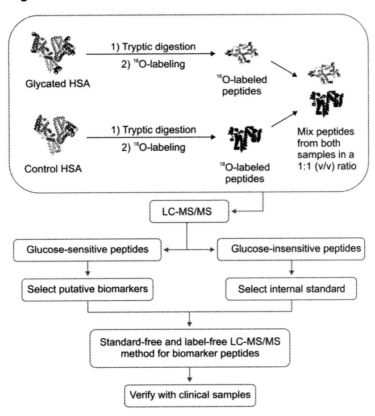

Figure 1

在具体的实验研究中，生命学院的师生们首先以标准人血清白蛋白与葡萄糖建立体外模拟糖基化模型，酶切后通过18O标记的方法，经高效液相色谱质谱（LC-MS/MS）定量检测后分别筛选出葡萄糖敏感肽段和葡萄糖不敏感肽段。葡萄糖敏感肽段即为初步筛选出的候选生物标志物，而葡萄糖不敏感肽段因不易被葡萄糖修饰，可在下一步的血浆样本验证中被用作"内标"肽段，用以衡量其他葡萄糖敏感肽段的变化程度，从而进一步筛选出有望作为糖尿病早期诊断的生物标志物。

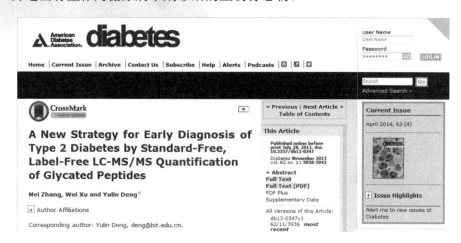

经过大量临床样本实验的验证，研究人员发现并筛选出了三种葡萄糖敏感肽即 FKDLGEENFK，LDELRDEGK 和 KVPQVSTPTLVEVSR，这三种肽在反应稳定性等方面具有优势，可作为候选的生物标志物，用于糖尿病的早期诊断（1型、2型均可）。

特别值得指出的是，采取血清白蛋白葡萄糖敏感肽检测方式，能够实时检测出人体血糖控制能力，可以便捷确诊糖尿病病症。更为重要的是，葡萄糖敏感肽在糖尿病患病前期的糖耐量低点时期也有相应变化，因此可及时为糖尿病患病高危人群提供"预警"，帮助其及时调整饮食等因素，在一定程度上避免糖尿病的发生。另外，此项检测仅需要2微升人体血液即可，也具有极高的应用推广前景。

糖尿病作为人类三大慢性病之一，准确的诊断和有效的治疗可降低糖尿病所致的社会经济负担，改善国民健康水平。做好糖尿病诊断课题的研究，对中国糖尿病防治的开展有着基础性保障与推动作用。虽然，北理工生命学院的该项研究成果还处于实验室研究阶段，尚未运用于临床。但是，这一研究策略的提出为糖尿病的临床检测提供了新思路，这一策略除了在糖尿病的早期诊断方面可以发挥积极作用，也对其他人类疾病及功能障碍的检测和治疗带来了新启发。

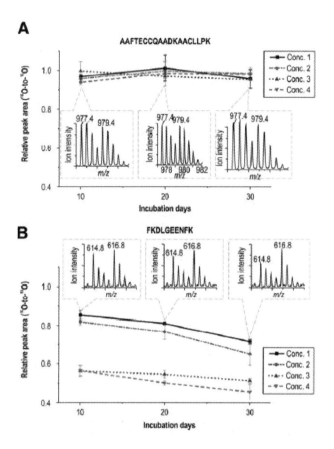

葡萄糖敏感肽和葡萄糖不敏感肽在不同葡萄糖浓度和不同潜伏期下的对比图

文：张梦梦　王征
2014 年 12 月 1 日

与"几根手指"的较量
——北理工机车学院"绕指灵狐"团队记事

2015年3月10日,全球著名二维、三维、传媒娱乐软件公司——欧特克(Autodesk)公司第五届国际交流会(Panorama/Bootcamp)在中国上海同济大学盛大召开。作为这所全球财富五百强企业所创立的一项全球性的数字化设计盛会,这是该项活动首次来到中国大陆,此前四届分别在中国香港、美国、马来西亚和新加坡举办。本届活动云集了来自中国大陆、中国台湾、日本、韩国、俄罗斯、印度、印度尼西亚、马来西亚、菲律宾、新加坡、土耳其、乌克兰等众多国家和地区的代表团队参加。

在这些斩获本国或地区的机械、建筑行业设计赛的总冠军团队中,有这样一支队伍,他们略带武侠色彩的名称,极具创意的设计,吸引了各方关注和业界好评。他们就是北京理工大学机械与车辆学院的"绕指灵狐(Finger Foxes)",这支团队凭借其设计的巧妙的假肢手指项目,以中国区

第三章 创 造

机械产品数字化设计赛总冠军的身份受邀参加此次大会。

在世界舞台展示北理"灵指"

Autodesk 第五届国际交流会为期 3 天,包含 Idol、Hackathon、Interview、Final Presentation 等多个环节。在 Idol 这一"炫酷"环节中,要求来自各国的优秀团队展示其作品。北理工"绕指灵狐"所设计的假肢手指项目凭借其缜密的设计思路、精致的实物和妙趣横生的展示,令在场观众称赞不已,引来了各国老师和学生的关注。

在随后的 Hackathon、Interview、Final Presentation 等环节中,北理工"绕指灵狐"按照大会要求,以"可穿戴设备"为题,使用 Autodesk 云端

237

交互设计软件"Fusion 360"在 10 个小时内完成一个产品设计,并通过现场问辩和进行最后展示,显现了团队短时间内的创造力和想象力。

面对挑战,"绕指灵狐"团队圆满完成任务。在次日的展示中,其设计的视觉与触觉一体的,依托云端大数据的教学、动作捕捉手套、眼镜等穿戴设备套装"Fox Costume"再次引起了全场称赞。期间,"绕指灵狐"团队接受了上海当地多家媒体采访,其设计受到了社会各界的广泛关注。

通过参加这样一次世界级的科技盛会,北理工"绕指灵狐"团队的同学们学习了许多东西,包括用户端协同设计、游戏化设计、依托二维照片进行自由建模的快速逆向工程与私人定制等诸多先进设计理念,这些先进的设计手段与创意思路使团队成员获益匪浅。除此之外,他们还积极与日本东京大学、印尼穆罕默迪亚大学、俄罗斯布良斯克国立技术大学、新加坡科技设计大学等各国大学生们进行了充分的交流,既开阔了视野,又结下了一份国际化的友谊,这是整个活动中最宝贵的东西。

巧妙构思的机械"灵指"

能在国际舞台上展示北理工创造,并不是一蹴而就的事情,"绕指灵狐"团队在此前已走过了一年多的心路历程。

"绕指灵狐"这一项目起源于 2014 年全国机械产品数字化设计大赛,系国家级大学生创新训练计划项目,由第一代负责人——2011 级交通工程专业王露萱于 2014 年 1 月提出。当时,团队在策划项目时,将目光聚焦于最具活力的生物医学工程领域,结合自己机械专业背景,经过调研论证加上几分灵感,最终形成了这个人体工程学为大背景的机械设计项目。

随即,在机械与车辆学院科协的牵头下,王露萱和 2012 级机械工程专业的苏江舟、2011 级装甲车辆工程专业柯志芳组成了这支"绕指灵狐"团队,并顺利完成了第一代手指假肢的设计。

第一代手指假肢的设计基于一组绳轮传动结构,适用于失去任意手指但保留掌指关节的残疾人,通过挠性传动等机械设计中的简单原理,希望通过残余断指的单自由度驱动,带动全套假肢完成抓、握、捏等常用动作,并能控制一定的抓握力度。第一代作品提出了指架、支架两支撑分立,单指设计多自由度,使用了 3D 打印制作等诸多全新概念。凭借这款设计和在现场设计环节的出色发挥,他们一路披荆斩棘,在 2014 年 5 月于湖北

第三章 创 造

武汉华中科技大学一举拿下了 2014 年全国机械产品数字化设计中国区的总冠军。

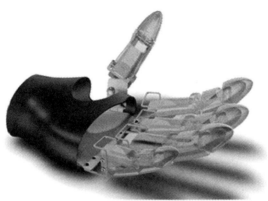

而正是通过这次大赛，比赛赞助商欧特克公司十分看好这个前景广大、简洁巧妙的纯机械设计项目，并在赛后主动联系了北理工团队，表示愿意支持他们将设计做成实物。在 2014 年 11 月欧特克公司还特邀团队参加了在北京国际会议中心举办的 Autodesk 中国区 AU 大师汇，帮助北理工"绕指灵狐"在机械设计行业的业界大会上进行全面展示。

在数字化设计大赛之后，2012 级的苏江舟同学接替学长学姐，成了团队第二代负责人，带领团队成员们，接力创新，按照参加欧特克公司第五届国际交流会/训练营的更高要求，开展了第二代手指假肢的设计。在设计中，他们使用连杆机构代替轮绳机构，带动手指传动，实现了近指节摇摆时的三指节联动，使得运动效果更加稳定可靠。同时又更大胆地提出了"解放手指全部自由度"的概念,依靠残余断指驱动方式,继续将支撑结构分为"支架"与"指架"。"支架"作为整套手指的支撑;"指架"作为单根手指的支撑,既可拆卸,又能在同一根手指上设置多个自由度,做到最大限度地与人体关节相似。在教务处支持下,项目研究成果已经申请国家发明专利。

可 3D 打印的个性化机械"灵指"

"绕指灵狐"项目,在设计之初就考虑使用 3D 打印技术进行制造,因此结构设计均从 3D 打印的制造特点出发,实现加工的便捷化和产品的个性化。首先,部件结构设计一体化,以便制作时能够直接 3D 打印成完整可运动的单指假肢,不必进行装配。依托 3D 打印技术,"绕指灵狐"的设计省去了传统连接件,所有运动结构成型于手指外观之内,只要合理地排布机构草图,即能在软件中直接模拟出弯曲运动情景。另外,采取 3D 打印技术,可利用参数化模型控制,对于不同手部大小的残疾人,只需基于机构草图进行尺寸微调,就能够实现对用户的"一对一"定制服务。3D 打印还为外观建模提供了极大的自由空间,用户甚至能够选择自己喜欢的外观形状与颜色,由此,假肢也许不再是残疾人羞于展示部分,未来的假肢也可以很炫酷。

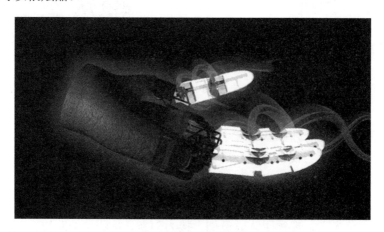

"绕指灵狐"项目在 2014 年暑期完成了二代设计后,就使用 3D 打印技术进行了实物制作。手指主体部分使用 SLA 工业级光固化打印机,实现了一体打印可动装配体的预想效果,只通过一次打印直接成形,且连接

位置实现可转动的装配效果，而不是像以往机械加工出每个零件，再进行装配。为了实现这一高难度的精细加工，团队认真研究制定了合理的装配公差间隙，并对打印材料的选择进行了诸多实验探索，选定了最佳方案。

在积极攻克 3D 打印技术的关键时期，团队成员都逐渐步入高年级，面临毕业，而项目又得到社会的广泛关注，甚至还有不少投资意向。面对这些创新之外的因素，大家最后达成一致，继续深化提升项目，不为眼前利益所动，树立更加远大的目标，要将这个凝结心血的项目作为 3D 打印引领假肢业变革的第一步。他们希望自己的成果能赠送给真正需要的残疾人或慈善机构，并通过公益组织共享传承，使"北理工创造"不断传播，实现初心——"我们希望制作一款真正实用又价格低廉的手指假肢，让世人发现 3D 打印能够为假肢业从设计到制作理念上所带来的巨大变革，从而加速这一革命进程，为残疾人尽早带去福音。"

与几根手指一年来的"切磋"，给"绕指灵狐"的成员们带来的远不止是一项科技创新、一次国家级竞赛、两次国际级大会，还有与大型企业的交流、合作等宝贵的经历，这才是同学们成长中最有价值的收获。课外创新活动虽然会占据大量的时间和精力，也让他们面对紧张的课业头疼不已，但大家面对挑战，勇往直前，未曾后悔。他们很感谢机车学院给了同学们这样自主发散思想、实现梦想的环境。在机车学院，学生

阅读北理

创新活动向来普及度甚高，既有代表性的三大车队，又有机械赛、数字化设计、工程训练赛、先进成图赛等一系列不同风格和等级的竞赛活动，还有创新中心、大创基地、工程训练中心等大量科创活动场所，更有学院团委及学生科协的统一化管理，越来越红火的学生科创帮助更多的北理学子走上国际舞台展示"北理创造"。

与几根手指的"切磋"，让大家深深热爱上了自己的专业，他们将带着创新的激情在人生未来的挑战上继续勇往直前！

文：苏江舟

图：机械学院

2015 年 4 月 2 日

二十载，北理工品格铸就中国"利箭"

自 20 世纪 50 年代以来，有一种武器装备成了历次大阅兵的"常客"，它强大的火力和战场压制能力，彰显着国威、军威，这就是多管火箭武器系统。

"武器装备是军队现代化的重要标志，是国家安全和民族复兴的重要支撑。"其中，多管火箭武器作为一种射程远、威力大、火力猛、机动性好的高性能武器系统，是我军装备中的一支"利箭"。自 20 世纪 90 年代至今的二十余年间，中国人不仅实现了铸"箭"技术的从无到有，还将中国"利箭"打造成了世界先进水平。

在中国"利箭"的锋芒背后，凝聚了无数军工科研人员的心血。这其中北京理工大学远程火箭项目组以敢为天下先的魄力、开拓进取的创新创业精神和艰苦奋斗、协作奉献的团队精神，为中国"利箭"磨锋利刃。

二十余年来，这个看似极为普通的科研团队，至今事业编制的教师不足 10 人，也无"大牌"专家，却用几代人的倾情投入，攻坚克难。如今，远程火箭项目组是我国陆军火箭领域的一支重要力量，由于专注于创新驱动，始终保持着行业内的领先优势。他们为国家安全和军队建设做出了贡献，为学校在武器装备研制领域奠定一块基石，为学校发展开拓一片天地，为中国铸就北理工"利箭"，在矢志军工的辉煌篇章中，书写了浓墨重彩的一笔。

党委宣传部有幸走近远程火箭项目组组长、项目总师杨树兴教授，倾听这个"低调神秘"的团队背后令人心潮澎湃的故事。

狭路相逢勇者胜，斩获机遇，攻坚克难

机遇只给有准备的人，这份准备，既包括潜心的积累，舍我其谁、敢

阅读北理

为天下先的魄力，也包含了将机遇转化为成果过程中百折不挠、攻坚克难的勇气与坚韧。

中国的多管火箭武器装备起步于20世纪50年代初期抗美援朝战争期间从苏联引进的"喀秋莎"火箭炮，但是直至改革开放，我国多管火箭武器系统研制能力还处于较低水平，更无法实现制导控制。1993年，俄罗斯陆军武器装备来华举办展览，其中一款配备有控火箭弹的"旋风"多管火箭炮武器系统，精度高、射程远、火力强，引起中方高度关注，之后启动了对该型装备的引进工作，以期通过技术引进实现我军多管火箭武器装备的跨越式发展。

在这一背景下，我校盛永才和李亨标两位教授积极工作，使学校及时了解到该型装备的基本情况和国家需求。面对这一重要的装备需求信息，摆在北理工面前的并不是一条"金光大道"，而是困难重重。学校在70年代曾经从事过火箭弹射流控制的研究，但是该项目在1977年已经终止，项目组也已解散，实验室更无从谈起。虽然具备研制火箭弹控制技术的相关学科，但是现有条件距离研制出具有一定水平可以装备部队的火箭弹控制系统还相去甚远。在同一时期，国内某研究单位已经自筹经费，从俄罗斯引进了"旋风"火箭弹控制系统的样机，也积极筹措该型装备的研

第三章 创 造

制工作。

"当时面临技术引进和同行竞争的双重挑战,但是学校在认真分析之后,认为该型装备是我军的重大需求,未来将有很大的发展空间。虽然看起来目前还不具备研制条件,如果等到条件齐全了,也就失去了先发优势,没有条件可以创造条件,但是这个机遇不能放过。"原党委书记谈天民这样谈及当时的情况。北京理工大学在面对发展机遇时从来就有"狭路相逢勇者胜"的勇气和审时度势、开拓创新的先例,例如 1960 年前后,学校抓住中国导弹装备发展的机遇,创建新中国第一批火箭导弹尖端国防专业,泽被今日。

于是,学校与其他单位合作,迎难而上,果敢承接了该型装备研制工作。面对火箭弹研制核心部分——控制系统,学校采取"大协作"模式,组建了由一系陈汉超教授任组长、李亨标教授任副组长、原党委书记谈天民任行政指挥的项目组,同时下设总体、执行机构、陀螺仪、燃气源、角度总体、距离修正六个组,分别由陈汉超、杨树兴、孟庆元、张平、邹静涛、陆秀娣任组长,形成了一个横跨一系、二系共 5 个教研室的"作战兵团",即我校"远程火箭项目组"(以下简称项目组)的雏形。

项目组在兵器工业总公司的大力支持下,在我校 70 年代的研究基础上,启动了火箭弹控制系统等关键技术的研究。当时,由于对俄装备的引进希望渺茫,国家坚定了自主研发的信心和决心,明确了"自行研制为主、引进为辅"的工作方针。自此,中国先进多管远程火箭武器系统自主研发的大幕拉开。

参研初期,外界对于高校能否承担型号研制任务始终存在质疑。面对质疑和竞争,埋头实干永远是北理工人最宝贵的品质。"首先我们在型号研制方面经验少,第二研究条件差,第三时间紧,任务重。当时的压力可想而知。但是质疑归质疑,机遇错过就不会再来,我们克服困难和压力承接了任务。"杨树兴回忆当年感慨地说。

项目组深深认识到参与仅仅是开端,成为"执牛耳者"才能真正将机遇揽入怀中。豪情壮志,必须化为求真务实、科学严谨的实际行动。研究起步阶段,实验室条件处于一片空白状态,为了实现技术攻关,项目组凭借学校提供的 50 万元借款作为启动经费,改建出射流控制试验系统,艰难地迈出第一步。"这是我们的第一桶金,没有学校的支持就没有项目组的今天,也没有学校在远程火箭领域的优势。"谈起创业阶段的往事,杨树兴深为学校的远见卓识而自豪。

在随后的几年时间内,项目组面对无技术借鉴、无现成设备的巨大研制困难,与时间赛跑,攻坚克难,立足自主创新,完成了一项项火箭弹控制技术和试验条件的"双攻关"。当时项目组有一批30岁左右的年轻科研人员,为了做好项目,废寝忘食,长时间吃住在实验室,离家近在咫尺,也顾不上回去,加班加点,每天工作16~20个小时。

在项目组的共同努力下,1997年基本突破了关键技术,在新世纪到来之际,北京理工大学项目团队高质量地完成了研制任务,在业内树立起良好的口碑和信誉,也开创了改革开放以来学校"在型号研制中第一个武器系统副总师单位、第一个武器系统总师单位"的先河。在其他单位的共同协作努力下,从此,北理工人亲手铸就的中国"利箭",经受住了各种适应性环境考验,带着北理工的锋芒"一飞冲天","掷地有声"。

敢于对自己"亮剑",创新创业精神是发展的不竭动力

抓住机遇,取得成果,往往容易"转攻为守";是选择舒服享受,固守成绩,还是攻势不减,将自己作为对手,敢于对自己"亮剑"?

这群低调务实的北理工人,在取得成绩之际,没有裹足不前,而是根据我军军事斗争需要,全面检视已有的研究成果,将火箭弹控制系统的小型化、轻量化、低功耗和高精度作为新的科研攻坚目标。

"创新是生产力,是保持话语权的基础,是取得发展的最关键因素。我们要不断发明创造,让项目新颖、先进、实用。"杨树兴认为技术创新的重要性不言而喻。

基于这样的理念,面对新的挑战,团队成员在苦干实干的基础上,更加注重"巧干"。工程问题的突破,离不开理论的创新。项目组从火箭弹飞行控制的机理层面揭示问题本质,通过基础科学问题的解决,有效地推动了装备研制的创新发展。同时,作为副总师单位参与研制了一系列多用途火箭弹,为我国全面实现火箭武器装备从无控到有控的技术跨越、大幅提高射击精度和密度做出了重要贡献。

创新不仅是在研究中攻坚克难,更需要敏锐意识和前瞻眼光。2001年,作为行业内功成名就的研究团队,项目组始终密切跟踪新时期军事斗

第三章 创 造

争形势和国际陆军远程火箭武器发展的趋势，并且敏锐捕捉到当时通用的火箭弹飞行控制技术和方法将最终无法满足不断发展的军事需求，必须发展出更加先进的飞行控制模式才能牢牢把握住未来火箭武器研究的技术优势。但是，当时国家和军队并没有提出这样的研制要求，也没有相关的经费支持。

"当年没有条件也拿下了项目，现在条件好多了，更不能缩手缩脚，创新和发展就是要面对困难，没有条件创造条件也要上。"项目组自筹资金开始了全程制导火箭弹的研究。正是这一前瞻性举措，使得项目组在技术探索方面远远领先于国内其他研究单位。当 2004 年国内启动相关研究的时候，北理工超前的研究成果得到高度评价，并成功获得了兵器系统 470 万元的资金支持，不仅出色完成研制任务，还及时将研究成果向其他规格产品进行移植，终获成功。这一时期，项目组累计获得发明专利 21 项，为获得 2014 年的国家技术发明二等奖，以及后续主持型号研制奠定了坚实的基础。"我们在进行第一代型号研制时就开始考虑第二代的问题，等第一代生产周期结束时，我们第二代的产品就出来了，因此创新是灵魂，保证了我们在行业的影响力和话语权，确保了我们的引领作用。"杨树兴说。

创新不仅体现在技术上，管理模式的创新也是生产力。项目组打破了经费、责任集中管理模式，实施子项目组式的层级化管理，分别与各子项目组签订内部合同，明确责、权、利，充分调动了全体人员的积极性和创造性。在用人上，打破了单纯依靠学校事业编制人员的模式，利用项目资金聘用合作单位人员和社会人员，有效地解决了人力不足的问题。

项目组还是学校里较早启动军工产品产学研合作的团队。在早期参研阶段，某兵器企业主动上门申请承担样机生产。这家 3 000 多人的国有企业正处于破产边缘，也不具有项目产品的生产条件。但是同样是处于创业中的项目组，却看到了企业与自己一样破釜沉舟的决心，决定与之携手，共同开拓中国火箭弹控制系统事业。就这样，两个志同道合的创业"小伙伴"相互配合，艰苦奋斗，不仅成功实现样机生产，完成型号任务，企业也成为火箭弹控制系统产品的主要生产单位，投产当年就实现数亿元产值。北理工的技术使得该企业起死回生。截至 2015 年，该企业累计实现产值数十亿元，并作为高新技术企业成功上市。学校也通过与该厂的合作

阅读北理

累计获得技术转让收入近2亿元,成为厂校共赢的典型案例。

产学研合作同样为项目组在火箭武器装备发展方面提供了更大的舞台。进入新时期,项目组还积极瞄准了更为广阔的国际军品市场,与企业合作为国家研制出优秀外贸武器装备,与国际军工强国的产品同台比武。2006年,项目组与兵器某总装厂合作,由企业提供主要资金,项目组提供技术和部分资金,联合其他的兵器厂、所,由学校作为总设计师单位开展技术制导火箭的产品研发。双方精诚合作,在较短的时间内攻克了一系列技术难关,研制出国内第一个制导火箭武器系统,2010年完成了军贸新产品设计定型。截至2014年,双方合作研制出3型制导火箭弹,成功在2015年的"火炮弹药日"上亮相。在历次赴国外进行装备演示时,项目组起早贪黑,长途跋涉,在沙漠的炎炎烈日下,用中国"利箭"近乎完美的表现一次次征服了外军,成功实现军贸出口,为国家赢得重大效益。

通过产学研合作,北京理工大学在火箭武器装备研究方面的实力和水平得到进一步彰显,得到国家和业内的认可。2010年,项目组获得主持国内某型重点装备型号的研制任务,再创先河,北理工首次成为总设计师单位主持国内重点型号研制。项目组面对体制机制和研究保障方面的新问题和新挑战,克服人力匮乏、时间紧、任务重等困难,顺利完成装备研制,彻底扭转了远程火箭武器"打不准、穿不透、毁不了"的局面,创造性地实现了中国"利箭"质的飞跃,对于陆军完成新时期作战任务使命意义重大,得到军方的高度评价。

凝练精神气质,铸就成长型团队

无论是斩获发展机遇,还是持续创新创业,必须要有一个充满战斗力的团队。团队创新协作的氛围、吃苦奉献的精神、科学严谨的态度,都是不可或缺的优秀因素,更为重要的是如何传承这样的优良"基因",构建成长型团队,让事业永葆青春。

"在一段时间内集中力量形成研究团队,实现技术攻关,研制出某型装备,通过努力是可以实现的。但是从长远来看,只有为学校武器装备研制打开一片新的领域,并成为其中的领军者,这才是抓住了发展机遇。而这并不是短短几年就可以做到的,也不是一代人可以实现的,必须要形成有成长力的团队,才能保持技术长青,持续创新,创业不竭。"耄耋之年

第三章 创 造

的原项目组组长陈汉超教授这样回忆当时的思考。如何培养后备力量，如何形成团队的成长能力，实现可持续发展？在艰苦攻坚的同时，这一命题也提上了项目组的议事日程。

1996年年初，在团队火箭武器装备研制取得初步突破的时候，全武器系统研究团队的主要技术负责人大都已经年逾六十。主管部门也提出要着力培养一批中青年技术骨干，以保持研究工作的可持续发展。这引发了陈汉超教授等负责同志的深思。

项目组不仅推荐当时的中青年技术骨干杨树兴担任火箭弹分系统副总设计师，陈汉超教授还主动从项目负责人的岗位上退下来，再积极协助杨树兴教授做好项目总体工作。

在陈汉超教授的带动下，项目组一批老教授也积极主动地支持、帮助青年技术骨干成为子项目的负责人。从此以后，"扶上马、送一程"自觉培养后备力量成了团队最核心的精神气质，一批青年技术骨干得到锻炼，快速成长，成为后续型号研制的中坚力量。成长型团队的逐渐形成，也为之后武器装备研制持续不断的创新创业奠定了坚实的基础。

2000年，杨树兴成为项目武器系统的副总设计师，主持火箭弹控制系统的研制，标志着北京理工大学将这一发展机遇实实在在地握在了自己手中，一代人为学校武器装备研制事业做出了卓越的贡献。"当时压力的确特别大，但是机遇难得、意义重大，年轻人就该有年轻人的担当。"杨树兴提及当时有感而发。

项目组这种大胆启用年轻人、为持续保持领先地位奠定基础的做法在其后的二十余年中不断得到体现。2008年，当项目组承担某型制导火箭研制任务之初，还是讲师的张成就被推荐、任命为武器系统常务副总设计师。2010年，张成、莫波被任命为国内重点装备型号研制的武器系统副总设计师。如今，以莫波、张成等为代表的第三代团队骨干逐渐形成，"我们要把未来交给想干事、能干事、干成事的人，"杨树兴说。

从事科学研究，特别是武器装备的研制，必须要有吃苦精神和奉献精神。全体参研人员，用自己的实际行动，诠释了北理工自延安创校以来的艰苦奋斗精神，无论是实验室里的废寝忘食，还是试验场上的烈日寒风、高原缺氧，敢于吃苦、甘于吃苦、乐于奉献的精神已经成为团队精神气质厚实的精神底蕴和文化食粮。除了敢打硬仗的团队作风，新老传帮、团结关怀亦是项目组的凝聚力所在。在项目组三辈人奋斗、开拓的过程中，前一辈人不光是将未来托付给新一辈，更会从经济上、待遇上大力支持各方面基础都欠缺的年轻人；而当年轻人成长起来独当一面，会将曾经的"预支"反哺给前辈。直到现在，项目组依然会把项目的收益分配给早已退休的老一辈和过世前辈的家属。"可以说，没有前辈就没有我们，没有后辈就没有未来。我们作为中间的一辈人就是要发挥好承前启后的作用，将传统接续下去。"杨树兴说。正是一种人人为事业，处处讲奉献、讲团结的氛围，让这个团队在二十余载艰苦创业中锤炼形成了核心竞争力——成长力。

七十五载斗转星移，虽然校园内外发生了翻天覆地的变化，但是在北京理工大学这所以服务国家需求为己任，传承着"延安根，军工魂"的校园中，还有许许多多的团队和军工科研人员，默默无闻为国家和民族做出不凡贡献，默默为"国防情，北理梦"筑就新的篇章。

这就是北京理工大学的使命担当！

文：王征　和宵雯
图：郭强
2016 年 3 月 28 日

做中国自己的炸药,做世界最棒的炸药

——孕育出 CL-20 的北理工火炸药学科

2016 年年初,当新一年度国家科学技术奖引人瞩目时,2015 年的国防科技成果奖也在低调发布,一项由北京理工大学牵头的"新一代含能材料研究及其工程化"项目荣获年度国防科技进步特等奖。这一名为 CL-20 的火炸药研究项目,于 2001 年凭借其重大原始理论创新荣获国防科工委科学技术一等奖,时隔 14 年后又凭借其工程化的重大贡献斩获国防科技进步特等奖。

至高的荣誉,并非一蹴而就。这种当今国际上能够实际应用的能量水平最高的笼状高能量密度材料,浸透了几代北理工火炸药人的心血与汗水,彰显了北理工火炸药学科 75 年来历经烽火探索研究、首开先河规范办学、铸就辉煌、奉献国防的巨大贡献,是对北理工在中国火炸药研究领域作为开拓者、奠基者和领军者的重要肯定。

春华秋实,虽时代更替、学人更迭,但北理工人矢志国防、奉献军工,前仆后继、脚踏实地的精神气质却代代相传。回首京工岁月,北理工火炸药人默默耕耘、执着奉献,从重大基础理论创新最终实现重大工程问题解决,以深厚的传承积淀实现了北理工人"做中国自己的炸药,做世界最棒的炸药"的梦想。

抗日烽火中探索研究,开启火炸药研究先河

北京理工大学是我国建立含能材料专业最早的学校。含能材料,指的是在一定的外界刺激下,能自身发生氧化还原反应,释放大量能量(通常带有大量气体和热)的物质,它的特性决定了其在军事、民用领域中具有极其广泛的应用。举例来说,战斗部毁伤所用的炸药、枪炮所用的发射药、火箭发动机所用的固体推进剂、液体推进剂等材料都属于含能材料。可以说,含能材料是常规武器的"能量轴心"。

第三章 创 造

北京理工大学诞生于抗日烽火中的延安，前身是自然科学院。在创建之初的艰苦岁月，自然科学院就在教学、科研、经济"三位一体"的办学道路中，开始探索火炸药研究，并直接服务抗战生产。

1940年，自然科学院成立时，设有物理、化学、生物和地矿四个系，其中化学系是各系中条件最好的，不仅有副院长陈康白、恽子强、系主任李苏等一批国内知名的化学专家，还通过香港及大后方运来一批化学仪器设备和药品，保障了教学研究的实验条件，配有实验助教，可以实现定量、定性及一般工业上的分析。在为学生开设系统的化学基础课程的同时，师生还积极参与到生产一线实习，解决边区生产中的科研问题。也就是在这样的背景下，在化学系主任李苏的带领下，学校开始火炸药研究的早期探索。

李苏，自然科学院化学系主任。这位新中国化学工业的组织领导者，在延安时期，带领自然科学院师生深入工厂，在协助工厂开展炼焦的同时，以炼焦副产品焦油的化学衍生品生产作为研究课题，重点关注如何将焦油进一步制成烈性炸药。炸药作为抗战的紧缺物资，如能实现自产其意义重大。带着强大的使命感，李苏和师生们开展了煤焦油分离研究。他们克服了药品、设备短缺的困难，经过几十次实验，终于将分离出来的甲苯进一步硝化，最终成功研制出 TNT 烈性炸药。这一对边区具有重大意义的研究成果，得到了陈云等领导同志的肯定和表扬。

李苏，化工专家，延安时期，创建自然科学院化学系，我国化工工业杰出的组织领导者。右图为1985年，学校四十五周年校庆，时任石化部副部长的李苏返校为校史展题词。

值得一提的是自然科学院的第四任院长李强，这位经历传奇的新中国院士部长,以延安军工局局长身份担任院长。他作为边区军事工业的直接缔造者之一,直接筹建了边区的现代化火炸药工厂。这座从零开始最终实现硝化棉、硝化甘油、双基药和黑火药量产的工厂,也为自然科学院师生参与火炸药生产研究提供了宝贵的平台。

烽火中,自然科学院师生克服困难,在火炸药方面的探索研究,直接为抗战服务,也开启了学校火炸药研究的先河。这一功绩光荣地载入了中国抗战史册。

服务国家战略,孕育中国火炸药研究的"国家队"

1952年,北京理工大学被国家确定为新中国第一所国防工业院校。从这一时刻起,学校火炸药学科走上了正规发展建设之路,并最终成为新中国火炸药人才培养的摇篮,孕育了火炸药领域的"国家队"。

1952年年初,学校前身华北大学工学院正式更名为北京工业学院,3月8日,中央人民政府重工业部将原来为重工业服务的学校定位调整为"逐渐发展成为国防工业学院或国防工业大学(但校名中不冠国防字样),并使之成为我国国防工业建设中新的高级技术骨干之主要来源"。在重工业部的决定中,还明确规定了学校化学工程系的建设发展方向是"在高年级中培养兵工的炸药及无烟药制造人才(量小高级)",而化学方向其他为生产服务的师生要逐渐收缩,并转向兵工炸药。

半年之后,东北兵工专门学校办学力量的并入,使学校的火炸药学科,在创办时间和办学实力方面都走在了全国的前列。东北兵工专门学校原名中国人民解放军东北军区军工部工业专门学校,在战争中诞生,是我军培养军事工业技术干部的最早一所国防工业高等学府。虽然仅仅在中国的教

第三章 创 造

育史上存在了 4 年多的时间，但是凭借东北地区良好的工业基础，东北兵工专门学校成为 1949 年前后较早开展正规国防工业人才培养的院校，兵器和火炸药是其主要的教学方向，这也是我国第一个正式开设的火炸药专业。1952 年 11 月，根据国家集中力量培养高级国防工业技术人才的要求，东北兵工专门学校兵器、弹药、火药系三百余名学生、主要教师及兵器馆、仪器设备、图书馆并入北京工业学院。北理工著名火炸药专家徐更光院士就是这一时期从东北兵工专并入的学生。

学校面向社会广纳贤才，加之中法大学的并入，北京理工大学在化学领域储备了一批高水平人才，为火炸药领域的办学奠定了坚实的基础。这个时期，作为北京工业学院教务处首任处长的著名化学家周发岐先生对火炸药专业的创建和学科的建设发挥了至关重要的作用。

周发岐先生 1920 年赴法勤工俭学，在法国师从诺贝尔奖得主格林纳达教授，是同期赴法人员中唯一获得法国国家科学博士（法国最高学位）的人，学成毅然回国，成为中国享有盛誉的有机化学家。作为一名在有机化学试剂研究领域具有重要影响力的化学大家，周先生明知火炸药领域存在巨大风险，仍毅然响应国家号召，调整自己的研究方向，扛起了筹建新中国第一个火炸药专业的重任。他凭借自己精深的化学造诣，不仅带领教师规划制定课程体系，还亲自选编教材，为了新中国的国防事业，呕心沥血，无私奉献。在 20 世纪 80 年代，他还组织创建了北京工业学院第一个含能材料学科博士点，所编写的多本教材堪称经典，被誉为新中国炸药制造工艺学科的奠基人，为我国的炸药事业做出了巨大的贡献。

周发岐

阅读北理

20世纪50年代中期，一方面，在苏联专家的帮助下，学校建立了完整的教学体系和专业设置，加强了基础教学，特别对教材、实验和实习等教学环节进行了规范化设计，直接推动了学校火炸药专业的正规化建设。另一方面，火炸药专业的师生们带着服务国家、奉献国防的强大使命感，展现出良好的精神风貌。他们提出"爆速高、爆压高、猛度高、感度低"的研究目标，奠定了中国第一代火炸药人才卓越的精神起点。"做中国自己的炸药，做世界最棒的炸药"，成为师生们共同的理想与追求。

从此，北京理工大学的火炸药学科开启了正规发展的崭新时代，五六十年代培养出以钱晋为代表的一批优秀专家，发展至今形成了单质、混合、固体推进剂的学科主干，并与力学、战斗部融合交叉形成爆炸领域研究的领军优势，成为学校兵器科学与技术学科问鼎全国最坚实的基础，也为国家国防技术岗位输送了大量杰出人才和技术骨干，尤其是领军人才培养成就卓著。含能材料领域仅有的四位院士中，董海山、徐更光和崔国良三位院士皆毕业于北理工火炸药专业，他们分别引领了我国含能材料领域中单质炸药、混合炸药和固体推进剂的技术发展，他们的研究成果均成为我国国防工程项目的标志性成果。

回首往事，北理工不仅完成了培养火炸药高级人才的国家使命，还缔造出一支国内一流、世界领先的火炸药研究"国家队"。

矢志军工，辉煌成果，甘做沉默的"中国力量"

2015年1月7日，一位老人的逝去牵动了北理工全校师生的心，他就是我国爆炸科学与技术领域的开拓者徐更光院士。1956年毕业留校后，他逐渐成长为一名混合炸药领域的顶级专家，身后为我们留下了"8701""海萨尔"等一个个高能炸药领域的革命性成果。20世纪70年代，为了解决炸药腐蚀问题，徐更光带领团队不仅解决了炸药的热安定性问题，还创造性引入稳定体系，实现了对弹药中析出酸碱的自动吸收，从而保证了炸药的长期稳定性，解决了一个世界性难题，轰动业界，由此缔造出中国高能炸药的常青树——8701高能炸药。这一具有国际先进水平的成果，不仅获得全国科学大会奖，还被装备在我国多种型号的武器上。步入花甲之年，徐更光又为中国国防捧出了"海萨尔"PW30甲高威力炸药。这种领先世界的新型炸药，成为中国的"独门秘籍"。"海萨尔"炸药凭借在爆炸性能、

第三章 创　　造

安全性、起爆性能等方面优异的表现，为北京理工大学赢得国家科技进步一等奖，成了中国炸药的一代巅峰之作。

徐更光等教师

1958年9月8日，当代号为"505"的"东方-1号"火箭在河北宣化拖带烟迹飞入天穹，北理工师生亲手缔造的中国第一枚二级固体高空探测火箭发射成功。在这开创性的成果背后，火炸药学科在固体推进剂领域可谓初试锋芒。火箭自重61公斤，有效载荷13公斤，实现平均推力1.7吨，使用复合火药作为推进剂，全国首创，标定了学校在固体推进剂领域研究的高起点。之后的岁月里，在固体推进剂领域，产生了如谭惠民教授所研制的NEPE固体推进剂等一批重要的科研成果，为我国"七五"至"十五"固体推进剂发展做出重要贡献，也奠定了北理工在国内该领域研究的优势地位。

在单质炸药研究领域，学校更是创造了瞩目的成就。从开始的对苏联等国外成熟产品的仿制，到对含能材料的合成路径探索，从芳香类合成物到杂环化合物，北理工单质炸药的研究不断深入，名家辈出，力量也不断壮大。1975年，陈博仁教授（全国优秀科技工作者和全国五一劳动奖章获得者）成功研制出7507新型高能炸药。这位印尼归侨带着对祖国矢志不渝的热爱，倾心投入科研事业，不畏肝中毒等重疾，长期超负荷工作，在

阅读北理

7507 炸药研制中,首创我国单质炸药小分子碎片直接合成新方法,成为那个时期学校具有代表性的优秀科研工作者。"陈老师任劳任怨、公而忘私,有时候晚上想起一个研究细节,都会跑到实验室操作一番。"已是耄耋之年的火炸药著名专家欧育湘教授至今仍然对自己的同事佩服至深。

陈博仁

"CL-20 工程化"斩获 2015 年度国防科技进步特等奖,标志着北理工火炸药学科历尽三十余年将这座世界炸药的"最高峰"彻底征服。自 1984 年,炸药专家于永忠教授在花甲之年,开始实践他的笼状高密度材料理论构想。在此后的三十余年间,北理工火炸药人在 CL-20 研究领域中,过关斩将,从于永忠老师成功合成样本、欧育湘老师"一锅法"实现 1 公斤级合成能力、赵信岐老师等创新探索合成工艺路线到最终解决工业化生产关键技术,再到近年来设计合成具有刚性的三维立体骨架结构的含能材料,这一创新研究成果更是得到国际同行的高度评价,为发展新一代高性能炸药提供了新思路。面对"燃烧、爆炸、高温、腐蚀、中毒"多个高危因素同时聚集的研究领域,于永忠、欧育湘、赵信岐、庞思平、张成辉等几代专家呕心沥血,他们始终将安全放在首位,用高度的责任感实现了三十余年的"零伤亡",他们精益求精、执着探索,用响当当的成果实实在在提升了中国国防实力。

1996 年,结合了火炸药、兵器科学、力学等多学科的爆炸科学与技术国家重点实验室建成并通过国家验收,成为我国爆炸领域唯一的国家级重点实验室。进入新世纪,2009 年,学校审时度势,正式成立了跨学科的火炸药研究院,负责研究规划、计划及组织实施,有效地推动了火炸药学科研究平台建设,统一管理,统筹保障。学校通过平台建设、体制机制改革为火炸药学科的发展保驾护航,成效明显。

作为国防科技工业领域的关键技术,火炸药的研发动向备受各国关注。火炸药及推进剂技术作为含能材料的"心脏",一直以来受到西方国家的严密封锁,无法用金钱购买。因此,我们只有走以我为主、自力更生、自主创新的发展道路,才能突破西方国家的封锁和限制。

七十余年栉风沐雨、峥嵘岁月,北理工火炸药人终不辱使命,如同炸药一样,做沉默的"中国力量",在奉献中矢志军工!

文:王征 和霄雯
2016 年 4 月 18 日

北理工的爆轰速度，中国力量的可靠基石
——问鼎世界炸药"最高峰"的北理工 CL-20

环视世界，在人类追求和平与发展的过程中，战争与冲突的阴霾始终未能散尽，中国的国家安全始终面临严峻挑战。实现中华民族的伟大复兴，必须用强而有力的武器装备构筑属于我们的"中国力量"。

当我们惊叹于 99A 坦克、远程火箭炮、东风导弹时，你可曾想到过，从枪炮子弹到火箭导弹、从身管发射到触发爆轰以及火箭发动机的推进效能，武器装备的性能最终必须体现在对敌人的有效杀伤上，而实现这一切的重要基础——火炸药，默默无闻中却成为中国力量无可替代的基石。

"高能炸药几乎在所有的战略、战术武器系统中都不可或缺，其性能发生哪怕微小的改进提升，都将会深刻影响到武器系统的发展，并有效提升传统兵器到尖端武器的战斗效能，是军工科研中当之无愧的核心领域。"

2016 年年初，由北京理工大学牵头的"新一代含能材料研究及其工程化"荣获 2015 年度国防科技进步特等奖。

大树参天，方可捧下璀璨明珠

北京理工大学这所孕育中国火炸药"国家队"的高等学府，自延安创校时期为抗战研制 TNT 炸药，到 1952 年整合东北兵工专门学校（中国第一个火炸药专业）的办学力量，成为新中国第一个规范培养火炸药人才的基地。在七十余年的办学实践中，北理工火炸药学科也逐渐从火炸药教育教学发展为火炸药科技研究并成为科研领域领军者，孕育了一批璀璨的成果，为中国单质炸药、混合炸药和固体推进剂领域做出了卓越贡献。

卓越贡献源自多年积淀和承继，北理工不断攀登火炸药研究领域的座座高峰。2016 年年初，2015 年度国防科技进步特等奖的荣誉授予北京理工大学，继 2001 年凭借重大原始理论创新荣获国防科工委科学技术一等奖的"CL-20"，时隔十四年再次出现在公众的视野中。CL-20 炸药学名六

硝基六氮杂异伍兹烷,是目前已知能够实际应用的能量最高、威力最强大的非核单质炸药,爆轰速度高达 9 500 米/秒,被称为第四代炸药,也被誉为"突破性含能材料",是一种划时代的全新高爆军用炸药,在世界火炸药学界闻名遐迩。该型炸药的诞生,也为包括导弹、核装置等一批武器装备的效能提升、小型化带来了新的发展契机。

矢志三十余年的 CL-20 项目再获殊荣,标志着北京理工大学从理论创新到工程实践,将这座世界炸药的"最高峰"彻底征服,这是对几代北理工火炸药科研工作者的最高致敬,对中国国防建设的意义深远,功不可没。

瞄准一流毅然攀登,厚积薄发为国立功

纵观火炸药的历史,经过了四个阶段。中国是最早发现火炸药的国家,也就是古代四大发明中的黑火药。目前按照国际通行的说法,以炸药爆炸时爆轰波的传播速度将炸药分为四代。

第一代炸药是由诺贝尔发现的"硝化甘油"。但是纯硝化甘油化学性质极不稳定、感度太高。诺贝尔在极为偶然的条件下发现通过海藻土吸收后,它的稳定性就能立即提升。稳定性的提升使得其应用迅速推开,改变了整个世界的面貌。

从第二次世界大战开始,战争全面进入热兵器时代。第二代炸药梯恩梯("三硝基甲苯"代号 TNT)就在第二次世界大战中发挥了极大作用。TNT 是通过人工有机合成的烈性炸药,其爆炸能力足够强,性质稳定,可用于机关火炮的密集火力射击,使得战争残酷性大为提高,直到现在仍大量使用。

第二次世界大战之后,产生了第三代炸药——黑索金("环三亚甲基三硝胺"代号为 RDX),爆轰速度达到 8 500~8 600 米/秒,用于多管火箭重炮的规模压制打击,能大规模提高武器的威力和射程。其次是奥克托金("环四次甲基四硝胺"代号为 HMX),爆轰速度达到 9 000 米/秒,撞击感度比 TNT 略高,容易起爆,安定性较好,综合性能高,在海湾战争中,用于远程火箭导弹的非接触不对称作战。

20 世纪 70 年代末,由于始终未有新的炸药能够撼动奥克托金作为世界高能炸药"王牌"的领先地位,国际、国内对新型高能炸药的探索颇感渺茫,高能炸药的合成也陷入低谷。曾经为"两弹一星"工程做出重要贡

阅读北理

献的炸药专家于永忠教授也面临同样的困惑。在反复思索中，他抛弃传统研究思路，将目光聚焦于单质炸药材料本身，聚焦于材料的分子结构，大胆地提出将炸药材料分子结构由平面环状结构改变为笼状结构，将多硝基笼形化合物作为新的研究方向。这一由"环"到"笼"的理论创新，为单质炸药研究带来飞跃性提升。于永忠于 1979 年在国际上首先合成具有笼状结构的单质炸药 797#，验证了笼状高密度材料理论的可行性，并提出把 797# 的 4 个氧原子转化为 4 个 $N-NO_2$，即为后来国际通行的代号 CL-20。

1984 年，于永忠在花甲之年来到北京工业学院（现北京理工大学）担任博士生导师，在这个中国火炸药研究的顶级群体中，在国家自然科学基金项目《多面体烷类及其衍生物合成的研究》及国家高技术研究发展计划支持下开始深入探索及实践笼状高密度材料理论构想。

1994 年，于永忠成功在实验室实现了 CL-20 的样品合成。样品在国内代号曾为 C-12，在相当长一段时间内国内刊物及内部文件发表相关论文时均使用 C-12。"CL-20 是三维立体的笼状结构，其制作工艺难度可想而知。由于我们北理工在含能材料领域的长期积淀，我们硬是自己做出来了。"回忆这段历史，材料学院谭惠民教授给予了高度评价。

不谋而合，美国学者也开展了笼状高密度材料及 CL-20 的研究，并于 1996 年在德国 ICT 年会上发表了 CL-20 的合成文章，但在文中他们声称已于 1987 年合成了 CL-20。由于美国学者的论文用英语在国际会议发表，因此 CL-20 迅速成为六硝基六氮杂异伍兹烷的通用代号，C-12 在国内也逐渐不再使用。但客观来说，中美在相互保密的情况下各自独立地完成了 CL-20 合成，所用技术路线也不相同。

然而验证理论仅仅开启了学校 CL-20 研制事业的第一步，鉴于国内外合成的 CL-20 成本很高，影响其广泛应用，更大的挑战是如何寻找到最佳的合成方法。前路艰辛，在国家的支持下，学校组织优势力量成立项目组，欧育湘、赵信岐等一批专家开始了对 CL-20 合成工艺的积极探索。功夫不负有心人，经过潜心研究，开发出了多条具备实用价值的 CL-20 合成工艺路线，其中 TAIW 基等 CL-20 合成路线属国际首创，并实现了 CL-20 材料 1 公斤级的合成能力。从微量样本到公斤级合成，度过了 5 个春秋，这一突破使北理工成为全国研究单位 CL-20 材料的"供应商"。

第三章 创 造

三十二载不辱使命,问鼎世界炸药"最高峰"

问鼎高峰并不是一朝一夕,也绝不是单打独斗,CL-20 项目最终能够鼎力国防,是依靠几代人、多个火炸药研究群体共同探索实践,传承接力,才得以实现。

取得了阶段性成果后,老一辈火炸药专家也因为年事已高逐渐退出了科研一线,然而 CL-20 的研究事业并没有停顿。CL-20 作为世界能量水平最高的高密度含能材料,其重要的战略价值必须通过武器装备中的应用才能得以体现,对于拱卫国家安全来说,不需要走不出实验室的"半路"成果。

以庞思平教授为代表的新一代火炸药人继续发扬矢志军工的精神,扛起了沉甸甸的责任。庞思平教授自学生时代即参加 CL-20 的研究工作,2002 年博士毕业后留校任教,继续从事 CL-20 及相关研究。他有着敏锐的洞察力以及严谨的工作作风,很快成了含能材料研究骨干。庞思平曾经对学生说过,要把高能材料做好,首先要把自己变成高能材料。

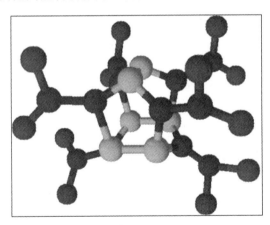

为了最大程度提高炸药的能量水平,将高能炸药的能量密度、爆速、猛度、热稳定性和化学稳定性等各类指标提升到一个全新的高度,庞思平及其团队注重原始创新,潜心攻关基础研究,在 CL-20 的原理、机理、结构、方法等方面取得一系列突破。他们对笼状结构,多氮杂结构的合成方法及储能原理深入研究,提出了笼状高能量密度材料新概念及原理,突破了传统平面高能材料能量难以提高的瓶颈。研究成果发表在《Angew》

《Chem》等国际著名期刊上，受到国际学术同行的高度评价。2013 年《Chemistry World》专题报道了庞思平团队的研究成果："含能材料发展面临高能量与低感度的矛盾，中国的科学家通过设计并合成具有刚性的三维立体骨架结构的含能材料成功解决了这一挑战。"英国皇家科学院院士、德国自然科学院院士、美国科学促进会院士 Stoddart 评价笼状原理论文："三维笼状高能量密度材料的研究注定将影响下一代炸药的发展，推动传统含能材料的进步。"美国国家科学奖章获得者 Shreeve 评价说："三维笼状含能材料的概念为发展新一代高性能炸药的发展提供了新的思路。"

技术层面，他们着力突破了提高合成效率，放大工艺本质安全等技术，为了掌握工程化放大第一手资料，他们长期奋战在工厂，风里来，雨里去，亲自动手，收集数据、整理数据、分析数据，与一线工人建立了亲密的友谊和合作关系。

当 21 世纪进入了第二个十年，CL-20 在生产领域的问题被逐一解决，自此 CL-20 项目在经过 32 年的研究之后，终于由理论创新化作对中国国防力量提升实实在在的贡献。从微量样本到公斤级合成，再到工业化生产，每一步都异常艰辛，每一步都是一代人的心血结晶，更是北理工火炸药学科半个多世纪迎难而上、刻苦钻研、不懈探索的结果。CL-20 的成功合成显示出北理工火炸药团队世界一流的研发能力，CL-20 的工程化则彰显了北理工世界前列的军工装备实力。将理论的原始创新和重大工程实际应用的紧密结合，进一步奠定了北理工在含能材料领域的引领地位。

北理工火炸药人终不辱使命，以三十余载的潜心之力、积淀之功成就了漂亮的北理工爆轰速度，实现了"做中国自己的炸药，做世界最棒的炸药"的理想！

默默潜心中，无数个不眠之夜化作鬓角的白发，青春年华从身边悄然度过。虽然在漫长的岁月中，依然要保持沉默，心中的豪情无从与人分享，巨大的贡献也许今生不为人知，但比获奖更为重要的是北理工人用自己的无私奉献、矢志不渝诠释了"军工魂"和"国防情"，在不断壮大的"中国力量"上写下了自己沉默而有力的一笔！

文：王征　和霄雯
2016 年 4 月 19 日

不辱使命！北理工爆炸科技在天津港"8·12"事故调查中发挥重要作用

日前，国家国防科技工业局向我校发来感谢信，对北京理工大学在天津港"8·12"瑞海公司危险品仓库特别重大火灾爆炸事故调查工作中做出的重要贡献，给予高度评价，并表示诚挚感谢。

国家国防科技工业局

感谢信

北京理工大学：

　　天津港"8·12"瑞海公司危险品仓库特别重大火灾爆炸事故调查报告经国务院批复并向社会公布。在事故调查过程中，根据国务院事故调查组工作需要和我局部署，贵校以高度的政治意识和大局意识，积极组织协调；有关单位牢记使命，勇于担当，充分发挥军工专业优势，不计得失，连续作战，进行了大量试验检测和分析模拟工作；相关专家赶赴现场，克服异常困难，深入调查取证，反复讨论评估，为查明事故直接原因发挥了重要作用，得到了国务院事故调查组的高度认可。

　　谨此感谢贵校的大力支持，也请转达国务院事故调查组对相关单位的致谢！建议贵校按照有关规定对爆炸科学与技术国家重点实验室，以及钱新明、王成等同志予以表彰奖励！

2016年3月10日

学校以高度的政治意识和大局意识，充分发挥军工专业优势，积极组织力量参与事故调查。爆炸科学与技术国家重点实验室等单位以及钱新明、王成等教师,牢记使命,勇于担当,不计得失,克服困难,深入一线,连续作战,以高水平、专业化的科学分析为查明事故直接原因发挥了重要作用,得到国务院事故调查组和国防科工局的高度认可。

2015年8月12日,位于天津市滨海新区天津港的瑞海国际物流有限公司危险品仓库发生火灾爆炸事故,造成165人遇难、8人失踪、798人受伤,是一起特别重大安全生产责任事故,引发国内国际高度关注。事故发生后,党中央、国务院高度重视,根据中央领导同志的重要批示精神和有关法律法规,经国务院批准,由公安部牵头成立了国务院天津港"8·12"瑞海公司危险品仓库特别重大火灾爆炸事故调查组,对事故进行深入调查。

"450吨TNT当量!"北理工临危受命

北京理工大学不仅拥有我国唯一的爆炸领域国家重点实验室,还在火炸药等研究领域达到世界领先水平,长期参与国内重特大爆炸事故的调查工作。面对这次特别重大火灾爆炸事故,国家的召唤就是使命与责任,北理工临危受命!

爆炸事故发生后,北理工按照上级要求,第一时间展开组织协调工作。爆炸科学与技术国家重点实验室钱新明教授被要求加入国务院"8·12"

事故调查组。接到上级指令后，钱新明教授第一时间中断自己假期所有安排，于8月18日赶赴天津事故现场投入工作。

钱新明　　　　　　　　　　　　　王成

　　本次火灾爆炸事故现场波及面广、爆炸破坏极其严重，且危险化学品种类繁杂、现场污染严重，给调查工作带来极大的技术难度，国内外高度关注。事故单位瑞海公司管理混乱、信息资料全部被毁，事故调查从零开始，这些都给事故调查组带来了前所未有的挑战。

　　面对如此困难复杂的局面，钱新明教授、王成教授与调查组其他成员，本着实事求是、客观公正、科学严谨的工作原则，打破常规、夜以继日、扎实有力地开展事故调查工作。钱新明教授主要负责事故爆炸燃烧机理、爆炸过程分析与爆炸当量模拟计算工作。王成教授利用自主研发的爆炸高精度大规模仿真软件ExVisual对爆炸过程进行了仿真模拟，得出事故第一次爆炸能量约为15吨TNT当量。第二次爆炸能量约为430吨TNT当量，考虑期间还发生多次小规模爆炸，最终确定本次事故爆炸总能量约为450吨TNT当量。北理工专家所负责的事故调查技术核心工作，为揭示事故真相做出重要贡献。

再现火灾"原点"，北理工人开启事故调查"第一道门"

　　任何火灾事故，确定火源是一切调查的起点和关键。而天津港"8·12"

阅读北理

火灾爆炸事故，由于爆炸能量大，燃烧时间长，导致在爆炸现场寻找可供参考的证据困难重重，这为火源的确定带来极大挑战。因此，在本次事故调查的开始阶段，认定着火物质和着火源成了整个事故调查的技术核心。

留给调查组的却仅有两个模糊不清的火灾视频，调查组从海关、交通、安监等部门一点一滴收集现场危险物信息，并用现场试验方式，一一测试对比火源火焰情况，以期确认火源情况。但是，大量的测试结果却与事故实际情况相差较大。在经过无数次的失败后，钱新明教授大胆提出了着火物为硝化棉的假设，并在国防科工局的支持下，设计了相关试验方案并委托权威机构进行了含酸干燥硝化棉的热安定性试验及硝化棉大型点火试验。通过科学的试验，对比事故现场视频火焰结构和燃烧物特征，同时结合天气情况、储存条件、生产和搬运的作业分析等详细信息，最终确认硝化棉为起火物质，这为事故调查打开了"第一道门"。在这一关键环节的论证中，北理工爆炸科学与技术国家重点实验室发挥了重要的作用，也成为事故调查报告中唯一被提到的技术支撑单位。北理工不辱使命！

值得一提的是，在关键时刻"一言中的"的钱新明教授，曾经为国内多个特别重大爆炸事故的技术调查做出重要贡献。例如，在吉林省宝源丰禽业"6·3"特别重大火灾爆炸事故中，他通过对比试验和数值模拟，为事故辨析"氨气爆炸引起火灾还是火灾引起氨气爆炸"做出重要贡献；在青岛黄岛"11·22"特别重大爆炸事故中，他通过在爆炸科学与技术国家重点实验室东花园基地的现场试验，非常精准地再现了爆炸过程，为还原事故破坏状况和事故定量化做出了重要的贡献。以上工作均得到国务院事故调查组的高度评价。

鼎力中国爆炸事业，为国铸就安全屏障

北理工能够在一次如此复杂的特别重大火灾爆炸事故中，运用科学手段揭示事故真相，并非一朝一夕之功，这其中，有学校多年来矢志军工、潜心科研的默默积累，更有北理工人鼎力中国爆炸事业、为国铸就安全屏障的家国情怀。

北京理工大学爆炸科学与技术国家重点实验室作为国内唯一的爆炸科技最高水平研究平台，在国内外爆炸研究领域具有重要影响力。多年来，实验室始终以国家安全的重大需求和爆炸科学与技术学科发展为牵引，以

第三章 创　造

弹药武器装备发展为主要服务对象，结合爆炸灾害预防控制等民用爆炸领域的需求，以原始创新为核心，围绕新时期我国国防科技发展与公共安全，针对爆炸科学与技术领域中的基础理论和关键技术问题，系统深入地开展基础和应用基础研究，突出爆炸毁伤与安全领域中的新理论、新技术和应用新方法研究。不仅在人才培养、科学研究和武器装备跨越发展等方面做出了重要贡献，也直接推动了爆炸灾害预防控制等民用爆炸领域的学科发展和技术创新。

目前，实验室依托"复杂介质/结构的动态力学行为"国家自然科学基金创新研究群体和"爆炸与毁伤技术""新概念/新型结构功能技术""毁伤与防护材料"三个国家级创新团队，已经成为我国爆炸科学与技术领域高水平人才培养基地。

近年来，实验室在民用爆炸安全领域方面，不仅建立了热—力—化学反应耦合作用下化学危险品化学反应模型、热传导与辐射模型、热点火与起爆模型、爆轰模型和多种材料本构等一系列高水平的爆炸反应模型，还构造了爆炸高精度计算中物理量保正的计算格式，提出了复杂边界和多物质界面相互作用的高精度计算方法，研发出了爆炸高精度大规模仿真软件。另外，所建立的气相爆炸、粉尘爆炸、凝聚相爆炸和多相爆轰模拟实验系统，能较好地模拟和再现封闭条件、半封闭条件以及开放条件下爆炸事故的演化过程。

这些研究成果为爆炸事故成因和演化规律的研究提供了重要的理论依据和技术支撑，在天津港"8·12"瑞海公司危险品仓库特别重大火灾爆炸等多起重特大爆炸事故分析和调查中发挥了非常重要的作用。

从事爆炸科学与技术事业，道路艰辛，与危险相伴，但是在北京理工大学这样一所传承延安精神、矢志军工国防的学校中，一代代北理工人，始终以服务国家需求为己任，潜心研究，默默积累，在国家与人民危难之际、需要之时，为国鼎力。

文：黎轩平
2016 年 4 月 28 日

人间天穹，北理之光
——中国第一台大型天象仪研制纪实

在首都北京，提起动物园，人们的脑海里呈现的不是大小动物，就是服装批发，但就在人流终日熙熙攘攘之地，还坐落着一处可以仰望星空的所在——北京天文馆。在这座建成于 1957 年，至今仍是中国唯一的天文馆中，刻画宇宙、展现宏伟天象的镇馆之宝当属其主厅中的大型天象仪。

而就在这"巡天之地"，从 20 世纪七八十年代到新世纪初，在 31 年的时间里，为全国两千万人展示宇宙万象的是一道来自北理工的璀璨之光——由北京工业学院（现北京理工大学）牵头设计制造的中国第一台大型天象仪。这台饱含着京工人心血、集全国之力制造的大型天象仪，不仅填补了我国在这一领域的空白，其在光学、机械、控制和天文等领域体现

第三章 创 造

的综合技术水平，成为我国光学仪器科研领域的标志性成就，也成为北京理工大学历史上耀眼的"新中国第一"系列科技成果之一。

"我们要在宇宙空间占一个位置"，100天创造"中国第一"

大型天象仪是用于演示人造星空的天文仪器，通过纷繁复杂光学系统、精巧的机械运动机构和电气控制系统，实现对宇宙星空的科学直观再现，可谓是世界上最复杂的大型光学仪器之一，在21世纪的今天也只有德、中、美和日等少数国家具有按照需要定制生产的技术与能力。

在科学技术总体还欠发达的20世纪50年代，全世界只有德国蔡司光学仪器厂具备设计制造能力。而同样的年代，北京工业学院仪器系的师生们却用100天的时间，独立研制出了新中国第一台大型天象仪，创造了一个中国科技史上的奇迹。

将时间拉回到1958年，社会的全新面貌，感动着全体中国人，于是每逢国庆，"向国庆献礼"就成为爱国情怀的真实表达。为了向1958年国庆献礼，北京工业学院各系师生也都立足专业，掀起了科技成果创新创造的高潮。

在这个背景下，学校仪器系的师生也在思索用什么样的科研成果，才能完成向国庆献礼的目标，并且这份"大礼"还要能体现学校仪器方面的研究实力。最终，他们将目光锁定在"大型天象仪"。

选择这个项目也并非偶然。1957年，北京天文馆落成，足不出户就能辨析宇宙星空，不仅在普通百姓中引起轰动，也吸引了相关科研人员的关

注。天文馆的核心就是大型天象仪,北京天文馆装备了一台东德生产的蔡司天象仪。这台高水平的天文设备,给京工师生留下了深刻印象。"我们要在宇宙空间占一个位置!"这是当时京工师生最响亮的口号,在这个昂扬的年代,面对国庆献礼任务,仪器系师生决心挑战大型天象仪这个世界上最复杂的光学仪器。

目标明确,仪器系上下满怀强烈爱国热情,在时任系党支部书记马志清的带领下,由青年教师为骨干,带领 8531 班全体应届毕业生以及低年级学生一百多人,"白手起家",在仅对大型天象仪有粗浅的直观认识的情况下,从天文基本知识和天象仪的基本原理入手,展开了一场轰轰烈烈的大科研和大学习"运动"。

然而,在实际研究过程中,师生们所面临的挑战却是不可想象的,例如为了完成光学系统的大量计算,在缺乏计算设备的情况下,只能采取"人海战术",全系师生用对数表来进行手工计算。"系里 7 月 1 日召开'誓师大会',决定研制大型天象仪向国庆献礼。同学们更是豪情满怀地打出了'踏破千重山,闯过万道关,立下青云志,造出人造天'的大标语!我们只有仅仅三个月的时间。由于时间紧、任务重,大家纷纷将铺盖搬到实验室,真正是废寝忘食。有时开现场会议,同志们站着就会睡着,却没有一人有怨言。"参与 1958 年大型天象仪设计的光电学院退休教师伍少昊回忆说。

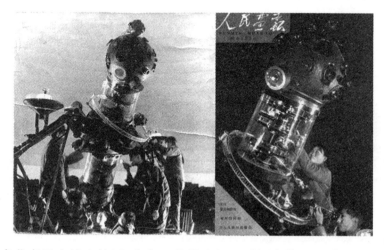

在北京天文馆支持下,北京工业学院仪器系师生从 1958 年 7 月到 1958 年 10 月,用三个月成功研制出新中国第一台大型天象仪原理样机,并在

第三章 创　造

北京天文馆进行了演示，引起了社会各界的广泛关注。"当时民主德国大使馆等一批外宾也闻讯赶来参观，散场后认真考察了我们的仪器，对我们三个月的研究成果感到十分震惊。"回忆当时的场景，伍少昊依然历历在目。1959 年 1 月，《人民画报》还将"大型天象仪"作为新年首期的封面。1958 年的首台大型天象仪原理样机虽然在研制水平上尚显稚嫩，性能也未能达到实际使用要求，但中国人独立自主地完成了对大型天象仪整套技术体系的探索与实践，成功填补了该领域空白，实现了从无到有的历史突破。

天象仪"三兄弟"，从"日心"到"地心"的原始创新

虽然 1958 年研制的首台大型天象仪实现了对天象仪工作原理和系统的探索与验证，但性能尚达不到实际运行要求，与国外产品的差距更是十分巨大。此时，一个问题摆在了仪器系师生的面前，大型天象仪研制是就此止步，还是继续向更高水平发起冲击？同一时期，一批相同的国庆献礼项目，也因为种种原因止步。天象仪作为一种科学演示仪器，社会应用前景并不明朗，研制需要的成本也着实不低，在师生中产生了项目是否继续的不同看法。

何去何从的关键阶段，院系领导经过反复研究和讨论，统一了思想认识：大型天象仪的研究开展，不应该完全从设备研制的角度来看待，应该看到其潜在价值，大型天象仪涉及仪器设备领域的多种技术应用，深入研究有利于推动整个学科的建设与发展，甚至带动其他专业研究水平的提升。1959 年，在学院的有力支持下，将天象仪项目改由院工厂和仪器系共同承担，并制订了第二阶段三台大型天象仪的研制计划，随即拉开了 60 年代天象仪"三兄弟"的研制大幕，并将实现天象仪的结构优化和高精度运行作为研制目标。

天象仪的英文名称 Planetarium 直译为"行星仪"，其技术的核心就是对太阳系天体的视运动进行模拟。由于天体的视运动规律极其复杂，尤其是月亮受到的摄动干扰很多，国外所有天象仪采用的"日心模拟"方案精度不高，导致太阳系天体存在 1 度到 6 度不等的原理误差。围绕提高模拟精度，仪器系师生广泛调研，大胆探索，创造出天象仪运行的"太阳系地心模拟方案"，研制工作取得重大突破。"理论方案上的革命性创新，使国产天象仪根本区别于世界上一切采用'日心'模拟方案的天象仪而独树一

帜。但这也就意味着我们的研制工作无可仿制,从一开始就只能走独立自主、自力更生的创新之路,"伍少昊介绍说。

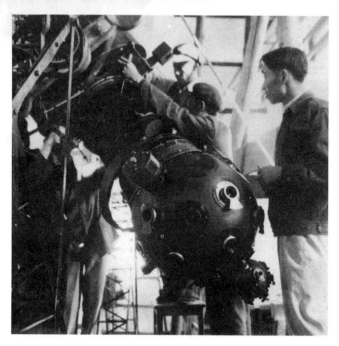

虽然,新设计原理的诞生令人欢欣鼓舞,但是在技术实现方面,依然困难重重。陆续研制出的三台天象仪,还是不能充分发挥新模拟方案的优点,整体技术依然没有达到预期水平。1962年7月25日,时任北京工业学院院长的魏思文中将,亲自召开了专门会议,成立了由院工厂和仪器系主要负责人共同牵头的工作组,并专门调派了谈天民同志担任组长,细致地梳理了研制工作中的各种问题。首先集中力量开展一系列专项技术实验,深入剖析了德国蔡司天象仪的技术特性,取得大量第一手资料。在丰富实践的基础上彻底解决了设计和工艺中存在的问题,再次对天象仪的"太阳系机构"进行第三次全面改进后,终于在1965年春研制出性能相当出色的天象仪样机,实现了预期的研究目标。

在这一阶段,在并无上级要求的情况下,北京工业学院自己组织力量对大型天象仪进行艰苦攻关,直接推动了仪器系在教学科研上的整体水平的提升,同时也确立了相关领域在全国的领先地位。天象仪"三兄弟"虽为"三胞胎",却每一台都有改进、并承担了不同的试验任务,最后终于

"修成正果",其承前启后的意义不同凡响。

机会只给有准备的人,借助国家力量,打造世界领先水平

虽然,1965 年的天象仪达到了实际使用水平,但仍然是停留在实验室中的实验设备,始终无缘真正投入实践。然而,机会总是留给有准备的人。1973 年,国家决定开发能反映中国古代天文学成就的国产大型天象仪。环顾全国,这个任务当仁不让地落在了在该领域拥有傲人实力的北京工业学院。

1973 年,根据国家计委、科学院下达的任务,由北京工业学院牵头,组织北京光学仪器厂、北京电源设备厂和北京天文馆,开展大协作,调集全国资源,开始了国产大型天象仪的会战。北京工业学院在天象仪领域的研究实力得以充分发挥,在 1965 年第三轮样机的研制基础上,又进行了创新设计,于 1976 年设计制造出具有国际领先水平的大型天象仪,并正式在北京天文馆组装,应用于实际演示。这台天象仪也是新中国第一台正式实际投入使用的大型天象仪。

这台大型天象仪主机高 5 米,重 3 吨,包含 20 多类共 200 多套光学

阅读北理

系统，由2 000多种近4万个专用零件组成，与主机配套的还有9大附属仪器，由7台电动机驱动，能作周日、周年、岁差、极高、地平、地经、赤经7项运动。传动系统由200多个齿轮通过差动器的交互耦合，以实现各种天文运动。全部齿轮系速比都按天文数据，精确到8位以上有效数字。"像这样复杂的系统不经过几轮扎扎实实的刻苦攻关，想侥幸让它正常地运转起来是不可能的。"伍少昊在谈及1976年天象仪的时候如是说。

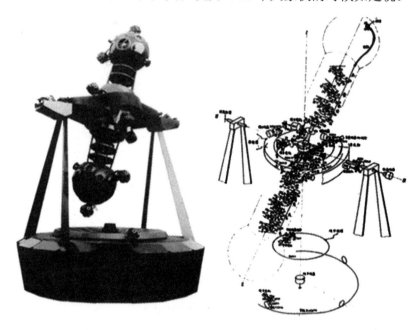

迄今为止，这台天象仪的精度依然是所有光学—机械式天象仪中最高的，其许多原始创新之处，还大大提高了表演效果。值得一提的是，在"文化大革命"结束之后，八年间，因"政治出身"撤换之声不绝，正是凭借八年出色稳定的运行，才得以避免。1984年7月，在北京市科委组织的鉴定会上，实测了从1900—2000年共100年间的天体运行精度，国产天象仪日、月、行星的实际误差，全部小于国外天象仪的原理误差，凸显了"地心布局"的优越性。光学泰斗王大珩在鉴定书中对大型天象仪给予高度评价："在放映内容上具有明显的中国特色，在太阳系机构上采用与国外不同的独特设计，消除了某些原理误差，是成功的、有创造性的……体现了我国设计人员的高设计水平。"1985年，大型天象仪获北京市科技进步一等奖、国家科技进步二等奖。

第三章 创　　造

　　1976—2007 年，这台大型天象仪在北京天文馆连续服役 31 年，接待了两千多万观众，成为几代人的集体记忆。

　　2007 年 11 月 5 日下午 3 点，随着天象厅恐龙灭绝、天体碰撞最后一个镜头结束，这台超期服役、劳苦功高的国产大型天象仪光荣退役，北京天文馆老馆传统天象仪表演成为绝唱，标志着机械式天象仪正式完成了它的历史使命。

　　现在，这台由北京工业学院设计研制的国产大型天象仪已成为北京天文馆的"镇馆之宝"，在天文馆地下二层展厅永久保存展示。当你有幸看到这台通体幽蓝的"中国第一台大型天象仪"时，请不要忘记它"MADE IN BIT"的北理品格，永远承载着那段辉煌而难忘的"京工岁月"。

　　那道光，刻画宇宙，星光璀璨！

（备注：文章部分资料参考严沛然、伍少昊的《中国的天象仪》）

文：王征　辛嘉洋

图：伍少昊

2016 年 9 月 1 日

"地面航母"百日亮剑"跨越险阻"

9月13日,黑龙江塔河,"跨越险阻"2016地面无人系统挑战赛刚刚闭幕,来自北理工的"地面航母"无人平台在比赛中精彩亮相。依托北理工雄厚的军工科研实力,2016年8月,我校无人赛车队的学生们自主设计并研发成功了这辆重达一吨、集成了诸多高新技术的"地面航母"。

"跨越险阻"2016地面无人系统挑战赛由陆军装备部主办,旨在加快陆军地面无人装备研发步伐,促进各高校、科研机构、企业的无人智能技术快速发展并转向实战化。本次比赛有来自中国科学院、中国兵器工业集团、北京理工大学、国防科技大学等44个单位的99个车队参与。比赛期间,"地面航母"受邀在陆军装备部各位首长、全体参赛队伍面前进行了15分钟的单独展示表演,并顺利地完成了城镇侦察搜索组、山地运输组的比赛。

第三章 创 造

军工赛场上的"首秀"

比赛开幕式当天,中国人民解放军陆军副司令员彭勃中将就被这个"上面背着飞机,肚里装着小机器人"的大家伙所吸引,饶有兴致地专门观看了"地面航母"的展示表演。

在参加"跨越险阻"比赛的参赛车辆中,大部分无人车都是基于成熟车辆平台进行无人化改装,而完全"从零做起",且外形炫酷的"地面航母"就格外引人瞩目。参与本次赛事的众多业内人士初见"地面航母"时,都以为这是出自某个实力雄厚的大型科研单位或企业的产品,当得知这是一辆由北理工学生自主设计和研发的产品后,都感惊叹不已。

"和北理工的方程式赛车队、航模队等一样,无人赛车队也是学校的一个年轻的学生科技创新团队。该团队成立于2015年年底,由近30名来自不同的学院和专业的学生组成,其中60%以上是研究生。'地面航母'的构想、整车设计和装配、落地调试等,都是由学生们独立完成的。"无人赛车队的指导教师胡纪滨教授作为长期从事军工项目研究的资深专家,为这项学生创新作品在比赛中的表现感到十分自豪。

"地面航母"之所以取得很好的效果和展示性,当然还是得益于它所装备的三项关键创新技术,即无人机—车—机器人的一体化设计与控制

279

阅读北理

技术，融合了轮毂电机、全轮转向、主动悬架的一体化底盘控制技术以及超大功率密度电池组驱动技术。"我们创新提出了新型地面无人系统的'航母概念'，大幅扩展了无人平台的应用范围，提高了无人平台的机动性，让人耳目一新。"无人赛车队的领队博士生倪俊这样阐述他们的创新理念。

"地面航母"之所以成为"航母"，其最核心的技术，就是无人侦察机—小型机器人—母体车辆平台的一体化设计与控制。在无人母体车辆的上方背负着一个可供 3～6 架小型旋翼无人机起降的云台，而在车体前部设置有专门空间，通过自动打开的舱门，可以释放出其装载的一个小型地面机器人。

小型无人机和小型地面机器人可以根据情况释放与回收。无人机"凌空"可在空中侦察获取前方图像信息，而地面机器人凭借小巧的"身材"进入到管道、楼房等狭窄空间内探测，它们所获得的信息将回传给母体车辆和控制人员，而完成任务后，这些小无人机和小机器人可以返回母体车辆充电。"这就是'航母'概念之所在！"负责控制系统设计的硕士生于营营和田汉青介绍道。

第三章 创　　造

"跨越险阻"大展卓越动力

在为期半个月的比赛中，黑龙江塔河阴雨不断。比赛场地所在的陆军试验站位于山地，连续几天的降雨导致路况泥泞不堪。挑战也是机遇，正是恶劣的环境，反而给了"地面航母"展示超高机动能力的机会。当不少参赛车辆陷于泥泞之中行驶困难之际，"地面航母"凭借自身超强的动力性能，轻松冲出。

"地面航母"无人平台不仅融合了轮毂电机驱动、全轮独立转向、独立主动悬架的一体化底盘控制技术，还全面实现了整车的电子控制，从而拥有了强悍的机动能力，能够驾驭恶劣的路面情况。

相较于车身的比例，"地面航母"的四只"粗壮"的车轮也格外醒目，而且不简单，每只车轮其实都是一部单独的电动机，可以根据命令独立工作。"除无人机、小型机器人的一体化控制之外，母体平台本身就具有极强的机动能力。我们采用了全车线控技术，由四个轮毂电机驱动车轮，每个电机的峰值功率达到 50kW。同时，我们采用了四个转向舵机单独控制四个车轮转向，实现了车辆在阿克曼转向、双桥同相位、双桥逆相位和原地八字转向等多个模式间切换。"无人赛车队的机械系统设计师博士生赵越介绍。

在北理工学生开放的创新思维和过硬的技术水平下，轮毂电机驱动、独立转向、独立悬架，其中的任何一项都是车辆领域的顶尖技术，当它们被大胆而科学地集成到一起时，使得自重1吨的"地面航母"峰值吨功率达到了惊人的200kW，百公里加速仅需要3~4秒，原地转向时间仅需要2秒！

100个无眠夜打造的超级无人车

"地面航母"于2016年5月初开始设计，同年8月10日首次落地，并在9月4日开幕的"跨越险阻"地面无人系统挑战赛上完成"首秀"。从设计到加工，再到装配和调试，仅仅用了100天。奇迹与荣誉的背后是同学们夜以继日的辛苦付出。

"我们是在5月初才知道这次'跨越险阻'比赛是面向全社会开放的，学生团队也有参赛资格。虽然很早就有了'地面航母'的设计概念，但是5月初才真正开始设计。在接下来100天的时间里，大家突破重重技术难关，不眠不休地把'地面航母'在脑海中的概念变为路面上霸气十足的真家伙。我们初衷很简单，就是要在这次比赛上惊艳亮相，为我们的母校争光，为母校76周年校庆献礼！"博士生赵越骄傲地回忆道。

这次参与奋战的核心成员，不少人本科时便在北理工方程式赛车队鏖战过。本科时真刀真枪的历练，让他们熟知如何造一台车。"车辆设计、控制系统编程、零部件加工、采购等，能并行的全部同时并行，这是我们高效的秘诀。"说起造车，这些面庞稚嫩的学生如数家珍、头头是道。

第三章 创 造

在造车的时间里,每名队员手里都有一张列着任务清单的纸条,他们要严格执行造车计划,确保每天的工作如期完成,避免因单人的拖沓造成整体进度的延迟。"对团队来说,100天内造出一辆集成各种高新技术的'航母',最难的并非是技术问题,而是如何并行工作、实现整体效率最大化的管理问题及如何在重压和困境下咬紧牙关、绝不放弃的精神问题。"博士生倪俊在管理造车团队方面已经十分老到。作为北理工方程式赛车队的原队长,倪俊将方程式赛车队优良的工作作风、决绝的精神品格带到了无人赛车队。

刚刚过去的暑假,整个团队最为忙碌。队员们连续60天每日凌晨睡觉,不到6点就起床开始工作。为了抓紧时间,大家几乎从不去食堂,吃饭都是蹲在车间的地上解决。为了保证进度,对抗过度的疲劳,车队管理组组长、硕士生付苗苗必须要每天负责打电话为大家叫早。一同坚持,互相鼓励,数位队员累病了也不肯放弃,甚至有的队员负伤后依然坚持工作。

"重要的是,在这个过程中,学生们接受了磨练和成长,锻炼了意志品质。砥砺品行是我们鼓励学生科技创新工作的重要目的,希望北理工的学子能够全面成长,成为有担当、有品格的人才。"指导教师胡纪滨教授说起车队自豪而欣慰。

"地面航母"无人平台取得的成绩,并不仅仅是一个项目的成功。机械学院始终积极深化创新平台的育人成效。以无人赛车队为例,在高端科技创新作品的牵引下,团队不仅融合了来自不同学院、不同专业的本科生、研究生,形成了本科生开展工程设计、研究生开展理论研究与论文发表的1+1>2的创新模式。 机械学院副书记、副院长范文辉这样总结道:"在学院的打造下,现在已经形成了以'Baja越野车队—节能车队—方程式赛车队—无人赛车队'为核心的梯度式、体系化的车类学生科技创新团队,能够让越来越多的学生受益于科技创新带来的能力素质提升。"

【编者后记】"100天造车"——"地面航母"无人平台的诞生,并不是急功近利的产物,也不是一蹴而就的成绩,这得益于学校在学生科技创新方面的投入与支持,特别是机械与车辆学院多年来坚持以"车"布局和敢于"大手笔"育人。

北京理工大学作为国内一流理工科大学,拥有优秀的生源,在人才培养过程中,创新人才培养的方式方法,需要抓好学习兴趣和主动性提升,科学学习和指导模式设计,高水平、体系化的平台条件保障等若干关键环节。

另外,与掌握知识、习得技术同样重要的是精神的磨砺和思想的独立,前者让学生不胡干蛮干,后者使学生最终成为敢想敢干之人,从而为成为行业领军人才奠定坚实的基础。

"地面航母"无人平台在全国高水平的比赛中取得成绩,不仅是一个创新项目的成功,其背后蕴含的人才培养模式,更值得我们分析和研究。建设中国特色世界一流理工大学,必须培养一流的人才。如何培养能够自己造车、自主创新造车、自主创新造好车的学生,更值得我们深思。

文:机械与车辆学院 党委宣传部
图:机械学院
2016 年 9 月 25 日

北理工科技为"长征五号"首飞成功"编织火焰尾翼"

11月3日,我国研制的起飞规模最大、技术跨度最大、运载能力最大的新一代大型运载火箭——"长征五号"在海南文昌航天发射场成功首飞。此次成功发射,标志着我国航天总体技术跻身世界一流行列。在此次火箭发射任务中,北理工科研团队及科技成果发挥了关键作用。宇航学院姜毅教授带领的发射气体动力学课题组圆满完成发射场导流槽研制保障任务,为"长征五号"新型运载火箭成功发射编织出绚丽的"火焰尾翼",为我国新一代航天发射场的建设做出了重要贡献。

发射塔及底部导流槽

导流槽位于火箭发射塔最下端,是航天发射场最具技术含量的基础保障设施。火箭在发射时会喷出超高温高速的火焰,如果导排不畅,反射的燃气流会对发射设施和火箭尾部产生严重影响,导致发射失败。因此,必须在火箭底部两侧采取导流措施,将高温的燃气导至远离发射架的地方。作为中国最新和最先进的海南文昌航天发射场,在建设之初就定位于满足新一代大推力运载火箭的发射要求,发射场导流槽的设计也成为最重要的技术攻关。

文昌发射场总体设计单位经过多年对国内各著名研究所及高校研究机构的认真调研,认为姜毅教授曾参与完成我国酒泉、西昌等载人航天发射场导流槽研究和设计,不仅在相关理论分析等基础研究方面具有丰富的经验和技术优势,而且具备丰富的工程化经验与过硬的保障实力。值得一提的是,其团队不拘泥于已有技术优势,始终保持锐意创新的进取精神,凭借首创的"向燃气流喷水"的关键技术理论突破,征服了总体设计单位。最终,北京理工大学成为新型航天发射场导流槽设计的唯一合作单位,姜毅教授团队被选为唯一合作者,参与了我国新一代运载火箭导流槽理论研究和试验验证项目关键技术攻关。

"'长征五号'与现役运载火箭相比,无论在推力、参数、温度、速度、火焰长度方面,还是在点火后火箭在发射台上的停留时间等方面,都有大幅度增长,为火箭的发射带来空前的技术难题。"姜毅教授介绍道。如何有效降低运载火箭发射时燃气射流引起的相关效应,是我国新一代运载火箭发射场建设的关键技术。

向燃气流喷水试验

北理工配合发射场总体设计单位，用"火中浇水"的大胆创新，为我国新一代运载火箭导流槽理论研究和试验验证项目关键技术攻关书写了漂亮的答卷。姜毅教授带领7名博士生通过缩比喷水试验，证明了通过向火箭燃气流喷水可以大幅度降低燃气射流核心区长度，为降低导流槽设计深度提供了重要的科学依据，为工程建设节约大量成本。团队还完成了向高温高速燃气射流喷水的多种工况数值模拟，建立了数值计算模型，为导流槽的优化设计工作提供了一种高效的技术途径。

姜毅教授介绍道："新一代航天发射场发射工位必须做到可以兼容发射各种大推力新一代运载火箭的要求，设计出适应性强的导流系统，是我国新一代航天发射场设计的关键技术之一。"为适应"长征五号"严苛的发射需求，在时间紧、任务重的艰难背景下，姜毅课题组充分发扬了北理工人攻坚克难的科研品质，经过不懈努力，提出了导流槽出口双弧面设计技术，有效降低了燃气流对运载火箭的影响，并通过理论和试验证明了该项技术的有效性，最终在文昌发射场发射核心区的实际导流槽建设中得到了成功应用，圆满完成了导流槽优化设计的理论分析任务，以保证"长征五号"的顺利发射。

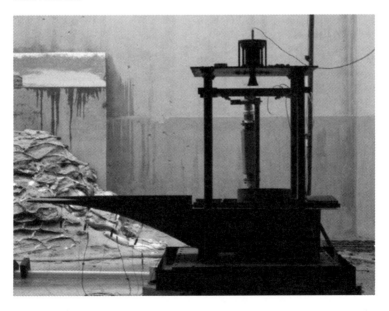

阅读北理

"长征五号"首飞成功,是我国由航天大国迈向航天强国的重要标志,为我国新一代运载火箭发展奠定了坚实的技术基础。北理工人在不懈追求"强我中华、复兴民族"的道路上,将始终不忘初心、矢志国防,为中国航天事业的发展贡献更大的力量!

【姜毅教授简介】

姜毅,男,1965年生,教授,工学博士,1982年本科考入北京工业学院飞行器工程系火箭导弹发射技术专业,1989年硕士毕业。主要从事航天发射领域方面的研究和教学工作。作为主要完成人,获得国家科技进步二等奖1项,部级科技进步一等奖1项、二等奖3项和三等奖6项,发表论文80余篇(被SCI和EI收录70余篇),出版国家出版基金项目、工信部"十二五"规划专著《发射气体动力学》和《发射动力学》两部著作。完成了我国西昌、酒泉及文昌等载人航天发射场系统研究、导流槽的理论和试验研究等国家重大航天工程发射相关科学研究,以及重点国防工程项目中有关火箭导弹发射的关键技术攻关等工作。近年来,培养硕士、博士研究生60余名,其中85%从事航天、国防相关领域研究工作。

文:党委宣传部　宇航学院
图:宇航学院科普中国网
2016年11月9日

第四章

树 人

给我一捧冰雪 雕出一抹春光
——北理工设计学院勇夺第六届国际大学生雪雕大赛一等奖纪实

【编者】 还记得《剪刀手爱德华》那部电影吗？电影中的爱德华拥有一副剪刀手，他可以剪出世界上最美的图案，雕出充满爱的冰雕。爱德华孤独地在古堡中雕刻着冰雕，修剪着他的爱情，那飘落出的冰屑散成了雪花，于是小镇就开始有了雪。

在哈尔滨的冰雪王国中，北理工设计与艺术学院的学生们用他们充满智慧与力量的"剪刀手"雕刻出了"草木知春"的画面，为寒冷的冰城哈尔滨带来一丝温暖、一抹春光。凭借这一作品，他们拿到了第六届国际大学生雪雕大赛一等奖，站在了胜利者的舞台上。

"永远不要低估一颗想要争冠的心"

国际大学生雪雕大赛是黑龙江省高校冬季特色品牌文化活动，从2009年由哈尔滨工程大学发起并承办，每年举办一届雪雕大赛，每次都有来自欧洲、亚洲等多个国家的代表队前来参赛。目前为止，我校已经连续参加了四届雪雕大赛，曾获得二等奖的历史最佳成绩。

在本次参加活动前，队员郑泽铭满怀自信地对设计与艺术学院党委副书记、副院长孙飞说:"孙老师,这次我们能拿一等奖吧!"听到这话,孙老师立刻慌了,作为一名哈尔滨人,她太清楚雪雕创作中面临的困难——孩子们每天都要在零下二十多度的环境中连续创作十多个小时,手脚冻僵,脸没有了知觉,但还要继续挥刀工作。在孙老师看来,国际大学生雪雕大赛永远有"水涨船高"的形势,每年各支队伍都会拿出自己最好的创意来参赛,但是一到比赛现场看到别人的作品却会"自惭形秽"——因为总会有更多的队伍带来了更好的创意和惊喜。怕学生们有"期望越高失望越大"的失落感,今年临行前孙老师再三跟队里的同学们打预防针:"咱们这次的目标就是'争二保三',同学们不要有太大的期望。"

队员周谷川和万千参加了去年的雪雕大赛,那一年他们和队员们共同创作出了作品《冰·灵动》,作品主要以动态的水草为原型,在整体对比下通过动静结合表达和谐的美感,这件雪雕作品最终荣获了三等奖。在周谷川看来,作品《冰·灵动》的立意过于抽象,与雪雕强调通俗直观的艺术特点背道而驰,因此最终的成绩不是很理想。今年,当"队长"一职的接力棒交到周谷川手里的时候,他就暗暗下定决心,一定要带领团队寻找突破。但是学校开设的传统造型艺术课程与冰雪雕塑还是有很大的区别,因此要进一步了解造型艺术,唯有靠自学与平时的摸索。因此在这一年的时间里,周谷川阅读了大量关于雪雕作品的文章,独自一人摸索造型艺术背后的规律和特点。在周谷川看来,雪雕作品是一项大众化的艺术,只有拿出立意高远、内涵丰富同时又通俗易懂、创意独特的好作品,他们的团

第四章 树　人

队才能走得很远。自幼热爱古典艺术的周谷川想到了清代画家、文学家郑燮的《竹石》："咬定青山不放松，立根原在破岩中。千磨万击还坚韧，任尔东西南北风。"细细的竹子扎根破岩中，风猛烈吹打，即使受到再大的磨折击打，它们依然坚定强劲。通过竹石的这种坚定顽强精神，周谷川看到了坚韧的斗士，也看到了永远不弯、永远不垮的民族风骨。那一刻起，周谷川就希望用雪的形式来展现竹石这一意象，可是仅有竹子和岩石，画面感会不会略显单调？想到这里时，韩愈的《晚春》在周谷川的耳旁响起："草树知春不久归，百般红紫斗芳菲。杨花榆荚无才思，惟解漫天作雪飞。"花草树木是颇具灵性慧根的，感悟岁月不饶人，懂得发奋图强，一展生命的价值。花草尚且如此，何况人乎？将《竹石》和《晚春》中的意象相结合，周谷川相信，这种积极乐观的人生态度一定能够打动每一名观众。

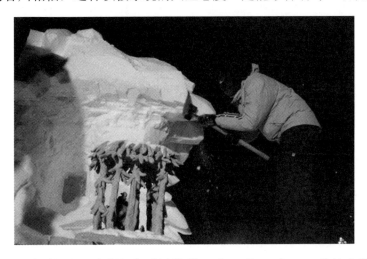

值得一提的是，雪雕比赛采用的是一个 3 米×3 米×3.5 米的实体雪方，设计与艺术学院曾经考虑过让同学们去滑雪场找雪堆来练习，但是找遍了北京所有的雪场，同学们还是无法获取同比赛时一样的材料，因此大家只能用陶泥来试着做练习。为了训练新队员们的三维空间感和动手能力，队长周谷川让新人们先用陶泥完成一个泥雕作品。事实上，考虑到新队员们的实际情况，周谷川私下决定要亲自上阵来制作一个。研二的他身兼实习和科研等各项工作，在空闲时间里他动员老队员万千和他一起动手制作泥塑小样。考虑到泥塑占据的空间较大，不适宜放在宿舍里完成，因此两人每晚都只能躲在宿舍的水房里一起制作。每天都只能完成一小部分，结束后还要在半成品的泥塑作品旁边立一个小条，以备自己的心血不被收垃圾的阿姨拿走。在制作泥塑的过程中，周谷川和万千不仅要造型，还要考虑到承重、受力以及重心等问题，因为这对作品的塑造可行性有着极为重要的影响。在两位老队员紧锣密鼓的准备和制作下，泥塑小样终于出炉了。看着泥制的作品，他们仿佛想象到了这一作品在冰雪形式下的另一种绽放——那么洁白，那么纯粹，那么光彩照人。

作品和队员都已齐备，下一步就是准备工具了。每年，东道主哈尔滨工程大学都会为参赛同学准备标准的雪雕制作工具，如铲子、平刀等等，但是在去年参赛中周谷川和万千深知这些标准工具的惰感，其没有办法让参赛者随心所欲地发挥自己的才能。因此去年回来后，周谷川萌生出一个想法：我们要做一套自己的工具。然而动手自制一套工具谈何容易，周谷川陷入了深深的焦虑中。在整理去年雪雕照片时，一张照片点燃了周谷川的希望。在与其他团队的交流中，心思细腻的周谷川将其他团队的雪雕工具拍了下来，其中一张照片记录下了雪雕工具的标签，标签上印有雪雕工具工厂的联系电话和地址。电话拨通后，学生们才得知这个工厂原来位于哈尔滨的一个农村。今年十一月，周谷川求助一个前往哈尔滨的同学前去工厂验货，检查工具的材质是否有韧性，在确定货物的信息后，周谷川在这家工厂定制了一套雪雕工具。事实上，在大赛的前一天，同学们才拿到这套得心应手的工具。

临行前的每个人都是平静的，嘴上的说与不说、脸上的笑与不笑都不

第四章 树　人

能表达大家的心情。事实上，每个人的心里都攥着一鼓拼劲儿。通往成功的道路虽然坎坷，但对于已经上路的同学们而言，已经没有任何退却的理由，唯一的出路就是勇敢地战斗下去，为荣誉而战！

冰雪世界的"剪刀手"

仿佛每个冬天的心情都像结了冰的水一样，通透明亮又充满期待。对于踏入冰雪世界的同学们来说，哈尔滨的严寒不仅意味着获胜的惊喜，更意味着严峻的考验。

1月3日晚上，同学们赶赴哈尔滨工程大学报到。1月4日早上10点开幕式结束后，同学们就开始领取工具创作。从4日中午开始工作一直到7日上午结束，整整三天，同学们每天连续工作十二个小时，中间除了吃饭外，每个同学都坚守在岗位上，谁都不愿意多休息。事实上为了争分夺秒地把作品完成，在创作的最后两天，同学们甚至工作到晚上十二点。

冬天的哈尔滨特别寒冷，白天温度在零下20摄氏度左右，晚上的温度接近零下30摄氏度。孙飞回忆说："去年我跟着孩子们到哈尔滨参赛，我只要外出二十分钟，顿时冷得发抖。"今年的哈尔滨和往常一样寒冷干燥，在冰雪世界里同学们不顾严寒地劳作，即使冻僵了手，冻伤了脸，睫毛上结满冰晶，大家依然在开心地忙碌着。

第一天的工作是"出大型"，出大型可是力气活，面对高达三米的雪方，同学们需要用脚手架、梯子、平刀、叉子等工具让雪方呈现一个初步的雏形。表面上"出大型"的工作是个力气活儿,事实上其中的精妙只有从事过雪雕制作的人才能体会——"出大型"工作往往存在各种悖论,如果不用力,效率就比较低;如果太用力,往往就会打乱原先的框架。虽然天气寒冷,但是同学们怕穿着太厚行动不便影响工作效率,只能穿着基础的御寒衣服在冰天雪地里工作。为了感觉不那么冷,同学们一刻不停地铲着雪,用劳动的热浪驱走刺骨的寒冷。

  第二天进行的工作是基础造型,对作品中的竹叶、小鸟等细部进行雕刻,在塑形过程中发现不合理的地方,同学们还要随时修改、随时调整。制作雪雕的过程是一个做减法的过程,因此塑形的过程面临着各种困难,其中最大的困难是注意力必须要非常集中,绝不能有丝毫差错,若雪块一旦雕错,就无法重新再来。在初期雕刻竹叶时,同学们估算错了叶子的承受能力,竹叶出现了断折的情况,而唯一的补救方法就是在原有基础上缩小竹叶的尺寸重新雕刻。精雕细刻见匠心,长达十多小时的连续工作中,同学们戴了两层手套的手冻到没有知觉,手套一次次地湿透又一次次被寒风吹干。雕磨到一半时,同学们发现手中的工具开始变钝,这时队员李雨璇和蒋亦希两位女生自告奋勇表示要前去找磨刀铺将工具打磨锋利。在人生地不熟的异乡,两位女生扛着沉重的铁器开始四处寻找磨刀铺。三个小时后,她们终于成功将磨利的刀子交到同伴们的手上。垂垂夜幕,阴霾天空,同学们还在马不停蹄地赶工,事实上雪雕制作中的很多工作是只能在晚上进行,夜晚时雪的黏度会因为温度降低而增大,这为雪雕细节的修改和塑性创造了有利的条件。可是晚上的气温特别低,同学们往往工作一会儿就冻得浑身发抖,只能靠照明灯泡发出的热量取暖、烘烤手套。夜晚回到宿舍,大部分同学累得倒头就睡,这时队长周谷川悄悄地拿起热水瓶下楼为同学们打洗脚水。这一幕被细心的李晓龙看到了。第二天,当李晓龙想起帮助同伴们打水时,发现暖瓶已经被周谷川抢先拎走了。事实上,这种"我为人人,人人为我"的事情每天都在发生,参赛的每个同学都看在眼里,感动在心里。

  第三天,任务依然很繁重,比赛进入了白热化阶段,看着其他代表队的作品也逐渐成形,同学们的心里既紧张又激动。在雕刻过程中,周谷川队长看到女生坐在雪上进行雕刻时,毫不犹豫地把自己的帽子摘了下来,让女生们坐在帽子上工作。遇到一些需要精雕细琢的部位,李雨璇和蒋亦

第四章 树　人

希两位女生常常整个身体趴在冰上工作,整个雕刻过程她们始终保持着一丝不苟、精益求精的态度,丝毫没有叫冷、叫苦。事后两个女生甚至自我调侃道:"我们都是女汉子中的'女汉子'啊!"

作品就要完成了,眼下就差两处细节,一处是山石上报春喜鹊的雕刻,还有一处就是作品名称的题写。雕琢喜鹊的任务落在了自小酷爱篆刻的周谷川身上。雕刻前,周谷川在一个雪块上小试了一下,在他看来,喜鹊报春寓意吉祥,唯有用流畅灵动的线条才能刻画出喜鹊自然生动的神态,带给观众以美好的暗示。然而这一次,他对自己的作品不甚满意,为此周谷川重新拿了一块雪块,开始了新的创作。雕刻时虽然心里紧张,周谷川还是不断提醒自己一定要排除一切杂念专心工作,从构思策划到刀砍凿雕,周谷川都倾注了全部的心力,在他的一刀一刻间,雪块绽放出了美——一只可爱灵动的喜鹊跃然指间。然而压力最大的还不是周谷川,而是要完成名称题写工作的杨硕。开工前周谷川开玩笑似的对杨硕说:"唉,老杨,你可别'磨洋工'哦!"杨硕顿时被逗乐了,他信心满满地对周队长说:"哈哈,这可是画龙点睛之笔呢,您老就放心吧!"谈笑间,只见平刀一挥,"草木知春"四个大字呈现在雪岩上,笔笔见筋骨,字字出风采,端庄秀美中透射出跌宕豪放之气。

本次雪雕比赛在1月7日上午10点落下帷幕。活动截止前一两个小时,同学们还在争分夺秒地赶工,以便细节处更加精美。这时带队的欧阳哲老师已经开始筹备相关宣传工作。站在瑟瑟的寒风中,欧阳老师积极向路过的每一个观众宣传作品的创意:"我们作品名叫《草木知春》,创意来自于郑燮的《竹石》。我们是来自北京理工大学的代表队,我们是第二十九号,请投我们一票。"

对于高大洁白的雪雕而言,起伏变化是它的艺术语言。在金色阳光的映照下,树干的倒影、雪雕的倒影、校旗的倒影落在了白色的雪地里,中国古典文化所强调的阴阳相生、动静结合、刚柔相融的艺术理念在这幅作品里得到了完美的呈现。最让队员们得意的是他们的作品不仅好看而且又好玩,极富互动性。很多家长会带小朋友们来冰雕里一起做游戏、拍照、捉迷藏,其乐融融的画面长久地留在了同学们的脑海里,他们再一次体会到了艺术的功用和意义,那就是带给大众乐趣,给予公众智慧。

比赛见精神,精神铸文化

雪雕大赛,不仅仅是人与雪的交流,更是团队与团队、思维与创意之间的交流。在去年的雪雕大赛中,周谷川和万千就目睹了各国团队形态各异的雪雕作品,这些优秀的作品让两个年轻的队员增长了见识,开阔了视野,体会到了智慧碰撞出的精彩。今年也一样,当选手们来到冰场时,他们不仅看到了各式各样、精妙绝伦的雪雕作品,更为各个团队的合作精神和拼搏精神所折服。

第四章 树　人

本届比赛中，武汉理工大学雪雕代表队只有三个女生来哈尔滨工程大学参加比赛，没有男队员，没有指导老师，没有雪雕经验，没有其他人协助，甚至三个姑娘中有两个人因为适应不了东北的寒冷已经病倒了。面对这个不可能完成的任务，三个女生没有放弃，而是不惧严寒地坚持了下来，用她们火凤凰一样的顽强意志创作出了作品《凤凰涅槃》，这种在逆境中选择坚持与坚守的精神，给北理工参赛的同学们留下了深刻的印象。在归来的采访中，北理工的同学们一次次竖起了大拇指，向自己的对手表达敬意。

然而，更让他们震惊是来自泰国的代表团队。从 2009 年的第一届国际大学生雪雕大赛到 2014 年的第六届，泰国队一直是大赛的"老朋友"。今年，泰国国内四所高校联合组织了四支共 120 多人的代表团来到哈尔滨参赛。地处热带的泰国是见不到雪的，但是这并不能阻挡泰国民众对冰雪文化的浓厚兴趣。一般来讲，泰国队的作品多是以宗教和历史为主题，雕刻的形象主要有佛像和神兽等内容。在周谷川看来，泰国队的优势在于他们不仅为雪雕做减法，同时还能为雪雕做加法，泰国的参赛队员常常将雪方的一部分切割下来，雕刻完成后再用冰补高，因此在所有的雪雕作品中，泰国队天马行空的想象力往往让人瞠目结舌。在采访中，万千告诉我们，泰国的雪雕团队得到了国家的支持，泰国没有雪，因此队员们常常用纸浆压成的纸方来代替雪方进行练习。宗教信仰中迸发的艺术与文化传承，形成了泰国冰雕独特的设计语言,这让来自北理工的同学们深受震撼。

在同学们的眼中,每支参赛队伍的作品都非常优秀,代表着各个国家的精神和信仰。事实上,与雪雕大赛相伴而生的还有各国参赛队员们的思想碰撞和文化交流,当同学们载誉归来的时候,当他们再次谈到比赛的时候,他们脸上洋溢着的热情除了有成功的喜悦外,更多的是收获和成长。

"校徽就是我的信仰"

在创作雪雕的三天半时间里,作品的旁边一直挂着校旗,为学校荣誉而战的热情感染着每一位队员,同学们在心里默默提醒自己:"我是北理工的一分子,要时时展示北理工的风采。"更值得一提的是,同学们始终将我校的校徽挂在自己的帽子上。校徽虽小,但却是学校的"名片",它代表着学校的荣誉。在雕刻过程中,每个同学都在心里暗暗鼓劲,他们希望用自己的实际行动为学校增添光彩,使校徽闪闪发光。在他们看来,一枚小小的校徽不仅意味着责任感,更意味着归属感。校徽上的松柏与雪雕作品中的竹子交相辉映,在冬天凋零的雪景中,竹子与松树依旧枝叶翠绿,它们的高洁与清雅沁润了每个同学的灵魂。在采访中,蒋亦希向笔者展示了自己那枚珍贵的校徽,当笔者开玩笑地说:"让我拿回去做个纪念吧!"这个平时大大咧咧的女生立刻小心翼翼地护住自己的校徽:"啊,不行,这枚校徽上有我最珍贵的回忆,它是我的信仰!"

在完成同一个目标的奋斗过程中,同学们促膝交流,加深了解,增进了友谊,成了无话不说的好朋友。在他们眼中,每个同伴都有自己独特的特点。队员杨硕总能以他独特的肢体语言逗得大家捧腹大笑,相处之后大家常常对他的幽默津津乐道;万千是队里唯一的南方人,高大帅气,成了赛场上的一大风景线;郑泽铭力气最大,小伙伴们经常开玩笑说,郑泽铭完全替代了脚手架和梯子;李晓龙是团队中最有艺术天赋也是最有拼搏精神的队员,他从不叫苦叫累,也很少休息;李雨璇和蒋亦希两位女生身体弱小但意志强大,她们和男生们一样坚持在雪雕的第一线,从不推诿,从不拒绝,从不退缩,是真正的"女汉子";周谷川是队伍的主心骨,他不仅要时刻关注雪雕作品的进展,同时还要关心每个小伙伴的身体和生活,最会照顾人的他被大家亲切地称为"周妈";带队老师欧阳哲更是像朋友一样具有亲和力,每天和同学们一起奋战在雪雕现场,不仅要帮助同学们

第四章 树　人

处理细节问题，同时还要考虑到宣传、后勤等各种全局问题，欧阳哲的耐心和责任心让每一个学生折服，同学们私下里都开玩笑地叫他"欧爸"。

对于没有接触过冰雪雕塑的同学们而言，雪雕大赛就像是一场考试，而且是一场没有模拟练习、没有模拟测验的考试。面对这场考试，没有必胜的信心和团结合作的精神，没有人能够踏出一条星光大道。然而在这一次考试中，同学们用他们的智慧和协作证明了自己的实力，征服了评委，征服了观众。

春天，不是季节，而是内心。若是有融化万物的温情与力量，纵然是百丈冰雪，也能从中绽放出美丽的花朵，生长出翠绿的新竹。

人生，不是岁月，而是锤炼。若是有无所畏惧的勇气和希望，纵然人生就是挑战的舞台，也能尽情展现亮丽风姿，用笑容温暖世界。

雪雕大赛虽然已经落幕，但是每个队员都收获了心灵的涤荡和艺术的灵感，雪雕艺术绽放出的魅力依旧感染着这些未来的艺术家们，激发他们在艺术创作的道路上胸怀理想、充满激情，勇敢追求心中最初的梦想。

文：杨扬　赵莹

图：设计学院

2014 年 1 月 17 日

曹传宝：曹老师和他的"巴铁"学生们

桌子上、桌子下、柜子里、椅子边、墙角……本来就不怎么宽敞的二十平方米办公室，被到处放满的书以及学术期刊堆得密不透风。最令人望而生畏的是墙边的立柜，不仅里面塞满了书，上面也放了近半米高的书，加起来足有两人高。这里，就是曹传宝老师的办公室，一个令人心生崇敬的地方。

曹老师是1994年来到我校任教的，至今已有足足二十年了。二十年听起来很漫长，但是一旦投入研究中，却感觉很短暂。曹老师写就的国际高水平论文数百篇，申请专利三十余项，带出的优秀硕士生、博士生逾五十人，还被评为新世纪优秀人才。这些荣誉已足够耀眼，但还有另一个桂冠属于曹老师：我校指导外国博士留学生最多的导师。

第四章 树　人

谦如常而文非常，束以严而得逾彰

　　谦虚、低调是曹老师给我们的第一印象。成果等身，但鲜见于报道；桃李芬芳，却平淡代之。至今从曹老师那里毕业的外国留学生已有三届，现在仍在实验室里活跃着的外国留学生，多达7人，包括了四届博士生，他们都来自巴基斯坦。其实，每年申请跟曹老师读博士的留学生都有数十位，但由于名额限制，能获得机会的都是极为优秀的学生。说起曹老师和留学生结下的不解之缘，还要从曹老师带的第一个留学生开始。

　　曹老师带的第一个博士留学生叫瓦赫德，是巴基斯坦人。2007年开始读博，现在已毕业三年了。他最初来我校攻读博士学位的时候，撰写的科研计划书是有机光电方面的。但是，瓦赫德读了一段时间后，在参观了各个实验室并阅览了各位导师的论文后，瓦赫德明确了自己的学习专业和研究方向：读曹老师的材料专业！

　　兴趣帮助他迈出了决定方向的一大步，但是要想取得梦想的成果，还有很远的路要走。这其中最关键的一道坎就是语言关。在曹老师的耐心沟通和细心指导下，瓦赫德很快熟悉了实验室环境，确立了兴趣方向，全力扎进材料科学的研究领域，知识水平提升迅猛。在读博士期间共在国际期刊上发表论文十余篇。在来中国学习收获知识的同时，瓦赫德也收获了一份沉甸甸的友谊——与曹老师之间深厚的师生情谊。回国后，瓦赫德利用在中国所学为巴基斯坦的科学研究贡献自己的力量；在巴基斯坦召开国际学术会议时，邀请曹老师作为特邀嘉宾作学术报告。现在瓦赫德还常常想起远在中国的老师，常通过电子邮件交流学术心得。

千里马常有，而伯乐不常有。瓦赫德从跟着曹老师学习开始，就经常向大家推荐曹老师，让很多来自巴基斯坦的留学生们羡慕不已，因此每年都有很多学生申请读曹老师的博士，曹老师不得不把很多留学生介绍到自己的同事那里。

对于外国留学生，曹老师的要求非常严格。现在北理工的博士教育为四年，第一学期是课程学习，之后在实验室做研究。同时，每周都会以实验室为单位开总结交流会，汇报进展，解决问题。中国学生的标准如此，留学生亦然。由于留学生在第一学期听课较为费力，曹老师就给他们推荐教材，专门指导，每门课都必须合格。"不能来这里混文凭，不能把语言当作学习不好的借口，选好方向，耐下心来，一定会得到拿得出的成果。"曹老师经常用这句话来激励、教育留学生们。

在曹老师高标准的要求和耐心的教导下，每个留学生都能得到满意的成果，他们公开发表的论文数量和质量都高于学校对外国博士留学生的要求。

教学生循循善诱，享生活张弛皆有

为了让学生充分发挥自己的能力，仅有严要求还是不够的，曹老师还善于循序渐进地引导学生。读博士的第一件事自然是选题，选题的好坏与宽窄直接决定了最终能得出什么程度的成果。一般情况下，曹老师都会在详细了解一个学生之后，给他一个适合他去做的方向。面对一些已有坚决立场的同学，曹老师并不反对，而是根据他们的兴趣，因材施教，鼓励他们积极去尝试，帮助他们在最短的时间认识到他们自己的想法是应该坚持的，还是应该调整的，这样既不会白白浪费大量时间，又让学生选择了正确的方向。"从来不要轻易命令学生去做什么，而是要引导他们自己主动地去做。"这是曹老师一贯坚持的为人师表的原则。

第四章　树　人

　　工作中的曹老师是一个严厉的人，生活中的曹老师却很和蔼。在实验室里大家都专心于研究，气氛一般比较沉闷。为此，业余时间曹老师常常会和学生们一起去打羽毛球，通过打球来联络感情，放松心情。"和曹老师一起打球有一种说不清楚的快乐感。"留学生们在运动中见识到了曹老师的开朗与飒爽。几乎每周都会去打打羽毛球，无形中大家的球技也提升迅猛，他们团队在材料学院已经夺得过两次冠军。不管对于曹老师还是对于留学生，这都是非常美好的回忆。

　　除此之外，曹老师每年还会组织大家参加聚餐、出游、爬山等各种各样的活动。"在这些活动中，他就像是一个朋友，能让你敞开心扉与他交流，而不会有那种高高在上的不可靠近感。"留学生对他是这样评价的。在融入实验室的集体后，留学生在参加这些活动时，往往会全家出动，把自己的小家放到整个集体的大家中，不同的肤色阻挡不住深厚的友谊，不同的口音隔不开师生同学的感情。

师生心一腔情，两邦谊万古青

　　曹老师及中国同学在日常生活中的帮助也让留学生们感到了温暖。这些留学生刚到学校时大部分人的汉语水平只会说"你好"，做实验需要的各种材料和药剂的采购都必须依靠中国同学的帮助，平时有个头疼脑热去看医生也离不开中国学生的帮忙。只身来到万里之外的异国长期学习生活对于留学生来说是巨大的挑战，但曹老师和同学们的悉心照顾让他们找到了家的温馨。

现在上博士四年级的法哈姆是获得中国政府奖学金来到北理工读书的，他依然记得第一次见到曹老师的情形。当时他和曹老师在教学楼见面，向曹老师谈了自己的科研想法，现在看来当时的想法很不成熟，但是曹老师从来没有打断过他们的科研兴趣方向。与同他一起来的其他实验室同学相比，法哈姆是发表高水平文章最多的。一般情况下，曹老师的办公室一直开放，有什么问题可以随时过去商量讨论。在发文章被反复退稿时，曹老师会不厌其烦地一遍又一遍指导修改。这份对学生的耐心和关心，让留学生们非常感动。也正是这些，让留学生在异国少了生疏感，多了对曹老师的浓浓敬意。

"Communicating with Professor Cao is interesting and helpful; it will be a good memory in my whole life."今年博士四年级的阿里是这样来评价和曹老师相处的感觉的。是曹老师，让他们在异国他乡，有所学，有所得，收获了超越国界的友谊，收获了未来工作的力量。两个国家是否有牢固的友谊，不仅仅取决于国家利益，更取决于两国人民之间的深情厚谊。来到中国的巴基斯坦留学生，就像两国文明的使者，一届届去而又来，见证两国友谊万古长青！

【曹传宝教授简介】

曹传宝，男，1963年出生于安徽怀宁。1983年本科毕业于南京大学化学系。1989/1992年分别于中国科技大学材料科学与工程系获硕士和博士学位。1994年于复旦大学电子工程系博士后出站。1998年被提升为教授，2000年被聘为博导。2000年开始任北京理工大学材料科学研究中心主任，2002—2012年担任材料学院副院长。2004年入选新世纪人才。主持和参与过多项国家级项目，包括国家自然科学基金项目、国家重大基础研究项目（973）、国家高技术研究项目（863）、"863"重点项目、北京市科委重点项目、高校博士点基金、总装预演基金等。在《先进材料》（Advanced Materials）、《美国化学会志》（JACS）、《先进功能材料》（Advanced Functional Materials）、《生物材料》（Biomaterials）、《材料化学》（Chemistry of Materials）、《化学通讯》（Chem. Comm.）等国际期刊上发表SCI收录论文220多篇，被他人引用2 200多次，影响因子大于3的论文

60多篇；在国际会议上9次作特邀报告。申请专利37项，其中26项已授权；获北京市科学技术奖一项。任中国微米纳米学会首届理事，中国电子学会高级会员、半导体与集成分会委员，中国机械工程学会高级会员、生物制造分会委员，《The Open Materials Science Journal》《The Open Surface Science Journal》《The Open Macromolecule Journal》《Global Journal of Physical Chemistry》国际杂志编委会成员，《材料导报》《功能材料》《北京理工大学学报（自然科学版）》杂志编委。出版专著教材3部。担任《Nature Comm.》《JACS》《Angew. Chem.》《Adv. Mater.》《Energy & Environ. Sci.》等八十余种国际著名杂志的审稿人。指导出站博士2名，已毕业博士生25名（其中博士留学生5名）、硕士生40名，在校博士生16名（包括留学生7名）、硕士生4名，在站博士后1名。协助指导的博士生付强2003年获全国优秀博士论文提名。毕业的学生中，已升任正教授7人，包括1名入选"青年千人"，3人获"优青"资助。

文：赵琳　肖海洋
图：斯君
2014年3月17日

九年"乐学"路,"我在学,你来了吗?"
——记北理人的慕课(MOOCs)平台

在北京理工大学,每一位学习"C语言程序设计"的本科生,都会经历过这样的学习过程,登录"北理在线"(online.bit.edu.cn),熟练打开一个名叫"乐学"界面,找到与课程同名的网络课程,"程序设计从这里起步"的标题赫然出现,之后按照提示在页面上看视频、做习题、提问和讨论,等等。这一连串的操作下来,一个个C语言的知识点伴随着程序设计的实际操作,就了然于胸。进入这间"网上教室",学生真正感受到了"C语言不是老师教会的,而是自己学会的"。

2011年秋,来自世界各地的160 000人注册了斯坦福大学Sebastian Thrun与Peter Norvig联合开出的一门"人工智能导论"的免费课程,从此一种全新的网络教育模式——慕课(MOOCs)席卷世界。以Coursera、edX和Udacity三大体系为代表的慕课体系,跨越时间和空间的界限,无差别地提供全球顶尖教育资源,得到了世界各地受教育者的追捧。

第四章 树　人

慕课（MOOCs），全称为"Massive Open Online Course"，即大规模的网络开放课程，是以连通主义理论和网络化学习的开放教育学为基础的。这些课程跟传统的大学课程一样循序渐进地让学生从初学者成长为高级人才。慕课对高等教育的传统面貌产生了影响，已有十几个世界著名大学参与其中，在开放教育资源的同时，也将学校的文化与理念更为广泛地传播。

面对慕课（MOOCs），中国高等教育界积极参与其中。国家教育部、财政部划拨专项经费，设置专项计划给予支持。清华、北大等国内高校，在积极开通本校慕课（MOOCs）体系的同时，也将其精心打造的课程登录到国际慕课（MOOCs）平台，为全球学习者提供学习资源。

当慕课（MOOCs）热潮带着全新的网络教育理念和形式"汹涌"而来的时候，在北京理工大学的校园里，却"波澜不惊"，因为早在九年前北理工自己的"慕课"之路就已启程，经过多年的教学实践，已深深根植于实际教学之中，并在一定范围内"颠覆"了传统教学模式。"在线教学""在线讨论""翻转课堂"等刚为人所熟悉的新概念，不仅早已经应用于学生的课程学习之中，甚至由学生主导的"自建课堂"模式更是领先当前的慕课教学方式，极大地提升了学生的学习效率和兴趣，有效提升了教学质量。

2005年，"如何将课堂教学内容与网络资源和网络技术结合在一起服务于目前的教学？"这一问题长久地萦绕在承担着全校计算机公共课教学任务的老师们的脑中。这个问题的产生源于计算机教学，为学生提供计算机语言的学习环境和实际操作平台成为一种迫切的需求，只有通过实践才能让学生真正掌握学习和运用知识的能力。

由此，针对课堂教学中存在的问题与不足，从学生学习的实际需求出发，时任计算机基础教研室的教师李凌经过认真调研，引入了源于澳大利亚的开源网络教育平台，在自主汉化的基础上，结合学校教学实际进行深入开发，实现了对源程序的自动评判功能。通过这一开国内高校先河之举，建成了"网络教学支撑平台"。在计算机科学技术学院和软件学院的大力支持下，率先在每年近三千学生学习的"C语言程序设计"课程中投入使用，并逐步推广到多门课程的教学过程中。多年来教师们使用这一平台授课的过程，不同程度上体现出"慕课"教学的特点。

在成功应用于教学多年之后，伴随着学校信息化建设的推进，2012

年，网络服务中心结合学校"北理在线"网上社区建设，对系统进行了全面改版升级，并正式命名为"乐学"，使之既能服务于课程教学，又充分发挥网络社交平台优势，实现课程资源创建和用户之间交互的进一步优化。

"乐学"平台的建设，紧密贴近了教学实际，深受师生青睐，使用范围也从计算机学院、软件学院扩展到信息与电子学院、机车学院、管理学院等其他教学单位。先后有百余门课程将课堂延续至网络空间，潜移默化间给北理工的教学带来了全新的理念和模式，更为重要的是给学生们的学习带来了不同凡响的效果。

从"上课"回归"教学"

自大学扩招之后，基础课程的教学逐渐大班化，课上课下的师生交流和实践反馈愈发显得宝贵，而多校区办学也在一定程度上使之更加弱化，导致"教学"逐渐趋向"上课"。如何能在教学中实现充分的师生互动和在实践中实现充分的反馈指导，是学生也是老师的需求。

基于"北理在线"的"乐学"平台最为突出的优势，就是通过网络真正实现了师生的充分交流，在虚拟的网上社区构建出的却是实实在在的学习氛围，学生和老师需要在课堂上所做的交流全部在网络世界中得以实现并加以强化。学生真正感受到了老师的"如影随形"，遇到问题或萌发灵感时一个帖子或者是一个私信，马上能够寻求到帮助；提交作业后，不用漫长等待，成绩和不足可以立刻反馈。

而网络课堂创造的实践教学模式，让从教已三十余年的北京市教学名师李凤霞更是深有感触。作为网络教室的使用者，她对记者讲："网络课堂弥补了传统教学中的很多遗憾，以往学习过 C 语言的学生都会感觉到花了大量的时间，只是会填空，还是不会编程。而授课教师同样充满困惑，学生学习计算机语言和掌握人类语言一样，必须有语言环境的训练，才能真正学会使用计算机的语言来完成程序设计任务。网络课堂就很好地提供了这样一种实践环境，有效地提升了教学水平。"

另外，开发者们将自动评判功能完美地嵌入网络课堂，从而极大地将教师们从繁重的作业批改负担中解脱出来，教学变得更加快捷而高效，老师们有了更多的时间思考教学设计，学生们可以快速获得作业结果，及时发现问题，及时修改。程序设计不再是纸上谈兵，而是成为真正的实战训练。

"乐学"网络课堂在构建之初，就致力于打造以学生为中心的学习过程，加强学习交流和促进实践，陆续开发了网上答疑、"奇思妙想"、作业评判、实时跟踪等多个教学辅助应用，成为学生自主学习的好帮手。目前，参加C语言课程学习的学生对"乐学"网络教室使用达到100%，并成为"开机首选"，"一看通知、二看讨论、三看作业"是学生们通过网络开展学习的真实写照。

从"你教我学"到"咱们一起学"

"乐学"网络课堂和目前热络的慕课教育平台一样，可以将传统的一对多教学模式，转化为学生与学生之间、教师与学生之间的合作教学模式。

"留恋这里合作探究的学习氛围，留恋这里自主学习的学习环境，甚至留恋这里每一个同学发送的每一个状态和每一个心情日记。"计算机学院2010级张骁同学虽然即将被保送到北大继续深造，但谈及"乐学"，他仍然充满无限留恋，没有了课程任务的他还是依旧天天登录到这个平台。同学们眼中的"乐学"，不再是老师"以一当百"的课堂，真正实现了人人为师、相互帮助、共同学习。

"乐学"网络课堂经过多年的发展，特别是目前与"北理在线"网上社区平台紧密结合，为师生构建了一个绝佳的网络交流讨论平台，经过多

年与正常教学活动的紧密结合，已经形成了一种全新的教学形态。

围绕课程学习和具体的知识点，师生之间、学生之间在线交流讨论，帮助教师精细化设计在线知识点，学生之间围绕知识点的交流与比拼，已经将教学目标与学生的学习目标高度统一。

授课前教师可以通过在线调查的方式，检查学生面对新课程学习的基础，根据具体情况，精细化设计网上测试和作业。而学生必须按照设计好的模式从理论到实践，深刻理解知识要义。更为重要的是，"乐学"为学生们创造了良好的学习氛围，在线上，学生们能够时时感知到不是一个人在学习，在这里有一个时时可见的合作学习的共同体，问题可以随时在线解决，作业可以得到同学的评价，在线解决其他同学的问题也会带来学习的成就感，这里不是"一人为师"，而是"人人为师"。

"多姿多彩"的趣味学习

"乐学"网络课堂作为一种先进教育理念的载体，不仅仅是为计算机类的教学提供便利，它在教学资源的多元化展示和贴近教学过程的灵活功能设置方面，都受到其他学科教师的热捧。

机械与车辆学院的何永熹教授在"乐学"开设了"机械工程概论"和"几何规范学"两门课程，数年前何老师就想通过网络课堂的模式提升教学效果，当他得知学校"乐学"平台后，喜出望外，积极申请使用，成效良好。

"比较了全国 20 多个网上教学系统后，还是觉得我们学校的这个做得最早，最为稳定，而且功能最为齐全。"何老师对记者感叹到。在网络课堂的辅助下，何老师要求学生上课时不要带书动笔，所有的资料作业都在网上完成。网络教学以其多元灵活的方式展现出独特的吸引力，学生们对做作业兴趣大增，做作业好似玩游戏。为了能够争取做到最好，学生们一遍遍地练习，一遍遍地刷新题库，最高峰竟然有 500 多人同时在线。

值得一提的是，在何老师的网络课堂中，设有一个"BUG 提交论坛"，公开向学生募集老师教学内容的错误，在 1 000 多个提问和挑错的回复背后，学生们的学习积极性得到了充分的调动，而何老师"24 小时之内必回帖"的承诺也让学生钦佩不已。当记者担心他的承诺是否很耗费精力时，何老师却轻松地表示："正是因为有了网络教学平台，我才敢如此承诺，只要有网,随时随地可以在线,不会牵扯太多精力,8周的课程没有增加工作时间,网上课堂可以使我在办公室、在家里、在路上都可以参与教学,只要有网,我就上线,学生就感觉我在他们身边,他们学习就会更有劲头。"

网络课堂为何老师提供了一个公开透明的成绩评价体系,系统根据每一次作业情况计算每个知识点的分值,期末,系统能自动统计成绩,一目了然。老师也可以通过对作业成绩分布情况的直观统计,来把握学生对知识点的掌握程度,不断调整授课重点,提升教学质量。

通过网络平台,同学们的学习同样不受时空限制,利用覆盖全校的校园网和各类上网终端,随时随地学习交流,学习就在身边。何老师班上曾有两个转专业的学生,回到中关村的他们去良乡修读何老师的课十分不便。何老师与他们经过沟通,大胆尝试,同意两位同学完全在线学习"机械工程概论"这门课程。在期末考试中他们以高分顺利通过考试,一定程度上体现了网络课堂的教学质量。

在网络课堂上,考试已经不是目的,只是学习方式的一种。在这里,有题库、实验数据、指导视频、作业、答疑等学习环节,网络课堂使得教学变得"多姿多彩"。

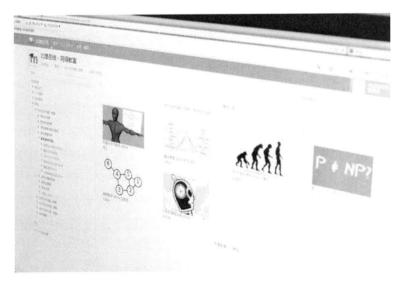

"嗨!我们自己开门课吧!"

清晨六点不到,学生们早早起来坐在电脑前,是什么让他们如此着

阅读北理

魔？不是游戏，是"乐学"上李凌老师开设的"程序设计方法与实践"课。学过这门课的张骁同学谈及此课，感受颇深："这门课是我大学期间认为最好的课，同学们高度参与，积极性特高。""程序设计方法与实践"可以说是网络课堂的"巅峰"课程，选修这门课的同学，只要开着电脑，就密切关注排名变化，人人争第一。而排名是根据他们的作业完成情况来评价的。学生们在学习这门课程期间，"戒断"懒觉，早起晚睡，争先恐后做题，力争排名前列，积极性不是一般课程可比的。而课程中最为学生们所"痛恨"的，是教师会寻找学生程序中的漏洞然后增加测试用例，使原本看上去"完美"的程序暴露出错误，这往往会让学生们大失所望。以至于那些经常在深夜完成这一工作的教师和助教被学生们戏称为"午夜凶铃"。

"程序设计方法与实践"是计算机学院和软件学院开设的一门以专业能力培养为主的实践类课程，32学时分为24学时上机和8学时讨论。课程采用先自学、后讨论的方式，学生们需要先通过自己的努力在网络教室中完成教师布置的多个任务，然后再在课堂上讨论分享自己的学习成果。教师的角色则从对知识的讲解，变成了引导学生学习的课程"主持人"。良好的教学效果使之成为"乐学"平台"翻转课堂"的标志性课程，多年来深受学生欢迎。"翻转课堂"模式也逐渐在程序设计类课程中推广，学生在网上自主完成知识学习，课堂则变成了师生之间、学生之间热烈互动的环节，答疑解惑、指导点拨得以充分开展，教学成效有了显著提升。

当学生的学习积极性得以充分调动的时候，教师在某些学习过程中甚至可以"退居二线"。"乐学"平台上有这样一个名为"琪露诺的完美算法教室"的在线课程，这个以漫画人物名字命名的课程没有老师的参与，完全由学生们在线自主开发，由学校ACM集训队的学生程序算法高手们维护。信息学院2012级李沛奇同学是这个教室的"教师"，他说："'乐学'提供了一个比较可靠的在线平台，我们出于兴趣自己开设的课程，希望更多的人能了解和喜欢算法，任何同学都可以加入这个课程，在教学相长中，开课者自身能力也得以提升。"

正如老师和同学所言，我们学校有如此贴合教学需求的、如此完备的一个网络教学平台，任何有需求的老师都可以将课堂内容延续至此，因为"北理在线"将信息处理的重点定位于师生个人，以社交网站的模式，强化了人与人之间的沟通和交流，完成信息送达和交换。同时，该平台还引入学校各类机构，在平台上与各类人员实现扁平化沟通和交流，将现行线下对教师、对学生的各类服务内容数字化、信息化，从而提高了服务质量。

在学校网络中心和师生共同努力下，经过9年的发展和建设，目前以"北理在线"为基础的北理工"乐学"网络课程平台，累计开设课程空间六百余个，每年有超过七千学生在该平台上开展学习，师生在讨论区累计发帖16万个，学生们累计提交作业23万份、完成在线测验43万次、提交C语言程序417万个。这一有效的网络教学方式，已经改变了部分传统课程教学的形态，也为更多的教学改革提供了方便有效的支持。在今后，按照教育部和学校关于慕课类型网络教学开展的要求，希望有更多的教师能够了解"乐学"，希望这一北理工自己的慕课平台能够为学校人才培养做出更大贡献。

文：张爱秀

图：张伟

2014年3月20日

北理工设计学院:"绘画伙伴"斩获国际"红点"

在 2013 年度德国红点奖评选中,由北京理工大学设计艺术学院程希同学设计的作品"Draw Pal"(绘画伙伴)斩获了本次评选的红点概念设计大奖,程希同学也应邀赴德国出席颁奖典礼。2013 年度的德国红点奖共有来自全世界 56 个国家和地区的 4 394 件作品参赛,最终 251 件作品获得了红点奖,获奖率只有 5.7%。

第四章 树　人

德国红点设计大奖由德国著名设计协会于 1955 年创立，是一项有着广泛影响的国际性设计赛事，由"red dot 产品设计奖""red dot 传播设计奖"及"red dot 概念设计奖"三大奖组成，素有设计界的"奥斯卡"之称。斩获红点奖，对全世界的设计师而言都是一项终身殊荣。

其中，红点概念设计奖的评选立足对未来产品的展望，着重于评价产品在成型前的设计创意概念阶段，该奖项致力于引领未来产品设计方向，所评选的作品也成为未来产品设计思想潮流的晴雨表。

北理工设计学院程希同学设计的作品"Draw Pal"（绘画伙伴）是一种能够让至少两个人一起作画的双面透明电子图板，参与的是红点概念设计奖十六个类型分组中"教育器材、玩具设计"组的评选，设计作品不仅要体现工业设计"美观"与"实用"的基本理念，还要接受国际评审委员会的综合评价。

"Draw Pal"（绘画伙伴）作为一款双面透明电子绘画图板的产品设计，定位于两类人群使用：一类是青年艺术家，该产品可为他们提供视觉和触觉的连接与互动；另一类使用者就是儿童群体，希望孩子们可以通过它与小伙伴、老师和家长一起玩耍，不仅可以帮助儿童通过涂鸦来表达自我，还能帮助他们开展人际交流。

"Draw Pal"（绘画伙伴）的设计灵感来源于作者对儿童的观察。儿童们热爱图画和色彩，喜欢通过画画表达自己的思想，与他人交流。该产品设计构造简单明了，主要由画板、底座和电子画笔三个部分组成，整体设计为小鸟与它的盛蛋的窝。画板抽象设计为可爱的鸟儿形象，而电子画笔则设计为许多五彩缤纷的鸟蛋，15种不同颜色的画笔能帮助孩子认识不同的色调。底座像是一个中空的鸟窝，能够方便孩子们在作画时选取画笔，美观而实用。

"Draw Pal"（绘画伙伴）在使用功能设计上也有很多值得称道的考虑，能较好地满足产品不同的使用功能需要。Draw Pal画板分为纵向和横向两种摆放方式，底座上可设置磁性材料增强连接的稳定性；当画板横向插入底座时，可自动切换为充电模式，提升使用的方便性；画板的双向透明设计，旨在帮助儿童在涂鸦时可以看到彼此；画笔还可以吸附在画板的两侧，方便两个使用者共同完成画作。

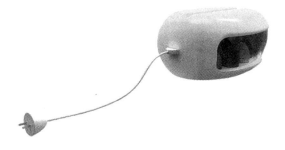

该产品最具深意的设计思想，也是设计初衷，就是想通过独特的功能设计，为儿童社交行为的养成提供支持。当今，世界范围内独生子女家庭呈增加趋势，"Draw Pal"（绘画伙伴）可以鼓励儿童体验更多的社会沟通，不仅能促进儿童学习沟通技巧，锻炼与同龄人的分享能力，还有助于提高儿童早期教育效能，增加家长与孩子间的互动交流。这一设计理念得到了大赛评委的充分认可。

红点设计大赛评审团在其获奖评语中这样写道：本作品以儿童的日常

生活用具为题材,在外观上能够符合儿童的审美要求,在应用上考虑到了产品的实用性与便捷性,在理念上具有深度创新,第一次设计了可以两个人甚至多个人同时作画的画板,实现了艺术与创新性良好结合,充分体现了工业设计中产品概念设计源于生活、创新生活、进而服务于生活的本质。

值得一提的是,在本届红点设计大赛中,北理工设计艺术学院的罗琦老师的另一项设计作品也获得大奖。在高水平的国际设计大赛中,北理工获得两项红点概念设计大奖,充分肯定了多年来设计艺术学院在人才培养和学科建设方面所付出的努力以及师生的专业能力。希望在师生们的共同努力下,北理工设计艺术之花更加灿烂。

文:王祈然　王征
图:程希
2014 年 5 月 9 日

"乡里"那群快乐的年轻人
——基础教育学院辅导员团队专访

2004年8月26日,中共中央和国务院印发了《关于进一步加强和改进大学生思想政治教育的意见》,即中央16号文件。随后,中央召开工作会议,时任中共中央总书记胡锦涛作重要讲话,对加强高校辅导员队伍建设提出了明确要求。这一过程,意义重大而深远。转瞬十年,中国高校辅导员队伍一跃发展成为拥有约15万人的庞大群体,带着高度的政治责任感和历史使命感活跃于高校教育一线。而对于北京理工大学,多校区办学模式更是孕育了一批批高素质的辅导员老师,其中,扎根于良乡校区的基础教育学院辅导员队伍便是其中闪亮的一支。

第四章 树　人

"我有一部神奇的'导航仪'"

深夜 10 时，北湖掩映下的良乡校区清幽而静谧，基础教育学院办公楼的窗外，却灯火通明。从窗外看去，每个办公室内晃动着一个个年轻而忙碌的身影，他们或凝神沉思，或低头码字，抑或在与学生交谈。步入其中一间办公室，一位长相甜美、宛若邻家女孩一般的老师正在专心致志地制作 PPT，她就是在 2014 年全国辅导员职业能力大赛中夺得北京赛区和华北赛区两项一等奖的基础教育学院理学与材料学部辅导员钟芸老师。

在大家看来，职业技能大赛中各个诸如"主题班会、主题演讲、案例分析、谈心谈话情景再现"等环节，展现的是一个辅导员的各项工作能力。可是在参赛者钟芸看来，"这是跟几百名学生的数百次谈话中锻炼出来的工作经验。我们常说辅导员的工作是'5+2''白+黑'的长线作战模式，面对的是 24 小时随时响起的手机铃声，面对的是上有四面八方通知，下有成百上千学生的忙乱局面。我曾尝试过一个月没有任何的休息，每天平均只能睡 3～5 个小时。辅导员工作相对统一，但因为基础学院的特殊性，没有专业老师，只有我们辅导员老师和学生干事们，学生的学习、生活、感情等方面都是我们全权负责。为了能够丰富学生生活，使学生德智体美全面发展，我们必须把自己培养成为一个全能型的超人选手。"确实如此，工作和比赛是互相支撑和学习的过程。比赛中展现的技巧是在工作中总结的，而在比赛过程中又可领略他山之石的风采。

在钟芸看来："受到中国传统教育的影响，学生眼中的师生关系存在着某种程度的等级隔阂，而如今，老师按照传统方法去管理和教育学生已经不能够适应时代的要求。'90后''95后'是个性的一代，很张扬，爱表达，但正因为如此，他们内心善良，乐于沟通，老师要做的就是找到方法和他们做朋友。而我则恰恰拥有一部神奇的'导航仪'，它带我通往学生心灵的最深处。其实我不知道它源于哪里，但我知道，我的真诚和笑容正是这'导航仪'的重要组成部分。"正因为有这样一部神奇的"导航仪"，"芸姐"成为学生们对这位美女老师的亲切称呼。从钟芸老师到芸姐，由疏到亲的称呼变化，是一名辅导员老师成为大学生的"领路姐姐""辅助姐姐""知心姐姐"的生动写照。

这部"导航仪"运转起来，可以时刻洞察到各类情况。去年期末的时候，有一名少数民族学生有几门课没有参加考试便回家了，学生们没有人了解情况，钟芸也无法联系到家长。带着急切的心情几经周折后钟芸终于找到了她，了解到她的家庭突然遭受了重大的变故。为她难过的同时钟芸决定："必须赶快让她从阴影中走出来。"为了帮她面对更加残酷的现实——考试、学费、心理和精神的多重打击，钟芸第一时间帮她办理了缓考，申请助学贷款、助学金等手续，还不定期与她进行交流，努力不让她感到孤独和无助。"直到她们离开良乡返回中关村校区的那天，她写了一封长长的信给我，表达心中的感谢，或许那就是一种幸福，一种好像遥不可及却又唾手可得的幸福。当她再次遇到我给了我一个大大的拥抱的时候，眼泪瞬间爆发，因为我也害怕，怕她因为失去而痛苦，因为挫折而倒下，因为灾难而放弃。庆幸的是她没有，我为她的坚强骄傲，更因她的感恩而感到幸福。我觉得做辅导员本身就是一种幸福。学生每一次进步，哪怕是他们的每一个笑容，都是我幸福感的来源。"这就是一名辅导员最简单、最真实的幸福。

虽然仅仅工作两年多，钟芸已经送回中关村校区两批学生；尽管离开良乡校区许久，但"芸姐"的话却还时刻萦绕在这些学生的耳边："我一直都在。无论你们在哪里，我的手机永远会24小时为你们开机。"或许这就是一名辅导员对于学生们最简单却又最伟大的承诺。

"503次方爱的账簿"

徐碧瑢是基础教育学院信息一部2012级信息相关专业辅导员，所带学生总数503人，江湖人称"Excel女超人"。"辅导员并不是一个没有技术含量的工作，相反却需要相当大的技术含量。尤其作为7个专业、14个班级、503名学生的辅导员，如果没有一技之长，那每天的工作只会在'你叫什么名字？''你是哪个专业的？''你是哪个班的？'之间重复，更不用说是否了解他们的各项情况了。带五百多人有难度，但是我试着将难化易，将繁化简，很多小工具帮了我很大的忙，提高了我的工作效率，也使得数据精准、统一。"徐老师说。为了高效高质量地完成各项工作，徐碧瑢曾花1个月的时间认真钻研Excel表格的各种用途，最终轻车熟路地掌握了各种"高端大气上档次"的功能，任何繁琐的数据问题在她手里都是"轻松加愉快"的。

徐碧瑢为我们打开了一个名为"[信息]学生资料"的Excel文档。简单的一个文档，包含8个sheet表格，第一个表格中除包括503名学生基本信息外，还有谈话情况、家长联系情况及学生未来计划在内的共计12 480项信息，记录之详细让记者屡屡赞叹。除此之外，其他7个sheet表中包括危机干预记录、深度辅导记录、学生违纪惩处情况等多项内容共计约12 928项详细记载，记录翔实，思路清晰，一目了然。

这仅仅是徐碧瑢的众多"账簿"之一，笔者为它起名为"503次方爱

阅读北理

的账簿",它记录的是徐碧瑢对 503 名学生满满的爱,每个数据的录入,只为对学生更深刻地了解,更好地帮助他们解决困难和疑惑,更加完整地记录他们的每一次成长。

徐碧瑢为我们介绍说:"将与学生相关的大部分信息整合到一个 Excel 中,包括学生的基本信息(班级、学号、姓名、民族、宿舍等)、各学期学生参与活动的记录、入党情况(政治面貌、何时通过院党课、是否列入计划、思想汇报份数、发展时间、所属党支部、支部内职位等)、家庭情况(贫困等级、贷款金额、家庭收入等情况)、成绩、获得奖助学金情况、文体获奖情况、学生谈话记录等以及各个班级基本情况、学习情况、开展活动情况的统计数据。Excel 中很多统计数据都是公式,一旦数据源中的数据有变化,统计数据会自行更新,如此一来,随时能够获得最新数据。"

"每个学生和家长的所有数据在我的手机和邮箱里都有。五百多名学生我无法记住所有人的长相,就把他们的照片都存在手机里。把所有学生的信息整合在一张 Excel 表格里面。如果将来要与专业学院做交接,我只需要给他们我电脑里的一张 Excel 表格即可。"徐碧瑢略带自豪地说。

徐碧瑢每学期初将上一学期以及入学以来的成绩通过 Excel 进行分析,针对不同专业或者不同班级,用同样的公式,实现分别按照班级和专业对学生成绩数据进行分析,提高工作效率。借助数据的完整性,在评奖评优的时候,就不容易漏掉有资格的同学,更有助于筛选出最优秀的学生来获得荣誉,真正做到公平公正,用数据说话。

谈到自己的 503 名学生,徐老师坦言曾经也有过苦恼和困惑,刚刚接手新生时正逢军训,每天数百通电话和短信,她曾创下平均每天话费 100 多元的记录。由于新生面临的问题较多,徐老师经常在接完一个电话后发现有 10 个未接来电。为避免学生的问题不能及时得到解决,徐老师只能每天晚上为学生回复短信,她回忆说:"那段期间每天只能睡 2~4 个小时,我刚刚迈出校园,也曾为自己的辅导员生涯感到恐慌,但是经过一点点的历练和努力,如今可以妥善地处理这五百多人的各种问题,虽然每天仍然是 7-11 的工作状态,但我仍然很开心,学生们给我的满足感和幸福感是我之前的生涯中没有感受过的,我想我是快乐的。"

对于学生干部的培养,徐碧瑢也有自己的看法。她组织召开班团干部总结会，教育学生干部一定要会做几项工作：会做 PPT，会写新闻稿，会拍照，会用 Photoshop。"我自己会做视频，会用 3Dmax 等办公软件，我把这些教给他们，但是技术和审美缺一不可，单纯只会一部分做出来的东西不完美，所以需要大家学会合作。"

徐碧瑢的付出，学生们看在眼里，疼在心上。学生大一时得知她还是单身，自发在人人网上开启了"为徐导找对象"的活动，听起来虽有些儿戏，但却激发了一位爱慕她已久的男辅导员的嫉妒心，发起了对她的猛烈爱情攻势，最终修成正果。学生得知后纷纷对徐碧瑢表示祝贺，并开玩笑说："徐导，我们成功了。""学生们确实帮我找到了自己的爱情，如果没有他们，或许他不会这么主动，不管怎样，我很幸福，也希望我的学生们都能够得到幸福。"

每个辅导员的目标都是一样的，希望自己的学生能够顺利完成自己的目标，谈到这里，徐碧瑢说："对于我的学生，我希望他们是健康的、幸福的，最后才是学业有成的。"

"致幸福而快乐的青春"

当今辅导员工作日益专业化、复杂化，然而那群"乡里"的年轻人却能够在繁杂的工作中快乐、健康地生活，在高效工作的同时寓教于乐，融入学生群体，更好地为学生服务。

刘骥鲁是基础教育学院机械与运载学部 2012 级宇航相关专业的辅导员。表面看起来，他是典型的山东大汉，粗犷而不拘小节，然而他的工作认真细致到让笔者感到惊讶。工作中，他建立了班级档案，他所带的每名同学都拥有自己特有的小档案；课堂上，他组织班长和学习委员点名签到，更好地督促学生们认真上课和自习；课堂外，他会和学生们一起打篮球、聊游戏。他所带的学生成绩始终名列各专业前茅，他也成为学生们信任的小大哥。

学生告诉记者，他们的辅导员真的很辛苦，经常发现辅导员老师深夜还在办公室加班。素有"冷艳女神"之称的机械学部 2012 级辅导员詹依宁老师，便是其中一个。她外表冷艳，内心却是纯纯的少女情怀；她童心未泯，面对学生却成熟稳重；在全心全意服务同学的同时，也总是会被学生的小小惊喜所感动。"希望詹导不要太累，我们好几次发现她身体不舒服却还坚持在办公室里工作，很心痛，但能帮助的又少之又少，很感谢詹导为我们所做的一切，希望回到中关村詹导还能够一直带我们。"这番话或许是一位辅导员的最大欣慰。

经过走访了解到，基础教育学院的辅导员中可谓藏龙卧虎。上个月的教职工运动会，基础教育学院连续四届拿下 4×100 米接力冠军；虽然人数少，几乎全员出阵也不过二十几人，但却在三十多个人数众多的单位中取得第六名的佳绩。理学与材料学部韦泽全老师每周末坚持跑步七公里，每天都会早起抽时间打 300 个网球，自己仍然保持着 400 米 59 秒的成绩，在接力赛中更是主力；信息二部赵翌盛老师则每周末都会骑车 150 公里；信息一部尹鹏老师也会每周定期打羽毛球，和学院的老师们切磋球艺。不仅如此，这支年轻的辅导员队伍中还有音乐达人，扬琴、钢琴、书法、绘画均有涉猎，可谓琴棋书画各占一边。

第四章 树　人

"如果办一台内容丰富的晚会,我想我们并不需要找外援。"机械与运载学部副主任张磊老师说。"我们在工作中培养出一批筑梦人,一批走在时代前列的奋进者、开拓者和奉献者,作为一名老辅导员,我认为我们现在的辅导员队伍是一支全能型的战斗队伍。我们常说,基础教育学院的辅导员一定要具有长线作战的能力,必须做到'招之能来,来之能战,战之能胜',而且他们确实做到了。"

基础教育学院负责部分学院低年级学生的管理和基础教育工作,学生在学业上是打基础的时期,所以学风的建设是学院工作的重中之重。基础教育学院党委副书记肖坤说:"辅导员们对于加强学院学风建设可谓用心良苦,学院全体教师每周集体进宿舍、进教室、进课堂,有些辅导员在工作之余组织学生集体自习,亲自走入教室陪学生一起学习,深入了解学生学习的重点和难点,掌握第一手资料,以便更好地服务同学、服务校园。"

基础教育学院的辅导员队伍是一支由"80后""90后"组成的年轻队伍,但他们却有着同龄人少有的政治责任感和历史使命感,同样,他们收获的也是同龄人无法体会的幸福感。

"这群年轻人为了开展好工作只能长期居住在良乡校区,我们也经常开展一些交流活动,让辅导员之间能够互相了解、互相学习、共同进步。学院的辅导员都是个性鲜明、形色各异的,但他们都多才多艺,热爱文艺、热爱体育、热爱学生、热爱工作,更热爱生活,可以说在良乡的几年有了很大的成长和进步。这是一群在'乡里'的快乐年轻人。"肖坤说。

一位哲人说,幸福的人生有三个标准——有目标、有事做、能爱人;幸福的辅导员老师也有三个标准——以学识激励人、以道德教化人、以爱心感染人。我想,这些年轻的辅导员们,一定是世界上最幸福和最快乐的人。

不抛弃,不放弃,是他们工作的口号;不忘初心,以心换心,是他们工作的理念;招之能来,来之能战,是他们工作的状态;战之能胜,胜之不骄,是他们工作的目标。他们,是高校教育一线的战士;他们,是实现教育强国梦的正能量传播者;他们,是成就青春梦想的人生导师;他们,也是一群青春靓丽快乐的年轻人。最后,只想代表所有学生和家长,对战斗在学生工作一线的辅导员老师们说一句:谢谢,你们辛苦了!

阅读北理

文：辛嘉洋
图：陈浩
2014 年 5 月 14 日

基地家风传帮带,软件报国心似海
——北京理工大学大学生软件科技创新创业基地发展纪实

在北理,有这样一个特殊的家,名字简称"基地";有这样一个"基地",成员感情酷似"战友";有这样一帮"战友",凝聚出了脚踏实地、互帮互助的学习风气,传承起了科技报国、胸怀天下的家国情怀。

每个周六、周日,天蒙蒙亮的时候,有一批大一、大二的同学背着包,自发地从良乡出发赶往中关村,最初是坐 917 路汽车,后来是乘坐校车或地铁。辗转两个小时的路途,颠簸阻挡不住他们求知的坚定,即使到了中关村还需要打地铺、熬通宵。是的,他们是北京理工大学大学生软件科技创新创业基地成员,他们辛苦并快乐着。

阅读北理

热血青春有闯劲，甩开膀子建基地

2007年，软件学院为了加强本科生人才培养，努力推进优秀人才培养计划，开展了一系列富有成效的工作。其中，大力开展学生科技创新活动便是重要的一项措施。当时，软件学院在本科2006级学生中建立了年级的科技创新兴趣团队，成立了29项由高年级学长指导的自主创新项目，引导了该年级75%以上的学生开展科技创新活动，并以此拉开了软件学院学生科技创新活动的序幕，也由此有了"锅炉房"科技创新基地的故事。

虽然名字叫做"基地"，但是实话来讲，可谓"一穷二白"，一块"地儿"都没有。怎么办？有条件要上，没有条件创造条件也要上！不是锅炉房上面有空地吗？就以那里为基地！正如李克强总理说过的"喊破嗓子不如甩开膀子"，基地的元老们就在"冬冷夏暖"的锅炉房顶层开战了，白天一整天待在机房，晚上随便弄点铺盖打个地铺就能打会儿盹。努力总有回报，成效是相当显著的，就在当年，基地就一举拿到了国际机器博弈锦标赛银奖、全国信息安全大赛一等奖等之前想都不敢想的奖项！

"那段日子听起来感觉很痛苦，但是我们却能够乐在其中。大家一起整天手不离键盘地编程，嘴上开着玩笑互相解乏，感觉时间过得很快。我们在这里一起流过汗、一起刷过夜，回想起来，基地给人一种温馨的家的感觉。"软件学院团总支书记陈杰浩回忆说。陈杰浩是当年本科2006级学生辅导员，也是当年科技创新探索和实践的重要参与者，从他的言语中，我们可以感觉到他对于基地的那种浓浓的感情，"直到今日，2006、2007级的那帮兄弟们还经常回到学校来一起聚聚，到基地来看一看，总是聊起那个时候的趣事，这是我们今生最美好的回忆。"

第四章 树　　人

"野蛮生长"起来的基地具有极强的示范意义,随后校园里类似的学生组织也如雨后春笋般建立起来。作为领头羊,软件科技创新创业基地在发展的道路上始终追求精益求精,不断完善充实自己,实行规范化管理。现在,基地已经建成了融合社团组织、教学、企业和实验室四位一体的全方位综合性大平台,这一平台从发挥学生的创造力和自主管理意识,到结合实验室和企业的最新教学实践,使基地成员得到全面的锻炼和发展。以基地为依托的人才培养模式也因此获得了北京理工大学教学成果奖一等奖、北京市教学成果奖二等奖。

细化管理兴帮带,笑言苦历责任在

"在管理上,除了基地科技创新管理中心,党支部也发挥了极大的作用。"陈杰浩告诉我们,"当党员在基地的先锋带头作用成了一种习惯,大家都会自然而然地这样去做,我们也把这当成基地文化的一个重要组成部分。"现在在软件学院,学生党员会在辅导员的指导下自觉地去负责查宿舍、组织集体自习等;在良乡,基地的成员也会自主开办 C 语言培训和算法培训,把自己在基地学到的东西无私分享给低年级的学弟学妹们。"基地最近几年报名人数逐年增多,每次集训报名,总有低年级学生因为没被选拔上而给基地老师发邮件自荐。能参加基地的,在假期集训中会学到特别多的东西,成为其他同学的小老师,回去后自己组织起培训,把基地的内容毫无保留地传授给大家。"

这种同级之间的自发传帮带是最近才产生的现象,不过"学长学姐带学弟学妹"却是基地几年来形成的固定化、常态化的制度和习俗。一般来说,一个成员加入基地,大一上学期会有学长培训 C 语言和算法,进行辅导和拔高;大一下的时候进行算法、工程训练。大二的时候,属于基地的九大实验室会进行招新,九个实验室分属不同的专业方向,由成员们根据自己的兴趣选择,选择之后,接下来就是长达一年的基础培训和项目实践。到了大三,昔日的学弟学妹已经变成了技术成熟的学长学姐,开始了带大一大二学弟学妹的"事业"。

"其他地方也有这种'传帮带'的形式,但是相比之下。我感觉我们最大的不同之处不仅仅是'帮',而更侧重'带'。"软件学院大四学生史继筠结合自身的经历感悟这样描述说,"在基地这个平台,学长学姐们要对学弟学妹负责,做全程指导。在学弟学妹出现懒惰状态时,学长要想尽办法去引导他们、关心他们,帮助他们克服困难。每位学长学姐都会有极强的使命感,他们带的学生出现问题时,他们会自责,会去想办法解决。"正是由于这种不可推卸的责任感,使得学长学姐们都特别尽心投入到传帮带之中,让低年级学弟学妹们能得到悉心的关怀照顾,其成长自然就很迅速。同时,这种传帮带不是个别化的,而是一种普遍现象。每年新生入学之际,基地就会从大二学员中选出一些优秀学长学姐,每人负责一个新生宿舍,在学习、生活等各个方面提供帮助。同时也会选拔7名由科技创新基地培养出来、已保研的优秀的大四学生,担任大一各班级的学长制导师,引导学生努力学习、积极参与科技创新活动、积极参加社会工作,以自身的优秀经验为学院培养出一批更加优秀的未来之星。说是小导师,其实这些学长学姐也都不过只是大二、大三、大四的学生,作为"90后",他们不仅要管好自己,还承担起带学弟学妹的重担,这相当于一种"绑沙袋跑步"的成长模式。在基地里,经常熬通宵、打地铺,但这些"90后"却能不言放弃、乐观积极地坚持下来。在基地成员的大学生涯里,勤奋、吃苦等精神已经打上了深深的烙印,并代代传承延续着。

为了使这种传帮带的良好学风得以延续,2013年,软件学院出台了《软件学院加强本科学生学风建设工作办法》作为制度保障,成立了由保研同学自发组成的学风督导队,聘请老教师担任学风协理员,在大一至大三年级开展每周一次的集体自习、考前串讲等活动,为营造"比、学、赶、帮、超"的良好学习氛围打下了坚实基础。

工作精准实力派,努力到位功自来

基地的实力经受得起实践的检验,在学院丁刚毅教授的带领下,基地学生参与过 2008 年奥运会和 2009 年国庆阅兵式上的关键任务。在 2009 年国庆 60 周年阅兵式上，31 个方阵，每个方阵成员都要整齐地完成指定动作，分秒不差地通过天安门广场检阅。软件基地学生在丁刚毅教授的带领下，用了短短几周的时间，做出了从整体到每个人的动作分解仿真，将每一个动作都精确到秒。在使用这套系统之前，方阵通过时间常常要延误很久，而在这套系统"神器"投入使用后，方阵检阅的最终效果高度精准，丝毫不差！

"2011 年的时候，李和章副校长正式为软件学院科技创新创业基地揭牌，那是在基地发展历程中最重要的一天。因为，只有各个行业优秀的人走到了一块，才会碰撞出更多的火花，才能放飞更多的梦想，才能创造出更大的成果。"陈杰浩老师这样告诉我们。软件科技创新创业基地由教务处、校团委及软件学院共建，由软件学院负责组织和管理，面向全校学生开放。基地秉承北京理工大学"德以明理，学以精工"的校训，以培养大学生实践动手能力和综合素质为目的，以课堂理论教学为基础，以国家社会经济及企业的需求为导向，引进企业生产一线创新课题和企业工程师作为基地指导教师，推进校企共建学生创新实验室，引导学生积极开展创新创业活动。各个学院有兴趣的优秀学生都可以加入到基地，充分发挥交叉学科的优势，把教育资源的潜力开发出来。

自从基地成立以来，基地学生屡获佳绩，每年获奖人次能够达到全校的 1/3 左右。近年来，基地共获得省部级以上科技竞赛奖励 1 104 人次，其中国际级 210 人次，国家级 806 人次，省部级 88 人次；基地学生发表了 14 篇高水平学术论文，大部分被 EI、SCI 检索；申请了 11 项发明专利，获得了 25 项软件著作权。此外，基地学生还承担并参与了多项国家级重大工程，并获得了广泛的好评。短短几年的成绩，远远超出了基地成立之前大家最疯狂的想象！

"基地的建设，让大家的梦想和基地的发展牢固地结合到了一起，在基地获得的收获，是大学乃至人生里面最为重要的。" 作为一名软件学院大四就获得"T-more"特等奖学金、被誉为"软件小子"的符积高这样来形容自己对基地的感觉。符积高从大一的时候就加入了软件基地，他的大学过得紧张而又充实：平时的每个周末、清明、国庆、寒暑假全都待在基地，整个大学期间回家的总时间不超过 20 天。"吃得苦中苦，方为人上人"，

在基地的努力，让他实现了自己的大学目标，获得了国际计算机博弈竞标赛金牌、全国计算机博弈竞标赛冠军、中国机器人大赛暨RoboCup公开赛机器人模块创意大赛全国特等奖等让人羡慕不已的荣誉。"在基地像我这样的人很多，大家都在特别努力地学习知识，当奋斗成为一种习惯，成功就是自然而然。"

从大三开始，符积高担任了基地嵌入式实验室的主任，不仅仅要管好自己，还要管好学弟学妹们。"从大三开始，大部分时间我都必须考虑怎么管好实验室，怎么带好团队。这是之前自己从来没有经历过的，其中的困难比单纯做技术要复杂得多，很多时候也有偷个懒的念头，但最后还是坚持下来了。"在2013年中国机器人大赛暨RoboCup公开赛的庆功宴上，一位学弟向符积高敬酒，说这是自己大学里见过的最好的"老大"，这个时刻，符积高的眼眶湿润了，还有什么比自己的辛苦付出得到大家的认可与肯定更加鼓舞振奋的呢！

学长导师厚情谊，青年强国志大气

这种"传帮带"也带来了浓浓的师兄弟情谊和校友情谊。在基地的带

第四章 树　　人

动下,早期的"学长带学弟"发展到了现在的"高年级带低年级"的导师形式,此外软件学院正在探索和尝试一种"大学导师制"。在这种制度下,从 2013 年开始,学院会邀请一些毕业十年的校友,辅导一两个在校生。为了保证效果,每位校友辅导人数一般不能超过两个,从大一开始,对学弟学妹从学习、生活、找工作等各个方面提供帮助。毕业十年的校友,在社会经验和工作能力方面会对在校生有极大的指导帮助作用。而这种制度能够得到推广,正是基于校友对基地的深深反哺之情,因为他们也曾经接受过学长学姐"传帮带"。

在软件基地的墙上,格外醒目地悬挂着四个大字"软件报国"。软件如何能够报国?一代代基地学子们通过"917 路汽车",通过无数个锅炉房的日夜,无声地诉说着自己对于这几个字的理解。"青年强则国强",作为现代的大学生,基地的学子们把自己的热血青春,融入废寝忘食的学习中,融入科技报国的洪流中,学风、校风,代代相传!

文:和霄雯　肖海洋
2014 年 6 月 5 日

北理工艺术体操队：足尖上舞动的精灵

斑斓的色彩、拢起的发髻、天使的面庞、窈窕的曲线、曼妙的舞姿、飘逸的丝带、轻盈的跳跃……2013年12月，北京大学邱德拔体育馆内，来自北京理工大学艺术体操队的"六朵金花"惊艳全场，以团体总分第一名的成绩成为2013年中国大学生艺术体操锦标赛中的"一匹黑马"，被业界专家称为"北理工奇迹"，为我校的体育历史再添靓丽一笔。

情不知所起，一往而深

提及艺术体操，人们首先想到的定是其难度超高的动作，这没有常年的训练绝不可及。殊不知，在2013年大赛上一举夺魁的北理工艺术体操队却是2012年赛前三周"临危受命"的偶然组合。一路走来，团员有进有出，但是这条"艺术体操之路"却愈走弥坚。

第四章 树　人

"台上一分钟,台下十年功。"华丽转身的背后是教练和队员们汗水的浇注。队员们的每一套动作需要长时间地去抓细节,为了做到完美,要一点一点地对着镜子去反复练习。在不耽误学业的情况下,队员们要保证3～6个小时的排练时间,减肥在这些队员中永远不是问题,因为在高强度的排练下体重会自然下降。训练初期,由于时间比较紧张,排练的场地无法保障,为了保证训练时间,队员们便在篮球场等地练劈叉、练大跳,硬邦邦的塑胶地一次次地考验着队员们的意志,浑身的瘀青也没有阻挡她们埋头训练的决心。

周迫琛是校舞蹈团的团长,2013年初入艺术体操队,便一举拿下两个团体冠军,还获得了个人带操的亚军。"我喜欢有挑战的东西,我4岁便

阅读北理

开始学习舞蹈,至今已经十几年了,艺术体操让我的舞蹈之路有了新的突破。"2013 年 6 月,刚刚参加完"五月的鲜花",周迫琛又匆忙投入艺术体操比赛的训练当中,当时她还在良乡校区,每周二和周四在良乡的跆拳道馆进行训练,周末到中关村校区进行集体训练,其他时间除了必要的课程学习外,都是在静园 C 的活动室里度过的。12 月赛前训练时,由于动作幅度过大,周迫琛不小心扭伤了腰,严重时甚至不敢抬手刷牙。由于对胶带过敏只能用喷雾来做暂时的缓解。在记者疑惑于她究竟如何忍痛参加比赛并且取得优异的成绩时,她这样告诉记者:"其实比赛前十分紧张,但一上场,就兴奋到忘记疼痛了,不知道自己还有伤,顺利地完成比赛,而且参加了带操、徒手操、纱巾和五人带操等多项比赛,还获得了集体全能奖,真的是很开心。"说到这里,周迫琛还是满脸的自豪和难掩的兴奋感,丝毫看不出她对疼痛的记忆。

毕艺天是艺术体操队最小的成员,因为她体型纤细,柔软度好,被老师安排在了重要的位置上,并且在托举动作中被队友高高举起。按照比赛要求,每个团队要做一套带操,但毕艺天之前并没有练习过,总是将彩带缠在身上,为了避免在比赛中突发状况,她只有不停地练习,同学们都笑她着了魔,但或许只有她自己明白,她是心里着急,不希望给团队拉后腿。尽管如此,在比赛过程中意外还是发生了,队友只能停下来解开彩带再重新开始。在等待分数的时候,或许是因为对自己的懊恼,也是对教练和队友们的抱歉,她一直在角落里无声地哭泣。在得知北理工以微弱的优势拿到冠军时,毕艺天放声大哭,这一场比赛,收获的不仅仅是荣誉,还有队友们坚实的友谊,更体会到一种深深的责任感。"既然选择了挑战自我,就不希望给团队拉后腿,更不希望给学校抹黑。教练们很信任我,队友们也会给我很多帮助,那时我就告诉自己一定要坚持下去,争取最好的成绩。"瘦小的她眼神中迸发着坚定的目光。

璀璨的奖杯背后是大家辛勤的付出,阳光快乐的"四冠王"雨童、温婉可人的小姑娘曾琦璟、甜美懂事的大姐姐张泽禛,还有稳重大气的"贴心人"任荷,尽管每一位个性不同、特点不同,但却带着相同的目标、相同的梦想,相互支持和鼓励,用整齐划一的节奏、优雅完美的动作为学校争得了最高的荣誉。

爱可知所托,心之所向

北理工艺术体操队在 2012 年成立以来,仅仅两年时间,便以黑马之势获得了业内外的广泛关注。她们其实并非专业的体操运动员,而是经过培训后的舞蹈特长生。这个队伍的组建除了资金的支持和队员的保证外,教练的作用则至关重要。

阅读北理

王娟,北理工体育部老师,从小学习体操,当学校鼓励体育老师有兴趣可以每人主抓一个拿手项目时,王娟老师想起了她的老本行——艺术体操。在常人看来艺术体操是一项高大上的运动,是一门童子功,其实这项运动老少皆宜。怀揣着由来已久的体操梦,王娟老师承担起了艺术体操队教练的使命。

艺术体操的难度虽然不像竞技体操那样高,但是难点在于相互之间的默契配合以及动作的协调性与艺术表现力。"我们的队员都有着深厚的舞蹈功底,与普通院校相比,我们的学生水平还是相当不错的,但是同一些

第四章 树　人

专业队员相比还是有很大的差距。全国赛是专业与非专业混赛，压力很大，想要提高我们的实力，必须在有限的时间内不停地练习。"王娟老师告诉记者。

为了能够在比赛中取得优异的成绩，王娟老师和队员们一起，牺牲宝贵的周末，将每个队员、每一个动作进行反复的琢磨，努力做到尽善尽美。在训练过程当中，年轻的队员们在身体和心理上顶着巨大的压力，毫无艺术体操功底的队员们也会担心自己发挥失误给团队造成不好的影响，甚至想要中途退出。王娟老师在得知情况后，主动找队员谈心，给队员最大的支持和鼓励。

"有的时候王老师的爱人和孩子会来看望我们，给我们带些零食。记得临近比赛，没有时间出去吃饭，老师便给我们订了麦当劳，我们是坐在地毯上吃完了晚餐继续练习的，想想觉得很辛苦，但也很幸福。"提到王老师给予的帮助，艺术体操队的队长、获得四项个人项目冠军的雨童难掩感激之情。

这是高校在体育道路上探索的新模式，王娟老师凭借自己的专业技能和对艺术体操的热爱，为成立艺术体操队、指导比赛付出了艰辛与努力，她坦言："很感谢团委领导和赵汐老师以及体育部的各位领导在训练和比赛过程中给予的支持，无论是资金上、宣传报道上还是后勤保障上，都保证我们能够顺利地完成训练和比赛。带着学生们参加比赛让我重拾体操之梦，找到自己参加比赛时的紧张和幸福，看到同学们捧到奖杯似乎比自己拿奖更开心，体操队带给我的不仅仅是梦想，更多的是感动。"

这些舞动的精灵们虽然有着"特长生""艺术体操队队员"的头衔，这注定了她们的忙碌和辛苦，但不能抛开的却仍然是她们作为"学生"的本职。她们来自不同的年级，在紧张训练的同时又要追赶课程、忙于复习和考试，甚至是毕业设计。为了避免队员们落后课程，体操队的带队教师——校团委赵汐老师亲自联系"学霸"为队员们"开小灶"，通过师生的共同努力，两名大四的队员张泽祺和周迨琛都以优异的成绩保送我校研究生，毕艺天则选择出国留学，而团长雨童也获得了 2013 年北京理工大学"青春榜样年度人物"的荣誉称号。

梦终将起航，闪耀"足尖"

记者经过走访了解到，就国内艺术体操现状来讲，专业人员甚少，现在北京市乃至全国高校艺术体操的竞争力尚不明显，且有很多从小练习艺术体操的人最后转行到健美操行列，我校艺术体操队的姑娘们如同足尖上舞动的精灵，刹那间耀眼于国内高校艺术体操比赛的最高舞台上。

第四章 树　人

优异的成绩离不开小团队的齐心协力，更离不开学校这个大团队的倾力支持。艺术体操队在参与比赛期间紧锣密鼓地进行练习，学校团委和体育部便是她们的强大后盾。排练期间，体育部王娟老师和校团委赵汐老师作为教练和带队教师，从比赛到生活的各个方面，给予队员们最大的支持和鼓励，细致入微地保障了队员们比赛的顺利进行。校团委领导和体育部领导也经常亲临现场慰问指导，亲自为队员们安排场地，准备食物饮品，以保障队员们能够正常进行训练和比赛。

学校体育部党委书记韩棋告诉记者，艺术体操队能够在短时间内取得如此骄人的成绩，除了队员和指导老师辛苦的努力之外，更离不开校团委和其他各个部门的支持。"学校参与艺术体操、刀术剑术、太极、排舞等各项比赛都会涉及学生社团，牵扯到学生的学习、生活等各个方面，更需要其他部门给予支持和合作。这不仅仅是学校发展体育模式的新探索，也是提高综合素质的有效途径，我们今后也会继续支持此类活动，为学校体育事业的发展提供有效的平台，为学生综合素质的提高提供有效的动力。"经历艺术体操队的成立和发展的体育部书记韩棋如是说。

"从投入和支持上，体育部一定会给予这些项目更多的支持，希望他们能够在学生中起到带动作用，形成体育氛围，希望艺术体操队能够再接再厉，取得更好的成绩，将我校艺术体操形成品牌，越走越高，越走越好。"说到艺术体操队的未来，体育部主任董兆波眼神中充满了坚定和希望。

阅读北理

诚然，在北京理工大学光荣的办学传统中，"强健的体魄"历来作为人才培养的必备素质之一备受关注。为了实现这一培养目标，学校致力于各种平台的建设，根据学生的兴趣和特长开展了一系列的体育项目，让学校选拔的优秀人才有机会参与到各种比赛中，将体育锻炼与学生的兴趣特长有机结合，通过机制牵引教师给学生以各类指导，通过后勤保障鼓励学生们发展自己的爱好特长，并让优秀的人才和好的体育项目能够在学生中形成辐射，以点带面地让更多的人参与其中。

第四章 树　人

　　放眼国际，中国的艺术体操趋于国际前列但并非能够拔得头筹，分析其原因还在于缺少更多的人去参与，这是一项力、柔与美相结合的较量，想要在业界取得成绩需要太多的磨练。而无论对于北京理工大学还是对于国家来说，拓展更大群体范围参与到艺术体操项目中来，这项运动才能得到更大的发展。

　　在历经了磨练之后，北理工艺术体操队的姑娘们终于化茧成蝶，用汗水和泪水演绎力与柔的较量，用冠军奖杯展现一名舞者、一名艺术体操队员用足尖撑起的美丽。一场比赛犹如由无数个青春魅力与飞扬激情瞬间组成的奇美画卷，手中的校旗是姑娘们汗水的见证者，也是她们获取荣誉的最大动力。我们有理由相信，这些足尖上舞动的精灵们定会一次次让北京理工大学的名字响彻神州大地！

文：辛嘉洋

图：段炼　陆宇烁

2014 年 7 月 12 日

用足迹见证美丽中国

——写给十年"生态科考"

  社会实践,作为砥砺心性的重要教育手段,古今中外的教育者都有不少提倡,也成了当前促进大学生群体思想成长和素质提升的一种重要手段。在北京理工大学各类社会实践中,有这样一个响亮的品牌,十年来它见证过祖国的大河湿地、西北戈壁、沙漠绿洲和热带雨林,也曾远赴大洋彼岸感受过北美生态,这就是生命学院在全校各部门支持下,凝聚十年心血全力打造的"探索自然、走向社会、感受文化、孕育创新"的学生主题社会实践活动——生态科考。

  2004年到2014年,生态科考迈过十年历程,在第二个十年的开启之

初,没有华丽的庆典,也没有铺张的炫耀,有的依然是继续行走在生态科考的路上,关注生态,关注学生成长,用足迹见证美丽中国。回首十年,生态科考早已不是一场热闹的"闯荡",它已经完成了内涵的转变,已经成为大学生提升综合素质,培养科研创新能力和社会观察能力的平台,而我们美丽的中国为它提供了充足的空间。

"三路并进,一线贯穿"完成多元化向内涵式的"转身"

在2004年活动启动之初,生态科考就鲜明地举起了"关注生态"的旗帜。难能可贵的是,十年来,这份对中国生态的关注从未改变,而角度和思考也愈发系统。十年来,考察未曾间断,方式和思路也伴随积累而不断发展。时至第十一个年头,生态科考完成了从多元化模式向内涵式模式的"转身",这个"转身"也成为对生态科考十年最好的纪念。

在"多元化"科考阶段,考察主要围绕中国多元化的生态系统模式开展,希望带领学生感受不同的生态系统。因此,生态科考利用9年的时间,走过中国的东南西北,从内蒙古草原的广阔到热带雨林的润泽,从宁夏沙坡头黄河沙海的交汇到黄河入海的雄浑,当然还有中华腹地的山灵水秀。这期间也突破性地开启学校海外社会实践的先河,对北美生态的考察,也形成了有益的中外生态对比。

阅读北理

时至2014年,在生态科考的第十个年头之际,如何继往开来让生态科考更进一步,成了组织者面前一项改革的命题。最终,从多元化向内涵式发展,成了生态科考发展的新方向,使之焕发新的生机与活力。

在校团委等部门的支持下,生命学院2014年生态科考,实施了"三路并进,一线贯穿,关注一点"的内涵式科考新策略,结合党的十八大报告关于生态文明建设等要求,确定了"中国湿地"的考察主线,组建了三支考察队伍,开展对中国中部、西部和南部的湿地考察活动。一场主题鲜明,向"十年"致敬的"内涵式"生态科考拉开了帷幕。

湿地是三大生态系统之一,广泛分布于世界各地,是生物多样性的摇篮,拥有强大的生态净化作用,有着"地球之肾"的美名,可以说湿地是一个地区生态环境是否优良的标志,因此,以此为考察主题具有独特的意义。

中国湿地面积广阔,类型齐全,区域差异明显。2014年生态科考选取了山东东营、宁夏沙湖和云南腾冲三个分别位于我国东部、西北部、西南部的地区作为考察对象。三个地区各具特色的湿地为考察提供了丰富的资源,东营的黄河入海口湿地、宁夏沙湖沙漠湿地、云南腾冲浮毯型湿地很好地形成了"中国湿地考察"的内涵式主线。值得一提的是,地点选取也充分体现十年科考工作连续性,也是对2005年山东东营和2006年宁夏生态科考的回访,可以更好地考察当地生态系统的变化情况。

第四章 树 人

"点滴积累,填补空白"——让社会实践成为专业学习的大课堂

在 2009 年的赴内蒙古通辽生态科考中,广袤的草原上生长着一种名为蒺藜草的常见小草,其貌不扬的小草,却有一个在草业学界熟知的颇为奇特的繁衍方式:它每株结出两颗草籽的种子刺苞中包含有一大一小两粒种子,两粒种子总是呈现"接力发育"的特点,只有当先发育的种子/植株衰亡后,第二粒种子的草籽才开始萌发。在实践调研中,这一奇特的生态现象,引发了科考队极大兴趣。由此,几株小牧草,便来到了生命学院实验室,作为科考指导教师的赵东旭副教授带领学生用严谨的科学实验,剖析了这一现象,用科学的数据证明了"接力发育"现象本不存在,而是水分供应不足所致,研究成果形成了两篇科研论文正式发表,填补了国内外相关文献的空白。

上面的小故事,仅仅是生态科考十年来注重将专业学习与社会实践相结合发展诸多成果中的一项。读万卷书,行万里路,大学生不仅要学习专业知识,更应该走出校园走向社会,在实践中成长锻炼,社会实践是大学生培养的一种重要手段。但是相比文科学生,理工科大学生在开展社会实践的过程中,往往存在与专业学习脱离的问题,使得实践活动的效能不能最大化。生态科考社会实践做出了有益的尝试,在科考中,强调专业指导,注重多专业融合,"带着命题去科考"已成为一种经典模式。

阅读北理

以 2014 年生态科考为例，科考队面向全校招募不同专业队员，经过实践培训、团队统筹等前期准备，来自生命、化工、材料、物理、机车、人文学院的 24 名队员组成了从博士到本科的考察队伍。这次围绕湿地的生态考察，队员们做了充分理论准备，策划了各自选题，经过行前交流，在各队专业老师的指导下，形成研究价值高且可行性高的方案，并接受了采样等技能培训。

三支考察队伍以湿地区域的水样和土样为样本，重点开展水土酸碱度和各类元素含量的测定，并利用微生物快速检测试纸对土壤中微生物总数进行了测定，回校后经过对土壤酶活性和微生物群落展开测定，结合水质分析和水生植物物种统计，研究不同湿地的生态净化能力。

在实地考察中，队员们工作井然有序，正确、迅速地完成自己的任务。本次生态科考在四十余处采样点共计采集水样 159 份、土样 72 份，对于植物标本拍摄并保留了大量图片资料。采样结束，队员们对当天取得的样品进行初步检测，并将足量的样品进行保存，便于回到学校后在老师的指导下依托专业实验室进行进一步的研究。

"日事日毕，固化成果"——生态科考的"传统法宝"

"每次的例会都是一个总结会，我们会总结一天的行程，采集到的资料做好标签和实验预处理；每次的例会又是一个计划会，规划好第二天的重点，确保任务顺利完成，不至于手忙脚乱；每一次的例会还是一次改进

第四章 树　人

反思会，我们会反思自己哪里做得不好，准备得不充分，在第二天的工作中进行改进。"这是一段摘自生命学院董一名同学科考日记中的话。

十年生态科考考察目的地不断转换，指导老师和考察队员也各不相同，但是在变化之中确有一种传统在不断传承，那就是团结协作的团队精神与吃苦耐劳的工作作风。

在历次科考中，队员们秉承着"今日事，今日毕"的理念，不论当天任务多么繁重，始终坚持每日晚间例会制度，在每天行程结束后开展讨论交流，由队员依次对当天的考察情况、感受进行总结，并在会后对所有材料进行整理，最大限度地保存考察最原始和最完整的资料，以利回校后开展课题的后续整理研究。这样的工作模式，久而久之成了一项优良传统，成为一种科学严谨、认真勤奋精神的载体，贯穿十年，成为具体的科考成果之外的一种宝贵精神财富，弥足珍贵。

这样的态度不仅贯彻考察全程，回到学校后，实践依然继续，队员们着手样品的处理分析、问卷的录入统计以及录音、照片资料的整理等各项细致的梳理与研究，将生态科考过程中留下的宝贵资料，转化成丰富的实践成果。十年间生态科考队共积累了《圆梦酒泉》《行知皖南》《品读宝岛》《生态科考小攻略》等 23 本由科考相关记录、总结编辑成册的读本，共计 180 余万字，其中《大自然的守望者》《校园植物志》《亲历科考感悟生命》已经出版。

阅读北理

十年间,北京理工大学生态科考走过祖国的大江南北,当第十一个年头来到时,在目的地策划上,刻意的"故地重游",既为对比生态状态,也为致敬。

当新一代的科考队员们来到东营考察黄河入海、在宁夏观察沙湖奇观的时候,队员们的研究对象更为具体明确,观测取样也愈发专业。千里之行始于足下,生态科考历经十年洗礼,依然迈着坚定的步伐稳步前行,初衷从未改变,更为重要的是一个以关注自然生态为载体的大学生综合素质提升平台已经成熟,锻炼能力、拓宽视野、理论联系实际、科研能力训练等都有机地结合在"行万里路"中,将人才培养落在实处。

希望生态科考会在下一个十年带给北理人更多精彩!

文:生命学院　党委宣传部
图:生命学院　党委宣传部
2014 年 10 月 24 日

惠教泽学，深耕细作
——北京理工大学机械与车辆学院教学一线教师纪实

【编者按】教育者不是造神，不是造石像，不是造爱人。他们所要创造的是真、善、美的活人。真、善、美的活人是我们的神，是我们的石像，是我们的爱人，教师的成功是创造出值得自己崇拜的人。先生之最大的快乐，是创造出值得自己崇拜的学生。说得正确些，先生创造学生，学生也创造先生，学生、先生合作，而创造出值得彼此崇拜之活人。

——陶行知

君子有三乐："父母俱存，兄弟无故，一乐也；仰不愧于天，俯不怍于人，二乐也；得天下英才而教育之，三乐也。"

如是看来，教师便是最快乐的人了。在北京理工大学机械与车辆学院，就有这么一群最快乐的人。

担重任，本领深，千教万教教求真

"工学不是坐井观天，来不得半点推测臆断。纸上谈兵是不行的，关键还是让学生直接到工厂里、车间中去看，去发现，真正明白自己行业是在做什么，将来准备研究什么。"面对采访，闫清东教授用一句简单的话形容了对工科教学的理解。他是这样说的，也是这样做的。

1992年的夏天，孩子还未满周岁，闫清东便离开了洛阳机械所，匆匆启程，孤身踏上了开往北京的列车。目的只有一个：应导师朱径昌邀请，协助完成国家××坦克装甲车辆重大传动专项项目。

如今，作为北京市优秀教师、师德先进个人，同时身兼多项教学科研团队带头人的他，谈到这里，依然动容不已。

"那时候，真的没太多想法，朱（径昌）老师希望我去帮忙，我就去了，没做什么准备，这一晃就是22个年头。"闫教授感叹道，"但现在，我清楚地知道，我要让这个国防专业（装甲车辆工程）做大、做强"。

这还要从1998年谈起，闫清东刚被推为军车专业教学研究室副主任。那时，和大多数国防学科专业类似，军用车辆工程也同样面临着市场化大潮的冲击。从科研创新与教学改革的夹缝中走一条新路，是他必须奉命完成的重任。

"路都是人走出来的，大不了淌着石头过河，谁怕谁？！"正是凭借这

第四章 树 人

一不怕输、不服输的精神，闫清东一鼓作气向国防科工委提交了一系列"重点专业建设申请""重点规划教材申请""重点国防专业教学团队申请""工程实践教育基地"等报告。因为拥有先实践后研究的经历，闫清东深知实际生产经验对从事工科研究人才的影响力。此时的闫清东还扮演起了军用车辆工程专业的"公关"角色，带着教研组的教师，亲自奔向全国多省市知名军工企业和部队院校，着力策划让自己的学生利用寒暑假到工厂车间中生产实习、接触实际产品和驾驶实况。谈到这个主意，闫清东说："我当时是这么想的，一来是让学生提前思考未来职业发展；二来是为提高企业对我们学生的认可度，毕竟专业水平在那摆着，牌子硬，不怕不吃香；最后又正好形成了一个'校、企、军'三位一体的'科研、生产、市场'良性反馈的循环。双赢的事情谁不想做？我相信能成功，所以就拼了。"

谁曾想，湘潭江麓集团领导们非常支持，双方一拍即合。自此，优秀的毕业生源开始向江麓倾斜。口碑的力量是强大的，不久，包头机械集团、北京北方车辆集团、北京装甲兵工程学院、蚌埠装甲兵学院等军企、院校陆续向军用车辆工程专业教学研究组抛来橄榄枝。

如今，实践教学已成为该专业提高教学质量的一大法宝，学生甚至可以利用寒暑假，根据个人就业偏好或研究方向选择企业并开展实习。

谈到教学，闫教授说，他的另一个法宝就是把科研带到课堂上。"作为工科专业的教师，要是没有科研能力就在台上给学生教学，说句实话，那不就等于瞎掰吗？所以我很喜欢开展实践课，将学生们带到咱们的西山试验场去，让他们清楚为什么科技才是第一生产力。"

当采访结束，记者问及对学生的寄语时，闫教授思考了许久后，只说了一句："我现在对我们学生的要求就是一定要静下心，实实在在。遇到一个问题就必须解决，一定不能积累问题。"

没有豪言壮语、亦无粉饰装潢，却道出了每位四方讲台上教师的良苦用心。正如半个世纪前一位老教育家说的那样——"教师的职务，是'千教万教，教人求真'；学生的职务，是'千学万学，学做真人'。"

艺术派，春登台，趣教启智亦开怀

"听韩老师课，一点都不会困，简直就像听故事一样。""上他的课呀，手机根本不费电,哈哈哈"——上过韩占忠老师的"流体力学"的同学们,是这样向记者描述上课过程的。

米黄色短袖、格子状短裤、简易凉鞋,干练的发型夹杂少许银丝、瘦削的脸庞总挂起一弯不羁的笑容,颇有金庸笔下"老顽童"般的神骨,他就是韩占忠,一位立志成为"高等教育界单田芳"的教师。

谈起大学时期的理想,韩占忠说:"当教师的想法是在大学期间就已经生根发芽的,因为在大学期间,复旦数学专业有位很有名的老师欧阳光中,我很喜欢他的课。毕业前我特意找到他问:'欧阳老师,我很喜欢您的课,您觉得做一名合格的大学老师最基本的素质是什么?'欧阳老师回答说:'当老师有个最基本的素质,就是能将一个复杂的问题用最基本、浅显的语言说出来,让大家都明白。除此之外,别无其他。'这句话对我影响非常深,以致后来我当老师的时候,都把这个准则作为自己的一个标杆。而真正学会如何这么做,我用了几乎整整十年!"

当问起第一次上讲台的经历时,韩老师扑哧笑出了声,"我清楚地记得那是在1982年,第一次上讲台真的很紧张。生怕自己讲一半突然忘了,所以前一天就把上课的讲稿不停地抄啊抄,抄到累为止;结果前一天晚上睡不着,就自己一个人跑到操场上,一边转圈,一边还不自觉地脑补明天讲课的情景,直到后来操场上只剩下我一个人在闲逛。那种感觉真是难忘啊,因为讲台就是我的梦想,我必须成功。"

自此，韩占忠就养成了一个习惯：每逢新学期开设课程时，都会总结前一学期授课效果怎么样，自己认为有没有能够改进的地方，记录一些提升上课质量的技巧。甚至现在被返聘回来授课，他还是保持着这个习惯。

说到这里，韩老激动地拿出了一本发黄的笔记，如数家珍地向我们聊起了他的"三字经"：

"讲课啊，有三点：第一就是系统性，就是课程必须有系统，要有逻辑性，你必须引着学生听你课，有一点脱节，孩子们就可能开小差。第二就是节奏感，就是上课的过程必须有节奏、懂韵律。比如说得太快了，学生可能接受不了；说得太慢了，就会拖堂。通过在上课过程中密切关注学生的眼神和态度，就能非常清楚你的节奏是否合适。如果大家都跟得上，那就可以继续往下走了；但如果感觉学生有点犯愣，那就要赶快解释一遍。第三呢，也就是最重要的一点，就是趣味性，要在课里'加点料，抖包袱'。这一点，我特别喜欢向单田芳老师学习，要把课讲得有趣味。评书讲究抖包袱，这个包袱就是吸引着学生往下走，让学生想着包袱里的东西。教学里的包袱就是问题，一些和专业相关、生活中常见但人们平时不留意的问题，给学生们思考的空间。感兴趣的同学就会自己琢磨，找书翻，但在下一节课，我就会抖开这个包袱，和同学一起交流。比如有一节课是关于空气气流学的，我就问大家'有没有注意到信教楼前任意位置的风都是一个方向'。但至于包袱巧不巧，就要看平时老师的积累了。这，就是我说的艺术。"

聊到一年一度的毕业季，韩占忠用这样的话作为对他的"艺术品"的寄语："希望学生们能把概念性的东西学得清晰、透彻，因为公式性的东西想什么时候用，查就可以，但如果概念性的错了，那就没办法了。"

而对于希望从事教师行业的年轻教师们，韩占忠说："我想说，干一行要爱一行，比如有人是天生的，有人是后天培养的。对于后天培养的，就要做到慢慢地感觉这一行很有意思，然后深入地去琢磨琢磨，你会发现这期间有很多点值得去探讨。其实搞研究、搞学习就是对未知世界的一种挑战，当你学会去挑战它，就会发现这门行业有很多有趣的地方可以去发掘。"

机械赛，领风采，苦心逐梦育人才

2014年第六届全国大学生机械创新设计大赛中，北京理工大学再次斩

阅读北理

获佳绩——五个全国一等奖、五个全国二等奖。往前看，2010年创纪录的四个全国一等奖，为机械赛史上绝无仅有；2012年五个一等奖、五个二等奖，无论是入围作品数量，还是获奖等级、数量，在全部参赛高校中均名列第一。优异成绩的背后，是一大批指导老师辛勤默默的奉献，这其中，苏伟老师是最具有代表性的一位。

"两年一度的机械赛不同于其他全国性的大赛，整个项目历时长，对学生考验大，是一项系统性的工程，是全国所有学科竞赛中影响最大、参赛院校最多、奖励含金量最高的比赛。比赛层层筛选，优中选优，全国除港澳台外，其他省市有相关专业的高校都会参加。具体形式为给出一个大主题，例如救援、医疗、体育器械等，在这一主题下，完全开放式选择。参赛学生需要自主完成选题、方案、设计、图纸、加工、装配、调试等各个环节的工作，最后拿出实物。最关键的是每个项目都要有创新点，从设计、结构到功能，都必须有自主知识产权，而不能是简单的仿制。"苏伟从2006年起负责组织工作，是我校机械赛的总负责老师，见证了我校近几年来的机械赛发展历程，也亲身体会到比赛中指导老师和参赛团队的艰辛付出。

做指导老师不是一件轻松的活儿，尤其是机械赛的指导老师。项目进展中，从选题、设计到最终加工、测试各个环节都需要指导老师的跟进。由于项目的特殊性，指导老师对于学生的指导要适应学生的时间，尤其是临近比赛时，周末和晚上几乎全部要拿出来投入到对学生的指导上，最紧张的决赛前期，一天只能吃一到两顿饭，午饭根本没有时间吃。作为指导老师，不仅要关注学生的成绩，也要关心学生的思想动态。"由于学生和指导老师的接触最多，关系最为密切，学生在职业规划、个人发展方面，也非常愿意听听指导老师的意见。其实，对学生做思想上的指导、观念上的塑造，是任何一个老师最重要的工作，这些对于学生的成长远远比单纯学习方面的指导更重要。"

"想要做好一个指导老师必须要有一点理想主义。现在学校对于老师指导学生并没有明确的考核要求，全靠兴趣和自愿。但对于老师来说，最好的回报不是奖金或者升职，而是学生的成长。看到自己一手带出来的学生获得了各项荣誉，获得保研乃至出国前往国际一流大学深造的机会，比自己获奖还高兴！"虽然很辛苦，但是苏伟感觉自己很充实，他认为"教书育人"这个词不是并列关系，而是递进关系，教书的目的在于育人。

"在2012年的人才培养工作会上，胡海岩校长用一半篇幅讲大学要回归到人才培养上来，要为学生毕业后工作、出国深造的表现负责。"苏伟老师一直坚信这样的一种理念：大学是为了培养人，这是大学最核心要义。现在大学教育还主要以课堂教学为主，而比赛和创新项目则大大补充了实践教学这一短板。对于教学和实践给予同等重视，在高端科研和本科生基础实践培养之间合理分配学校资源，将会给学生更好的成长环境和未来！

国际范，精选材，开放融合推教改

面对国际化潮流的突飞猛进，国内知名高校也面临着空前的教改压力，如果形容我国20世纪后半叶的教改为"计划经济体制教育"过渡到"市场经济体制教育"的必然产物；那么如今的教改便是"国内封闭型教育"过渡到"国际开放型教育"的必然征途。

我校自2011年开始，在全校范围内开设了4个国际化教学专业，即"全英文教学专业"，机械与车辆学院的机械工程全英文教学专业便是其中之一。

机械工程全英文教学专业责任教授张旭对记者说，"在机械与车辆学院里，这是一个新的专业。由于国内大学通常把专业分得特别细，比如发动机和车辆等，但在国外，普遍没有这么细的专业划分，一般就是工程学院下的机械工程专业，所以我们就是按照这个理念来建国际化教学专业，同时这些专业和学院其余专业教学进度都是同步的、并行的。从专业的建设到老师的筛选、教材的购买、教学工程的协调都是需要认真思考的。"

"大学教育与中学教育相比，最大的特点就是'不确定因素'。四年之后，一定会有一些学生非常出彩，另一些学生可能需要的时间会长一些。我们就思考这些变化是如何产生的呢，怎样使更多的同学变得更为优秀，并教会他们如何保持这些优秀的习惯，延长自己的事业发展期，等等。于是我们就从现在的教学大纲、教育体制入手，进行对比和改革。比如在探究中，我们就发现，国外大学的课程整体设计的就不是像国内这么的'细致'、题目的设计也不像国内的这么'难做'，但随着学生的成长和经验的积累，他们就会被动地遇到困难的问题，然后需要自己去发现思路并主动解决所面临的各种问题。而且结果发现他们的学生在攻读研究生、博士生等的过程中，能力就会变得越来越强，而不像国内的学生，等到那个阶段后往往缺少了动手能力和发现并解决问题的能力。"

为了练就一身过硬的授课水平，张教授有一个独特的"秘方"。"对于教师来说，全英文授课是个很大的挑战，除了自身的英文水平之外，更多的是如果用英文授课后，内容可能会变得相对枯燥很多，控制不是那么自如。所以我给我们教学组定的目标就是，学生每天听多长时间外文节目，我们也必须听多少。比如我就鼓励系里教师在手机上下载播客排名前三的英文类节目。比如我个人就要求自己坚持听 BBC 和 ESL 这两个节目。"

最后，张旭感叹道，"能有幸参与到这次机械工程全英文教学专业的改革中，我十分高兴。现在对于学院来说，英文教学都在推动，所以教学大纲在进行相应调整，相关教师也都会参加由教务处组织的各项出国交流及访学计划，人事处也配合对各项目计划进行资助，全面推进教学模式的改革，向国家化教学水准看齐，比如努力将部分课程英文教学的设计方案向全校的各大招生专业推行。所以，现在基本属于教师教学模式改革和学生学习模式改革的阶段。同时，我们专业在发展中很看重学生人文素质的自我培养。在访学和参观国外知名高校的过程中，我们发现，各国高校更看重对自己学生的学业水平和研究能力的培养，而对学生自身性格及个性方面的成长基本不予过问。诸如此类的许多国外高校具有的特点，在经过我们商议后，决定尽数在本专业实行。"

细节小，功夫到，有教无类兴致高

"我的讲课啊，有四个绝招，保证能提高学生的兴趣！"接受采访的韩建保教授说。作为"汽车气动造型"以及"汽车实用英语"两门精品公开课的授课教师，韩建保颇有经验。

"第一，课件内容一定不能枯燥、乏味，要适当融入生活中的元素，不要让学生感觉像是形而上学，丢失兴趣；第二，课堂要融入最新科技前沿知识作为补充内容，让学生们学以致用，增强理解；第三，教师要做到多看、多学、多练，多看是要看国外知名大学的课件是什么水平，多学是

要学世界名校的公开课那样讲课，多练就是要真刀实枪地将自己的教学水平变成实践；第四，尝试沟通，要学会站在学生的角度思考问题，不要被学生们当成是'对立面'，所谓'有教无类'，要相信自己的学生，因为未来终究是他们的！"

说到这里，韩建保显得有些激动，"我这些也是得益于当年在德国读博的经历，回国后我就一心想着怎样让自己的学生也能享受到优秀的教学资源，如何使更多的年轻教师掌握更多的教学技巧。正是基于这些经验，我还特意向学院领导请示，希望能够在教学基本考核中增强院领导的主观意见。因为制度是死的，人是活的，教育就是教人求真，只有拥有一个求真求实的教师队伍，才能孕育出一代稳扎稳打的精英人才。"

63年前，有一位作家曾写到"谁是我们最可爱的人"。而经过这几天的采访，我坚信在北理的校园里，他们就是这群最可爱的人。正如陶行知先生所说——"第一流的教授具有两种要素：一，有真知灼见；二，肯说真话，最驳假话，不说诳话。我们必须拿着这两个尺度来衡量我们的先生。合于此者是吾师，立志求之，终身敬之。"谨以此文献给三尺讲台上，我们终身敬重的人。

文：王宇森　肖海洋　和霄雯
图：郭强　陈蛮蛮
2014年11月17日

一张课表诞生记
——北理工本科课程编排工作纪实

伴随着规律的上下课铃声,北理工的校园里时而寂静,时而人流如织,无论是在良乡校区的低年级同学,还是中关村的"老同学"们,抑或是往来三尺讲台后的授课教师们,都会遵照一张表格有条不紊地往来穿梭于不同的教室之间,或聆听或讲授,完成各自的任务。成千上万的北理人,日常生活全系于此表,这张司空见惯,但却得来不易的表格,就是北京理工大学的"课表"。

人才培养是大学的根本任务,而这个根本任务的体现,最为直接的就是教师授课与学生上课。为了保证几万师生能够有序开展教学活动,合理使用教学资源,就必须根据教学规律和学校人才培养特点,制定出一套便于执行、人性化的教学活动运行计划,这个计划分解给每一名师生的时候,就生成了一张张二维表格。因此,课表是学校教学秩序的根本体现,帮助师生了解学期课程安排,也牵动着全校其他工作的有序开展。

近年来,伴随着学分制和小班授课模式等教学改革的推行,学生可享用的教学资源也日趋多元,同班不同课逐渐成为常态,特别是学校双校区运行模式,给全校教学活动的安排带来了更大的挑战。

课表常常见,但这一张张二维表格背后的故事,它们如何诞生却并不为人熟悉。2015年1月中旬,在教务处的组织下,全校本科生选课工作正式开始,这也意味着2014—2015学年第二学期全校性本科生课表编排"大会战"的帷幕正式关闭。让我们在"大战"之后,去一探北理工课表究竟如何诞生,去品味一张课表背后的故事。

一场体力的"鏖战"

课表编排是学校教务运行最为重要的核心业务。教务处与全校教学单

阅读北理

位形成了一个紧密的工作系统，立足全校，协调"四面八方"，突出以人为本，只有照顾到方方面面，才能制定出较为合理的课程计划。伴随着各类教学信息的交互往来和反复"路演"，以教务处为中心的全校教学管理团队每年都要经历两次体力的"鏖战"。

教学活动的安排要经历计划审核、任务下达、任务分担、汇总编排和冲突检验几个重要环节，每个环节都需要全校大协作来配合，教务处集中完成所有协调组织工作。首先，教学计划是教学活动安排的依据，每学期教学任务下达前，教务处都会组织各教学单位对全校教学计划进行认真审核，通过后向各教学单位下达教学任务，各单位根据实际情况将每一门课程划分教学班并为之分配教师，设置起止周、周学时，并提出教室类型等详细要求。所有教学单位纷繁复杂的教学信息将统一汇总至教务处，教务处的专业"排课手"将开始更为艰辛的人机交互式排课操作，由于排课过程中也需要不断的调整协调，每次排课都是一场体力的"鏖战"。初步课表制定后，还需要反复进行冲突性检测，以确保上课时间、上课地点、跨校区等无冲突，之后才能开放网上选课系统，师生们各自登录开始选课并确认。自此，人手一份的"个性化"课表才算最终诞生。

以2014—2015学年第二学期的课表编排为例，所有课程编排必须在第一学期完成，也就是目前所处的秋季学期。第一学期共21个教学周，完成教学计划审核等前期工作后，排课一般可于本学期第8周开始，在此

后的一段时间内，全校教学管理人员的心中都有一份计划详细、安排紧凑的时间表：下达教学任务与各教学单位完成任务分担用时 1 周；检查分担结果与前后 8 周上课情况、返回修改 1 周；教务处工作人员人机交互式排课 7 至 8 周；冲突检测、课程调整和选课系统 1 周。一番紧锣密鼓的工作下来，才能顺利地在本学期的第 19 个教学周左右开放选课系统，供学生接下来进行几轮选课。

课程编排需要处理的教学信息十分庞大，以 2013—2014 学年为例，学校共开设课程 2 063 门次，开课教学班达 4 101 个，涉及全体本科生和任课教师 1 534 名。庞大的数据意味着排课工作不仅耗时久，而且强度大，任务紧。目前长期参与全校本科生课程编排工作的管理人员共 30 余人，这部分人都还兼管着其他不同的工作。以教务处排课工作人员为例，若想在 7 周内完成人机交互式排课这一阶段性任务，必须精力高度集中，即使将其他工作放在排课间隙或者下班时间完成，而仅专注于排课一事，也得每天马不停蹄地工作 6 个小时以上，其工作强度可想而知。

"最强大脑"的智力比拼

如果仅仅是一场与时间的赛跑，那课表编排也就是一场纯粹的体力比拼，但事实并不是这样。课程编排工作最大的难度在于既要遵守各项教学原则，尊重教学规律，还必须完成对教学资源的协调，体现学校教学工作理念，如尽量做到周二下午不排课，以方便学生开展活动及教师教研讨论等，照顾师生实际需求，最终达到课程编排的最优化。

之所以排课工作必须进行人机交互，是因为目前我校选课采取的是"必修课预置，选修课自选"的方式，而现有的排课系统对必修课只能以自然班为单位进行课程安排，这使得如大学英语、大学体育等分散授课类课程必须进行人工排定。因此，在排课过程中，需要首先将人工排定课程确认后，输入排课系统，才能进行其他课程的安排。另外，课程规模大小不一，人数较多的课程需要协调更多师生的上课时间，条件更为苛刻，因此在具体安排中，此类课程往往优先进行人工排定。

排课工作面临的另一项重要挑战就是双校区办学的特殊背景。现在双校区运行已成规模，越来越多的本科生将在良乡校区开展学习生活，如何合理利用双校区教学资源已经成为课程编排和课表制定工作中一个无法忽视的重要因素。例如在实际工作中，一部分课程需要在中关村和良乡校区同时开设，造成不少教师需要在两个校区往返进行授课，这时两校区的距离直接造成教学时间成本的增加，课程安排必须要考虑到任课教师的奔波之苦，确保教师能够较为从容地在两校区之间完成教学任务，因此一名教师在不同校区的课程安排要尽可能拉开时间间隔，实在无法调节也必须确保课程间隔至少在两大节以上。

教务处不断凝练工作，形成了"从大到小、从手工到系统、双校区协调"等工作原则，虽然能够有效完成每学期的课程编排，但是也会受到新教学日历修订、教学计划调整等因素的挑战，如新教学日历从 50 分钟一节课变为 45 分钟，新增的如专业分流、徐特立英才班等一批特殊的教学计划。教学活动中的一个小小的变化，都会引发整个课程安排的"蝴蝶效应"，给每学期的课程安排带来全新的挑战。

事实上，排课工作从来不是一帆风顺，任何一个环节的失误，都会导致排课工作的停滞甚至从头开始。教学计划制订过程中的小错误，或是任务分担时的小疏漏，都有可能成为全校排课工作"推倒重来"的导火索。教务处的"排课手"，不仅要讲方法、拼经验，更需要时刻做到胸怀大局，举一反三，步步为营，一场排课，真可谓是北理工的"最强大脑"。

用"一张课表"服务师生

作为一个学校日常教学工作的"指挥调度图"，课表对建立学校正常

第四章 树　人

的教学秩序起着重要的作用。虽然在编排课表过程中，要考虑多种因素，但以人为本，服务师生，是"排课手"们始终不变的理念。排课虽然只能坐在办公室的电脑前，面对着屏幕上一行行的信息来"绞尽脑汁"，但是每节课、每个教师都不仅仅是电脑上的符号，更是一个学期中上万师生真实的生活。在每学期的课程编排中，教务处和全校教学管理人员，都始终谨慎决策着，用每个细节去体现对师生的关爱与服务。

2014年，新教学日历的运行，每日上课节数由原有的11小节增加到13小节，午休与晚饭时间相应缩短。因此，为了最大限度地保障师生午休时间，教务处首次在排课过程中明确要求尽量做到上下午课程与下午晚上课程的不连续。即如果第5小节或第10小节安排了课程，则会避免在下午的第6小节或第11小节排课，虽然加大了排课工作的难度，虽然做不到尽善尽美，但是能够最大程度上减少对师生休息的影响，也是"排课手"们对师生默默无闻的关爱。

一线教师是教学工作的执行者，一张张课表对他们工作生活影响巨大，因此一线教师根据个人的教学习惯或者课程设计，往往对课表的编排有各不相同的要求。主动考虑一线教师需求，是课程编排工作服务一线教师的具体举措。每次排课前，各教学单位按照教务处要求向所有一线教师征集他们关于课程安排的个性化需求，汇总到教务处统一研究。一般情况下，每学期关于课程安排的一线教师意见征集往往会达到500条左右，这

阅读北理

些意见主要集中在上课时间、上课地点以及起止周等几个方面。倾听一线教师需求，并在课程编排过程中认真落实，虽然大幅度增加了排课工作的难度，但是课程编排为一线教师服务的理念始终是所有"排课手"们的追求，会根据实际情况予以最大限度的满足。

当然，客观来说，由于教学资源有限或教师之间需求冲突等多种原因，确实无法真正满足所有老师的需求。遇到此类情况，一线授课教师们识大体、顾大局的包容与谦让，才是全校课程安排顺利完成最坚实的基础。所有的教学管理人员都诚挚感谢老师们对教学工作的体谅，正是大家的以大局为重、克服个人困难、服从学校整体工作，才使得每学期教学工作能够井然有序。

课表的诞生，教务处一个部门和教学管理人员一支队伍是不可能独立解决所有问题的，课堂也不是只有师生两个元素构成，从桌椅到门窗，从投影到照明，从清洁到闭门，哪个方面都不能离开学校各个部门的支持。在各学院的鼎力支持，还有体育部、工程训练中心、艺教中心、校团委、学生处、图书馆、良乡管理处、后勤集团、国资处等多部门协同合作下，全校上下以人才培养为中心，分头落实好教学计划制订、任务分担、教室安排、后勤保障等工作，才真正赋予了这一张简单课表的"不简单"。

文：韩姗杉
图：教务处
2015 年 1 月 20 日

校园中的那座"法庭"
——法学院"模拟法庭"人才培养工作纪实

【编者按】近期,北京理工大学将迎来第十四次党代会,在学校全面推进综合改革和制定"十三五"规划大背景下,为全面贯彻党的十八大,十八届三中、四中全会和习近平总书记系列重要讲话精神,加快"争创一流"步伐,党委宣传部推出"发展巡礼"专栏,展示学校、学院自十三次党代会以来取得的各项成绩。

在北京理工大学中关村校区,有这样一间特殊的教室,高悬的国徽彰显出不一样的肃穆,"法官""被告""原告"等席位一应俱全,伴随着法槌的一次次"掷地有声",一场场"唇枪舌剑"在这里上演,一条条法条被"引经据典",这是一座法庭,一座建设在北理工校园中的"法庭"——北理工法学院的模拟法庭。作为国外培养法律专业人才成熟有效方式的

借鉴，北理工的模拟法庭经过多年建设，已经成为学校实践教学的特色品牌之一。

北京理工大学于 1994 年建立法律系，2008 年正式成立法学院，如何在一所理工科优势明显的大学中培养法律人才，始终是学院着力研究的焦点。特别是在学校十三次党代会之后，学院将转变法学教育"重理论、轻实践"的传统教学模式作为突破口，为提升人才培养质量找到了切实的抓手，而模拟法庭这一经典的实践教学方法自然也成为法学院人才培养工作最闪亮的舞台之一。多年来，北理工的模拟法庭不仅在法律业界产生广泛影响，还形成了国内外认可的"北理风格"。

在"模拟"中求真务实培养人才

模拟法庭这一教学方法最早产生于 14 世纪的英国，随后在全世界普及开来。在美国，许多法学院不仅将其作为一门重要课程，还广泛开展辩护状写作、法庭辩论等各种单项和全能比赛。近年来，国内法学教育也在不断向国际化看齐，创新改革，适应社会人才需求，适应国际化发展的需要。因此，围绕学校人才培养的总体战略，法学院的模拟法庭也不断在"模拟"中求真务实。

追溯北理工模拟法庭的历史，学校在 2001 年就将一号教学楼 101 教室改造为首个正规的模拟法庭空间。2012 年前后，在学校的支持下，将中关村模拟法庭搬至 7 号楼 108 报告厅，并在良乡综合教学楼也建设了模拟法庭。自此，北理工的模拟法庭进入全新的"2.0"时代。

"学院建立模拟法庭，开展模拟法庭教学活动，不仅仅是学院建设的必经阶段，更是人才培养的必然要求，也是走向国际化、与国际接轨的重要途径。"谈起建设模拟法庭的初衷，北京理工大学法学院副院长李寿平教授说。

模拟法庭最大魅力，其实并不是我们能看到的现场模拟，作为实践学习，它提供给参与者的是一个完备的体系。模拟法庭通过庭前案情分析、角色划分、法律文书准备、预演、正式开庭审理案件以及庭后总结反思等环节模拟刑事、民事、行政审判及仲裁的过程，能够迅速提高学生的实务操作能力，并掌握实务操作规范。在模拟法庭过程中，学生通过扮演庭审中的不同角色（法官、书记员、律师、当事人、证人等），实现庭审过程中各种程序的训练。

"A、B两国航天器同时探测某星球，为避免某天体撞击地球，A国航天器对其应急撞击，但由于误差，造成了B国航天器的损坏，同时因撞击变轨的小天体还给B国居民造成了损失，由此一场A、B两国间，A国与B国民众间的'空间官司'拉开了帷幕。"——这是在2014年法学院斩获全国亚军的第十二届"航天杯"国际空间法模拟法庭竞赛上的竞赛题目。在思维的交辩中，学生专业知识和各项能力都有了显著的提升。

模拟法庭可以调动学生们的积极性与创造性，提高了法律文书的写作能力、沟通表达能力以及缜密的思辨能力。"法庭模拟真实案件的审理过程，庭前准备着重培养学生对案件的整体把握能力以及分析问题的能力、组织能力；庭审过程着重培养学生的表达能力、思辨能力，体现庭审的对

抗性；庭后工作主要培养学生的文字表达能力和总结能力。"李寿平教授如是说。

当然，模拟法庭只是法学院实践教育理念的一个集中体现，学院还与多家司法部门、律师事务所和企业法务建立了数十个实践基地，设计"法律诊所"和"法援中心"等教学实践环节。学生们也在实践中提升了业务水平和个人能力，在国内外各项活动中取得了优异成绩，在中国空间法学会"国际空间模拟法庭大赛"中连续三年获得全国冠军和最佳辩手；在第十七、十八届 Manfred Lachs 国际空间法模拟法庭亚太地区比赛中，我校选手两次打破中国队参赛纪录，其中 2008 年获得了亚太地区季军的好成绩；2011 年、2012 年在北京市高校模拟法庭大赛中，连续两年摘得桂冠；在 2007 年和 2008 年全国"北外杯"知识产权模拟法庭大赛中获得两项第三名的佳绩。

在"自己的法庭"中成长

模拟法庭的建设始终以服务人才培养为目标，不仅在实践中能够让学生们深化学习、强化法庭现场亲临感，也在净化着学生们的心灵，不忘自己是一名"弘道弘仁"的法律人。培养优秀法律人才，要做到"德以明理学以精工"，学生自己内心的收获，更为可贵。

刘思敏是法学院 2011 级的本科生，作为 2014 年第十二届"航天杯"全国空间法模拟法庭竞赛的选手，带着提高自身的法律实践能力和提高英文水平的初衷，与队友走上了全国大赛的法庭。不断揣摩、剖析案例，查阅翻译海量英文文献……这些可谓些许"痛苦"的经历给她留下了至深的印象。但是谈及收获，她有着发自内心的兴奋，"通过这次国际大赛，我对空间法知识的认知有相当大的提升，特别是临场思辨过程，让我感受到了自己的能力，不过，有些资料脱稿后，表现还略显稚嫩。"

法学院以模拟法庭比赛为牵引，不仅仅组织学生参与国内外大型比赛，更主动承办大型比赛，将更多的资源引入北理校园。多年建设，模拟法庭也形成了一种育人文化，并且通过刘思敏这样优秀的学生一代代传承发展，这种学生群体中逐渐成型的"模拟法庭"校园文化和意识，不仅深化了模拟法庭教学的成效，更为重要的是为学生自我教育成长奠定了坚实的基础。

第四章 树　人

法学院 2013 届毕业生聂思聪曾参与学校承办的国际空间法模拟法庭大赛世界总决赛的组织工作。回顾参与这样的国际交流活动，她不仅直接感受到了学校空间法学在国际法学界的影响力，模拟法庭的各类竞赛屡创佳绩，也让她备受鼓舞，对专业充满热情。另外，模拟法庭也是个交流的平台，来自国际法庭的法官、世界名校的优秀师生，都为学生们拓宽了国际视野，开辟了国际交流的新平台。

"模拟法庭让我感到了自己的价值和成长。如今，我已经参加工作，在工作中最重要的任务是运用法律解决问题，深感模拟法庭的锻炼获益匪浅，与其他新人相比，实践能力、看问题的角度都高出不少。"聂思聪的感受良多。

教学相长、弘道弘仁

模拟法庭不仅在培育学生方面发挥了重要作用，作为一种教学手段，也对教师提出了更高的要求，形成了教学相长的良好局面。

模拟法庭的成功开展离不开指导老师悉心付出。在整个模拟过程中，如何选择典型案例、根据学生特点分配角色、设计原被告预案等等前期准备都关乎着模拟的成功与否；而在模拟过程中，教师更犹如话剧导演一样关键，既要关注现场，还要随时捕捉细节，做好记录，把握方向；模拟结束后，一场高水平的点评与总结，要起到画龙点睛之功效。只有一场流畅而完整的审判过程才能让学生真正得到充分的学习与提升，作为"总导演"的指导教师，肩上的担子沉甸甸。

除了全过程的细致准备，模拟法庭这个法律多元性视角的训练平台，要求教师必须转变观念，抛开纯理论的"枷锁"，真正融入实践教学，围绕社会需求，来塑造高素质应用型法律人才，探索创新，将实践内容贯穿于整个教学过程中。

这样的转变确实给法学院的教师群体带来了挑战，但凭着教师高度的责任感与使命感，他们迎难而上，自身的教学水平也不断提升。以参与空间法模拟法庭重大赛事为例，他们不辞辛苦熬夜指导学生撰写文稿已是家常便饭，而为学生设计灵活多变比赛战术，不拘泥于中规中矩的保守风格，在几年的时间里，也已形成国内空间法届的"北理风格"。

法学院副教授王国语老师曾经 5 次带队参加国际空间法模拟法庭比赛，回首比赛之路，他感慨良多，表示在比赛过程中不仅学生们收获良多，自己的能力也得以不断提高。"模拟法庭国内夺冠，走向世界，也让我们增强了建设国际一流的空间法学科的信心。空间法方向的教师也更加明确了以比赛为一种牵引，不断加强学科建设、引进优秀人才、做好人才培养工作的重要意义。"王老师在多年指导模拟法庭的过程中，结合模拟法庭比赛还特别承担了我校法学专业的特色课程"航空航天法"和"国际空间法"以及"国际私法"课程的教学任务，将课堂教学与这一实践教学方式充分结合，提升了教学质量。

第四章 树　人

而法学院青年教师张晏在第一次作为指导老师参加第 19 届斯泰森国际环境法模拟法庭大赛后，也觉得"充满了挑战"，但更多的是对教学的思考。他说，国内过去的法学教育和研究多是粗放式的、理论式的、高屋建瓴式的，但国外在教学中会特别注重结合现行立法，深入挖掘条文本身，在教育手段上也是实践先导性教学，更注重研究和讨论真实的案例或事件，这在国际模拟法庭中体现得淋漓尽致。因此，开展模拟法庭的教学实践和参加竞赛，深受启发。

模拟法庭作为法学院人才培养工作中一个具有代表性的亮点，在过去几年取得了一定成绩，但这仅仅是学院在人才培养工作方面的起步之举。围绕学校"争创一流"的发展战略，还有太多的工作需要扎实开展。法学院将在"法天法地　弘道弘仁"的学院办学理念指导下，不断培养法律英才。

文：辛嘉洋

图：法学院

2015 年 4 月 14 日

身有基地双飞翼　筑梦天空任我飞
——走进航空航天科教实践基地

在北理工南门，有一座不起眼的三层小楼房，没有迥异的构造，没有华丽的装潢。露天的楼梯上，青灰色的石板砖，偶然会发现几丝裂纹；楼层的连接处，还有几片昨夜下雨时吹掉的落叶。七食堂，伴随着新食堂的崛起，似乎被学子们遗忘在校园的某个角落里。

但，也是在这里，出了 2011 年"挑战杯"大学生课外学术作品竞赛一等奖和 2014 年"飞航杯"第二届全国未来飞行器设计大赛唯一的特等奖，科研类全国航空航天模型锦标赛一等奖，"中航工业杯"国际无人飞行器创新大奖赛创意新星奖……

七食堂三楼就有这样一个航空航天科教实践基地，这个地方，你知道吗？

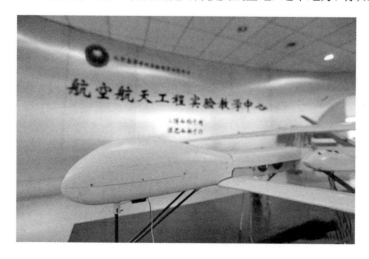

为学生打造一个自己的家

踏入基地的门槛，竟别有一番洞天。1 200 平方米的开阔空间里，流线型的建筑、富有艺术感的设计、整齐有序的布局,让人耳目一新,无论从哪个角度来看,都找不到餐厅的痕迹。多功能展览厅,飞机、导弹、火箭、卫星模型在柜台上依次排开;光滑的地板上,倒映着曾在比赛中一举夺冠的航模作品的影子;三轴转台、并行仿真计算机、飞行器组网飞行系统、多功能环水槽、多功能附面层实验台、烟气流线仪、激光切割机、雕刻机、各种小型加工车床等先进实验仪器及设备,安静地守在实践区,等待学子亲手把课本上的知识付诸实践;飞行控制仿真实践区里,几个学生正通过三轴转台、姿态传感器进行模拟飞行实验……

来实验基地参观的,既有本领域爱好者,也有其他专业的学生,更有从小就对航空航天有浓烈兴趣的中小学生。走出这道门时,他们都发出了同样的感慨:这里是通往航空航天的科学殿堂。但对于宇航学院的学生来说,这里更像他们自己的家。

七食堂三楼曾经是个风味食堂,2010年,在新食堂开始使用后学校为了加强学生创新基地建设,将这个曾经非常红火的食堂进行了改建。在改建过程中,学校各部门和学院上下做出了很多努力:国资处对于房屋的调配改建维修,教务处和实验室设备处对于展台仪器设备的支持,学院领导和师生的齐心动员,共同打造了航空航天科教实践基地,从此这里成为航空航天爱好者的一块"风水宝地"。

"从一个什么都不会的学生,到做出一架飞机,再到天空试飞,你能

阅读北理

体会他内心的成就感有多大吗？"刘莉既是实践基地主任，也是宇航学院的老教师，她更懂得学生们"真正想要什么"。为了打造这个"家"，刘莉当起了"总设计师"，比自己家装修都要上心。从一开始对炊具和煤气管道的拆除，到最后实践基地的设计、清洁、搭建，刘莉一步也没离开过。"懂飞机的都知道，飞行器不美就不能称之为飞行器。在基地建设时，我们不仅要体现功能性，还要体现出美感。"顺着刘莉的指尖，一条条没有隔断的通道展现眼前。"给学生们充足开阔的空间供他们自由发挥。"

做一架"载梦飞翔"的飞机

研二同学刘真畅，就是在这个大家庭成长的。"我想做一架能体现我创意的飞机。"刘真畅在大二那年，走进了这个基地，加入航模队，从此就再也没离开过。从初来乍到时，师兄手把手"传帮带"，到现在成为团队的核心，刘真畅把"最美的时光"无怨无悔地交给了基地。他的团队，在这两年间，结合北理工独有的导弹设计理论，做出了一架"深入楼宇之间、精确击打车辆等小型目标"的"低空无人机"。这种在美国大片里才能看到的战斗机，被刘真畅搬到了现实中。

"不是所有新点子都能变成实物。"刘真畅说。直到今天，他仍然忘不了那些在电脑前画图的日夜，忘不了第一次在淘宝购置飞机部件的兴奋，忘不了第一次加工出飞机模型的欢呼。让他收获最大的，还有这五年来航模队的团队友谊。比赛期间，团队更加紧密地团结在了一起。"有时三天

第四章 树　人

后就要上'战场',前一天试飞时模型掉下来摔了,还要加班进行补救。"刘真畅的团队里,在比赛的一周内,昼夜工作是常态。队伍里 10 个人至少留 5 个人坚守阵地,其他人在座位上小憩一会,立刻进入备战状态。

如果说刘真畅的飞机赢在创意,那杨鹏斌的飞机就拼在技术了。他们团队设计的飞机既可以进行目标识别、又可以抓取实物送到特定地点。做这架飞机对于杨鹏斌来说是一件非常酷炫的事。"这和'神盾局特工'里的多旋翼侦察飞机不一样,我们的飞机是用来抓取货物的。"杨鹏斌介绍说。从无人机送快递到海上进行物资补给,这个小飞行器的应用将会越来越普及。"每学一些新知识,我的脑子里都有很多新想法盘旋,如果没有这个'家',它们就永远都找不到降落的方向。"杨鹏斌即将带着他的作品参加今年的"中航工业杯"比赛,对于他来说,结果并不重要,让他尤为珍视的是,一次次和队友们放飞梦想的过程。

在这个基地像刘真畅和杨鹏斌一样活跃的骨干有 70 多人,基地建立至今共有 345 人次获奖。面向全校的公共实践课使得制作飞机模型不再是宇航学院同学的专利,各种民机、军机、小火箭等的出炉,承载着来自不同学院的同学的梦想。理工科的学生不善言辞,没有华丽的辞藻勾勒梦想的形状,没有豪迈的语言激扬不变的信念,但让飞机载梦飞起来,永远不在话下。

我们愿意在背后做助梦人

"他们筑梦，我们就是他们背后的助梦人。"基地副主任王正平说。仔细观察，在展厅陈列的一张张照片里，很难找到老师的面容。但事实上，每次比赛的整个过程、每一个精彩的瞬间，老师们都陪伴在航模队的身边。只不过，他们刻意把自己的身影隐藏在学生的身后了。

王正平是历届航模队的指导老师，每年为了陪航模队参加比赛，牺牲自己假期时间，帮着调度大车、和学生一起搬运飞机模型、领学生们去大兴试飞。25岁的年龄差，非但没有产生鸿沟，反而拉近了他和学生之间的距离，学生们早已把他当成队伍的一员，私下里亲昵地称他为"大队长"。

和王正平一样默默付出的，还有其他两位实践课代课老师。"这哪有什么课题费，有时我们还会自己搭点。"教飞行控制系统实践课程的老师徐军笑着说。无所谓个人得失，让徐军乐此不疲的原因只有一个——为这群有梦想的学生插上飞翔的翅膀。"我不仅会把课本里的知识转为实践操

第四章 树 人

作,还会把以前研究过的课题、科学前沿开发成技术为他们提高本领。"杨鹏斌的飞机控制器就从中受益匪浅,他使用了徐军的 PID 比例积分微分控制器算法,优化了飞机飞行参数,提高了成功率。

于勇老师的流体力学也让同学们开足了眼界,他的风动通道和循环水槽让抽象变得更直观,学生们可以清晰地看到不同特质的流体流过飞机机翼时的形状。但这并不能满足于勇的要求,他经常对学生谆谆教诲,"我不希望当别的学校学生都处于理论设计阶段时,你们还停留在概论阶段。"

学校的支持,学院的努力,老师的付出和同学的勤奋,清晰勾勒出了一套理论教学与实践教学、课内教学与课外教学有机结合的实验教学体系,在这个体系中,学生的创新意识和创新能力,高水平的科学素养,勤于实践、勇于探索的进取精神呼之欲出。"宇航学院今后将继续发挥基地在深化教育教学改革、学生创新创业能力培养、航空航天的科技创新和科学普及等方面的作用,将其打造成航空航天产品认知展示、实验教学、实践创新为一体的实验教学综合平台。"宇航学院党委书记于倩信心满满地说。

随着校、院两级对航空航天创新实践基地的不断投资与建设,基地已成为每一个怀揣航天梦想学子的"霍格沃茨"。这里没有作业的束缚,没有刻板的说教;在这里,他们有梦想,有自由,有一群无私奉献的老师,有一帮志同道合的伙伴。相信他们在未来定能勇做"创客",在创新创业的蔚蓝天空自由翱翔!

文:张爱秀
图:刘箢瑄
2015 年 7 月 6 日

航天的舞台，怎能少了你的精彩？

2015年的最后一天，《北京理工大学2015年毕业生就业质量年度报告》面向社会公开发布，同时，以图解形式的专题报道《2015届毕业生都去哪了》在北理工校园网首页上持续置顶。这是这所一贯低调的国防院校首次高调展示毕业生的就业去向。在《北京理工大学2015年毕业生就业质量年度报告》里，重点单位的就业情况得到了全校师生的特别关注。

"本科以上层次毕业生中，到世界500强企业、国家重点建设行业、重点部门、重点单位就业的毕业生占直接就业人数的62.37%。""2015年接收毕业生排名前30的单位（集团），全部为在航天、航空、兵器、电子、船舶、金融、信息通信、装备制造、科研设计等重要领域的顶尖单位。接收毕业生排名前30的单位接收数量占直接就业人数的比例达到33.89%。"

当把目光聚焦到这30家重点单位，细心的读者会发现，这30家单位中有23家为"中字头"或"国字头"企业。其中，排在第一位的格外抢

眼,就是中国航天科技集团公司。而另一组鲜为人知的数据则更令全校师生振奋,那就是毕业生在中国航天科技集团公司就业人数(不含定向、委培生)在全国高校的名次已经由往昔的第四位,发展到 2014 年的第三位、2015 年的第二位。这组数字的变化,标志着我校就业市场"拓天"战略取得了重大突破。在航天领域对毕业生的需求逐年减少的情况下,同类高校之间人才输送的竞争基本上就是此消彼长,因此,成绩的取得更显来之不易。

在哪里不重要,重要的是知道去哪里

对北理工毕业生来说,找到工作不是问题,找什么样的工作才是问题;对学校来说,学生就业率不是问题,学生去哪就业才是问题。在保持较高就业率的同时,不断提升毕业生的就业质量是学校就业工作的核心目标。

长期以来,北理工坚持"立足国防、面向全国、服务地方"的服务面向定位,把引导和鼓励毕业生到国家重点单位建功立业作为提高就业质量的重要举措。可是,国家的重点单位那么多,如何引导和鼓励毕业生准确流向重点呢?这是摆在就业工作者面前最实际的问题。破题之道,在 2009 年找到了。北理工党委在第十三次党代会上提出了"强地、扬信、拓天"学科特色发展路径。于是,与学校学科发展战略相呼应,在稳定兵器、信息、汽车等传统行业就业优势的基础上,"主动瞄准国家重大战略和国防重大战略需求,紧密围绕我国航天事业发展主题,大力推进毕业生到航天科技领域就业"就成为学校就业市场工作的重中之重。

既要解决送的问题,也要解决来的问题

人才输送的"拓天"战略,不能仅仅关注"出口"的引导,如果"入口"的生源没有数量和质量的保证,最终也会变成"无米之炊"。在北理工,充分发挥招生就业联动的优势。学校在本科招生环节即树立"拓天"思维。为吸引更多优秀学子报考相关专业,学校不断深化相关专业的招生模式改革:从普通本科专业培养招生探索到本硕博一体化培养招生;从小而窄的专业招生推进到注重"宽口径、厚基础"和立足学生兴趣自我激发的大类专业招生。2009 年,为了培养具备坚实理论基础、有国际竞争能力、适应社会发展需求的行业领军人才,学校推出了信息工程、安全工程和飞

行器设计与工程三个本硕博贯通培养班；2013年，学校实施"明精计划"，在原硕博贯通培养班的基础上，推出了以老院长名字命名的"徐特立英才班"。该班尊重学生自我定位与规划，允许学生在全校范围内任选专业，更加注重人才的早期发现、培养、开发，对其进行个性化培养设计，使之成长为具有国际化视野和能力、文理兼备、理工协同的创新型人才。

同时，学校不断优化各省"拓天"相关专业的招生计划。在航天科技产业相对集中的北京、天津、上海、陕西、四川、内蒙古等省市增加"拓天"类专业招生计划（以上6省市该类专业新生人数占全国比例由2008年的17%增加至2015年的28%），吸引了大批耳濡目染的"小航天人"报考，同时学校鼓励他们学成后回家乡奉献航天事业。

"精确制导"，到京外航天抢"饭碗"

诚然，找工作是学生个人的事情，是由市场来主导，但并不是说学校就无所作为。学校的主动引导与市场拓展，一定程度上影响着学校毕业生在行业和地域上的分布。当前就业形势发生了深刻变化，就业市场早已经变为"买方市场"，而航天系统更是炙手可热。

为了在航天系统抢占更多就业机会，学校将航天就业市场进行了全面的分析与研判，认为在京单位的需求基本饱和，再加上北京户口指标限制日趋严格、留京难度日益加大等原因，不能再把目光盯在眼前的"一亩三分地"，应该主动走出去，重点进军京外的航天单位。而京外航天单位福利待遇与在京航天单位已经基本接近,生存压力却较北京小得多,再加上由于历史原因北理工毕业生在京外分布较少,就业市场还有很大的拓展空间。

在进军京外航天单位的过程中,为了实现"精确制导",学校与学院做了明确分工。学校负责大集团及其二级单位各大研究院,学院结合自身学科专业特点对接各研究所及三级企业。持续的走访取得了显著效果,例如最近两年,中国航天科工集团公司的五大研究院中,第四研究院(武汉)、第六研究院(呼和浩特)、第十研究院(贵阳)三个京外单位都与学校签订了就业基地协议。2015年,北理工毕业生在中国航天科工集团公司就业人数逆势上升,在该单位需求较2014年减少14.51%的情况下,我校就业人数增长了9.23%。

除了学校学生就业指导中心、各学院就业工作负责人走访航天单位外,学校还不定期组织学生到航天企业进行实习实践,增加学生对企业的了解,为日后的求职打下基础。同时,学校每年组织召开30场左右的各种类型航天企业专场招聘会,为航天企业与毕业生交流搭建良好的沟通平台。

老师是"助推器",学生是"发动机"

为了进一步促进我校向航天系统输送优秀毕业生,探索校企双方联合培养人才的新举措。2015年1月,学校与中国航天科工集团公司联合成立了"北京理工大学——航天科工科技创新俱乐部"。

阅读北理

  俱乐部的成立就是为了发挥学生社团自我组织、自我教育、自我管理作用，激发学生投身航天事业的积极性和主动性。俱乐部主要负责在企业做课题、毕业生及实习生招聘、社会实践、讲座和各类学术活动等。俱乐部成立后，利用微信平台持续开展校园航天科普推广工作，协助中国航天科工集团公司举办了首届"航天科工杯"大学生科技竞赛，组织在校生到航天六院等企业参观，并与航天六院联合举办了北理工首届"水火箭"大赛和固体火箭大赛。2016年4月24日，俱乐部还举办了"航天梦、中国梦"首届"中国航天日"科普展示活动。目前，俱乐部已成为中国航天科工集团公司人才选拔和文化传播基地，进一步推进了校企"零距离"对接，实现了校企合作共赢。2016年3月，俱乐部的首任会长张述玉同学毕业，他放弃了留京的就业机会，毅然选择了到山东烟台的山东航天电子技术研究所（航天513研究所）工作。

  眼下，学校招生宣传工作已经开始大规模走入中学校园。面对家长的问题："听说你们学校兵器最牛，可是你们毕业生有到航天系统就业的吗？""航天系统单位招录北理工的毕业生多吗？"负责招生宣传的老师总是毫不犹豫而且非常自豪地回答："不仅有，而且很多！"随着一批批毕业生投身航天事业，相信在未来广阔而深邃的宇宙中，必将会有北理工人别样的精彩！

文：招生就业工作处
2016年5月5日

樊孝忠：用章回体小说教你学好计算机

【编者按】计算机学院退休教师樊孝忠是国内最早开设计算机基础课的教师之一。执教三十余年，樊孝忠深感信息化社会给计算机教学提供便利的同时，也给教育者带来了挑战。年逾花甲的他从不照本宣科，而是探索教学模式的创新，为北理工学子提供最生动有趣的教材；他另辟蹊径，站在学生的角度思考教学中存在的问题，给予学生别开生面的教育体验。章回体小说《电脑外传》集中体现了樊孝忠以人为本、寓教于乐的教学理念。如何让学生快乐地学习，让教学成为一种精品、一种美、一种文化，樊孝忠老师的教学实践值得广大北理工教师思考与借鉴。

一个"意外"的举动，让北京理工大学计算机学院退休教师樊孝忠火了。

去年，一条关于《电脑外传》出版众筹的微信迅速在北京理工大学师生朋友圈里悄然扩散，一时间转发量陡增。转发者不仅纷纷点赞、留言，还以实际行动众筹出资。在众筹的页面，樊孝忠诚恳地写下"人们学习常识，更多的是通过轻松的课外读物渐进的。那么，计算机基础知识的学习也可以、甚至更应该如此——让学生快乐地学习！至少不那么枯燥……"。

时至今日，樊老师的众筹虽已结束，书籍已经出版，而这位"火了一把"的老教授却没有停下自己与时俱进的步伐，他活跃在网上，发送课件、外传电子版或录像——兑现当初发起众筹时的承诺。

常做常新——我要让学生们快乐地学习

其实樊孝忠的名字在校园内并不陌生，他是国内最早开设计算机基础课的教师之一，他主编的教材《计算机应用基础》曾获北京市精品教材奖，并被中国书刊发行协会评为1996年全国优秀畅销书。他怀瑾握瑜，桃李天下，曾指导三位残疾青年博士生，支持他们的科研梦想，其中还在就读的张大奎被评为"中国大学生自强之星标兵"和"首都市民学习之星"。

樊老师始终坚信教学是教师立足之本。他常说："教学艺术是一种美，一种文化，认真传承、尽心发扬是教师的天然责任。"他主动和青年教师们切磋教学方法，寻求新的教学模式，并经常叮嘱青年教师："教书是教师的看家本领，不可懈怠；一节课，讲述明白，是正品；深入浅出，是上品；幽默启迪，是精品。"

在多年的教学实践中，樊老师深感信息化给教学带来诸多便利的同时，也给教育者带来不少挑战。他认为高校教师应着重对学生知识结构、学习模式的指导，以提高其学习效率，激发其学习兴趣，并不断进行开拓创新。他和同事深入探索大学生"自举学习"模式，即面向信息社会的知识特征，自我发掘、选择学习内容，以酝酿创意为目的不断自我提高的学习方式。与传统的自主学习模式相比，"自举学习"模式要求学生获得更高层次的基础知识，并有强烈的创新意识。

除了探索学习模式，如何提升教材对学生的吸引力也是常盘旋在樊老师脑海中的问题。大约在五年前，樊老师在思考教学生涯和生活当中的趣事时，突发奇想：不如结合自己的教学经验和生活阅历写一部小说。

"要把计算机基础知识常识化，小学生到大学生，都在学电脑，怎样能更好些？人们通过轻松的课外读物能更好地学习掌握常识，那么，计算机基础知识的学习也应该做到这般——让学生们快乐地学习。"这就是《电脑外传》的创意来源。

樊老师语重心长地说："我出生在农村的一个贫困家庭，在社会和亲朋的帮助下念完了高中，又幸运地到北京读大学，研究生毕业便留校任教。

我非常认可季羡林老先生说的一句话'读书仍是天下第一好事',而且我依然坚信,勤奋和刻苦是人生路上最有效的步伐。我想把这些朴实的理念和感悟献给这个时代的青少年。他们虽没有饥饿,却更需要知识和精神的营养!"

运笔五载——我把知识以小说形式流传

历经五载春秋,樊老师从一开始的循序渐进,到后来的一发不可收。无论是在校园的长凳上还是公园的树荫下,樊老师总是随身不离一扎手记,创作是他最大的快乐。

"虽然其中的人物都是虚构的,但人物身上发生的故事都是这么多年积累的所见所闻,都能找到真实的对照。没有按照固定的格式写,却由于顺应内心,结果便是越写越顺,越来越感觉不是小说,而是事实。"

"第一回 老翁鼠标误文物,少年键盘识电脑;第二回 秋成提问惊四座,闫硕游戏释原理;第三回 常鸿数制戏学妹,冬毅换算对狂生……"最后成文的《电脑外传》是一本章回小说:一条是电脑知识线,串系着计算机的组成、运行原理、操作系统、移动互联网等技术知识;一条是人物线,通过几十个故事勾画出主人翁由中学到大学的成长轨迹,间以励志、德行及学习生活中常见问题,道理通达,洗涤内心。两条主线迂回交错,行云流水,浑然一体。

《电脑外传》的诞生得益于风雨年代樊老师和文学的一次牵手,樊老师在初中遇到了一位文学底蕴深厚的语文老师。"有一次书本上学到《小石潭记》,看到我们想象不出,老师就带着我们去野外探寻,直到傍晚找到一条小溪，几棵古树，寥寥顽石，方才作罢，印象极为深刻。"

这是樊老师的第一次文学启蒙，时光难忘，铭刻一生。高中毕业后的樊孝忠赶上头趟教改班车，满怀希冀地登上了从河南偏远山区开赴首都北京的列车，与北理工结下了不解之缘。

书稿成型前，樊老师决定先用《电脑外传》的前两章试水授课。课后，几位学生反应热烈，有的学生用邮件致谢樊老师："这是一堂很有魅力的课，能以故事体例讲述技术，简直是一种革新。希望您能够继续用这种方式为我们授课！""一听章回名瞬间联想到《红楼梦》里宝玉梦游太虚幻境……把许多计算机的基本知识讲了出来，又不显得刻意。"

精益求精、"止于至善"的樊老师还邀请了中学生、计算机课程教师来为书稿"挑刺"，中学生指出了渔民捞鼠标、邮局大姐姐知识过于渊博等故事情节的不当之处，教师则建议采用时下流行的"穿越"，实现古今语言风格并存。

行无止境——我与时代共节拍

打开《电脑外传》出版众筹的微信，朴实亲切的文字配以图片，正文中介绍了书稿的创意过程、内容特点、使用效果、意见反馈、受众人群、资金用项，最后一部分是"我要支持"，读者可以选择不同的资金额度进行支持。

年过花甲，樊老师却越活越年轻，喜欢和青年人在一起探讨未来世界的变化。正是这种"年龄越大，姿态愈低"的生活态度，让樊老师身边充满着看似只属于年轻人的现代生活方式。微信、微博、QQ，樊老师无一不通；短信、邮件以及各种常见APP，樊老师样样皆会。之所以选择众筹，用樊老师的话说"众筹就是今后低成本作家的未来，是市场的必然走向"。

樊老师一边介绍众筹的原理，一边告之这样做的用意在于"既合理避免了作者可能因市场乏力而导致的亏本风险，同时，又有效地解决了正版书籍的版权问题"。最终他成功筹得4万多元，超过了计划额度的两倍，并在北京理工大学出版社出版了《电脑外传》的纸质书。

"谁说创新是青年人的专利，经年的积累和一颗不老的心，孕育出的是北理史上最有趣的教材和学生们不一样的课堂收获，大学长青的秘诀，就是不论外界如何浮躁、动荡，总有人对育人有强大动力并付诸行动，如切如磋，如琢如磨……"有人在众筹网下留言。

文：特约记者　离退休工作处　党委宣传部
图：徐思军
2016年5月13日

给社会实践装上"准星"
——人才培养大讨论系列报道之北京理工大学学生暑期社会实践纪实

【编者按】 2016年,北京理工大学学生暑期社会实践,以"青年服务国家——投身助力'十三五',青春奋进中国梦"为主题,紧密围绕服务国家及学校"十三五"规划,结合青年学生实际全面开展。人才培养成了社会实践工作的"准星",如何精准定位,如何将社会实践的"好钢"用在人才培养的"刀刃"上,北理工在不断思索、不断实践。

"每种色彩都应该盛开,别让阳光背后只剩下黑白,每一个人都有权利期待,爱放在手心跟我来,这是最好的未来……"当稚嫩的嗓音唱起刘若英《最好的未来》,旋律的偏差难掩乡村孩子眼神中的希望与感谢,这是北京理工大学山西方山暑期学校阶段性支教课程结业汇报中的一幕。这个暑假,在山西晋东这个小小的村落中,百多位北理工学子在志愿支教中

响应"青年服务国家"的号召。

"纸上得来终觉浅,绝知此事要躬行。"又是一个暑假,北理工 7 900 余名师生,1 145 支队伍,不仅将"青年服务国家"的理念印在了自己的 T 恤上,也在眼观、耳听和力行中,将这句话写在了心中。

大学生社会实践突破了校园空间与时间的局限,随着规模的不断扩大、实践类型的增加,大学生与社会联系更加密切,社会实践在内容和形式更加多元,这些都赋予社会实践更大的魅力。但与此同时,也给工作带来了新的挑战:在如此大规模的组织实施中,北京理工大学应该如何为社会实践规划轨迹,装上"准星"呢?

"近年来,学校的社会实践工作,在组织、规模、效果和影响等方面呈现出良好的局面,这是学校高度重视和不断投入的结果。在此基础上,还需花更大的力气加强对社会实践工作的统筹谋划,谋划的前提是要做到精准定位,给社会实践工作装上'准星',这个'准星'就是人才培养,要让社会实践的这只大船始终在人才培养的航道上前行,要将学生服务社会的能力与效果作为检验人才培养成效的一个侧面。"学校副书记、副校长项昌乐简洁而有力地回答了这个问题。

不忘初心,用"理工红"塑造精神锚点

"清清延河水,抚育你茁壮成长,悠悠岁月长,磨练你意志如钢……"当来自机电学院的陈佳驿在学校前身自然科学院的延安旧址唱起既熟悉又陌生的校歌时,他获得了完全不一样的感受。

"说实话,校歌我们都听过,但是平时唱的机会很少,虽然旋律优美,但是延河什么样,岁月怎么悠长,全无概念。"霍红宇这样回想自己之前对校歌的感受,"但是这次到延安来'寻根'就不太一样了,我们亲眼见到了宝塔、延河,这和校徽上的形象一模一样。我们来到了北理工的起点,看到了咱们在圣地延安留下的大礼堂等成就,在抗战时期能修出这样的建筑真是太不容易了,我想我找到咱们北理工的'初心'了。"霍红宇是 2016 年学校"学史明志"暑期社会实践赴延安社会实践团中的一员。

阅读北理

  2016年的这个暑假，北京理工大学"学史明志"实践团以"探寻先辈足迹、点燃信念火炬、明确报国之志"为主题，奔赴革命圣地延安，这一实践传统已经延续二十余年。

  人才培养，先塑精神。北京理工大学诞生于抗日烽火中的延安，是中国共产党创办的第一所理工科大学，是新中国第一所国防工业院校，被称为培养"红色国防工程师的摇篮"，曾创造了新中国科技史上多个"第一"，始终与国家民族的命运相伴成长。在长期的办学实践中，"延安根、军工魂"始终是学校建设发展的精神动力和文化内核，"延安精神""军工文化"等丰富的红色教育资源为学校师生思想引领提供了活生生的教材。传承延安精神，继承军工品格，必须体现在人才培养的精神塑造中，在代代北理工学子的思想深处，写下一笔有力的"理工红"，不忘初心。

  塑造精神，讲究质量。一提起红色社会实践，人们往往会将其与红色旅游联系起来，在革命旧址走走看看，仅仅眼见为实而已，与塑造精神相去甚远。2016年的暑假，北理工通过红色实践教育基地模式悄然改变着这一切。学校积极调研，认真挖掘了一批优秀的红色实践教育资源，并加大投入，挂牌成立了一批"红色基地"。基地采用体验式、讨论式、模块化的教育方法，建设了一批高水平的专题课程和讲座，以保证学生在基地的实践教育质量。通过多年打磨，这些基地的实践教育已实现了标准化、质量化、实效化，使红色实践育人向纵深化发展。

第四章 树　人

　　穿上红军服，共做红军饭，体验了当年"苏区干部好作风，自带干粮去办公"的情形，感受了清正廉洁的优良作风。小推车运送物资，担架运送伤员，身临其境地重温红色历史，亲身体验革命生活，五十余位北理工学子就是这样在中共赣州市委党校参加了从未感受过的红色体验式课程学习。在四川仪陇"两德故里"参加学习实践的九十名北理工师生党员，聆听了仪陇张思德学院专家讲授的"川陕苏区的红色记忆与为人民服务的根本宗旨"专题报告，这场经过"千锤百炼"的报告，让师生党员们跟随专家准确了解到红四方面军在川陕革命斗争中的历史功绩以及为人民服务思想的产生过程和时代光辉。"想不到这里的报告让我听得这么走心，一气呵成的讲座真精彩，做共产党员为人民服务不飘，很实！"这是自动化学院孟之栋同学在学习后的深刻感悟。

矢志国防、学以致用，军工情怀和专业认知完美契合

　　实践育人，学为根本。大学生社会实践作为人才培养的重要环节，就是要利用第二课堂这个载体，通过学生的自我体验与认知，使学生对课堂教育内容所蕴含的价值、知识有来自实践层面的理解，从而接受并认同。

　　作为一所国防特色鲜明的高校，"军工情怀"的文化烙印深刻影响了北理工的办学及人才培养，激励着北理工人在实现北理梦、强国梦的道路上前行不辍。为帮助学生深刻理解学校的国防特色、激发学生矢志军工的情怀、在企业的生产实际中理解深化课堂所学，学校始终把"到国防企业一线去"作为社会实践的重要模式，帮助学生在实践中思考"所学为何"

393

阅读北理

"学何以致用"。

2016年暑期,学校组织实施了"立足国防军工百团行动"专题社会实践活动,一大批学生深入企业走访、实习实践、科研交流,探寻军工精神,真正形成第一、第二课堂学习交融的局面。

中国第一门钢炮、第一艘铁甲兵轮、第一艘潜艇、第一艘护卫舰……无数个中国海防第一在这里产生。这个暑假,北理工赴江南造船厂实践团的同学们接受了一场专业化的精神洗礼。他们来到这个有着150多年历史的现代化造船基地,不仅感受到它的饱经沧桑和经久不衰,更直接深入生产一线,直观地学习调研这座国内规模最大、设施最先进、生产品种最为广泛的造船厂,学习我国军工龙头企业先进巨大的生产能力、各类生产工艺和设备。

"穿过峥嵘岁月,探寻红色江西",在军工文化发源地——江西兴国官田兵工厂旧址参观之后,党员社会实践团苏区精神红色培训班的团员们,在官田兵工厂工人俱乐部的戏台上投入地表演着情景剧,他们用自己的方式再现了当年军工人排除万难修理机械、制作弹药的场景,也演绎了心中的那份军工情怀。

在赴大型军工企业江麓集团的实践中,当被问及有何感想时,一位成员说:"我们不仅见到了真实的生产过程,也切实感受到了一种精神,不

第四章 树　人

屈不挠的军工精神就在面前。""敢想敢做江麓人，自强自信军工魂"切切实实地震撼着每一位学生。

在企业中，学生能够实在感悟到学习对自身发展的重要性，能够感受到知识对服务国家、贡献社会的重要性。"我们终于见到了装甲车辆的装配车间！"这是机械与车辆学院"军工魂探索"实践团成员步入江麓集团军用车辆总装车间时发出的感慨。在全国知名的军工企业江麓集团，厂房内摆放着大量正处于装配状态的装甲车辆，深深吸引了实践团成员。"为满足特定的作战环境和作战任务，一台两栖坦克装甲车该如何增加可调节式挡浮板和螺旋桨推进器？""在不同的发展时期，坦克履带又有什么特别的形态和设计要求？"同学们联系课堂所学，有太多的疑问，研发人员反倒有点"应接不暇"，企业派出的接待人员感慨于北理工学生强烈的求知欲望，也对他们扎实的专业知识充分"点赞"。

对大型企业，特别是军工企业的实践走访，已经成为学校开展社会实践的重要模式，不仅能够充分帮助学生开阔视野，关注到社会一线企业在生产研发等方面的最新动态，引发在专业学习上的思考，也能充分帮助学生端正学习观念，构建学习动力和目标，帮助学生养成严谨治学、标准严格的"军工品格"。

阅读北理

"改变中国一点点",责任使命要有"获得感"

"读万卷书,行万里路",只有亲历祖国山河、亲近人民大众,才能自省内观,理解平日"如雷贯耳"的责任与使命。但是,观察并不是全部,力行才是社会实践的真谛。

北京理工大学在学生社会实践的长期探索积累中,逐渐明晰了引导青年"知使命、懂责任"的育人关键,那就是为社会实践设计"获得感"。欲取先予,而以往将道理、口号作为"先予"之策,往往效果不佳,却易引发青年人的反感。真理只有在实践中才能展示魅力,充分发挥实践育人的科学性,必须将一份责任与使命的"获得感"赠与青年人。

今年暑期,在方山县桥沟村,这个晋东国家级贫困县的村落里,阵阵读书声与欢笑声打破了往日的沉寂。在这里,一座废弃的乡村小学悄然变身,北理工方山暑期学校在这里挂牌成立、正式开课,一批批来自北京理工大学的有志青年下乡支教。"我们想在小小的教室里,带孩子们领略大千世界的精彩。"2016年7月,北京理工大学9个专业学院的126名师生先后到达桥沟村,开始了为期一个月的暑期支教活动。

第四章 树　人

"像数码相机、虚拟现实眼镜这类的,在农村孩子们根本见不着。大学生们把它们带到农村来,既让孩子开阔了眼界,又激发起他们对知识的兴趣。"方山县小学老师张海晴对于这种暑期课程赞不绝口。除了生动有趣的科普讲座,志愿者们还带来了深入浅出的理想信念教育、丰富实用的文化知识、健康活泼的文体活动、崭新有趣的科普书籍,这些无疑都成为桥沟村孩子们成长过程中的重要记忆。

"这几天我学到了好多知识,原来还有这么多有意思的事情,你们明年一定还要来。"桥沟村小文拉着志愿者的手说。小文父母离异,父亲平日在田间劳作,14岁的他便承担起了照顾4岁弟弟以及做饭的责任。今年小文枯涩无味的暑假因为大哥哥大姐姐们的到来变得色彩斑斓,也因为他们的到来,小文的童年生活插上了梦想的翅膀。

"我们并不只是了解情况、开展支教,我们想要参与到桥沟村的脱贫工作中,我们力图给孩子们带来丰富课外知识的同时,让孩子们知道,通过努力,谁都可以改变现在的生活状况。"机电学院支教团团长刘书翰说。

值得一提的是,北理工设计学院师生早在4月就深入方山县桥沟村开展考察,测绘日间照料中心建设用地、绘制整体村庄地图,准备为桥沟村进行规划设计,他们也在用自己的行动来改变中国的某一点。

如果说方山暑期学校项目的背后体现了学校通过社会实践在着力做好人才培养的主动设计,那在距离山西方山500公里之外的河南省郏县山头赵村发生的一切,证实着北理工社会实践"获得感"的育人理念,从设计引导阶段逐渐转换为学生主动要求的阶段。

北理工徐特立学院"心漾微光"暑期支教实践团,在河南省平顶山市郏县山头赵村小学的支教活动中,为这所以留守儿童为主的山村小学捐建了图书室,并以北理工的老院长、著名教育家徐特立老人的名字来命名。实践团的同学经过前期的校内外募捐活动,筹集各类书籍1 300册。这次源于网络的邂逅,激发了北理工学子身体力行改变点什么的"斗志"。"社会实践是我们成长锻炼的一种特别好的方式,但是我们也在想,是选择走马观花的风光之旅,还是来点辛苦的,用自己的双手改变点什么。在我们学院有这样的一句话,'明明德大学之道,扬勤学特立之风','特立之风'如何体现,我们坚定选择后者,能在这样一个山村小学把徐特立的名字留下,这样特别酷,我们改变了中国一点点!"徐特立学院的赵梓辰骄傲地说。

阅读北理

"改变中国一点点",行动可以点滴,但"获得感"却将什么是"青年服务国家"的重大责任写在了青年的心中。

在北京理工大学,大学生社会实践始终在人才培养的轨迹上不断加速、加载。近年来,学校获全国"三下乡"社会实践活动"优秀单位""优秀团队"等多个称号,连续十余年获"首都高校社会实践先进工作单位"称号,获市级以上光荣称号 120 多人次、优秀团队 100 余支、优秀成果 140 余项。

在"双一流"建设的背景下,大学生社会实践工作愈发从粗放聚焦精细,当走过广泛发动、轰轰烈烈、资源投入、成果产出几个必由的历史阶段后,社会实践开始了自己的精准定位,如何将社会实践的"好钢"用在人才培养的"刀刃"上,北理工在发力。

文:校团委 党委宣传部
图:各社会实践团
2016 年 8 月 16 日

培养人才,在改革创新的潮头扬帆远航
——北理工计算机公共基础课程教学团队人才培养创新改革纪实

在这个不懂电脑已属稀奇的时代,高校如何在"一流人才"培养的过程中,使学生具备一流的计算机科学素养和运用能力,是一项看似容易,但必须潜心修炼的"真功夫"。

针对大学生在学习计算机基础课程中的一系列问题,北理工计算机公共基础课程教学团队(以下简称"团队")坚守"三尺讲台"二十载,立足人才培养,持续教改创新,开创计算机教学的"虚拟实验"模式,引领高校计算机公共课教改潮流,以大规模在线教学独步全国,在小屏幕上做出"大文章",是一支具有人才培养"真功夫"的一线教学团队。

培养人才,研教结合下苦功解决问题

计算机教育是人才培养的重要基础环节,计算机基础课程在我国已经开展了 30 余年,但是如何为该课程体系配套科学有效的实验教学环节是长期困扰国内外计算机教学的难题。在传统教学中,芯片无法拆开讲原理,信息"流动"难以呈现,"看不见摸不着",长期以来的实验教学环节都被实践或实训所代替,这直接影响了教学质量和教学目标的达成。

教改创新必须脚踏实地解决人才培养中的实际问题,还要下苦功夫。针对问题,团队立足自身想办法,团队带头人、北京市教学名师、计算机学院李凤霞作为学院在"虚拟现实与仿真计算"方向的学科带头人,带领大家充分发挥在学科领域的研究优势,将科研成果与教学工作相结合。自 2011 年开始研究"大学计算机"课程的实验教学方法改革,团队全体成员和实验室的 30 多名研究生,历经两个寒暑,夜以继日的研究和实践,不仅创新性地设计开发了 18 个虚拟教学实验,还于 2013 年将全套实验课程

阅读北理

资源出版，创建了该"大学计算机"课程的虚拟实验体系。

充分发挥科研优势构建的虚拟实验教学模式，以直观、简洁、交互性强的优势，极大地突破了计算机教学的瓶颈，输入简单的指令，执行简单的操作，信息的流动、数据的处理便跃然屏上，生动的仿真页面真正实现了寓教于乐，成为连接课上与课下的纽带，加强了学生对计算思维的认知。

计算机学院 2012 级学生李念说："在没有虚拟实验配合计算机公共课前，信息的流动存在我们的空间想象中，正如一千个人眼里有一千个哈姆雷特，对信息可意会不可言传的理解可能出现偏差。现在有了配套的实验资源库，更直观、精确地为我们展示了计算机科学的基本理论和系统概貌。"

理念前瞻，技术先进，团队立足北理工，凭借教学科研"双重实力"，大胆将虚拟现实、计算机仿真等多种媒体融合的现代教育技术巧妙运用于教学研究和实践之中，在虚拟实验和在线教学的实验支持方面开国内外之先河,这在全国计算机基础教育领域引起了极大关注,至今已有近百所高校陆续采用了这套实验体系。

对北理工的虚拟实验,北京工商大学计算机与信息工程学院赵霞副教授如此评价:"虚拟实验拯救了计算机基础教学,不仅使非计算机专业的计算机课程变得易教易学,同时也为其他基础课程和专业课程的实验教学提供了改革思路。"参与虚拟实验设计开发的计算机学院赵三元老师这样分享自己的体会:"虚拟技术支持了课程的难点解析、重点演示。我们青年教师在实验的设计与开发过程中研究教学、深挖技术,当我把复杂的'进程管理'用可视化的方式设计成虚拟实验的时候,有意外收获的惊喜。"

2014年,团队获批国家级"大学计算机虚拟仿真实验教学中心"。团队改革深化的脚步始终不停歇,虚拟实验从一门课已扩展为多门课,并建设了"虚拟实验工场"网上平台,通过该平台,得以支持更大范围的慕课教学,成为国内外首创的在线虚拟实验支持平台。团队所开设的"大学计算机"课程也成为中国慕课平台上首先采用在线虚拟实验的课程。凭借虚拟实验,北理工已经成为国内高校计算机基础教学改革的引领者。

"这件事做起来要比说起来难得多,一是要有一线教学经验的教师支持,二是要有虚拟仿真科研经历的开发团队,两者缺一不可。"负责虚拟实验开发的计算机学院陈宇峰老师是这样理解脚踏实地下苦功解决问题的。

"创新是教育教学的基石,改革是计算机公共课的生命。"每每谈及这一团队坚守二十年的理念时,李凤霞老师总是感慨而自豪,"信息时代的高速发展提升了高校各学科对计算机科学和信息技术的需求,这就注定了计算机基础教育教学不能墨守成规。无论是教学理念还是教育技术,无论是课程体系还是教学内涵,不断改革和创新计算机公共课教育是我们的主题乃至计算机教育的生命。"

以人为本,让学生享受最先进的教学模式

"互联网+"时代席卷全球,极大地改变了人类获取信息和学习的方式,大学生群体更是首当其冲。因此,教育教学模式不可阻挡地发生着前所未有的变化,慕课(MOOC,massive open online courses)在线教学模式席卷全球,"后 MOOC 时代"——小规模限制性在线课程(SPOC,Small Private Online Course)接踵而至。

阅读北理

培养人才必须"以人为本",大学生学习模式的新变化,要求高校计算机基础教学必须不断迎接教育技术革命"一浪高过一浪"的汹涌大潮。让学生始终能够享受最先进的教学模式,团队不仅要创新不辍,还要打造一流。

早在 2005 年,团队便开始了对网络教学的探索,将在线讨论、在线教学管理、翻转课堂等新概念引入到教学实践中,所建设的"网络教学支撑平台"开创国内高校网络教学之先河,每年 3 000 多人参与学习的北京市精品课程"C 语言程序设计"率先在该平台上线,形成了北理工的网上学习社区,显现了"前慕课"的特点。

在之后的建设中,该平台逐步汇聚了北京市精品教材、国家级规划教材、各种思维训练题库、各种在线评测插件,逐步建设了获评教育部"质量工程"的"C 语言程序设计"国家级精品课程、国家级双语示范课程、国家级精品资源共享课程。值得一提的是,团队始终"放眼天下",国内多所兄弟院校共享、引用平台课程资源,团队还提供师资培养支持,在国内形成了良好口碑和影响力。

创新是教育教学的生命力。当慕课教育大潮席卷中国高校之际,团队又提出了"众筹共享"的创新理念,使得北理工计算机的慕课教学在业内"一呼百应、独树一帜"。

2014 年,教育部中国大学"爱课程"平台正式上线,标志着中国慕课教育的全面启动,团队首期便推出"C 语言程序设计(上)",2015 年"C 语言程序设计(下)""大学计算机""Python 语言程序设计"陆续上线,四门课程不仅多次重播,单门课程学习人数超过 13 万,单次课程学习人数超过 4 万,4 门课程累计学习人数超过 30 万,其选课人数、学生的通过率、优秀率在"爱课程"上名列前茅。

做好人才培养,必须打造一流的教学。北理工计算机基础教学敢不敢接受"市场"检验?团队用自己的成绩做出肯定回答。除了直接面向用户提供课程教学外,谋划如何拿下"大客户"成为团队的发展战略重点,即用北理工的优质课程和教学为兄弟高校的教学体系提供直接支持,通过对校外的教学服务与辐射,更加充分地体现出优质教学的宝贵价值,并且在这样的"市场化"的"教学相长"中,实现对教学质量、教学水平的再提升、再促进。目前采用北理工"C 语言程序设计"慕课课程的高校已达 25

所，采用北理工"大学计算机"慕课课程的高校已达 63 所，团队课程的影响力在全国慕课平台中遥遥领先。

华北理工大学负责 SPOC 建设的张春英教授在一次全国性的大会上这样评价："我参与了北理工计算机慕课课程'讲软件'专栏的主讲工作，在深度协同中改变了我们对计算机教学的认识，学习了北理工的课程规划思路、组织方法，提升了我们的师资水平和教学能力，深刻体会到借力名校与共享资源的优势。"

在潮流中保持独立思想，才能成为弄潮儿。团队成员、计算机学院嵩天副教授这样理解："对我们而言，开设慕课不是追赶潮流，而是立足人才培养的客观需要，通过这种方式表达教学改革观点，打造一流的教学能力。例如作为国内首个开设'Python 语言程序设计'课程的高校，通过慕课上线，我们可以把北理工先进的教学观点、教学思路及教学改革理念传播到更广阔的范围。"

创新的道路从来不是人云亦云、盲目跟风的。对于"慕课大潮"，团队始终保持冷静思考和正确选择，抓住"大规模、在线、开放"的本质，形成自己"众筹共享"的创新思路，追求一流。"众筹"支持更大规模的师生自愿参与，"共享"支持在线学习社区的良性发展。例如"大学计算机"课程团队 8 位成员中就有 3 位外校老师参与共建，而课程中特设的"百家视点"栏目，通过邀请各高校老师主讲，一举建成覆盖一百多所高校、295 名教师的"大学计算机课程群"工作组，北理工有效凝聚国内高校计算机教学主流力量的同时，塑造出以名校引导、互通有无、博采众长的格局，北理工居于格局中心。

在创新中砥砺前行，不断追求一流的计算机基础课程教学，正在扎实服务于北理工人才培养的宏伟蓝图。

强基固本，教师队伍是人才培养的关键

任何事业都离不开人，人才培养更离不开一支兢兢业业、奉献育人的一线教师团队。抓好教师队伍建设，始终是计算机基础课程教学团队的重中之重的基础工作，不仅要保持好授业解惑不辍的高水平教师群体稳定，还要思考如何吸引优秀人才将自己的精力和水平投入到教学之中。

阅读北理

  北理工计算机公共课教学团队从 2005 年开始建设。建设初期，团队是跨学院的组织结构，虽然保持了一定规模，教师队伍最多时达 36 人，但也不可避免地出现了"队伍流水、团队松散"的现象，这都直接影响到了课程建设和师资队伍成长。针对以往团队建设的弊端，在学校和计算机学院两级的全力支持下，团队在人才队伍结构方面进行大规模调整，目前形成以 6 名计算机公共课专职教师为骨干、十余名计算机学院与其他学院兼职教师为支撑的人才队伍。

  "教学团队的价值就体现在人才培养中，教师亦如此。"带着这样的共识，团队通过积极开展高层次的教学改革创新，不仅凝练出"货真价实"的教学成果，还积极抓住在线教育蓬勃发展之势，抢占发展先机，建设国家级教学平台，在国内外形成重要影响，这些都成为教师成长发展强有力的推手。充分挖掘教学工作蕴含的价值，"欲取之，先予之"，发挥团队优势，创造价值，为教师自我价值实现提供支持，是当前团队在队伍建设方面的重要思考。

  李凤霞教授作为团队负责人和"虚拟现实与仿真计算"学科方向带头人，多年来坚持教学与科研相结合，发挥了核心带头人作用。在她的带领下，北理工的计算机教学从团队建设、平台建设、课程建设、教材建设、虚拟仿真实验创建等都获得了丰硕的教学成果，人才培养成绩突出。

  樊孝忠、石峰、贾云得、王树武、高飞等知名教授，以及前不久英年

第四章 树　人

早逝的古志民教授作为团队的中坚力量，长期坚守在一线讲台上，在创造优秀成果的同时，更用榜样的力量带动一批青年教师热爱并投身教学。

在团队"引培并举"的思路指导下，中青年教师群体中涌现出陈朔鹰、薛庆、赵丰年、李仲君等一批被学生评为"我心目中的优秀教师"的骨干力量；陈宇峰、嵩天、李冬妮、礼欣、史树敏等一批拥有海外学习经历、主持着国家自然科学基金的优秀青年教师也自愿投身教学工作，参与教学研究；赵三元、余月等海外引进人才也积极在教学岗位上发挥作用，潜心教改实践。青年教师的迅速成长，用新思维、新知识、新理念为团队和课程注入活力，形成了团队"勇于进取、团结协作、朝气蓬勃"的文化氛围和精神传统。

多年的建设，使得团队"阵容强大"，可以说这样一批教学水平高、师德风范良好的"好老师"群体，才是人才培养的强基固本之道。

创建"双一流"，人才培养必须争创一流，培养一流人才离不开一流的教学，而自古至今的教书育人，唯有直面问题、与时俱进，不断改革创新，才是应对之道。

人才培养，要解决问题，要以人为本，要强基固本，北京理工大学计算机公共基础课教学团队，在公共基础课创新改革中的有益探索和成绩，给我们带来不少启示。

文：党委宣传部　计算机学院
图：计算机学院
2016 年 10 月 20 日

第五章

家 园

一曲迎新"协奏"
——北理工 2014"数字迎新"工作纪实

9月的北京,无论秋雨阵阵,还是阳光明媚,总有一场场密集的"战役"在京城各个高校的校园中打响,那就是迎接来自全国的大学新生和家长们。北理工的校园也不例外。在良乡校区,每年9月熙熙攘攘的人群在几天内就带来了数千生机勃勃的新鲜"血液",但随之而来的也有不可避免的校园运行压力,为学校管理工作带来了不小的挑战,甚至带来了不必要的社会负面影响。

如何做好迎新工作,始终是学校管理部门着力研究和解决的一项重点问题。自去年开始,学校大力实施校园信息化建设。在这个大背景下,运用网络化、信息化手段,创新迎新工作模式,就提上了学校工作的议事日程。悄然间,一场迎新"数字协奏曲"拉开了帷幕。2014年的迎新,也由此"舒缓"了下来。

吃好"饭",好"胃口",迎新工作抓住关键

无论是按照传统模式开展,还是开展全新的"数字迎新",都离不开对迎新工作本质的剖析。学校在2014年上半年,成立了"数字迎新"领导小组,将涉及迎新工作的相关部门力量整合起来,经过多次对工作的研讨和调研,从千头万绪的工作中凝练出重点,抓住了关键。通俗说来,就

是吃好"饭",要让北理工的迎新工作有个好"胃口"。

迎新工作需要在每年9月的一两天内迎来两个流量的冲击,一个是庞大的人流,另一个则是密集的信息流,既要让人流有序流动,也要快速消化信息,使之融入学校各类管理系统。就如同一个人,在短时间内,不仅要吞下大量食物,还要有效消化吸收。

北理工新生入校规模近年来一直保持在3 600人左右,这背后更有3 600多个家庭,入学报到全家出动已经成为常态,送孩子报到也成为父母的一种心愿。因此,报到当日出入学校的人流达到上万人次并不稀奇,自驾车到校的情况更是不断增长,为校园管理带来了很大的压力。面对庞大的人流,必须做到有序流动,这是迎新工作顺利开展的前提和保障。

人的流量可见,更加庞大的信息流隐藏其后。信息化时代,新生入校其实也是信息入校的过程。如何快速准确地丰富考生信息,才是将"考生"变为"学生"的关键,也是构建有效管理的基础。"学校各个部门要想构建起对一名新生的有效信息管理,在数据采集方面至少要达到108项以上,虽然其中包括部分招办提供的考生信息,但是学校自己需要采集的信息项目也要达到80项以上。"网络中心屈少杰老师为记者做了详细分析。学生的校园生活从"衣食住行"到学习考试,都离不开管理信息体系的支撑。快速"进食",也要快速"消化"。

因此,数字迎新领导小组敏锐地抓住这两个关键环节,明确了数字化手段的着力点,最大限度地帮助迎新工作拓展了空间和拉长了时间,让人员流动更加有序,让信息获取更加快捷。迎新工作终于"舒缓"了下来。

"广而告之",让新生信步陌生校园

通过数字化手段实现迎新阶段人流的有序流动,其中关键就是最大限度地帮助新生和家长对报到流程做到心中有数。以往只能靠现场各类说明、指南,还有志愿者嘶哑的声音来实现,在嘈杂纷乱的环境下,效果有限。

阅读北理

　　为了充分发挥网络化和信息化的技术优势，北理工 2014 年数字迎新工作，首先启动了学校迎新网 i.bit.edu.cn 的建设工作，为各类入学报到信息的发布搭建稳定的网络平台，新生通过录取通知书可以第一时间登录网站，获取入学信息。网站贴近新生视角，贴近入学报到和校园生活的实际，运用视频等多媒体手段直观地展示了良乡校区的方方面面，可以帮助新生"决胜千里之外"。迎新网还向新生介绍了大学成长的基本知识和校史校情，帮助他们预热即将开始的北理生活。

另一方面,配合迎新网建设的"i 北理"微信公共账号,也是学校第一次尝试使用新媒体来提升工作成效。"i 北理"微信号投入使用后,在迎新前夕用户关注量就近 2 000,成了报到动态推送的有效助手。同时,"i 北理"还从新媒体特点出发,主动发布网文数十篇,轻松活泼的口气,贴近学生的实际,得到了新生群体的良好评价。

正是网络化平台的有效构建,不仅帮助新生掌握了校园基本情况和迎新当日的管理要求,更为重要的是首次实现了包括宿舍分配等关键信息的提前动态发布,最大限度地帮助新生和家长做好报到规划。校园中少了许多带着行李疲惫的身影,多了不少"心中有数"的自信面孔,不少志愿者"门前冷落"。

"有来有往",新生未报到,组织已建立

如果仅仅是通过网络化手段帮助新生对报到流程和校园情况做到心中有数,那"数字迎新"也只是做了表面文章。北理工 2014 年"数字迎新"的最大魅力是在 3 600 余名新生未入校前,就有效建立起一个个"网上班级",同学之间、辅导员之间,虽素未谋面,但已相熟于网络,真正做到了"新生未报到,组织已建立"。

网络班级的建立有赖于新生信息的高效搜集,"数字迎新"建设了"网上预报到"系统,最大限度满足校内各单位的数据需求,并随录取通知书发放了登录要求和填写说明,每个新生都可以通过网络,在报到前与家人一起录入个人信息。网上预报到系统还能预征集学生证件照,仅此一项,就消除了往年证件照采集的排队长龙,免去了收费环节,真正做到了以人为本。

在该系统中,信息的安全"双向"流动,更是改变了迎新工作的整体模式。每位学生都具有唯一登录权限,一些不方便公开的学生个人信息,就可以安全方便地在该系统中进行发布,例如学生宿舍分配情况、学费缴纳情况、上网账号等。

不过,系统中最受欢迎的还是"我的同学,我的班"这个实用而有趣的功能。来自电子信息类专业的 2014 级张培阳同学表示:"学校的网上预报到系统让我更便捷地了解了学校和同学,报到时心里有底儿,省去了很多跑腿儿的工作。但最让我觉得有意义的就是可以提前认识班里同学,能

阅读北理

更知根知底，能知道大家都来自哪儿，然后还有大家的联系方式，尽早认识自己的同学和舍友，感觉很不错！"

在系统中，进入自己的网络班级，就可以看到即将同班的大学同学们，看看有多少男生、多少女生，都来自哪里。在系统中，新生辅导员们公布了联系方式和班级网上交流群。一个个新生班级，就通过无形的互联网建立起来。在入学前，同学之间有了沟通交流，辅导员们不仅在后台辛苦地审核全体学生信息，还实现了对新生们的"一对一"服务，为他们解答包括入学报到、学习成长等方面的各类问题。

正式管理工作的网络化前移，不仅方便了学生，也从根本上改变了迎新工作的内涵，从一场无组织的"遭遇战"变成了一场可以组织起来的学生活动。

"接力"到"共享"的"华丽转身"

消化吸收来自全国的 3 600 余名新生的信息，使之融入学校的各类管理体系之中，还能在较短的时间内完成新生班级划分、学号分配和宿舍安排等一系列安排，离不开各个迎新单位、学院以及全体新生辅导员们的辛勤工作，也与今年"数字迎新"所带来的理念转变密不可分。

往年迎新工作，从录取开始，招生办公室、财务处、教务处，后勤集团、保卫处、图书馆和学生处等多部门协同合作，分头落实好学费扣缴、学号班号编制、宿舍方案制定、户籍等工作；学院在得到原始招生信息后，进行分班、分学号和宿舍分配，同时做好迎新工作准备。由此可见，信息在不同的单位之间切割、整合和传递，既降低了工作效率，又增加了信息错误的风险。

今年，"数字迎新"运用网络化、信息化手段极大地优化了工作流程，通过建设"网上预报到"数字化平台来实现信息从"接力"到"共享"的"华丽转身"。

"网上预报到"系统，以学生信息为核心，数据共享共建，依托网络，实现新生信息采集过程前移，将繁琐的事务性工作交由系统来完成，职能部门审核把关，各学院联动，确保迎新工作成效产生质的飞跃。经过实际运行，该系统显示出极高的工作效能。

以学生分班为例，从 8 月 15 日下午 2:30，在招办提交考生信息后，系统实现了自动预分班。当晚 9 点，全体新生辅导员，不论身处何处，通过网络对预分班情况进行调整，经相关部门确认后，全校 3 600 余名新生就拥有了属于自己的集体，130 个新生班级顺利诞生。以往需要半个多月的工作，依托数字迎新系统，仅用五天便完成，实现了工作效率的飞跃提升，顺利保障了下一阶段新生数据预采集工作的顺利开展。

9 月 3 日，迎新日现场，排队长龙和忙乱的人群已不复存在，取而代之的是目标明确的"匆匆而过"，还有"老朋友"的相见恨晚，更多欢声笑语回荡校园。也许，多年后的迎新工作，将与日常工作无异，仅仅是一次全校性的学生活动而已。

文：王征
图：党委宣传部　北理工记者团
2014 年 9 月 19 日

在"家"中温暖成长
——来自北理工"学生之家"的报道

北理工管理学院的胡鑫洋,一名三年级会计专业的本科生,每周都会现身中关村校区,熟练地向磨豆机里倒入咖啡豆,咖啡豆在清脆的破裂声中化为粉末,胡鑫洋熟练地压饼、萃取、打奶,一杯醇香的拿铁咖啡诞生了。

这杯货真价实的"北理工"咖啡,就诞生在北理工中关村校区体育馆南厅地下一层一间名为"Latte Only"的咖啡店,这里也是胡鑫洋人生的第一个创业项目,能在这里创业,源自体育馆地下原学生活动中心的悄然变身,现在这里已经成为一处文化与思想交融之所——北理工"学生之家"。

"坐下来,我们就想交流"

"大学之中,除了课堂学习、实验室实践、运动场锻炼,我们也需要坐下来,围绕一个问题,哪怕是一个话题,开展有趣的讨论与深刻的交流。我认为不同思想的碰撞,是在大学成长中最宝贵的资源之一。在和伙伴们的讨论中,我感觉自己获益匪浅。"来自设计学院研究生一年级的杨兰同学是这样阐述自己经常光顾"学生之家"的原因的。最近,杨兰所在的团队正在筹备远赴哈尔滨参加中国大学生雪雕大赛,围绕作品设计,需要反复讨论。不经意间发现"学生之家",这里良好的氛围和交流环境,让她的团队几乎将这里当作了自己的常驻基地。思维的火花在交流中迸发,在"学生之家"的讨论,成了一种校园生活的享受。

阅读北理

  为学生提供一个可以自由交流的专属空间,是校团委建设"学生之家"最大的初衷。"学生之家"所在场地原为校级学生组织和社团办公室。近年来,随着两校区办学深入推进,部分学生社团组织迁往良乡,导致原本热闹的学生活动中心日趋"冷清",不高的使用率在一定程度上造成了资源的浪费。

  中关村校区可谓"寸土寸金",学校将宝贵的空间资源用于支持学生素质培养,在新的形势下,如何有效利用资源成为摆在校团委面前的一个问题。经过一番调研,特别是借鉴了国外大学学生活动中心的相关经验,校团委决定转变思维,以空间功能调整为切入点,立足两校区实际,大刀阔斧地做一番深入改革。务求时效,解放思想,打破原有空间的专属特性,使之面向全体学生免费开放,真正成为每一个普通学生都能使用的公共平台,建设真正属于学生的"学生之家",这是"学生之家"建设启动之初就定下的基调。

  这一想法得到了学校领导的重视与支持,党委副书记、副校长李和章多次听取建设方案汇报。近一年来,学校共投入 50 万元改造经费,将原有的学生活动中心进行了升级改造,形成了近千平方米,集学生交流空间、集体活动空间、学术讨论空间等于一体的综合空间,并特设 7 个学术讨论室和一间咖啡店,实现无线网络全覆盖,面向全体学生开放。这里已经逐渐成为学生学习讨论、工作研究和日常交流的首选之处。

流淌的思想是"走心"的"活"文化

走入"学生之家",在这个位于体育馆南部半地下的空间中,青春气息迎面而来,每个细节都在向你展示着大学生的文化、青春的感觉,这正是"学生之家"在建设之初就秉承的文化理念。围绕"学生之家"的文化设计,校团委经过认真调研,最终决定抓住一个"活"字做好文化建设。关于这个文化设计理念,校团委副书记方蕾解释道:"我们建设的是'学生之家',如果没有文化氛围,只能是一座空空的屋子。选择文化设计理念,既考虑到学生群体是蓬勃向上的青年人,同时,文化应该是动态的、变化的,只有在'运动'中才能不断创新和沉淀,才能凝练属于'学生之家'的一份独特文化。"

基于以上考虑,"学生之家"首先在陈设选择上,围绕学生交流的实际需要,采取"低重心"和"近距离",让学生坐下来就有交流的冲动,营造出良好的氛围,让北理学子的思想真正成为"学生之家"的"活"文化。另外,还设置了用于文化展示的主题墙,定期变化展示主题,这也成为"学生之家"的一抹亮色。例如,目前正在展示的题为《刘三根》的影展,就是由学生创作的,表达了青春的态度,展示出学生不同凡响的创造性。为了让学生们更好地释放活力,在"学生之家"里,还设置了小型舞台和音响设备,定时由大学生艺术团的同学献上精彩演出。一曲青春,正是朝气蓬勃。

创业犹如咖啡,虽苦,品之香浓

在整体文化理念的构架下,在"学生之家"开设专门空间设置名为"Latte Only"的咖啡店,可谓是画龙点睛之笔,赋予了这个"家"最温暖的"灵魂";而引导学生以创业方式自主管理和自主运营,也使之成为学校大学生自主创业实践项目之一。

当前,大学生创业教育成为高校人才培养的重要任务之一。创业教育不是教育创业,通过学习,从而科学理智地面对创业冲动,才是创业教育的目标。因此,在大学期间能够有机会亲身参与创业项目的运行,是最宝贵的创业教育实践。为此,校团委结合"学生之家"的建设,多方协调,提供平台,帮助部分对创业感兴趣的同学通过经营实践来发现问题、解决问题、锻炼能力、反思自我,形成合理的发展规划和创业准备。

在开篇提到的胡鑫洋同学虽然只有大学三年级,但是在得知"学生之家"提供的创业项目之后,带着开办属于自己的咖啡店梦想,毅然迈出了自己创业探索的第一步。勇气来自梦想,但是行动则要依托理智。学习会

第五章 家　　园

计专业的小胡，在实际运行项目时，没有头脑发热，而是立足师生消费特点，对市场进行准确的分析定位，一举一动，有板有眼。

虽然是在"学生之家"开设创业咖啡店，但是小胡丝毫没有掉以轻心，他将保证咖啡品质和规范化经营作为自己小小事业起航的基础。通过主动联系某著名咖啡连锁企业，在咖啡豆货源和操作人员培训方面获得了对方的支持。适合中国人口感的埃塞俄比亚咖啡豆，如今成了店里拿铁咖啡品质的保证；操作人员经过专业机构的培训，也保证了师生能够以较为便宜的价格享受到不输专业大店的咖啡饮品；拿铁咖啡多元化的特点，也是胡鑫洋将其作为主打产品的原因。这些细节的考虑，正是纸上谈兵所无法给予创业学习者的实践体验。

很难想象，胡鑫洋还是一名在良乡校区上课学习的本科生，在有限的课余时间里，他要乘坐校车或者地铁往返于两校区之间。在其他同学放松休闲的时候，他也许正在上下班的路上，也许正在烹煮着一杯杯香浓的拿铁咖啡。当被问到这样的生活是否很辛苦时，他淡淡一笑，一句"做事业，哪有不辛苦的"，让我们看到了小小的创业实践背后，带给学生的绝非局限于对商业项目运行的技术学习，更为重要的是在实践中提升素质，锤炼精神，这才是最为宝贵的收获。从"学生之家"中小小的咖啡店可以看出，创业犹如咖啡，虽苦，品之香浓。

北京理工大学"学生之家"项目，是学校落实党建创优工程中大学生文化素质教育基地和创业实践基地建设的一项重要举措,"学生之家"将切实服务北理学子成长发展。"学生之家",在家中温暖成长。

文：王征

图：斯君

2014 年 11 月 15 日

北理留学生新生：我在北理，我的故事

【编者按】在每天快节奏的校园中，愈来愈多出现来自世界各地的"国际面孔"，这些北理工的留学生同学们已经成为我们校园中愈发亮丽的风景，见证着北理工不断向国际化大学迈进。文章部分章节由学校第一批留学生学生记者采写，这些来自学校外语新闻社的留学生记者，用自己的国际视角关注校园，与宣传部指导老师一道合作完成全英文采访稿，后由外语新闻社中国同学翻译整理。

伴随着学校国际化建设的不断深化，在北理工校园中出现了越来越多的国际化面孔，来自世界各地的留学生们在北理工展开了他们的异国求学之旅，通过北理认识中国，和中国师生们一起学习生活。他们是谁？有着怎样的故事？其实，他们与每个中国学生一样，走过中学的青春岁月，进入大学殿堂，享受着自己美好的大学时光，从青涩走向成熟，结交下异国的友谊。关注北理工的留学生群体，关注我们身边的国际同学，让我们跟着北理工外语新闻社的中外学生记者看一下他们有着怎样的故事吧！

萨米娜：在异乡学习苦却值得

来自巴基斯坦吉尔吉特的 26 岁女孩 Samina Akhtar（中文名：萨米娜）是北京理工大学的一名国际留学新生，目前在四年制电气工程学士班学习。

从新疆开始

来北京之前，萨米娜从巴基斯坦的高中毕业，在新疆师范大学学习了两年汉语。这样的选择对于萨米娜来说是最自然的选择，新疆离她的家乡很近，但却能使她体验到另一种完全不一样的文化，能够真实地感受中国。对她而言，这是一段极其美好的经历："她（中国）是个住着友好人民的好地方，所以我第一次来中国就喜欢上了她。"

萨米娜选择来中国学习的另外一个原因是在家乡随处可见中国人。这些中国人，大部分都是在巴基斯坦开展建设的中国工程师，他们远离家乡辛勤工作，给了萨米娜对中国和中国人最直观的印象，而选择电气工程专业也是深受这些工程师们的影响。当然，来北理工进行专业学习，挑战着实不小，正如许多巴基斯坦学生一样，萨米娜在北理依然要坚持学习中文，这是她一切学习的基础。

北理的生活

萨米娜来北京的原因其实很简单，与其他留学生大致相同。"我来北

第五章 家　　园

京就是因为它是一个大城市，是中国的首都。"

"我在查阅了奖学金以及不同大学的环境以后选择了北京理工大学。"萨米娜如愿以偿地申请到了来自中国的奖学金支持。来到北理后，北京与新疆的生活还是有着明显的不同，萨米娜深刻体会到了这之间的差异。"在这里吃饭比较'复杂'，因为北京的饮食环境和其他城市真是不一样——与我熟悉的新疆菜确实不同。"经过一段时间的适应，现在的小萨同学已经逐渐适应了北京的饮食。

谈及生活，尽管遇到不少不方便之处，但萨米娜对北京理工大学给予自己的帮助，感受很深，正是学校周到细致的生活照顾，使她在办理入学及入住后在北理的生活毫无问题。

学习中文的不易

和许多留学生一样，萨米娜的中文学习是最大的困难。她在去新疆之前从没有接触过中文。这种世界上"最难的语言"，让她在到中国初期常常陷入困惑。但是如今，她的中文水平已显著提高，这离不开她每天刻苦的汉语学习。目前她所学的课程都是中文授课，一定的汉语水平有效地保障了她的日常学习质量。当然，这背后是萨米娜辛勤的汗水与投入的巨大精力。谈起中文学习，在自豪于水平提高的同时，她也常常遗憾失去了许多认识中国朋友的机会，特别是在北理工，没有时间参加丰富的校园活动更是一种损失。她不无遗憾地说："在新疆，我有许多中国朋友，但在北京，我暂时还没有机会结交许多朋友。"

"在我们学习基础汉语的时候，没有一个汉字是与我们专业有关的，因此在北理工专业学习的挑战巨大。每天在教室上课都要求助于翻译器，这样的方式不仅问题重重而且占用大量时间。"但萨米娜也相信，这样的情况仅仅是一种过渡，一定能挺过去，更何况还有周围真诚热情帮助自己的老师同学。她的同班同学都特别乐于助人，教师们也都尽心尽职，帮助她理解课堂内容。"所有的老师都很好，愿意及时帮助我们解决问题。所以非常感谢你们，我的老师们。"

广阔的未来

对于萨米娜而言，故乡是极其重要的。对家乡的思念有时会令人伤感，还好在校园里的同乡以及留学生之间的互相让她获得了一些情感上的慰藉。回到家乡一直是萨米娜的未来发展计划,但是随着对中国的不断认识和深入了解,她也开始思考新的规划,准备通过自己的刻苦学习,在中国寻求有前景的发展机会。"首先,我会完成我的学士学位,回到家乡工作一两年,然后我会带着实践经验,换一个中国的城市,继续深造——中国这么大,我想学习更多知识、去更多的地方。""有人向我打招呼说我的围巾很漂亮。那些时候,我真的特别开心。"温暖的中国,让她期望拥有更多中国经历。

供稿:赵琳　Debby Ng(澳洲)

马修:新国家,新开始

在初冬一个温暖的下午,我们采访了来自法国的小伙马修。我非常享受与他的对话,因为他既聪明又风趣。马修今年只有 20 岁,现在在北京理工大学学习计算机科学专业。

对马修来说,做出来中国读书的决定很简单——中国是一个历史悠久、文化底蕴深厚的国家,但更重要的是,中国给他提供了一个在计算机领域学习发展的机会。而来到中国求学,要面对中国与法国在文化、饮食和生活习惯等方面的巨大差异,但对于已经在亚洲生活了很长时间的马修而言,这并不是一个大问题。在来中国之前,他在泰国读了 8 年书,对他而言，中国文化并不陌生。当然，对留学生而言，熟悉文化并不代表能够轻易驾驭汉语学习。汉语学习确实是一大挑战，是许多初到中国的留学生们最头疼的问题。但经过不懈努力，马修已经会说超过1 000个中文词汇了！

北理的生活

在做这次采访时，马修在北理学习已经两个多月了，他觉得北理是个很好的学校，学术成就很高，老师同学也都十分友好。"就以我的数学老师为例，他对我们非常耐心，他总是用最简洁的方式解释问题，举出很好的例子帮助我们理解。我真的很感谢他。"

马修是通过朋友的堂兄知道北理的，他在很久以前曾在北理学习，所以推荐马修来这所学校。马修还说，北理很好的一点是，校园内到处都是中国人，在中文的环境里，他的中文水平进步很快。

求学难免有困难

在异国求学也不总是顺风顺水。有一次，他与老师讨论起一个关于计算机安全的话题，讨论许久，但也许是语言导致对问题理解不充分，老师最后还是告诉他，他的想法太难实现。这让他很失望，但他更加努力地学习汉语及专业知识，并从其他途径继续探究计算机方面的话题，马修执着的学习精神得到了同学和老师的一致好评。尽管生活中还有一些不便，马修仍十分珍惜并享受在北理的生活。在这个学风优良的环境里，他接受了高质量的教育，身边的老师同学也对他提供了无私的帮助。

相信在今后的四年里，马修不仅可以享受在北理的美好时光，他的努力也同样会为北理做出贡献！

供稿：赵琳 Hector Andres Campoy（墨西哥）

安东尼：展望未来

来自印度尼西亚的安东尼正在北京理工大学学习工业设计。他是一名本科新生，并计划在北理攻读硕士学位。

安东尼之所以选择来到北理读书，是因为北京理工大学具有鲜明的工科优势，在北京高校中特色突出。在这里，他能向最优秀的教授学习，并能在最先进的实验室里工作。此外，来到北理工以后，安东尼还发现校园内体育锻炼的场所很丰富，这也使他能结交更多的好友，陶冶情操。

安东尼的祖父母都是中国人，中国对他来说十分熟悉，他们一家常常到广州探望老人。安东尼与祖父母的关系很好，因此，他从很小的时候就一直盼望来中国，更深入地学习中国的文化、习俗和语言。回中国探亲，通常只能待上几天，远不足以深刻地了解博大精深的中国文化，但在他与祖父母相处的日子里，老人家总是尽可能地教他一些汉语。现在的他已经学会了三首中国的古诗，中文也能说上一点，再加上之前已经去过中国的很多城市旅游，安东尼对中华文化的认识逐渐加深。

因为对中国文化有了一定的了解，安东尼谈起中华文化与印度尼西亚文化之间的差异来，有着自己的见解。这种差异最先体现在了饮食上，中国各地的食物由于气候、习俗、个人喜好有所不同，安东尼将其归纳为三点——辣、甜、油，可以说这与印度尼西亚总是以咸为主的口味很不一样。尽管一开始还不是很适应，但他现在已经慢慢爱上了中国菜，对北理工食堂的菜品更是十分喜爱。在交谈中，安东尼能用不太标准的汉语一连说出好几种菜名，还兴奋地一一点评。

安东尼已经正式学习中文两年了，现在他已经可以用中文进行日常对话。尽管如此，面对大学专业学习，挑战仍然不小，还是无法理解课上的一些知识，所以他仍很努力地提高汉语水平，并争取在明年能够获得奖学金。据安东尼说，只有学习成绩在班上前五分之一，并且出勤率很高的学生才可以获得奖学金，以此为目标，他入学以来学习特别刻苦。安东尼特别提及,他的汉语水平快速提高,离不开留学生中心汉语老师的悉心教导。他觉得这里的老师是他接触过的最好的老师,不但友善,而且认真授课,给予了他很大帮助。

安东尼对未来有明确的规划。他计划今后在跨国公司工作,积累一定经验后,创建自己的公司,要做一家像"星巴克"一样的连锁企业,因为他想以一套高效的制作系统作为自己企业的核心竞争力。

我们相信安东尼具有巨大的潜力,也相信他从北理毕业之后,会成为最优秀的工程师!

供稿:赵琳 Carlos Erlan Olival Lima(巴西)

梁谢洛:北理似吾家

Neo Siah Lok Shaun(中文名:梁谢洛)来自马来西亚历史悠久的城市马六甲,现在他是北京理工大学的一名留学生,主修电气工程和自动化专业。

北京印象

用梁谢洛的话来说,选择北理最重要的原因是源自高中时一个留学中介机构的建议,这家机构给他的建议是北理是中国顶尖大学之一,尤其在科技领域很出名。这对于一个擅长理工科的男生来说颇具吸引力,于是他决定来到中国北京,投身北理,亲身感受一下。

阅读北理

初到北京,梁谢洛对中国的印象是:这是一个国土辽阔、高度发达的国家。"作为多朝的古都,北京许多名胜古迹和优美的风景都依然保存很好,这些地方在外国学生中都是非常受欢迎的。"梁谢洛还谈到了北京的和谐与温暖,"北京和马六甲的生活有不少相似之处,这使我感觉像在家一样。北京的生活非常便利,用银行卡几乎可以买到所有东西,交通也非常发达,即使迷路也能用手机导航找到路。"梁谢洛开心地说。

北理生活

谈到对北理的印象,梁谢洛说:"我最初对北理的第一印象是,它是一个现代化的大学,但实际上却更具有历史底蕴。"

对梁谢洛来说,学习中文要比其他留学生容易一些,因为在马来西亚中文的使用较为普遍,在日常生活中经常会中文交流,所以他的中文水平有不错的基础。再加上北理还为留学生们提供了系统的中文学习课程,所以梁谢洛在这里与人们交流并不困难。"这里的人们很友好,我交了很多朋友,并且经常一起玩,一起学习。"梁谢洛说。

未来生活

至于未来的计划,他还没有确定,但是在北理顺利取得学士学位,之后继续在中国拿到硕士学位,已经列入了他近期的规划。

谈到要在中国进行四年的学习,这位来自"大马"的小伙子带着一丝伤感,但语气仍然坚定地表示:"我相信任何出国留学的人都会思念他的家乡。不过,因为中国与马来西亚还是有着很多相似之处,我可以在中国找到家乡般的温暖。由此说来,也在一定程度上缓解了我的思乡之情。"在接下来的日子里,梁谢洛计划遍游这个历史悠久的国家,"在中国旅行很惬意,因为我可以看到最美的风景,并且更多地了解博大精深的中国文化。"

文:严砾
图:姜星宇
2014 年 12 月 10 日

宿舍,何以成为我们相伴成长的小家?
——北理工学生宿舍文化建设小览

每每提及大学,人们常常怀念静谧神圣的教室、物美价廉的食堂、神秘幽静的图书馆,还有谆谆教诲的老师、情同手足的同窗。但在满满的青葱记忆深处,还有一个小小的家,它承载了来自五湖四海的我们,承载了我们的校园生活,承载了我们彼此鼓励、相互支持的青春友谊。虽然这个小家总是聚散有时,但留下的东西却是我们终生难忘的宝贵财富,这就是我们的宿舍,我们相伴成长的小家。

"静园""疏桐""博雅""丹枫""新1号宿舍楼""2号宿舍楼""3号宿舍楼""女子小区""硕博小区"……这些不同时期的宿舍楼名,在每代北理工人心中都烙下了不同的印记,但相同的是深刻的印记相伴一生。大学宿舍是大学的重要生活场所,太多的青春年华和美好记忆都承载于此,它孕育着多姿多彩的宿舍文化,是大学生生活管理能力培养、社交能

力培养等诸多素质成长的平台。

"在一起的时光，看似漫长，却如白驹过隙"

伴随着 2015 年新的篇章开启，又一个寒假款款而至。在这个无雪的北京冬日，同学们已经开始收拾行囊，准备启程返乡，在又一个新春佳节与父母亲朋围炉而坐，团圆相聚。然而，举家团圆时，无论天南地北，某个瞬间，北理工校园里那一间间空荡荡的宿舍依旧牵动着你的心，各位舍友们，虽天南地北，但心中距离却如此之近。十几平方米的"小家"，带给我们的就是这样的温暖。因为在那里，舍友们相互激励、相互支持，在遇到困难时舍友总是第一时间伸出援助之手，那份友谊坚不可破，那份感情比蜜还甜。

"每天六点半，我们的闹钟会准时响起，无论寒冬酷暑，我们绝不允许将宝贵的时间浪费在'青春的坟墓'里，背单词，上自习，有时候会一起去校园里打打球。现在我们宿舍四个人，很庆幸如此度过大学的这三年。我们宿舍几个人性格很不一样，三年过去了，但却一起养成了良好的生活习惯，身体健康。感谢我的姐妹们和我一起成长。"化工与环境学院大四学生徐涵颖同学说。徐涵颖所在的宿舍，小伙伴们已经共同走完了三年的大学时光，虽然彼此性格迥然不同，但这个小小的宿舍却成为这个"小家庭"快乐成长的乐园。几个女孩子彼此相互激励，共同努力，不仅让她们收获了国家奖学金、优秀学生等各类奖项，还在美国大学生数学建模竞赛、全国大学生节能减排竞赛、"世纪杯"学生科技创新大赛中屡获佳绩。简单一算账，三年下来，她们靠自己的拼搏，已经取得了 34 900 元的"家庭纯收入"！"我们的成绩，来自于大家的相互鼓励，来自于彼此的支持和共同努力。"徐涵颖自豪地说。

大学宿舍看似是学生生活休息的场所，但实际上是学生成长的重要平台。他们从一个个家庭走出来，汇聚于此，开始他们求学成长的过程。除了课堂上老师的授业解惑，更多的则是朋辈之间的相互影响和彼此激励，因此，共同打造一间符合自身发展规律的小宿舍，实际上是大学成长过程中十分关键的一环。当然，在除去带有几许竞争意味的共同成长发展关系外，大学宿舍还为学生提供了一个相互支持、依靠的生活空间。

第五章 家　　园

　　北理工法学院研究生左思同学在谈起自己的宿舍时，感慨万千："刚入学时我们住在6号楼143宿舍，舍友们刚刚熟悉起来，就遇到了一次'险情'。"在入冬供暖之前，同宿舍的女生在使用热水袋时不慎将自己烫伤，之后伤口感染化脓，夜里引发高烧，但她不愿意打扰大家休息，所以没有声张。但细心的舍友还是发现了她的不适，情急之下，两个同寝室女孩竟然将自行车推进屋内，连拖带拽地把患病女孩送去医院，及时的救治，患病女孩转危为安。在之后的日子里，舍友们每天轮流照顾她，随着身体的痊愈，一份深厚的宿舍情谊也从此铸就。

　　从入学那一刻起，住到一个宿舍里就是一种缘分，同学们在生活中学会彼此珍惜和相互支持。这样的品质培养，并不是某一门课程就能够教会

的，需要在共同的生活中亲身感悟与成长。而这种与人相处的本领，在今后的成长发展中更具深意。

回忆起大学的室友，2011级人文学院毕业生张雪好似准备已久："大学毕业近4年了，如今已为人妻、为人母，在自己的工作岗位上仍然会经常回想起大学里那些美好的时光。忘不了舍友那永远听不懂的家乡话，忘不了最美的午餐——馒头就着老干妈，忘不了失恋了倒在室友怀里哭得稀里哗啦，更忘不了各奔东西时不舍的眼泪都来不及擦……"生活中点滴的积累，相互的磨合，最终的融洽，小小的宿舍承载了宝贵青春中最真挚的情感，宿舍不能天长地久，但曾经拥有的记忆和情感，是彼此一生最宝贵的财富。

"我们的婚礼我们要参加！"

卢梭在《社会契约论》中提到，只有每个人同等地放弃全部天然自由，转让给整个集体，人类才能得到平等的契约自由。大学中，宿舍是一个小集体，优良的宿舍文化有赖于宿舍成员共同的维护和建设，需要"契约构建"与"环境构建"。

学生宿舍不仅仅是一个空间概念，更是一个组织上的概念，比作一个小家庭毫不夸张。朝夕相处间，彼此深厚感情的培养为宿舍文化的形成构筑了基础，并在潜移默化中慢慢成形，如悄悄准备的生日惊喜、时不时召开"卧谈会"、结伴出游，等等。"我们每天一起学习，一起上课，在考试前一起'磨枪'，共同进步；我们在过节时会一起庆祝，提醒彼此别忘记问候父母。这就是我们，一个宿舍的姐妹、闺蜜。"基础教育学院理材学部二年级的曹文卓同学满怀激动地说。而相比之下男孩们的感情则来得更加直接，"有福同享，有难同当"似乎可以概括一切。这些外在行为的背后，不仅仅是宿舍深厚感情的表现，更是在共同生活中，某种"契约"的逐渐出现，在相互配合中，形成了基于宿舍文化的共同行为准则和处事方式。

正是剖析了这个关键，基础教育学院在2014年下半年，巧做引导，在组织开展的宿舍文化节中，专门设计了"我和舍友的十个约定"主题活动，推动同学们凝练属于自己宿舍的行为准则，从而更好地来思考自己的大学成长。当然，这样的方式，还使同学们进一步相互尊重、深入了解彼此，展现了宿舍的特色和文化。在这项属于理科与材料学部的工作创新中，学生们展示出风格各异、活泼幽默的宿舍约定。

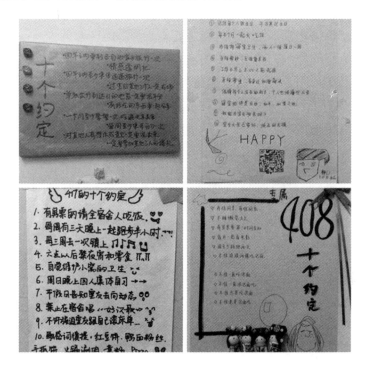

可爱卖萌版:"每天早上要叠被子哟。""每次出门时切记开窗通风,细菌滋生可不好。""哥们儿,千万不要玩失踪!"

幽默调侃版:"放假看不到室友怎么办?假前聚餐呗。""隔壁宿舍是我们的小弟,要好好爱护,不可单独欺负。"

军工特色版:"上网不涉密,涉密不上网。""锤子我们要一起做,作业我们要一起写,试验我们要一起做,女票自己留好就好。"

浪漫温柔版:"四年之内要到各自的家乡旅行一次;至少集体远途旅行一次;一定要参加其他三个人的婚礼。"

满满的约定用可爱的字体、可爱的漫画呈现于纸面,挂于墙壁,望着一行行字迹,感受满满的温暖,在看到一个个和谐友爱的学生宿舍文化成果的同时,不同的"契约"精神,也一一呈现。这样的探索,重要的其实是过程。在探讨和凝练中,既有对自己的探查,也有与舍友的讨论,在轻松中完成了一次自我教育和朋辈教育的结合。

当然,宿舍毕竟是一个物理空间,构建宿舍文化,仅仅有精神层面还

阅读北理

是远远不够的。

"远方高楼林立、车水马龙，梦幻的摩天轮、浪漫的欧式建筑，近处绿树幽幽、鸟语花香，树下两人促膝而坐，静静眺望着远方……"优美的画面，静谧而繁华，它并非昂贵的城市风景名画，而是学生在宿舍的墙壁上亲手设计的墙壁贴纸。北理工良乡校区的学生宿舍楼中有这样一些宿舍，巧妙点缀使之风格迥异，或是小女生粉粉的温馨浪漫，或是艺术家书画的文化熏陶，抑或是纯爷们儿满满的健身器材……这些，均出自同学们自己的创造，用自己的理念点缀宿舍，设计自己完美的"小家"。

"宿舍是学生在学校里最重要的家，当他们来到一个陌生的环境，内心总会有些彷徨和恐慌，但当他们亲手为自己的生活空间进行一些简单的设计和装饰，可以更好地对环境产生归属感和认同感，从而有了安全感，精神状态和心理认知也会随之变得阳光起来。"基础教育学院理科与材料学部主任胡雪娜告诉我们。

让每一间宿舍都成为学生成长的有效单元

"我们将公共宣传、宿舍活动室等公共区间硬件建设和文明宿舍评比、

第五章 家　　园

宿舍吉尼斯评选、优良学风宿舍评比等评比表彰活动结合起来，同时加强学生楼管员、辅导员、舍监等管理队伍投入，并有效将传统文化融入其中，以期实现一个修身养德、培育文明和谐的宿舍生活环境，让每一间宿舍都成为学生成长的有效单元。"在谈及宿舍文化建设的理念和目标时，基础教育学院党委副书记、副院长肖坤如是说。

宿舍是学生在校园里的家，更是学校重要的育人平台，是引导学生成长、学生自我教育和朋辈教育相融合的重要载体。北京理工大学围绕学生发展和成长，用"以人为本"的理念，围绕人才培养来培育和建设积极健康的学生宿舍文化，不仅要让宿舍为学生提供舒适的生活空间和满足学习之余的休闲需求，还要使之成为小小的文化载体和育人单元。

宿舍作为校园空间载体的主要构成之一，是学生每天生活的必需空间，学生们也对宿舍有着不同的功能要求。如何满足同学们的多元化需求，是宿舍功能设计的关键。回到宿舍，放松休息，沟通交流，讨论学习，等等，各种各样的活动都发生在宿舍空间里。但是某些活动是相互冲突的，有时会引发不必要的矛盾。面对这个问题，学校在新建宿舍楼时，都特别做了功能区划分，建设学生活动室，内部设有桌椅、电视、书籍和报纸等，有了空间的区分，也就在一定程度上消除了休息与活动之间的"纠葛"。世界杯、NBA，活动室里人头攒动，大家一起分享的感觉真好，友谊也从宿舍迅速"蔓延"。有效的功能建设，帮助学生更好地在宿舍生活、交流和成长。

学生初到大学，开始集体生活，对生活环境的适应，始终是大学新生的一个重要命题。由于不适应而导致发展障碍、心理问题、沉溺网游等，最终败走大学的例子并不鲜见。因此，立足宿舍小单元建设，构建积极健康的宿舍文化，也能在很大程度上为学生提供一个积极的氛围，帮助他们度过适应期，在更长的时间跨度上，用健康的宿舍文化帮助他们更好地从大学中汲取营养，不断上升。例如 2014 年以来，学校通过共青团组织等大力倡导"走下网络、走出宿舍、走向操场"和"走进人群"的健康生活理念，就很好地推动了宿舍文化的建设与发展，一大批如心理健康节、homestyle 宿舍文化季、趣味运动会、宿舍装潢大赛、舍友形象设计大赛、宿舍主题摄影大赛等活动相继组织起来，不仅促进学生更好地适应大学生活、创造良好的宿舍环境、营造和谐的宿舍氛围、丰富学生课余生活，还有效地为北理工的学生宿舍文化形成"培土施肥"。

阅读北理

  北京理工大学党委副书记、副校长李和章表示："宿舍是学生走进大学后的第一个家，是大学生活和成长的重要场所，学生从这里开始融入大学。我们对大学宿舍的建设不只是停留在整洁和安静的层面，更要让学生在宿舍感受到浓厚的文化氛围。"积极健康的宿舍文化在大学人才培养中将起到不可替代的重要作用。

  宿舍作为大学中重要的生活空间和生活单元，已不再仅仅是学生们休憩之地。它，是闺蜜们分享心情的"小窝"，是兄弟间铸就友谊的"巢穴"，是梦想起步、憧憬未来的摇篮，更是成就彼此、关爱大家的爱的堡垒。

  何以流年过，相伴一舍彼此共青春；何以今非昨，凝望北理你我有个家。

文：辛嘉洋
图：基础教育学院等
2015年2月1日

非宁静无以致远
——北理工良乡校区学生宿舍楼名小记系列之"静园"

【编者按】有这样一批建筑，它们坐落于北理工良乡校区，同学们每天在这里从喧嚣归于平静，又带着蓬勃朝气走向新的一天，这就是同学们在北理工的小小家——"静园""疏桐""博雅""丹枫"。作为北理工最年轻的宿舍"群落"，何以命名，名为何意，宣传部记者经一番调研，特撰写楼名小记系列，与君共飨。

夫君子之行，静以养身，俭以养德，非淡泊无以明志，非宁静无以致远。夫学须静也，才须学也，非学无以广才，非志无以成学。

——三国·蜀·诸葛亮《诫子书》

静园，北京理工大学良乡校区学生宿舍楼，位于北区西南部，由四栋建筑组成，自南向北分别由"A、B、C、D"区分命名。

"静园"之"静"，语出三国·蜀·诸葛亮《诫子书》中的"静以养身""宁静致远"。

阅读北理

《诫子书》原文所记"夫君子之行,静以养身,俭以养德,非淡泊无以明志,非宁静无以致远。夫学须静也,才须学也,非学无以广才,非志无以成学。"其意为:"君子的行为操守,是以宁静来提高自身的修养,以节俭来培养自己的品德。没有恬静寡欲的修养,就不会有明确的志向;没有宁静的心态,就无法实现远大的目标。人们学习必须做到静心专一,而才干正是来自于不断的学习,不学习就无法增长才干,没有志向就无法使学习有所成就。"归根结底,欲成才,必先静。

诸葛亮用毕生经验告诫自己的孩子,想要成功,首先要学会"静"字。如果不能做到心怀宁静、清心寡欲便无法明确自己的志向;只有平稳静谧的心态,不为杂念所左右,静思反省,才能实现远大的目标。横看中外,纵观古今,人类在探索科学之路上,勇敢攀登,大凡取得成功者,无不在"静心"中孕育,在"静气"上汲取营养。

大学的学习需要聚精会神,一份心静,超然物外,方可治学。古之立大事者,不惟有超世之才,亦必有坚忍不拔之志,志在保持一份治学之初心。将楼宇命名为"静园",旨在希望同学们能够志存高远,静心修身,勤学明德,以致成才。

文:辛嘉洋
图:付宇
2015 年 2 月 10 日

2015 我的春节留校故事

【编者按】每逢佳节倍思亲,但是每年的新春佳节,总会有不少同学留在北理工度过他们的春节,他们都有怎样的故事?2015 年羊年新春,宣传部记者再一次走进留校学生,采写了他们的故事。

八十天复习考研的故事

郭勇兵,机械与车辆工程学院,车辆工程专业,本科四年级,广西桂林人。

这位刚刚经历过考研洗礼的大四小伙,文弱的外表,具有典型南方人的特点。郭勇兵的家在广西桂林大山之中。虽然伴随着交通的日趋便捷,回家的路也相较以前缩短了不少,但是从北京回家,他需要乘坐 20 小时的特快火车(为了节约一些费用,懂事的小郭一般不会去选择十多个小时的高铁)、四个小时汽车,还有爸爸那熟悉的摩托车。

虽然回家路途遥远,但这并不是小郭今年选择留校过年的主要原因,他要为开学即将到来的考研复试做准备,以确保自己能够继续留在北理

工,在机械车辆方向继续学习深造。之所以舍弃与家人的团聚,如此重视考研复试,就不得不提及郭勇兵与众不同的考研经历。

小郭考研的经历,可以在他的人生中留下精彩一笔——"八十天的考研战斗"。熟悉考研的人都清楚,在"八十天"这个作家笔下可以环游地球的时间内,准备中国的研究生入学考试可谓是困难重重。

在研究生入学考试的八十天前,小郭并没有将考研作为自己的毕业选择,而是将留学意大利这个浪漫的地中海国度作为自己努力的方向。作为来自广西大山的农家子弟,在上大学之前,小郭从未将自己和遥远的意大利做任何联想。但近年来学校、学院积极加强国际交流,将学生的国际化培养作为重点,为同学们提供了丰富的国际交流项目。在此基础上,心动也行动的小郭经过申请得到了远赴意大利都灵理工大学交流学习的机会。在国外学习的过程中,他开阔了视野,对自己的专业有了更加深入的认识,也想继续留在意大利攻读研究生。虽然最后由于意大利政府奖学金的取消等多种原因,他未能成行,但是每每提及这段经历,他依然感觉自己收获颇多,今后仍然有意走出国门,继续提升自己。

出国计划的暂时搁置,给小郭出了一道新难题,如果还想继续深造的他,在国内特别是留在北理工继续就读就成为他必然的选择。但是面对竞争激烈的考研,他确实是"白纸一张",毫无准备,而考研时间的提前也可谓是"雪上加霜"。自古"狭路相逢勇者胜",有着一股不服输劲头的小郭,在考研战友的支持下,认真制订复习计划,全身心地投入到了考研复习之中,真正成了一名考研路上"勇敢的小兵"。最后,由于自己的专业课学习基础扎实,经过八十天"艰苦卓绝"的奋斗,小郭考出了377分的好成绩。这大大超出了他自己350分的心理预期,而去年专硕录取分数线大约是317分,他创造了一个属于自己的"奇迹"。

"这个分数在我看来并不是很高,虽然当时保守选择报考专业学位硕士,而且这个分数可能也超过了学术硕士的录取线,但是也不能掉以轻心,因为车辆学院复试竞争仍然激烈,表现不佳依然会被淘汰。"郭勇兵丝毫没有将已经考得的分数作为自己的骄傲,仍然对即将到来的复试感到"压力山大",也给自己的寒假制订了复习计划,对将近二十门专业课要进行一次大规模的再梳理、再学习。

回顾自己有些"波折"的经历,小郭还是感慨颇多,当被问起最大的

第五章 家　　园

感触是什么的时候,他自己直言不讳:"一年级的时候,我认为自己还可以学得更好一些,不然现在的我完全可以保研,就会有更多的选择和机会。当年的自己还是对未来缺乏更多的思考,身边的一些同学也是如此感悟,所以希望低年级的学弟学妹珍惜每一门课程的学习,丝毫不要放松,因为大学的发展就是点滴积累而成!"

家人在哪,家就在哪

陈娟,化工与环境学院,环境工程专业,硕士二年级,重庆人。

在 2015 年北理工留校学生联欢会上,有这样特殊的一幕,一家三口都同时出现在了联欢会的现场。与其他留校学生不同的是,他们虽然留在北理工,但是真正吃了一顿团圆饭。那么这位带着父母留校过年的同学和她的父母又有着怎样的故事呢?

陈娟,2009 年本科考入环境工程专业,2013 年她继续考研,依然选择了本校本专业。这位已经在北理工学习生活六年的女生,确实是一位老同学了。对于陈娟来说,虽然在北理工当学生的经历已经不短了,但是春节不回家,留在学校度过,也是头一遭;更加与众不同的是,她的父母也留在学校和她一起度过新春佳节。

陈娟的父母并不是特意从家乡赶来过年,而与陈娟一样,同样是咱北理工的人,他们分别在学校后勤集团零修部门和宿管部门工作,这个羊年

阅读北理

新春他们和自己的女儿一起留校过年。陈娟的三口之家生活简单而质朴，父母常年在外打工，每年春节一家三口从不同地方相聚团圆。

2014年，受到身边同学经历的启发，陈娟突然萌发了帮助父母到北理工工作的想法。"在哪里打工差别并不大，而且学校的工作环境比较好，更为重要的是，上学很多年了，和父母相聚的时间不多，自己研究生阶段很快也要过去了，希望能有更多的时间与家人一起度过。"陈娟希望一家人都生活在同一个校园里，可以经常相见，这比远在天涯幸福不少。

抱着试一试的想法，陈娟主动联系了学校的后勤集团。按照程序，经过一番考核，陈娟的父母顺利地留在学校从事后勤保障工作，特别是陈娟父亲在维修方面的工作经验也是学校需要的。虽然一家三口都住到了各自的宿舍里，毕竟可以相聚一起了。

"家人在哪，家就在哪"这句陈娟反复说起的话，就成了2015年羊年春节一家人留在学校过年的当然理由。在学校留校学生的联欢会上，经请假批准，陈娟的父母在工作间隙赶来与自己的女儿一起吃了一顿北理工的春节团圆饭。一家人也计划在春节期间，一同在北京感受一下不同的过年气氛。

2015年，陈娟即将迎来毕业和就业的关键时期，父母在身边将给她更多的勇气面对即将到来的挑战。

我从延安来

段浩晨，软件工程专业，延安大学交流生，本科三年级，陕西宝鸡人。

在留校过年的学生中，有这样一位女孩，她叫段浩晨，是学习生活在北理工的延安大学交流生。与24名来自延安大学的同学一起，小段2013年9月份来到北理工，在这里与北理的同学一起开展为期两年的学习生活，还有半年，他们将返回延安大学继续完成自己的学业。

北京理工大学诞生于抗日烽火中的延安，在革命圣地孕育发展，离不开延安人民的支持和帮助。虽然学校辗转办学来到了北京，"吃水不忘挖井人"，学校长期以来用力所能及的方式，为延安的发展建设做着些许贡献，与延安大学签署学生培养的相关项目，就是其中的重要举措。

第五章 家　　园

段浩晨和她的同学们就是在这样的背景下，来到了北理工，与这里的同学们一起度过自己的大二、大三时光。小段这批交流生一共 24 个人，基本上每个专业 2 人。在延安大学参与这个交流项目，他们需要按照成绩先进行排名，入围同学再参加面试；来到北理工后，他们直接分入到不同专业的班级中开展学习，并和北理的同学们一道从良乡来到中关村。"我喜欢良乡校区优美的校园环境，也喜欢中关村校区快节奏的生活氛围。"这是小段对北理工两个校区的感受。

小段表示能来北理工交流学习，对他们来说是十分宝贵的学习机会，他们每个人都十分珍惜。"更换到新的学习环境，开始的时候有个辛苦的适应过程。特别是来到北理工的时候，24 个延安来的同学集中住宿，和所在专业北理同学的交流也花费了一番力气。另外学习方面也能感受到基础上的差距，学习上有些吃力，不过还好，也都挺过来了。"在北理学习期间，她还积极参与了软件专业的科技创新训练，每个周末往返中关村的经历，使她和其他的北理同学一样，收获良多。

谈起这个春节留校过年的原因，小段有些不好意思。她其实一放寒假就回去了十多天，年前专门回来，一方面，她在校友会有一份勤工助学的工作，过年期间，根据工作要求需要有人值班，还需要为校友发放制作好的校友卡；另一方面，她也很想在北京体验一下春节。抓住难得的交流机会，尽最大可能增加人生体验，应该是小段给自己定下的一条方针。春节期间，小段还考虑继续在必胜客做一些兼职的工作。当然，过年期间，给自己一份逛北京的计划，那也是必需的。小段大三在中关村的这个学期，把学习和生活安排得满满当当，还没有机会去看看北京城。

  展望2015年，小段的愿望就是暑假骑车去西藏，虽然不知道是否能实现，但她因为这个愿望而努力着。2015年，她就要返回延安大学继续完成学业了，不过，大学毕业考研回到北理，已经是这个女孩心中萌发的新的梦想。

文：党委宣传部
图：党委宣传部
2015年2月24日

在北理工，绿茵驰骋，圆梦足球
——北京理工大学校园足球工作侧记

2015年6月18日，伴随着一声哨响，"2014—2015特步中国大学生足球联赛"超级组总决赛落下帷幕。在多日降雨的南京，北京理工大学足球队克服天气、场地和客场等不利因素，奋勇拼搏，最终，凭借下半场获得的一粒点球，由队长韩光徽破门，以1:0战胜河海大学，实现了自己的"八冠王"和第二次"三连冠"之梦。同时，北京理工大学队主教练袁微获"最佳教练员"奖项，门将刘天鑫获"最佳守门员"奖项，韩光徽获"最佳运动员"奖项。

作为中国足坛一支特色队伍，这些热爱足球的大学生们，他们不仅第8次夺得中国大学生足球联赛总冠军，还曾3次代表中国出征世界大学生运动会，在飘扬的五星红旗下，将为国而战的崇高荣誉镌刻在自己的生命中，真正从体育运动中找寻到生命的价值。

阅读北理

"在北理工，我同样看到学生们身上体现的敬业精神。许多同学可能知道，北京理工大学足球队是享誉中国足球界的一支学生军。我经常想，是什么样的力量鼓舞和支撑着这支队伍？显然不是名和利，而是一种勇于接受挑战的精神，是一种认真做事的精神，是一种新时代大学生的拼搏精神。我认为，他们的敬业精神同样体现了大学之道。"北京理工大学校长胡海岩院士在一次开学典礼上，面向三千余名大学新生这样评价北理工足球队。

作为一支大学生足球队，多年来能够驰骋高校足坛，实现对高水平大学生球员的汇聚，通过专业的训练提升他们的技战术水平，还能为球队提供高水平的比赛机会，这些发展离不开社会各界，特别是北理工校友群体的大力支持，更离不开学校对球队的准确定位、重点投入、培养为本和机制创新。

培养人才，校园足球矢志不渝

"上课、训练、自习……教室、操场、教室……"，简单的三段式，勾

第五章　家　园

勒出北理工足球队大学生队员每天的生活、不论是征战大学生足球联赛，还是代表学校参加中甲的职业比赛，从学校到每一名队员，都首先将球员的学生身份摆在首位。比赛有压力，考试有更大的压力。比赛要赢，四六级考试也得通过；冠军要拿，学士学位、研究生学位也要拿。这就是北理工大学生球员们的正常轨迹。自球队成立以来，十五年的时间，这样的生活届届相传，从未改变。

其实，真正做到这一切的关键，并不是依赖学校日常严格的管理或者苛刻的要求，而是大学人才培养的根本任务所决定的。这种理念，体现在现实中，就是老师好好教书，学生好好学习，学校科学组织而已。理念是行动的保障，"每一名队员的第一身份是学生，大学的根本任务是培养人才"，决定了北京理工大学足球队必须按照人才培养的理念来举办、发展。理念如此，一切也就顺理成章了。

衡量北京理工大学球队成功与否，最高标尺就是是否为培养合格人才服务，是否具有育人功能。比赛成绩在校园中只是大学生足球队人才培养成绩中的一部分。让学生在完成学业的同时，还能在专业赛场上与足球一起奔跑，感受足球真正的乐趣与精神，这才是北理工大力做好校园足球，使之成为人才培养特色平台的核心理念。

2014年从学校毕业的原球队主力杨阳，2003年入校，在校11年间，先后获得学士、硕士以及博士学位，成为足球队走出的第一位博士研究生。毕业后，他被中国冶金科工集团有限公司看好，顺利进入这家"世界五百强"特大型央企工作。谈及自己的发展，他由衷地感谢母校："我作为一名北理工的学生，学校给了我踢球和读书兼顾的平台。时至今日，我真切地体会到，大学生球员在北理工，得到的是从价值观塑造到知识学习和能力提升全方位的培养，体现了学校因材施教、注重学生个性发展的素质教育培养观念。"

也正是以人才培养为根本任务，球队的管理始终按照北理工普通大学生教育管理的标准来实施，可以结合球队特点，但没有什么原则上的特殊之处。球队采取集中住宿，并配有专门的辅导员。作为管理学院的正常学生，他们分年级建有党、团支部，按班级完成相应教学计划的学习。除了学习生活比其他同学更为紧张之外，一切如常地生活在北理工的校园之中，别无二致。

阅读北理

每年的六七月，是各级比赛的紧张阶段，而让学生球员们更有压力的则是北理工的"考试周"同样来临。6月4日，在前往武汉参加中甲联赛的路上，随处可见捧着书本苦读的学生球员们，已经是职业联赛场上主力的2013级研究生胡明也是其中之一。"比赛结束之后，我们'品牌管理'这门课就要进行结课考试了，没办法集中复习，只能抽空复习了。"胡明告诉我们，这种状态同学们已经习以为常，遇到考试周与比赛重合，学生球员们都会抓紧路途上的时间学习，到达驻地之后就"闷"在宾馆里，备战回校后的考试。学习是一名学生的职责，大学生球员们不能耽误，他们比普通学生要流淌更多的汗水，学业与足球，一个都不能少，也没有少。

"大学以育人为本，把人才培养作为根本任务，而体育具有很强的育人作用。北理工足球队归根到底是学校人才培养工作中的一个重要平台，不仅能够培育人的拼搏精神、协作精神、竞争意识和规则意识等优秀品格，还形成了具有北理工特色的'体育回归教育'的人才培养理念。我们的大学生球员德、智、体全面发展，得到了非常高的社会评价。因此，不断为国家和社会培养更多优秀人才，才是这一模式最大的生命力所在。"曾经参与球队创建，并主管球队多年的常务副校长杨宾希望校内外各方都能理解北理工足球人才培养的根本使命。

第五章 家　　园

塑造精神，打造校园文化品牌

北京理工大学足球队辉煌的起点，是从2000年学校整体引入人大附中BTV三高足球俱乐部一队开始的。这支中国第二支出国留学的少年球队，曾在墨西哥进行为期两年的足球训练。2000年7月，通过全国高等学校入学统一考试，这支球队被整体招入北京理工大学，为今天北理工足球的辉煌奠定了坚实的基础。

十五年间，学校始终高度重视足球队的建设，在资源有限的情况下，尽最大力量为球队的发展建设提供支持与保障，尽最大努力实现校园足球的优化发展。这样的投入与关注，与社会力量相比虽然还有很大差距，但是在高校中，可以说，北理工为校园足球发展史留下了精彩之笔，其背后的浓墨重彩，也位居全国高校前列。

作为一所大学，建设一支既有一定足球职业水准、又具有合格大学生素质的足球队，十余年矢志不渝，仅靠"在球言球"的体育兴趣是无法一路至今的，社会上风云变化的"足球玩家"就是最好的例证。因此，在大学，在北理工，对待校园足球的建设发展，是放在大学的精神塑造与文化建设层面来对待的。只有这样的格局和定位，才能立足学校实际，建设一支具有中国特色的大学生足球队，使之成为北理工精神文化的优质载体。

"体育比赛可以使大学生产生很强的荣誉感和凝聚力。北理工足球队代表学校征战十五年，取得了瞩目的成绩，成了学校的一张名片，无论是师生还是校友都为之感到骄傲。这就是一种文化的力量。作为北理工精神文化建设的重要载体，我们对球队的支持和投入，本质上是一个凝练北理工精神、建设北理工文化的过程，这与其他办球主体有着本质的区别。"主管北理工体育工作的副书记、副校长项昌乐是这样看待北理工足球队的发展定位的。

"我们是风，不被左右，我们是风，无法阻挡，北理工永远向前……"每当赛场传来《足球季风》这熟悉的旋律时，北理工球员在赛场拼搏、勇夺桂冠的画面就会浮现在师生们的脑海中。这首由北理工教师创作的足球队队歌，旋律优美，歌词上口，被广为传唱，可谓是校园文化的精品，是北理工足球队拼搏向上精神的体现。除了队歌等精神体系的建设外，学校还建设了球迷俱乐部，将球队纳入到校园文化整体建设之中来发展，通过大力塑造球队品牌文化，大力培育和挖掘蕴含其中的"敢为人先、志在超越"的精神文化价值，对全体师生形成有效的辐射带动。

当然，我们也应看到，相比世界一流大学，中国大学不仅缺乏高水平的运动队伍，更缺乏将其作为校园文化重要组成来发展建设的理念。北理工在校园足球方面所做的探索与实践，虽然困难与挑战不少，但是我们立足大学精神文化建设，目标明确，信心满满，前行不辍。

敢为人先，大学精神追求卓越

敢为人先和追求卓越是北理工大学精神中重要的组成部分。北京理工

第五章 家　　园

大学作为中国共产党创办的第一所理工科大学，在国家的革命、发展和建设时期，始终凭借着一股敢为人先、求真务实、追求卓越的"精、气、神"，围绕国家重大战略需求，为国防事业和经济社会发展做出巨大贡献，这种精神内涵也体现在对北理工足球队的举办与发展上。

北理工足球队自诞生起，一路走来，并非一帆风顺，其间充满了挑战与困难。创队之初，学校凭借敢为人先的精神，整体引入人大附中BTV三高足球俱乐部一队，奠定了球队如今的基础。当驰骋大学联赛进入"高处不胜寒"之后，学校没有故步自封，而是本着追求卓越的精神，杀入职业联赛，铸就了校园足球的辉煌。做"第一个吃螃蟹的人"，必须有敢于创新的精神，在创新中实现自我提升，这与学校的精神文化体系一脉相承。

作为曾经主管球队的副校长，李和章在谈及今后球队的发展时说："北理工足球队作为学校具有代表性的运动队伍，在国内外形成了良好的影响，成绩的获得是北理工人的创新精神和对卓越追求的体现。目前学校在深化综合改革，我们还要继续加大对球队的支持，使球队的建设为学校争创一流总体战略服务。"

以什么样的方式培养竞技运动人才是一个十分重要的问题。北理工足球队秉承创新和卓越精神，立足校园足球，展开了一场大胆的创新实践，充分利用职业联赛的平台和资源，大幅度提升校园足球的运动竞技水平。

学校积极选拔、培养优秀的大学生球员参加到中甲职业比赛。虽然，大学生球员的整体水平与职业球员相比还有较大差距，但是部分队员在思想意识、技战术理解能力方面有明显优势，在加强体能训练和技术培养后，具备了和职业球员一争高下的基础。因此，北理工始终将职业联赛作为高水平大学生球员培养的平台，敢于将部分具备潜力的大学生球员送上中甲职业赛场，并使之担当主力。

学校高度重视职业比赛体制背后的优势资源，为大学生球员提供高水平比赛机会。根据职业联赛要求，在正式比赛的同时，各职业俱乐部之间，必须进行二线梯队的比赛。而我校俱乐部的二线队完全由大学生球员组成，他们每年可以获得三十余场与职业队正式比赛的机会。这样的培养平台，是国内其他高校，甚至国外高校也无法获得的。

北理工的创新实践，在足球方面取得了成绩和人才培养经验，在一定程度上引领了中国校园足球的发展，不仅证明了坚持体育回归教育理念、走校园足球队之路的正确性，也反衬出脱离学校教育来培养竞技体育人才方式的种种弊端。

"我校的大学生足球队，已经是中国最高水平的大学生运动队之一。我们要认真总结在体制机制方面的特色，在中甲赛场上，要体现出更高的文化素质；在大学生足球比赛中，要发挥出更高的专业水准；在校园文化体育活动中，要起到更好的带动和激励作用，向世界一流大学足球队的目

第五章　家　　园

标迈进！"学校党委书记张炜为足球队的发展提出了要求。

再过不久，7月初，北京理工大学的大学生球员们又将组队第4次代表中国征战韩国光州第28届大学生运动会，让我们预祝他们取得新的突破，一展中国大学生的精神风采！

文：王征
图：新闻中心
2015年6月23日

在最美的青春遇见你，亲爱的北理

金秋九月，又是一年入学季，来自全国各地的 3 764 张崭新面孔满怀立志成才的坚定信念齐聚北理校园，追逐梦想。这一群"95 后"的逐梦人，曾以怎样的气魄过五关斩六将成为天之骄子？他们踏上这块人生的新高地之后，又将怎样用自己的青春理想、人生责任和生命热能去构筑前路，实现梦想？这一期北理入学季，就让我们一起走近他（她）们……

数学，追梦至此，在此起航

北京生源最高分，170 的高挑身材，钢琴，唱歌，游泳，跑步，爱好广泛……众多的标签改变的是我们对传统"学霸"的认知。

为"95 后"学霸赋予新内涵的这位新生就是 2015 级数学菁英班的汪笑涵。对于"高分""学霸"，她有着自己的看法。"其实高考分数并不在我的掌控范围内，我在备考的过程中只有一个信念，那就是'不让自己后

第五章 家 园

悔'。我并不是学霸,分数也不是我的标签。高考已经结束了,考入北理工,我想我会做好自我规划,寻找新的方向,继续努力让未来的自己不后悔。"以优异的成绩选择了北理工,汪笑涵坦言这是自己的选择,"我特别感谢爸爸妈妈在我辛苦时给我鼓励,而不是施加压力。正是因为父母给予的宽松环境和无尽的正能量,让我试着把解决学习中的难题变成一种兴趣,由内而外地喜欢学习。"学习于她而言更像是一种乐趣,她享受着问题迎刃而解时那种幸福感和成就感。

交谈中可以感受到,年仅 18 岁的汪笑涵不但对自身有着准确的认识和定位,而且对自己未来的学习生涯做好了踏实而细致的规划。她认为北理工作为一所理工科为主的院校,有着踏实的学风和浓厚的学术氛围,这一点是吸引她前来学习的最主要原因。谈及自己的专业——数学,汪笑涵说:"我最理想的专业是金融学,但是大学是打基础的四年,我选择数学,是希望能够把这个应用学科的基础打牢,为将来进一步深造做好充分的准备。"数学于汪笑涵而言更像是梦想的新起点,实现梦想的奠基石;而北理工,正是她追梦之地,实现自我之地。

汪笑涵坦言 683 分并不是她最理想的高考成绩,然而她依然没有在选择专业时急于求成,而是选择了踏踏实实打牢基础,走好每一步,这不正是北理工的校风"团结、勤奋、求实、创新"的现实写照吗?或许这次相遇,于她、于北理工,都是一种注定。

阅读北理

虽然汪笑涵对学习有着本能的喜爱，但却并非"两耳不闻窗外事"，健康阳光的外形，她归功于热爱跑步和游泳；流畅清晰的表达，她认为得益于高中阶段学生会和校刊记者的工作经历。"我特别喜欢跑步，听说学校体育课有1 800米测试，我想我可以好好练习一下……"交谈中，她脸上洋溢出的是最坚定的自信，目光里跳跃着的是最美好的憧憬。祝福这个洋溢着笑容与青春的可爱豁达的姑娘，希望她在未来的逐梦之路上留下更多美好的回忆。

眺望北方，我知道那是我想去的地方

诸佛庵，安徽省的一个山乡小镇，这一天，这个沉寂的小镇因为一张来自北京理工大学的录取通知书而沸腾了。邻里们争相一睹通知书的真容，竞相分享这份升入名牌大学的喜悦。

这份沉甸甸的通知书的主人赵鑫滢生长在一个极为普通的家庭里，一家小小的零食店除了支撑着她上学的全部费用，还要赡养年过八旬的爷爷奶奶。"家里的条件并不宽裕，读书是我和家庭唯一的出路。"懂事的鑫滢深深懂得走出大山的意义，15岁的她毅然离开家，只身前往县城求学。为了让赵鑫滢专心读书，父亲决定打工陪读，母亲在家中操持家务、照顾老人，就这样开启了一家人"两地分居"的求学生活。

赵鑫滢回忆说，自己刚进入高中时迷茫、无助，成绩也一塌糊涂。偶然间听一个叔叔提起北理工，出于好奇她查阅了很多关于它的资料，"没想到一下子就被它霸气的军工背景深深地吸引了。"赵鑫滢的眼中突然迸发出惊喜，"她的美丽，她的实力，她的成长，她的强大。我知道，她就是我想去的地方。" 长辈一句无意的提及，却让北理工在这个山乡小镇女孩儿的心底深深扎根，成为漫漫求学路上一座不灭的灯塔。

赵鑫滢每日勤学苦读，无所畏惧。然而过于拼命，不规律的作息让她的成绩跌宕起伏，"考得差时，我一个人蹲在墙角哭，想放弃。但是桌角自己写下的'北京理工大学'就像牵引我的那条线，一次次把我拉回现实，希望仍然顽强地生长。"渐渐地，赵鑫滢找到了适合自己的方法，成绩稳步增长。闲暇时她会站在阳台眺望北方，"那时候我总是想，总有一天我会站在北理工的校园里笑得无比美好灿烂。"功夫不负有心人，拿到通知

第五章 家 园

书的那一刻,全家人喜极而泣,赵鑫滢更明白,任何困难都不能成为自己追逐梦想的障碍,相反,艰难的环境让她更想去改变它。

然而,生活总是曲折得让人觉得是故事。8月9日,安徽省霍山县遭受百年一遇的强降雨灾害,受灾最严重的诸佛庵一夜成为孤岛。大水过后,赵鑫滢的家除了一片废墟和三十厘米厚的淤泥"一无所有"。学校了解到这一情况,第一时间帮助她申请了助学贷款,辅导员谢欢欣老师也第一时间联系了赵鑫滢,为她申请了学校专门针对家庭经济困难新生设立的"梦想启航助学基金"路费资助,使她能够顺利报到。"很感谢学校和老师们为我做的一切,这些经历让我更加坚定了自己的信念,来北理工,是我最正确的决定。"前来报到的赵鑫滢在经历风雨后变得更加勇敢和坚定。

"今天,我拿着通知书,踏实地站在这里——北理工,我来了!"赵鑫滢梦中的那个校园,已完整地展现在眼前。我们相信,坎坷总会过去,困难终将被克服,新的生活、新的征程、新的梦想,都将在这湖光倒影的北理工校园里扬帆起航!

我们相约,用四年的时光一起成长

在众多前来报到的新生中,大多数是由父母带着,但眼前这几位,竟是三个娃娃三位家长,俨然一片"爸爸去哪儿"的欢乐景象。

阅读北理

"我们三个人是好朋友，一起报考北理工，没想到都成功了，所以今天一起和家人们来报到，感觉很奇妙。"来自福建省厦门市的电子信息专业新生翁栩敏说。进入高中她便和周妍、梁森维三个人在同一个班级，三年的同窗生活让他们成为无话不谈的好朋友，在高考前夕的备战过程中不断互相支持和鼓励，并在填报志愿时心有灵犀地一起选择了北京理工大学。今天，三人如愿地一起拿着录取通知书踏入北理工的校门。

谈及他们对北理工的认识，考入计算机科学与技术专业的周妍说："北理工是中国共产党建立的第一所理工科院校，拥有 75 周年的历史，值得我们用四年甚至更多的时间去经历、去学习、去探索。我们从祖国的最南边到这里求学，也希望能够领略北方不一样的风情，结交五湖四海的朋友，开阔视野和眼界。"翁栩敏应声道："没错，我觉得学校的校训'德以明理，学以精工'有特别深刻的内涵，它希望我们在学习过程中能够德才兼备，先学品德，再做学问，我想我们也能在这里学会做人的道理，为人处世的方式，并且学习到更多的专业知识，充实和提高自己。"一谈起对学校的认识，小伙伴们跃跃欲试，显然对北理工已经"了如指掌"。

"我们很幸运，高考前约好一起努力，三个人都考进了北理工；我们重新约好，这四年仍然要继续努力，一起成长，一起筑梦。"计算机科学与技术专业的梁森维说。他认为，和其他同学一样，他们从小在父母的庇护下长大，如同温室里生长的花朵突然要被挪到室外花园里自由生长，虽有施肥浇水，但也要独立面对风雨的洗礼，这就要求大家一定要学会独立。面对即将要开启的大学生活，梁森维已经为自己做好了诸多的安排。"我想，在保证学习的同时，我们会去参加学生会、社团，不断提高自己的综合能力，包括自主学习的能力、人际交往的能力、沟通合作的能力，等等。"除此之外，梁森维认为同学们在进入学校后最先要克服的困难就是自己，一定要有自律的能力，按照自己的规划去学习和生活。

与大多数只身前来报到的同学相比，和小伙伴们一起开启大学生活的他们无疑是幸运的，令人羡慕的。但与他们一样，大家将面对的，都是丰富多彩的大学生活，他们也必将独立面对四年的大学时光。我们真心期待着，在北理工这片沃土上，小伙伴们的友谊之花更加艳丽；我们也相信，新的花蕾已含苞待放！

2015 年 9 月，北京理工大学 75 岁华诞之际，3 764 名本科新生从祖国

第五章　家　园

四面八方共同聚首。为了这次相遇，他们曾不懈努力，筑梦前行，追梦至此，成为一名北理工人。今后，他们将在这里踏上未来梦想的新征程，体味大学精神，挥洒热血青春，担起人生责任，继续怀揣梦想，用生命热能去填充大学生活的每一个时空！

文：辛嘉洋

图：新闻中心　校记者团

2015 年 9 月 8 日

垂绥饮清露,流响出疏桐
——北理工良乡校区学生宿舍楼名小记系列之"疏桐园"

【编者按】有这样一批建筑,它们坐落于北理工良乡校区,同学们每天在这里从喧嚣归于平静,又带着蓬勃朝气走向新的一天,这就是同学们在北理工的小小家——"静园""疏桐""博雅""丹枫",作为北理工最年轻的宿舍"群落",何以命名,名为何意,校党委宣传部记者经一番调研,特撰写楼名小记系列,与君共飨。

垂绥饮清露,流响出疏桐。
居高声自远,非是藉秋风。

——唐·虞世南《蝉》

疏桐园,北京理工大学良乡校区学生宿舍楼,位于南校区西北部,由五栋建筑组成,自南向北分别由"A、B、C、D、E"区分命名,并与北区"静园"隔路相望。

第五章 家 园

"疏桐",语出唐虞世南《蝉》诗:"垂緌饮清露,流响出疏桐。"疏为粗义,桐为树种,疏桐意为梧桐树间疏落斑驳的影子。

《蝉》诗原文:"垂緌饮清露,流响出疏桐。居高声自远,非是藉秋风。"意为"蝉垂下像帽缨一样的触角吸取清甜的露水,声音从高挺疏朗的梧桐树枝向远处传出。蝉声之所以能够远传,是因为蝉居在高挺的树上,而并非依靠秋风传播了声响。"一个品格高尚的人,不需要外在的凭借,自能声名远扬。

虞世南借蝉咏怀,表明自己立身高洁,不需任何外在凭借,只要洁身处世,自会扬名立万。他认为,蝉声能够远传不是凭借于秋风的传送,而是因为它与其他田间草虫不同,它立身高处,声名自然能够传播四方。这首诗突出强调了人格之美,表现了一种雍容不迫的风度与气韵。虞世南作为唐贞观年间的二十四勋臣之一,其名声远扬更在于他的博学多能,高洁耿介。以《蝉》诗作为"疏桐园"的由来,也是希望同学们能够立身高洁,志向高远,成长成才。

北京理工大学以培养具有"高远的理想,精深的学术,强健的体魄,恬美的心境"的高素质人才作为学校的育人目标。品行高洁、立足长远,是大学生应有的人生态度;锲而不舍、不断追求,是大学生应有的科学精神;宽广胸怀,健康快乐是大学生应有的生活态度。将楼宇命名为"疏桐园",寓意品行高洁的学子们居住于此,更希望同学们能够志向高远、洁身自处、锲而不舍、努力成才。

文:辛嘉洋
图:范哲昕
2015 年 10 月 19 日

新生故事：北理工，我们来了！

8月26日，初秋的北京天气晴好。在湛蓝的天空下，北京理工大学良乡校区装点一新，处处洋溢着青春的朝气，焕发出勃勃生机。3 683名2016级本科新生从五湖四海汇集这里，为北理工输入新鲜的血液、奔放的活力。

这届北理工新生的年龄已经刷新至"00后"，"人小志气大"，他们用绽放的笑容迎接即将开启的新征程，用饱满的自信揭开人生的美好篇章。对未来4年的校园生活，充满期待、志气昂扬。又一个北理工入学季，让我们一起分享2016新生的故事。

矢志国防的青春梦

"男生看到武器就多少会有些激动，我得知高考成绩、评估历年分数线后，毫不犹豫地报考了北理工的武器专业，希望日后能够为国家的国防事业贡献一己之力。"机电学院武器系统与工程专业2016级新生李修远带着矢志国防事业的青春梦来到了北理工。

"入校前，我对即将到来的大学生活做了种种想象，在我的认识中，理工院校的气氛应该比较沉闷，学生埋头实验室，业余生活非常单调。入

第五章　家　　园

校后的所见所闻，打破了我对理工院校的传统认识。人声鼎沸腾的校园，在迎新点举着各院系牌子热情的学长、学姐们，一栋栋现代气息的建筑设施、丰富多彩的社团活动，相信我在这里的每一天都会如鱼得水。"李修远兴高采烈地描述着他在学校的所见所闻。

当然，这些"学霸"们来到北理工，最感兴趣的还是图书馆。李修远说，"刚来到学校，学长就带我参观了图书馆。这里设施、设备齐全，数字化程度非常高，查阅文献便捷。上高中时听说北理工的学习、研究氛围非常好，来到图书馆，里面每个人都徜徉在知识的海洋里认真学习，我非常受鼓舞，决定未来四年中在这里做一枚安静的学霸了！"

本科时期是青年学生人生观、世界观、价值观成长、确立的关键时期，在探索世界、认识世界的道路上，除了有"一己之长"外，还应"博采众长"。"学校'德以明理，学以精工'的校训充满了人文关照，让我们感到学校非常注重对学生人文素质的培养，使我们能够得到全面的成长。"李修远对在北理工即将开始的学习生活、充满自信。

踏上梦想的起点

同样就读于机电学院的 2016 级新生李成法，来自云南省腾冲市的偏远山村。自幼年开始，李成法一家便开始了"三地分居"的生活：他的父亲在外务工给家里提供经济支持，母亲在家里务农为家里进行生活保障，他的小学、初中、高中分别在村里、县里、市里寄宿。"从小我就懂得空想不如实干，唯有努力读书，获得更好、更高的平台来学习专业知识，才能有机会实现自己的梦想。"

高考前夕，突发疾病卧病在床的爷爷让李成法牵挂多日，在家长和同学的开导下，他再次鼓足劲头接受高考的磨练。终于，功夫不负有心人，他以 644 的高分考入梦想的北理工。

2016 年 8 月，当这份轻薄却又沉甸甸的录取通知书寄到云南偏远山村的时候，整个村子为之欢呼，李成法成为全村的焦点与骄傲。

"我一直对军事深感兴趣，北理工的军工背景及'立足国防，矢志军工'的办学特色深深吸引着我。当得知我被第一志愿——武器系统与工程专业录取时，那种踏上梦想起点的激动心情油然而生。北理工，我来了！"

阅读北理

  为了保证不让任何一名同学因家庭经济困难而影响学业，自新生被录取开始，北理工的新生资助工作便已开展，解决学生求学过程中在经济上的后顾之忧：学校在迎新网上专设"助困奖学"资助板块，帮助家庭经济困难的新生做好入学准备；家庭经济困难的新生还未报到，"梦想启航"项目的路费补助工作便已进行；在迎新现场开通新生入学"绿色通道"，现场开展资助政策咨询、领取资助材料，办理缓缴学费、生源地贷款回执、校园地贷款咨询和临时贷款，领取路费补助，领取爱心礼包、爱心卡和爱心教材等满足家庭经济困难新生学习、生活所需的资助物资；入校后，学校还开展爱心"1+1"，实施对结帮扶，实施发展资助性资助，构建综合资助体系等，确保每名学生不因家庭经济困难而失学。

  李成法不仅对校园生活充满期待，对未来也颇有规划。"我兴趣爱好非常广泛，受经济、教育条件的制约而未得以发展。入校后，我会积极参加各类社团、校园活动、社会实践，发展兴趣爱好、开阔视野、增强实践能力。当然，我会刻苦钻研自己的专业，希望日后能够投身国防，为自己的家庭分忧，为国家发展保驾护航。"

爱好与专业相结合的"幸运儿"

  没错儿，北理工人除了满载家国情怀，他们还从兴趣出发，追逐自己的成才之路。

  "在'9·3'大阅兵中，由北理工参与研制的'阅兵方队车辆队形跟驰检测系统'为反坦克导弹车辆方阵训练精度实现毫米、毫秒控制提供了重要保障，让我为之震撼。从那时起，我对这所有着国防军工背景及科技创新能力的知名大学充满了向往。"

杨天琪，自动化学院电气工程及自动化专业新生，自幼对拼装模型有着浓厚兴趣，高中时便在 VEX 机器人世锦赛上荣获"国际机器人大赛最佳结构奖"，并在"亚太地区机器人大赛"荣获第二名的佳绩。"不止是深厚的底蕴、精湛的科技吸引我，更重要的是自动化专业能够与我对机器人的兴趣爱好相结合，希望今后能够在这个领域取得长足的发展。"

王连宁，来自软件学院软件工程专业的"00 后"新生，学习软件的念头萌发于电影《黑客帝国》中在电脑虚空环境中实现了生活中不可能完成的事情。"北理工的学科优势、地理优势和优良的学术传统深深吸引了我，自中学起就萌生了考取北理工的想法。"

阅读北理

　　这位 15 岁圆梦北理工的学生既有大学生应有的思维深度、独立生活的能力，当然也有同龄人所拥有的纯朴的内心世界："在不影响学业的前提下，电脑游戏是我的爱好之一。我希望在读期间通过软件专业的学习，能够和同学一起设计开发游戏软件来丰富我们的业余生活。"

　　北理工，我们来了！在这里，我们即将领略各领域最优秀学者的风采，即将沉浸于丰富多彩的校园文化生活，即将开启探索未知的研究，即将在实践中求得真知。这将是我们人生中启迪智慧、发现自我的一段美妙旅程。

文：马瑶

图：张天佑

2016 年 8 月 26 日